Willy Breinholst's lustigste Geschichten

BASTEI-LÜBBE-TASCHENBUCH
Band 11746

1.+2. Auflage 1991
3. Auflage 1993
4. Auflage 1996

Copyright © 1989 by Willy Breinholst
Herausgeber: Gustav Lübbe Verlag GmbH, Bergisch Gladbach
Printed in Germany
Einbandgestaltung: Roland Winkler
Satz: ICS Communikations-Service GmbH, Bergisch Gladbach
Druck und Bindung: Ebner Ulm
ISBN 3-404-11746-8

Der Preis dieses Bandes versteht sich einschließlich
der gesetzlichen Mehrwertsteuer

Die Kunst, Gäste zu unterhalten

Ich weiß nicht, ob das bei schreibenden Menschen immer so ist oder ob ich ein Sonderfall bin. Jedenfalls steht fest, daß ich nie ein besonders geselliger Mensch gewesen bin.

Bei mir besteht die Kunst, im gesellschaftlichen Leben zu bestehen, darin, mit geschlossenem Mund zu gähnen. Aber ich KANN natürlich einen Kaffeetisch mit Gebäck bewältigen, und seitdem ich neulich auf ein durchaus brauchbares Handbuch für häusliche Partyspiele gestoßen bin, habe ich sogar beträchtliche Gewinne aus einem abendlichen Zusammensein mit ein paar Freunden des Hauses ziehen können.

Marian war zu dem Schluß gekommen, daß wir uns bei den Nuttalls zu revanchieren hätten. So ging über das Telefon eine Einladung nach Hoboken, und sie versprachen zu kommen. Ich will offen gestehen, daß ich mit den Nuttalls nicht gar so viel gemeinsam habe, aber Marian und Mrs. Nuttall sind zusammen im Bridgeclub, und so sehen wir uns ein paarmal im Jahr zu einer Tasse Kaffee mit wirklich gutem Gebäck aus eigener Küche, etwas Kognak und vielleicht einem späten Imbiß. Ganz bescheiden.

Als wir die Zigarren angezündet und die Kognakflasche fast geleert hatten, versuchten wir uns ein bißchen

5

zu unterhalten, Nuttall und ich, aber das Gespräch versandete rasch, und nach der dritten, fast schmerzhaften Gesprächspause holte ich das Buch der Partyspiele.

»Übrigens ist eben ein neues Buch der Partyspiele herausgekommen«, sagte ich. »Manches scheint recht lustig zu sein.«

»Als ich ein junges Mädchen war, spielten wir ›Teekessel‹ und ›Kerze geh herum‹«, rief Mrs. Nuttall aufgeregt. »Stehen die auch im Buch?«

»Nein, aber hier ist ein Wörterratespiel, das ganz drollig zu sein scheint«, sagte ich. Man nimmt an, daß die gesellschaftlichen Veranstaltungen in den kommenden Jahren dadurch völlig umgekrempelt werden. Vielleicht sollten wir es versuchen, damit wir gewappnet sind, wenn das ganze Land davon erfaßt wird. Also . . . man schreibt ein Wort auf ein Stück Papier, dann fügt man der Reihe nach einen Buchstaben an, so daß dauernd neue Wörter entstehen und . . .«

»Das ist alt«, unterbrach mich Nuttall. »Da bin ich seit dreißig Jahren Fachmann! Keiner schlägt mich dabei! Fangen wir an.«

Triumphierend betrachtete er uns, so, als sei er schon Landesmeister geworden.

Ich schrieb den Buchstaben O auf ein Blatt Papier und gab Nuttall den Bleistift. Er saß eine Minute da und wirkte übertrieben nachdenklich.

»Es kommt vor allem darauf an, es für euch besonders schwer zu machen«, erklärte er und fügte ein A an.

»OA«, sagte Marian. »Das ergibt keinen Sinn.«

»Abkürzung für ohne Anhang«, erwiderte Nuttall von oben herab. »Abkürzungen sind auch zugelassen.«

Er gab mir den Bleistift.

Ich schrieb sofort OAT.

»Das ist doch nichts!« wandte Marian ein. RAT schreibt man mit R. Wenn du schwindeln willst . . .«

»Ich schreibe nicht RAT. Oat, das sind Haferflocken, die kleine Kinder zum Frühstück essen.«

»Oder Magenkranke«, ergänzte Nuttall.

Mrs. Nuttall hatte eine Idee. Sie riß mir den Bleistift aus der Hand und fügte triumphierend ein C hinzu.

»COAT wie Trenchcoat. Also ein Kleidungsstück . . .«

»Ja, das stimmt«, sagte Nuttall und gab Marian den Bleistift.

»Jetzt Sie!«

Marian saß lange da und nagte am Bleistift. Dann hellte sich ihre Miene auf. Sie hatte offenbar eine sehr gute Idee.

»Fangen wir neu an mit einem anderen Buchstaben«, schlug sie vor. Mit dem kommt man doch nicht weiter. COAT ist ein blödes Wort. Man kann vorne und hinten nichts Gescheites anfügen.«

»O doch, kein Problem!« Nuttall lächelte zuversichtlich und schrieb COATL.

»Coatl?« las Marian zweifelnd. »Gibt es denn etwas, das so heißt?«

»Felseninsel im bolivianischen Teil des Toticaza-Sees!« teilte uns Nuttall knapp und überlegen mit.

»Ah, eine Felseninsel«, sagte Marian. »Das wußte ich nicht. Ich glaube auch nicht, daß wir das in der Schule gelernt haben. Aber die war ja auf Long Island.«

»Man muß seine Geographiekenntnisse eben vertiefen«, stellte Nuttall fest und blies eine Rauchwolke gegen die Decke. Mrs. Nuttall erhielt den Bleistift. Sie gab auf und reichte ihn an mich weiter.

»Zuerst Ihr Mann«, schwindelte ich. Soviel ich sehen

konnte, ging es nicht mehr weiter. Ich rollte den Bleistift zu Nuttall hinüber. Ohne zu Zögern schrieb er LCO-ATL. Die Frauen protestierten heftig. Wieder brachte Nuttall sie mit einer kurzen Mitteilung zum Schweigen.

»Französischer Maler des Rokoko, bekannt für seine ›Schlafende Madonna‹ im Louvre. Starb 1864 völlig verarmt in Marseille. Trank sich in einem Bordell zu Tode.«

Marian war tief beeindruckt.

»Sie wissen wirklich alles«, sagte sie. »Wenn nur mein Mann auch so vielseitig wäre. Er kann nur mitreden, wenn es um Billard, Trabrennen und solche Dinge geht, aber jetzt wette ich, daß Sie nicht mehr weiterkönnen.«

»Nein?« sagte Nuttall und fügte ohne Zögern ein A an.

»ALCOATL?« sagten die Frauen im Chor.

»Arabisches Wort für Burg, gebräuchlich in Spanien für Burgen auf großer Höhe aus der maurischen Zeit«, teilte Nuttall mit und lehnte sich auf dem Sofa zurück, um die Bewunderung der Damen zu genießen. Ich stand auf.

»Wo gehen Sie hin?« fragte Nuttall schnell.

»Ich will das in einem Lexikon nachschlagen.«

Nuttall erhob heftige Einwände.

»Dann mache ich nicht mehr mit. Wenn Sie Ihre Zeit für solche Dinge verschwenden und über die richtige Schreibweise diskutieren wollen, ziehe ich mich aus dem Spiel zurück. Ich bin dann nicht mehr interessiert.«

»Na gut«, sagte ich und sank in meinen Sessel zurück. »Dann machen wir ohne Lexikon weiter.«

Nuttall gab mir den Bleistift. Das Spiel begann mich zu ärgern. Ich wollte nicht ausgelacht und vor den Frauen in ein schlechtes Licht gesetzt werden, nur weil dieser Holzkopf Nuttall schwindelte. Ich war überzeugt, daß es das Wort ALCOATL nicht gab. Also . . . wenn er schwindeln konnte, konnte ich es auch. Entschlossen fügte ich ein Z an. Auf dem Papier stand klar und deutlich ZALCOATL.

»Was heißt denn das?« fragte Nuttall entgeistert. Er hatte sich offenbar nicht träumen lassen, daß ich mit dem Wort ALCOATL noch etwas anfangen konnte.

»Alter griechischer Name für eine schwarze Kalotte, 1648 während des Einzugs der Gladiatoren in Sevilla vom Papst in Rom getragen«, erklärte ich schnell, ohne den Blick von Nuttall abzuwenden.

Einige Sekunden lang herrschte tiefe Stille.

»Wir können das nachschlagen, wenn Sie wollen«, bot ich Nuttall an, »aber dann müssen wir auch ALCOATL nachsehen.«

Dafür interessierte er sich immer noch nicht.

»Stimmt es, daß ZALCOATL ein schwarzes Komplet . . . Quatsch, schwarzer Kapott . . . wie war das?«

»Schwarze Kalotte!«

»Gut, akzeptiert. Versuchen Sie es noch einmal!«

Ich wußte, daß ich Nuttall mit seinem albernen ALCOATL fest in der Zange hatte, fügte also ohne zu zögern ein T an. Das Wort lautete jetzt TZALCOATL. Rasch interpretierte ich den Text:

»Ursprünglich der Titel für den Erzbischof von Tibet und Spangkuk. Wird jetzt abwertend gebraucht für Nachkommen von Zar Nikolai und Kaiserin Marie Antoinette. Außerdem findet man das Wort während des Ramadan auf moslemischen Speisekarten in Belutschistan, wo es eine Portion indische Windbeutel mit dicker Sauce bedeutet.«

»Das mit den Windbeuteln ist natürlich ein Witz«, stellte Nuttall fest, »aber der Rest trifft zu. Er ist keineswegs dumm. Ich bin sogar stolz darauf, endlich einen Ebenbürtigen kennengelernt zu haben. Tja, ich glaube, jetzt bin ich an der Reihe. Mal sehen, mit der Zeit wird es ein bißchen schwierig. Ja, so geht es. Zuerst fügen wir ein E an, und da es sich um einen Vokal handelt, darf man noch einen Buchstaben anreihen. Das ist ein U, also heißt es jetzt UETZALCOATL.«

Nuttall zwinkerte mir verschwörerisch zu, ohne daß die Frauen es sahen.

»Können Sie das auflösen, alter Freund?« fragte er eifrig.

»UETZALCOATL?« sagte ich vor mich hin, ohne mit der Wimper zu zucken. »Das ist ein galizisches Blasinstrument, hergestellt aus ausgehöhlten Kürbissen. Während der Kreuzzüge wurde es am Hof von Scheich Abdullah eingeführt, wo der Earl of Bothwell und der Maharadscha von Magipur es als Trinkgefäß benutzten, bevor der Endkampf um Kaiser Wilhelms Bart begann.«

Nuttall klopfte mir begeistert auf die Schulter.

»Richtig, völlig richtig! Unglaublich, wie Sie sich verbessert haben!«

»Ich verstehe einfach nicht, wie ihr noch weitermachen könnt«, meinte Mrs. Nuttall.

»Du weißt mehr, als ich dachte«, lobte Marian.

»Meinetwegen können Sie es im Lexikon nachschlagen«, sagte ich zu Nuttall, um zu testen, ob ich ihm voll vertrauen konnte.

»Lassen Sie doch! Kostet zuviel Zeit. Wird akzeptiert. Und jetzt zum zwölften und letzten Buchstaben. Wollen Sie, oder soll ich?«

Ich griff nach dem Bleistift. Wahllos nahm ich den Buchstaben Q, um es ganz schwierig zu machen.

»QUETZALCOATL«, sangen die Frauen im Chor. »So etwas gibt es aber ganz bestimmt nicht.«

Ich zwinkerte Nuttall zu. Marian sah es. Sie roch sofort den Braten.

»Ihr schwindelt uns was vor«, sagte sie empört. »All die Wörter, die ihr erfunden habt, gibt es überhaupt nicht. QUETZALCOATL, was für ein Unsinn!«

»Schlag doch nach!« sagte ich, ohne lange zu überlegen. Nuttall gab mir einen Tritt.

»Lexika sind keine da«, reagierte er schnell. »Das Spiel ist vorbei, und wir haben 12 Buchstaben geschafft. Das ist neuer amerikanischer Rekord.«

Marian stand auf. Sie ging zum Bücherregal und suchte Band 18 unseres Lexikons heraus. Sie sah unter Q nach.

»Die Schreibweise ist vielleicht nicht ganz exakt«, versuchte ich vorzubringen, »aber das Wort gibt es wirklich. Vielleicht nicht in unserem Lexikon, aber ich bin überzeugt, in der Universitätsbibliothek oder in . . .«

Marian warf mir einen verachtungsvollen Blick zu. Plötzlich stockte ihr der Atem.

»QUETZALCOATL«, las sie vor, »der Mondgott der Azteken, dargestellt als gefiederte Schlange, Lehrer und Führer der Nahuana, die einen großen Tempel in Cholula besaßen.«

Ihre schnaubende Verachtung von vorhin wich einem staunend aufgeklappten Unterkiefer. Dann verwandelte sich auch dieser Gesichtsausdruck, und zwar in etwas, das ich, ohne zu zögern, als ein Konglomerat aus nervlicher Anspannung, Hochachtung und Ehrfurcht bezeichnen würde. Keine schlechte Mischung, übrigens!

Den Rest des Abends saßen Mrs. Nuttall und sie da und starrten mich mit fassungsloser Bewunderung an. Soweit muß man die Damen bringen. Falls das Fernsehen jemals einen wirklichen Experten für eine Quizsendung brauchen sollte, weiß man jedenfalls, an wen es sich zu wenden hat.

Als die Nuttalls gegangen waren, zog Marian sich in

eine abgelegene Zimmerecke zurück. Sie sagte unverhohlen, sie habe Bedenken, im selben Haus mit einem Mann zu sein, der ein solches, beinahe unheimliches Wissen über alle Dinge besitze.

Die Gesetzlosen von Black Fork

Nachdem ich den ganzen Tag im Sattel gesessen hatte, war mein Hals so ausgetrocknet wie eine leere Whiskyflasche. Mit einem kurzen Ruck der Zügel hielt ich mein Pferd an und warf einen Blick hinunter auf Black Fork, das staubig und brodelnd vor Wärme mit seinen schwarzgeteerten Getreidespeichern, den halbleeren Viehställen, dem baufälligen Postgebäude und der protzigen Kneipe vor mir unten im Tal lag. Unwillkürlich legte ich meine Hand prüfend auf den perlmutterverzierten Sechsläufer, dann ritt ich langsam hinunter in die kleine, übelbeleumdete Präriestadt.

Ich sah den anderen Leuten an, daß sie mich wiedererkannten. Die langbeinigen jungen Cowboys und die bärtigen Alten, die faul gegen die Türpfosten lehnten, an einem Strohhalm kauend oder bloß schläfrig vor sich hindösend, richteten sich auf und hatten es plötzlich sehr eilig, außer Sichtweite zu kommen. Die Mütter griffen nach ihren Baumwollschürzen und jagten ihre Kleinen von der Straße, und der Kutscher einer Postkutsche, der gerade seine Radnabe ölte, ließ sich unter den Wagen fallen und kroch auf die andere Seite, wo er sich besser in Deckung zu fühlen schien.

»Gleich wird's hier qualmen!« rief er einem Mann zu, der schleunigst um die nächste Hausecke verschwand.

Draußen vor der Kneipe machte ich halt, schwang

12

mich aus dem Sattel, band das Pferd an den Pfosten und warf einen Blick auf die Straße.

Die Leute hatten sich wieder hervorgewagt, aber eine schnelle Hüftbewegung reichte aus, um die Straße wieder menschenleer zu machen. Mit einem schwachen Lächeln riß ich die grüne Halbtür zur Kneipe auf und ging mit langen, sicheren Schritten an die Bar, wo ich mich mit dem Rücken gegen den Schanktisch lehnte, die Ellenbogen darauf stützte und die Daumen unter den Gürtel schob.

Als man an den Tischen sah, wer der Fremde war, wurde es still. Ruhig, abschätzend, kalt ließ ich meinen Blick von einem zum anderen wandern. Am Ende der Bar standen die Cartwright-Brüder. Sie wandten mir halb den Rücken zu, als hätten sie mich nicht gesehen. An einem Spieltisch entdeckte ich Sundance-Kid, Bert Maverick und Wild Bill Hickock. Der Sheriff und der Friedensrichter saßen bei einer Partie Poker am Fenster. An einem anderen Tisch entdeckte ich einen der Gebrüder Younger, und zwar den jüngsten, Cole. Er alberte mit ein paar Mädchen herum. Es entging mir nicht, daß er seine Hand an seinem Schießeisen hatte, und er zog die Hand zurück, als er merkte, daß ich es gesehen hatte. Er wußte, daß es ihm sowieso nichts nützen würde, daß er keine Chance gegen mich hatte. Ehe er sein Schießeisen aus dem Halfter reißen konnte, würde ich ihn ins Jenseits befördert haben.

Ich wandte ihm den Rücken zu; von Cole hatte ich nichts zu befürchten. Im übrigen konnte ich ihn im Spiegel hinter der Bar beobachten. Um die Gebrüder Cartwright brauchte ich mich ebenfalls nicht zu bekümmern, obgleich ich mal in eine Schießerei mit ihnen verwickelt war. Das geschah zu der Zeit, als ich der Territorial-Bank in Forest City einen ungebetenen

Besuch abstattete. Der alte Cartwright besaß dort ein größeres Guthaben.

Trotzdem würden sie sich diesmal vorsehen. Sie wußten, daß ich wenigstens zwei von ihnen umlegen konnte, ehe sie mich erwischten, und das wäre für sie ein schlechtes Geschäft gewesen. Den Respekt, den sie genossen, hatten sie in erster Linie ihrem Namen zu verdanken. Waren erst zwei abgeknallt und nur zwei übrig, würde von dem Respekt nicht mehr viel vorhanden sein, und im übrigen konnten sie mir ja nicht ansehen, wen von ihnen ich zuerst umlegen würde. Das Risiko, mich nicht zu erwischen, war einfach zu groß für sie, und große Spieler waren sie nie gewesen. Nein, von den Cartwright-Brüdern hatte ich nichts zu befürchten.

Wegen Sundance-Kid und Wild Bill Hickock machte ich mir keine Sorgen. Zwar hatte ich einmal bei Desert Wells in einem Hohlweg Sundances Bruder Lester vom Bock der Death-Wood-Postkutsche heruntergeschossen, aber deswegen war er mir sicher nicht mehr böse, denn er hatte noch zwölf andere Brüder.

Ich wandte mich an den Barkeeper, der mir eilig eine Flasche Whisky und ein Glas zuschob. Ich hatte nur zwanzig Minuten Zeit, ehe ich weitermußte, um eine Verabredung mit Kansas-Kid und den Bradford-Brüdern einzuhalten. Wir wollten uns bei Sonnenuntergang bei den Papago Falls treffen und hatten verabredet, die Lokomotive des Dampfzuges mit einer Kiste Dynamit unter dem Bauch zu kitzeln, um den Zug dann vom Gold der Willcox-Mine zu erleichtern.

»Hör mal«, sagte ich und richtete meinen Blick auf den ältesten, glatzköpfigen Barkeeper, »bist du nicht mit Ben Slade aus Twin Buttes verwandt? Du siehst ihm ähnlich.«

»Ben war mein Bruder«, sagte er und zwinkerte nervös mit seinen runden wasserblauen Augen. »Bei dem großen Postraub in Santa Fé im letzten Sommer hast du ihn umgelegt. Er war dort oben Hilfssheriff. Du hast Al Hawkins, Guinn Heyer, Neil Peper und drei weitere abgeknallt. Lauter nette Leute. Ben war der letzte, den du erwischt hast.«

»Ja, richtig«, nickte ich. »Dein Bruder erwischte mich am Arm, deshalb erinnere ich mich an ihn.«

Ich leerte mein Glas, und der Barkeeper füllte es mit so stark zitternder Hand wieder auf, daß er einen Teil des Whiskys auf der Theke verschüttete. Behutsam beugte ich mich vornüber, um den ersten Schluck zu nehmen, ohne etwas zu verschütten.

Im selben Moment entdeckte ich das tollste Weibsbild, das ich je gesehen hatte. Mit leichtem Schwung in den wohlgeformten Hüften schwänzelte sie die Treppe vom ersten Stock des Saloons herab. Plötzlich dröhnte es in meinem Kopf wie Tausende von Hufschlägen einer durchgehenden Rinderherde. Es brodelte in meiner Brust, mein Blut kochte, und es regte sich etwas in meinen Lammfell-Chapperejos. Mit einem betörenden Lächeln kam sie zu mir herüber, zog an ihrer langen Zigarettenspitze und blies mir mit einem herausfordernden, aufreizenden Blick den Rauch ins Gesicht. Ohne ein Wort kreiste mein rechter Arm sie ganz ein, drückte sie dicht an meinen Körper, an meine Lammfellhose, so dicht, daß sie Gelegenheit hatte, festzustellen, daß die Knarre geladen war. So standen wir einige Sekunden, während ihr heißer Atem mein stoppelbärtiges Kinn fast feucht werden ließ. Gerade als ich ihr einen Drink bestellen wollte, spürte ich eine Hand auf meiner Schulter. Ich drehte mich blitzschnell um und blickte einem großen, sommersprossigen jungen Schnösel, den ich noch nie gesehen hatte, direkt ins Gesicht.

15

»Hör mal«, sagte er mit ruhiger Stimme und blickte mir fest in die Augen, »die Lizzybelle ist meine Braut, nimm deine dreckigen Eutergrapscher weg und mache hier ja keinen Stunk. Die Leute hier in Black Fork sind friedliche und rechtschaffene Bürger, die ihren Job machen. Wir wollen keinen Krawall haben. Du hättest lieber nicht in die Stadt kommen sollen, Will Shotgun, da du aber nun schon mal hier bist, möchte ich dir folgendes sagen: In einer Stunde bist du von hier verschwunden!«

Den letzten Satz sagte der junge Schnösel so laut, daß es im Saloon alle hören konnten. Lizzybelle verkrümelte sich hinter die Theke. Ich nahm einen Schluck aus dem Glas und wischte mir langsam und sorgfältig den Mund mit den Handrücken ab.

»Wer bist du, Bürschchen?« fragte ich dann und schob mit dem Daumen meinen Präriehut ein wenig in den Nacken.

»Stephan Gray«, sagte der Jüngling und machte dieselbe Geste mit seinem Hut, »du kannst mich aber auch Arkansas-Steve nennen.«

Er warf einen Blick auf die Uhr hinter dem Spielautomaten. Sie zeigte zehn Minuten vor zwei.

»Zehn Minuten vor drei komme ich wieder«, sagte er, »und falls du noch hier bist, so . . .«

Er klatschte ein paarmal mit der Hand vielsagend auf seinen Sechsläufer.

». . . so bin ich leider gezwungen, dich abzuknallen, Will!«

Ohne die Umstehenden eines Blickes zu würdigen, machte er kehrt und ging mit schnellen, wiegenden Schritten hinüber zur Tür, stieß sie auf und verschwand. Er hinterließ eine Stille wie in einer Grabkammer.

Ich wandte mich an den Barkeeper.

16

»Eine große Portion gebratene Leber mit Zwiebeln«, sagte ich.

Der Barkeeper verschwand, und ich füllte wieder mein Glas. Ich merkte, daß ich vor Wut blaß geworden war. Dieser sommersprossige Lausebengel Steve hatte mir mein ganzes Konzept verdorben. Jetzt war ich gezwungen, noch mindestens eine Stunde in Black Fork zu bleiben. Verschwand ich vorher, würde man das als Zeichen dafür ansehen, daß Steve mich eingeschüchtert hatte. Mein Ruf wäre dahin, und ich wäre erledigt als der große Mann unter den Außenseitern Arizonas. Andererseits hatte ich keine Zeit, so lange zu bleiben. Blieb ich, konnte ich nicht rechtzeitig in Papago Falls eintreffen, und der Überfall auf den Dampfzug würde entweder schiefgehen, oder Kansas-Kid und die Bradford-Brüder würden mit der ganzen Beute verschwinden.

Mein Blick glitt über die bärtigen Visagen in der Kneipe. Ich sah ihnen an, daß sie allesamt damit rechneten, daß ich blieb. Das erwartungsvolle Glimmen in den Augenwinkeln zeigte mit größter Deutlichkeit, daß man dem Augenblick entgegenfieberte, in dem Steve auftauchen und ich ihn abknallen würde.

Ich konnte aber auch sehen, daß bei den meisten Männern die stille Hoffnung bestand, ein Wunder würde geschehen, und Steve würde auf irgendeine Weise mich zuerst erwischen.

Der Barkeeper erschien mit der gebratenen Leber und den gerösteten Zwiebeln. Erst jetzt, als der Essensduft in meine Nase stieg, merkte ich so richtig, wie hungrig ich war. Der Barkeeper füllte mein Glas, während ich aß. Die Männer ringsum an den Tischen fanden ihre Stimmen wieder, doch begnügte man sich mit einem leisen Gemurmel. Nur ein großer Kerl mit rotem Bart konnte nicht an sich halten.

17

»Nicht für eine ganze Tüte Goldstaub möchte ich die nächste Stunde verpassen!« sagte er und gab dem Barkeeper ein Zeichen, eine neue Flasche Whisky auf seinen Tisch zu stellen.

Ich mußte an damals denken, als ich oben in Albuquerque Jesse James umlegte. Ich weiß nicht, warum ich plötzlich daran denken mußte, aber mit einem Mal war der Gedanke da, und ich merkte, wie ich sekundenlang in den Knien weich wurde. Damals war ich in Arizona völlig unbekannt — in allen anderen Provinzen übrigens auch. Eines Tages dachte ich darüber nach, daß ich mit einem Schlag berühmt und im ganzen Wilden Westen gefürchtet sein würde, falls es mir gelänge, Jesse ins Jenseits zu befördern. Dann wäre der Weg zu einer strahlenden Karriere als Gesetzloser frei, und meinen Namen würde man zusammen mit dem von Billy the Kid, Miley Sutton, Jim Averill, Sundance-Kid und all den anderen nennen. Mit diesem Gedanken liebäugelte ich eine ganze Zeit. Stundenlang übte ich, den Sechsläufer blitzschnell aus dem Halfter zu ziehen, und schoß auf leere Blechdosen, Zaunpfähle und ähnliche Dinge.

Schließlich konnte ich alles in Bruchteilen von Sekunden, und eines Tages stand dann Jesse James in einer Kneipe in Albuquerque. Mit klopfendem Herzen und halbtot vor Angst ging ich hinein und klopfte ihm auf die Schulter.

»Ich gebe dir eine Stunde Zeit, um aus der Stadt zu verschwinden, Jesse«, sagte ich, »bist du dann nicht weg, komme ich zurück und verwandele dich in ein Sieb.«

Jesse würdigte mich keines Blickes. Wahrscheinlich hatte er mich schon vergessen, als ich nach einer Stunde wieder auftauchte und erklärte, die Zeit sei verstrichen, seine Chance verpaßt. Mit einem Fluch riß er seinen Sechsläufer aus dem Halfter — aber zu spät. Ich durchlöcherte ihn, und sein Schuß ging an die Decke, als er fiel. Seit jener Zeit konnte ich jede Präriestadt in ganz Arizona durch mein bloßes Erscheinen leerpusten. Mein Ruf als Gesetzloser wuchs von Tag zu Tag.

Ich schob mir die letzte geröstete Zwiebel in den Mund und legte die Gabel aus der Hand. An der ganzen Situation gefiel mir manches nicht. Plötzlich kam es mir vor, als hätte ich in vielen Alpträumen schon die Stunde erlebt, die jetzt angebrochen war: daß ich in nächtlichen Alpträumen diesen langbeinigen Taugenichts, diesen sommersprossigen Tagedieb Steve, der seine Hand auf meine Schulter gelegt und mir eine Stunde Zeit gegeben hatte, die Stadt zu verlassen, schon gesehen hatte. Ich hob mein Glas, leerte es in einem Zug, schob den Gürtel etwas höher und machte mich bereit zum Gehen.

Der Lümmel sollte nicht glauben, daß es *so* leicht war, sich den Weg zur Berühmtheit freizuschießen. Wollte er sich als Gesetzloser einen Namen machen, dann mußte er klein anfangen wie Sundance-Kid, Rusty Lane, der schweigende Rächer, die Dalton-Brüder und all die anderen.

Er sollte sich keine Hoffnungen machen, über meine Leiche zu einer Blitzkarriere zu kommen. Nicht umsonst war ich im ganzen Gebiet westlich des Mississippi als der schnellste Mann am Abzug bekannt und gefürchtet.

Ich warf einen Blick auf die Uhr. Ein Viertel nach zwei. Ich hatte noch über eine halbe Stunde Zeit.

»Ich mache einen kleinen Spaziergang«, sagte ich zum Barkeeper.

»Eine Dreiviertelliterflasche Whisky und die gebratene Leber sind noch nicht bezahlt«, sagte der Barkeeper und zwinkerte nervös mit seinen kleinen runden Augen.

»Wirklich nicht?« sagte ich und fegte mit einer Handbewegung die Theke leer.

»Jetzt habe ich für dich abgeräumt. Sind wir nun quitt?«

»Selbstverständlich, Will, selbstverständlich.«

Schnell drehte ich mich um und verließ die Kneipe. Ich ging hinüber zum Pferd und vergewisserte mich, daß der Sattel vorschriftsmäßig saß, spannte den Bauchriemen etwas enger und widmete mich dem Zaumzeug. Vom Innern der Kneipe wurde der Schmutz von den Fenstern gerieben, und neugierige Gesichter folgten gespannt jeder meiner Bewegungen. Ich tätschelte meinen Rappen, kroch unter der Holzbarriere, an der das Pferd festgezurrt war, hindurch und ging hinüber zum Postamt. Mit dem Fuß stieß ich die Tür auf, ging an den Schalter und bat um ein Telegrammformular. Dann füllte ich es an einem der Stehpulte aus. Ich wollte dem Stationsvorsteher in Spud Rock einen Tip geben, den Dampfzug aufzuhalten und den Goldtransport von der Willcox-Mine herauszuholen. Es bestand für mich kein Grund, Kansas-Kid und die Bradford-Brüder mit mehreren Millionen Dollar zu füttern.

Da kam ein Mann herein. Zwar wandte ich ihm gerade den Rücken zu, konnte aber hören, wie er an den Schalter ging.

»Will Shotgun ist hier!« sagte eine Stimme, die ich kannte.

»Hast du schon davon gehört, Miff?«

Der langbeinige Lümmel war Steve, Arkansas-Steve.

»Mir kann man nichts erzählen, Steve«, knurrte der Postbeamte, »aber ich möchte den Kerl nur noch aus gehörigem Abstand sehen. Man sagt, daß er vierzehn Männer bei der großen Viehräuberei oben in Horse Springs auf der Buena-Vista-Ranch abgeknallt hat.«

20

»Ich treffe ihn in zwanzig Minuten in der Kneipe«, fuhr Steve fort, »vorausgesetzt natürlich, daß er zu der Zeit noch nicht verschwunden ist.«

»Wollt ihr zusammen etwas unternehmen, Steve, hast du einen großen Coup vor?«

»Ich habe ihm eine Stunde Zeit gegeben, aus der Stadt zu verschwinden.«

Einen Augenblick lang war es still. Zweifellos starrte der Postmeister Steve glotzend an.

»Ich knalle den Kerl so leicht ab, wie man eine Laus unter dem Stiefelabsatz zertritt!«

»Er ist schnell, Steve, der schnellste Mann am Abzug in ganz Arizona. Er legte Sheriff Hines, Zoot Getz und Milt Jackson oben in White Mesa um, als sie ihn von hinten anschlichen. Wie ein Blitz fuhr er herum und knallte sie ab. Du hast nicht die kleinste Chance, Steve. Wenn ich an deiner Stelle wäre, würde ich ihn schleunigst vergessen und sehen, daß ich mich dünnemachte.«

»Du bist nicht ich, Miff! Wie spät ist es jetzt?«

Ich drehte mich um.

»Fünf Minuten nach halb«, sagte ich.

Steve fuhr herum, die Hand griff nach dem Sechsläufer, aber ehe er ihn fassen konnte, hatte ich schon eine Kugel zwischen Halfter und Gürtel geschossen und den Bolzen getroffen. Halfter und Schießeisen fielen zu Boden. Steve stand wie angenagelt, sein sommersprossiges junges Gesicht war leichenblaß.

»Paß auf deine Zehen auf, Kid!« sagte ich und schoß drei Kugeln vor seine Füße, die die Sohlenspitzen vom Oberleder trennten. Mit zwei weiteren Schüssen durchlöcherte ich seine Ohrläppchen.

»Auf diese Weise markieren wir neugeborene Kälber im Norden, wo ich herkomme«, sagte ich und schob den Sechsläufer wieder in das Halfter. Dann reichte ich das

21

Telegrammformular dem wie gelähmt dastehenden Postmeister und bat ihn, es sofort aufzugeben, trat Steves Sechsläufer zur Seite und verließ das Postamt.

Draußen hatte sich eine große Menschenmenge angesammelt, unter der ich die Cartwright-Brüder, Sundance-Kid, Bert Maverick und Wild Bill Hickock erblickte. Als ich herauskam, wichen sie zurück. Ohne sie eines Blickes zu würdigen, ging ich hinunter zum Saloon.

Steve erschien in der Tür des Postamtes.

»Will«, rief er hinter mir drein, noch immer halbtot vor Angst, »Will Shotgun! In zehn Minuten komme ich und knalle dich ab, wenn du . . . wenn du bis dahin die Stadt nicht hinter dir hast!«

Aus seiner Stimme konnte man deutlich die Verzweiflung heraushören. Er weinte beinahe, aber ich verstand ihn. Er hatte sich zu weit vorgewagt, und nun gab es für ihn kein Zurück mehr. Ganz Black Fork erwartete von ihm, daß er zu seinem Wort stand. Verschwand er jetzt, wäre er für Zeit und Ewigkeit in ganz Arizona erledigt. Das war das Gesetz des Westens, und er kannte es.

Sheriff Tom Jeffords kam hinter mir drein. Ich ging weiter, als hätte ich ihn nicht bemerkt. Er mußte fast laufen, um mich zu erreichen. »Sei nicht zu hart zu ihm, Will«, sagte er eindringlich, »er ist ein unbedachter junger Lümmel, der gar nicht weiß, was er sich eingebrockt hat. Spiel nicht mit ihm, Will, wie du es mit dem Kerl oben in Coquill Rock getan hast! Mach ihn auf eine saubere Art kalt, aber schieß ihn nicht in Raten zusammen wie . . .«

»Glaubst du nicht, daß es besser wäre, wenn du dich nicht einmischen würdest, Tom?« sagte ich mit einem kalten Blick zum Sheriff, der dick und schwer kaum mit mir Schritt zu halten vermochte.

»Natürlich, Will, natürlich, ich dachte nur . . .«

»Für einen Sheriff ist es eine verdammt dumme Ange-wohnheit, wenn er anfängt zu denken!«

Ich riß die grüne Halbtür zum Saloon auf und ging hinein. Er war fast leer. Ich trat an die Bar und winkte den Barkeeper heran. »Den besten Whisky, den du im Hause hat, Mike«, befahl ich.

Mike fand eine staubige Flasche und schenkte ein. Ich warf einen Blick auf die Uhr. In acht Minuten konnte der Bengel hier sein. Der Klavierspieler versuchte, sich dünnzumachen.

»Wo willst du hin, Bud?« fragte ich, deutete mit meinem Sechsläufer auf das Klavier und befahl ihm, meine Lieblingsmelodie »Darling Nelly Gray« zu spie-len. Dreimal hackte er sich durch die Melodie, dann versuchte er wieder zu verschwinden. Diesmal ließ ich ihn laufen. Die letzten Gäste in der Kneipe machten sich nun auch auf den Weg zur Tür. Mike hatte sich längst unsichtbar gemacht. Ich war allein.

Nun dauerte es nur noch eine Minute. Ich nippte an meinem Whisky und schenkte mir wieder ein. Dann hörte ich eine Stimme draußen vor der grünen Tür.

»Will! Ich komme jetzt und mache dich fertig!«

Ich legte meine Hand auf meinen Sechsläufer und lehnte mich gegen die Theke.

»Du bist willkommen, Junge!«

Einige Sekunden vergingen, vielleicht eine Minute, dann ging die Tür behutsam auf, und ein leichenblasses Jungengesicht erschien. Es war Steve. Mit der Hand auf dem Sechsläufer schob er sich vorsichtig an das entge-gengesetzte Ende der Theke. Sein Blick wich nicht eine Sekunde von mir.

»Ich habe dir eine Stunde Zeit gegeben, die Stadt zu verlassen«, sagte er mit bebender Stimme.

»Und was dann?« fragte ich.

»Jetzt bin ich gezwungen, dich abzuknallen!«

»All right!« sagte ich.

Steve stand da und musterte mich. Ich konnte ihm ansehen, daß er größte Lust hatte, loszuplärren und aus der Tür zu huschen, als sei ihm der Teufel auf den Fersen. Dann nahm er sich etwas zusammen, richtete sich auf und legte die Hand auf die Theke.

»Ich weiß, du bist schnell, Will«, sagte er, »aber ich habe jahrelang trainiert. Ich kann mein Schießeisen aus dem Halfter ziehen in Bruchteilen von Sekunden. Und was ich anvisiere, das treffe ich auch.«

»Wirklich, Junge?« fragte ich und schob die Whiskyflasche schwungvoll ans Ende der Theke, wo Steve stand.

»Trink einen Schluck«, sagte ich, »das beruhigt.«

Steve schüttelte den Kopf, er wollte nicht trinken.

»Vielleicht zittert deine Hand so sehr, daß du die Flasche nicht halten kannst«, sagte ich.

Da griff Steve nach der Flasche und trank.

Hinterher schob er sie mir wieder zu. Ich nahm einen ordentlichen Schluck und ließ sie zu Steve zurückgehen.

Plötzlich schoß mir ein Gedanke durch den Kopf. Ich fühlte, wie mir das Blut ins Gesicht schoß, so daß mir fast schwindelig wurde. Was war passiert?

Ich hatte sechs Schüsse drüben im Postamt abgefeuert, einen an den Gürtel, drei vor die Stiefel und zwei durch die Ohrläppchen, alles in allem sechs. Aber ich hatte vergessen, neue Patronen in die Kammern zu schieben! Das Magazin war leer. Steve konnte mich abknallen, wann es ihm paßte, ohne das mindeste Risiko einzugehen. Ich war so wehrlos wie ein neugeborenes Lamm im Rachen eines Wolfes.

»Jetzt mache ich gleich Ernst«, sagte Steve und trank

noch einen Schluck aus der Flasche. Der Alkohol gab ihm Mut.

»Okay, Kid!« sagte ich schwer und fühlte, wie mir der Schweiß auf die Stirn trat.

Dann standen wir da und musterten einander. Ich wünschte nur, daß er sich jetzt etwas zusammennahm, um sein Schießeisen aus dem Gürtel zu ziehen, ordentlich zu zielen und abzudrücken. Ich brauchte nur mucksmäuschenstill dazustehen und darauf zu warten. Wollte ich den Versuch unternehmen, ihn anzuspringen und niederzuschlagen, würde er mir den Bauch mit Blei füllen. Ich konnte ihn unmöglich erreichen, ehe er mich durchsiebte.

»Ich weiß, daß du Jesse James oben in Albuquerque abgeknallt und dadurch deine Karriere begonnen hast, aber in ein paar Augenblicken ist Will Shotgun hier in Black Fork ein toter Mann, und dann bin ich an der Reihe, um . . .«

Ich hörte ihm nicht länger zu. Ich fühlte mich merkwürdig schlapp und hatte größte Lust, mich einfach auf den Fußboden fallen zu lassen und ein Nickerchen zu machen. Plötzlich hatte nur noch eines für mich Bedeutung, nämlich tief und lange zu schlafen. Ich konnte kaum noch meine Augen offenhalten. Meine Glieder und Muskeln fühlten sich merkwürdig schwer an.

Einen Augenblick schloß ich die Augen und ließ meinen Kopf vornüberfallen. Das war ein wunderbares Gefühl, nur die Augen zu schließen, zu dösen und . . .

Jäh hob ich den Kopf. Warum schoß dieser Narr nicht? Warum knallte er nicht los? Ich riß die Augen auf. Mit schwer hängenden Augenlidern ließ sich Steve auf den Boden sinken, sein Kopf baumelte auf die Seite, die Arme fielen ihm am Körper herab. Den Rücken gegen die Theke gelehnt, schnarchte er wie ein Holzfäller. Es

25

wäre ein Kinderspiel gewesen, ihm den Sechsläufer abzunehmen und ihn zu erledigen, aber ich hatte keine Lust. Immer stärker wurde ich von dieser unerklärlichen Müdigkeit ergriffen. Ich stand nur da und nickte mit dem Kopf, dann folgte ich Steves Beispiel und ließ mich zu Boden gleiten.

Ich weiß nicht, wieviel Zeit vergangen war und wie lange ich geschlafen hatte, als ich wieder zu mir kam. Bert Maverick und der Sheriff standen vor mir und schütteten mir Wasser über den Kopf. »Wach auf, Will!« rief der Sheriff in mein Ohr, und ich erwachte und stellte mich auf die Beine. Am anderen Ende der Theke waren Sundance-Kid und einige der Cartwright-Brüder mit Steve beschäftigt. Schlaftrunken kam er schließlich wieder hoch.

»Ihr habt Schande über die ganze Stadt gebracht«, sagte der Sheriff bitter, »man wird uns in ganz Arizona auslachen. Erst kündigt ihr eine ganz große Abrechnung an, und als wir den Kopf zu euch hineinstecken, um uns eure Leichen anzusehen, da liegt ihr vor der Theke und schnarcht um die Wette. Wenn diese Sache herauskommt, wird Black Forks Ruf als Versteck für die Gesetzlosen des Westens zum Teufel sein, und kein ehrlicher Verbrecher wird jemals mehr seine Füße hersetzen. Und wovon soll dann die Stadt leben? Ihr seid ein paar ganz elende Banausen. Das ist es, was ihr seid, elende Banausen!«

»Aus der Stadt mit euch!« rief eine Stimme aus der Umgebung des Sheriffs drohend.

Ich warf einen Blick in die Runde. Mindestens ein halbes Dutzend Sechsläufer waren auf mich gerichtet. Hinter der Theke stand Mike, der Barkeeper, mit einem alten Vorderlader. Ich warf ihm einen haßerfüllten Blick zu. Plötzlich war mit klargeworden, daß ihn die ganze

26

Schuld an allem traf, aber daß er gleichzeitig, wenn auch gegen seinen Willen, mein Leben gerettet hatte. Er hatte ein Schlafmittel in den Whisky getan in der Hoffnung, daß ich ein Nickerchen machen und Steve leichte Arbeit mit mir haben würde.

Er erriet meine Gedanken.

»Im vergangenen Sommer hast du meinen Bruder oben in Santa Fé umgelegt«, sagte er. »Wenn die Leute hier nicht Gnade vor Recht ergehen ließen, würden sie dich aufhängen wie einen gemeinen Pferdedieb. Du hast nichts Besseres verdient.«

»Ich bin jedenfalls nicht so gemein, meinem schlimmsten Feind nicht einen Schluck Whisky zu gönnen«, sagte ich und schlug Mikes Vorderlader zur Seite, daß er sich um seine eigene Achse drehte.

Dann wurden Steve und ich auf den Rücken einer alten Kricke geworfen und beim Knallen der Sechsläufer aus der Stadt gejagt. Mein Ruf als Gesetzloser war dahin, und Steve hatte sich in ganz Arizona unmöglich gemacht, noch ehe es ihm gelungen war, sich einen gefürchteten Namen zu machen. Wir warfen zusammen, was wir besaßen, und zogen ins Sacramento-Tal nach Kalifornien, um dort nach Gold zu graben. Dort verdienten wir gerade genug, um nicht zu verhungern, aber es war ein verdammt hartes Brot.

Das Mädchen von der Gummiplantage

Tief unten in Äquatorialafrika, genauer gesagt, auf der Ruwenzori West Hill Gummiplantage im Zulumanjari-Dschungel südlich vom Tana River, saßen vier weiße Männer bei einem Whisky auf der schattigen

Terrasse des Plantagenverwalters Ronald Clapp. Der Verwalter war soeben von einer Safari zurückgekehrt, einer sechswöchigen Löwenjagd auf der endlosen Ebene von Utuku-kuku, südwestlich der Kikuya-Berge. Und nun waren seine Freunde eingetroffen, um ihn willkommen zu heißen. In den verschlissenen Safaristühlen, die um den runden Bambustisch gruppiert waren, saßen außer Ronald Clapp persönlich Major Fitz Sutcliffe von der Regierungsstation, Doktor Ralph Parker von der Mission und der belgische Mineningenieur Jan van Dyck. Die Stimmung schien ziemlich gedrückt, und die weitläufige, gleichsam flackernde Konversation zwischen den vier weißen Männern ließ vermuten, daß die gedrückte Stimmung nicht nur der tropischen Hitze zuzuschreiben war.

Als eine junge, schlanke, hübsche Frau erschien, in kurzer savannenbrauner Khakihose und mit weißem Tropenhelm, erstarb die sich matt hinschleppende Konversation vollends. Der jungen Frau folgten ein schwarzer Boy und ein großer, vor Fett glänzender Massai-Koch. Sie stiegen in einen Jeep, der schwarze Boy setzte sich ans Steuer, um ins nächstliegende größere Dorf zum Markt zu fahren. Ein oder zwei Minuten, nachdem sich die Staubwolke hinter dem schnell davonfahrenden Jeep gelegt hatte, setzte Ronald Clapp sein Glas hart auf die dicke Glasplatte des Bambustisches.

»All right«, sagte er und sah sich im Kreise seiner Freunde um, »wollen wir das hinter uns bringen! Sechs Wochen lang bin ich mit meinen Gewehrträgern auf der Savanne herumgejagt, habe Löwen, Wasserbüffel und Gazellen niedergemetzelt, wie man es auf einer gelungenen Safari tut. Marjorie, meine heißgeliebte Frau, ließ ich hier auf der Plantage zurück, im festen Vertrauen darauf, daß sie hier in guten Händen sei, daß ihr euch als

Gentlemen benehmen würdet . . . Ich weiß, es gibt kaum weiße Frauen hier im Gebiet, und ich weiß, keiner von euch hat seit Monaten eine weiße Frau gehabt, aber dennoch — ich bin zutiefst enttäuscht. Einer von euch ist mit Marjorie im Bett gewesen. Mwungo, mein treuer Chiefboy, hat mir alles anvertraut. Ich weiß alles, und ich fordere den Schuldigen auf, sich wie ein Mann zu benehmen, aufzustehen und seine Schuld zu bekennen.«

Ronald Clapp begegnete kurz Fitz Sutcliffes Blick. Der Major schob seinen Tropenhelm aus der Stirn und wischte sich die Schweißperlen ab. Er blieb sitzen. Ronald ließ seinen Blick weiter zu dem belgischen Mineningenieur wandern. Dieser drückte seine soeben angezündete Zigarette im Aschenbecher aus und blieb ebenfalls sitzen. Auch Doktor Parker vom Tropenkrankenhaus machte keinerlei Anstalten, sich zu erheben.

Ronald Clapp preßte seine Lippen zusammen, bis sie schmal und weiß wurden.

»Ich ahnte es, daß der Schuldige nicht den Mut hat, sich zu melden«, sagte er dunkel, »er ist es nicht mehr wert, mein Freund zu heißen. Und so habe ich meine Maßnahmen getroffen, daß der Schuldige seine wohlverdiente Strafe erhält, und zwar sofort. Mwungo, der zufällig Zeuge seines schändlichen Verhaltens gegenüber meiner Frau wurde, hat mir nicht nur anvertraut, was in ihrem Schlafzimmer hinter dem Moskitonetz vorging, sondern mir auch den Namen des Sünders verraten. Ich weiß genau, wer von euch sich gegen das ungeschriebene Gesetz des Dschungels versündigt hat ›Weißer Mann, laß die Finger von der Frau des weißen Mannes‹.«

Ronald Clapp schwieg. Keiner der drei anderen Männer am Bambustisch verzog eine Miene. Schweißperlen standen ihnen auf der Stirn, aber keiner beachtete sie, keiner wischte sie ab. Wie mit einer Reflexbewegung langten die drei Männer nach ihren Gläsern und leerten sie bis auf den letzten Rest.

Die Spannung steigerte sich ins Unerträgliche. Ronald Clapps Augen funkelten verzweifelt, fast irrsinnig, als er einen Augenblick später fortfuhr:

»Ihr kennt alle das Gift der Duduschlange, und ihr kennt den Saft des Zunga-Kaktus. Ihr wißt, daß die Medizinmänner in den Dörfern ein Getränk aus diesen beiden lebensgefährlichen Ingredienzien mischen können, das innerhalb einer Stunde den Menschen tötet, der nur einen Tropfen davon trinkt. Meine Herren, ehe wir uns vor knapp einer Stunde um diesen Tisch versammelten, goß ich ein paar Tropfen Dudu-Zunga-Gift in den Whisky des feigen, abscheulichen Verbrechers − und ihr habt jetzt alle drei euer Glas geleert. In wenigen Minuten wird der Verbrecher die Hände an den Hals führen, nach Luft schnappen, der Schaum wird ihm um den Mund stehen, und er wird tot von seinem Stuhl fallen. Er hat seine wohlverdiente Strafe erhalten. Und ihr anderen beiden habt eine ernste Warnung erhalten.«

Die drei Männer sahen Ronald Clapp wie einen Geistesgestörten an.

»Nur ich und der Verbrecher wissen, in welchem Glas sich das tödliche Gift befindet«, fuhr Ronald Clapp langsam und eindringlich fort, »und nur ich und der Medizinmann des Dorfes, Mugowaha, der mir das Gift mischte, kennen das Gegengift. Ich habe es hier. Ein Schluck davon, und das Gift ist neutralisiert. Als Gentleman gebe ich dem Verbrecher eine allerletzte Chance.«

Ronald Clapp setzte eine Flasche mit gelblicher Flüssigkeit auf den Tisch. Eine oder zwei Sekunden starrten die Männer darauf. Dann riß der junge belgische

30

Mineningenieur sie an sich, biß desperat in den Korken, zog ihn raus, spuckte ihn weg und nahm einen tüchtigen Schluck von der gelblichen Flüssigkeit.

Im selben Augenblick geschah etwas, womit Ronald Clapp nicht gerechnet hatte.

»Um Himmels willen, du Narr!« riefen die beiden anderen Männer wie aus einem Mund und griffen hektisch nach der Flasche. »Laß uns auch noch was übrig!«

Die Kunst, auf gute Ratschläge zu hören

Es gibt überhaupt keinen Grund, dümmer zu erscheinen, als man ist. Ich bin natürlich vertraut mit der gesellschaftlichen Alltagsetikette. Ich besitze gute Tischmanieren und benehme mich in jeder Beziehung kultiviert und galant. Ich achte gewissenhaft darauf, die Hand vor den Mund zu halten, wenn ich gähnen muß, ich reiche Zucker und Milch herum, bevor ich mich selbst bediene, und ich gebe den Damen Feuer, bevor sie es selbst tun. Man kann natürlich auch mal Pech haben, jedem kann einmal ein Mißgeschick unterlaufen, so daß alle Augen sich auf dich richten, gleichgültig, wie sehr du bemüht bist, Situationen zu vermeiden, die dem Blick der Gemahlin etwas Vorwurfsvolles verleihen.

Beispielsweise kann man den Schluckauf bekommen.

Ich möchte folgende Behauptung aufstellen: Gleichgültig, wie kultiviert man sein mag, der Schluckauf gehört zu den Dingen, die man einfach nicht unter Kontrolle hat. Wenn man den Schluckauf bekommt, hat man den Schluckauf, selbst wenn man im Weißen Haus dinieren und neben der First Lady sitzen sollte.

Ganz so grauenhaft war es nicht, als ich das letztemal

den Schluckauf bekam. Wir hatten nur ein paar Leute zu einer Tasse Kaffee bei uns. Es fing an, als ich die Tasse zum Mund hob und den ersten Schluck Mokka trank.

»HICK!« sagte ich und sprühte den Kaffee auf Marians weißes Tischtuch.

»Entschuldigen Sie«, fuhr ich fort und wischte mit dem Handrücken rasch ein paar Tröpfchen von den Törtchen. »Ich glaube, ich habe den Schluckauf.«

»War es wirklich nötig, direkt in deine Tasse hineinzuhicken? Hättest du nicht den Kopf vom Kaffeetisch abwenden können?« hielt mir Marian vor, während sie einen Tropfen von ihrem hellblauen Taftkleid wischte.

»Das kam so plötzlich. Ich hatte leider keine Zeit . . . HICK!«

»Trinken Sie ein großes Glas Wasser«, riet Mrs. Thomasen. »Dann hört es sofort auf. Das mache ich immer, wenn mich der Schluckauf überfällt.«

Obschon Wasser nicht zu meinen Lieblingsgetränken gehörte, holte ich mir ein Glas davon und begann zu schlürfen.

»Große Schlucke«, sagte Mrs. Thomasen. »Große Schlucke . . . und nach hinten mit dem Kopf.«

Ich kippte den ganzen Inhalt mit zwei Riesenschlukken hinunter. Mrs. Thomasen starrte mich eine halbe Minute lang aufgeregt an.

»Sehen Sie, das hat gewirkt!« sagte sie.

»Ja«, sagte ich erleichtert, »danke für den Tip! Ich habe gar nicht gewußt, daß . . .HICK!«

»Wasser hilft nicht!«, sagte Onkel Theodor. »Wenn du den Schluckauf loswerden willst, mußt du dir die Nase zuhalten und eine Minute lang nicht atmen.«

Ich hielt mir bereitwillig die Nase zu und hörte zu atmen auf. Onkel Theodor zog seine goldene Taschenuhr heraus und nahm die Zeit. Ich spürte, wie mein Gesicht immer roter wurde.

»HICK!« sagte ich nach Ablauf von 57 Sekunden.

»Haben Sie eine Flasche Kognak im Haus?« fragte Larris. »Eine Flasche gewöhnlichen Kognak, die Marke spielt keine Rolle.«

»Ja, ich glaube, im Kel . . . HICK . . . Keller steht eine Flasche.«

»Dann geben Sie ein paar Tropfen auf ein Stück Würfelzucker und legen Sie es sich unter die Zunge. Wenn es sich aufgelöst hat, wird Ihr Schluckauf beseitigt sein . . . unter Garantie.«

Ich holte ungern den Kognak. Eigentlich hätte die Flasche erst zu meinem Geburtstag geöffnet werden sollen.

»Drei Tropfen sind genug«, sagte Larris, als ich ein Stück Würfelzucker aus der Dose genommen hatte. Offenbar schien er mir nicht mehr zu gönnen. Ich ließ sorgfältig drei Tropfen auf das Zuckerstück fallen und legte es unter die Zunge.

»Sie saugen daran, das ist nicht gestattet, er muß sich von selbst auflösen«, sagte Larris.

»HICK!« sagte ich.

»Sehen Sie, da geht es nicht.«

Ich holte das Zuckerstück heraus, goß noch ein paar Tropfen darauf und legte es wieder unter die Zunge. Alles starrte mich erwartungsvoll an. Ich regte mich nicht, starrte nur geradeaus und wartete auf das nächste Hick. Nichts geschah. Mein Zwerchfell hatte sich offenbar beruhigt. Der Kognak schien ihm behagt zu haben. Onkel Theodor prüfte die Zeit.

»Eine Minute jetzt! Scheint gewirkt zu haben.«

»Hat sich der Zucker aufgelöst?« fragte Larris.

Ich nickte.

33

»Gut, dann dürfen Sie wieder reden«, verkündete Larris. »Das Mittel hat gewirkt, wie nicht anders zu erwarten. Merken Sie sich also: Falls Sie je wieder . . .«

»HICK!« unterbrach ich ihn.

»Da geht es schon wieder los«, sagte Onkel Theodor.

»Kognak nützt überhaupt nichts«, erklärte Thomasen.

»Jedenfalls nicht bei Schluckauf, aber sonst . . .«, sagte Onkel Theodor.

Ich mußte Marian also bitten, die Kognakgläser zu holen.

»Ich habe eine Schwester in Hoboken, die einmal zwei Wochen lang den Schluckauf hatte«, erzählte Onkel Theodor. »Es half einfach nichts. Der Arzt konnte nichts tun. Gleichgültig, was er auch verschrieb, alles war wirkungslos. Dann kam dieser Heilkundige aus Utah, der ihr riet, den Kopf in einen Eimer Eiswasser zu stecken, und zwar so lange, bis sie das Gefühl hätte, ertrinken zu müssen. Das half. Seitdem hat sie nie mehr Schluckauf gehabt. Und das ist jetzt zwanzig Jahre her.«

»Nein, danke«, sagte ich ablehnend. »Ich will keinen . . . HICK!«

»Willst du dich lieber zwei Wochen lang mit dem Schluckauf quälen?«

Marian war schon aufgestanden, um hinauszugehen und einen Eimer mit Wasser vollaufen zu lassen.

»Aber eiskalt!« rief ihr Onkel Theodor nach.

Als sie mit dem Eimer erschien, prüfte ich rasch mit dem Zeigefinger die Temperatur. Sie hatte die Eiswürfelschale aus dem Kühlschrank ins Wasser geleert. Es war schrecklich kalt.

Ich öffnete den Mund, um zu protestieren.

»HICK!« sagte ich.

Das genügte. Ich nahm die Brille ab und steckte den Kopf in den Eimer. Eine Sekunde später hätte ich ihn am liebsten wieder herausgezogen, aber eine eiserne Hand im Nacken drückte ihn nieder.

»Glurg . . . glurg . . . glurg . . .!« protestierte ich in Panik und verschluckte einen Eiswürfel. Der Kerl, der meinen Kopf niederdrückte, konnte sich auf etwas gefaßt machen, sobald ich wieder hochkam. Mir wurde schwarz vor den Augen. Ich ruderte wild mit den Armen und versuchte dem Mann mit dem eisernen Griff ans Schienbein zu treten.

Endlich konnte ich mich befreien.

»Das habe ich nur . . . nur Ihretwegen getan«, stammelte Thomasen und wich hastig zurück.

Der Feigling!

»Sie hätten mich beinah ertränkt, Mister«, sagte ich und warf ihm einen wütenden Blick zu, während Marian meinen Kopf trockenrubbelte.

»Sie sind nur einmal untergegangen«, sagte Larris witzelnd. »Man ertrinkt erst beim dritten Untertauchen!«

»Wißt ihr, was ich glaube?« sagte ich, als ich meine Brille aufsetzte. »Ich glaube, ihr wollt euch auf meine Kosten einen vergnügten Abend machen. Aber das gelingt euch nicht. Mein Schluckauf ist nämlich weg.«

»Dank Onkel Theodor und dem Heilkundigen aus Utah«, frohlockte Marian. »Man sollte über alte Hausmittel nie die Nase rümpfen.«

Wir kehrten auf unsere Plätze am Kaffeetisch zurück. Larris begann eine Geschichte über einen sehr ernsten Fall von Schluckauf zu erzählen, der ihn vor Jahren bei seiner eigenen Hochzeit befallen hatte.

»Jedesmal, wenn der Pfarrer ein Ja hören wollte, sagte ich HICK!«

Wir amüsierten uns. Larris fand die Geschichte so gut, daß er sie gleich noch einmal erzählte. Stärker ausgeschmückt und mit ein bißchen mehr Lokalkolorit. Das Ganze war unten in Virginia passiert.

Ich griff nach einer Waffel.

»HICK!« sagte ich, als meine Zähne zubissen.

»Dein Schluckauf scheint allergisch zu sein gegen Waffeln«, meinte Onkel Theodor.

»Können Sie auf dem Kopf stehen?« fragte Mrs. Larris.

»Wer, ich?«

»Ja, ich habe gehört, das soll sehr gut sein. Ich glaube, es hilft gegen Schluckauf . . . oder gegen Niesen.«

»Ein Versuch kann nichts schaden«, meinte Thomasen, der wohl annahm, die Sache mit der versuchten Ertränkung sei schon vergessen.

»Ich kann nicht auf dem Kopf stehen«, entschied ich.

»Einer von den Männern kann dir ja helfen«, schlug Marian vor.

Einen Augenblick später stand ich kopf, an die Tür gelehnt, gehalten von Larris. Es war keine gute Idee. Es schien nur den Schluckauf in den Kopf zu pressen. Ich hickte fortan doppelt so oft wie vorher.

»Lassen Sie mich los«, bat ich.

»Es muß also doch gegen das Niesen sein«, sagte Mrs. Larris. »Na ja, jetzt wissen wir wenigstens Bescheid, falls einer von uns in der nächsten Zeit einen Niesanfall bekommt.«

Wir setzten uns wieder an den Kaffeetisch. Ich goß etwas Kognak ein und hob das Glas.

»HICK!« sagte ich.

»Gesundheit!« sagten die anderen.

Wir tranken.

Als ich mein Glas abstellte, versetzte Mrs. Larris mir einen schallenden Schlag aufs Ohr.

Ich ließ die Zigarre in den Schoß fallen und war so

verblüfft, daß ich nicht dazu kam, sie aufzuheben, bis Brandgeruch von der Hose in meine Nase stieg. Ich sah Mrs. Larris vorwurfsvoll an. Soviel ich wußte, hatte ich überhaupt nichts Unanständiges gesagt. Den ganzen Abend hindurch hatte ich außer »HICK!« nicht viel von mir gegeben.

»Ich verstehe nicht . . .«

»Das habe ich nur gemacht, damit Sie ihren Schluckauf loswerden«, erläuterte sie. »Ich habe gehört, wenn man der Person, die den Schluckauf hat, mit etwas völlig Unerwartetem kommt, verschwindet er. Es war nicht böse gemeint.«

Sie gab mir einen Kuß auf die Wange, um die Sache wiedergutzumachen.

»HICK!« sagte ich.

»Tja, wir sind wieder da, wo wir angefangen haben!« stellte Onkel Theodor resigniert fest.

»Warten Sie! Lassen Sie mich versuchen, Sie vom Schluckauf zu befreien«, rief Thomasen eifrig. Ihm war offenbar plötzlich ein neues erprobtes Rezept eingefallen: »Wenn man in den nächsten fünf Minuten noch einmal Hick machen kann, gewinnt man zehn Dollar. Wenn nicht, gewinnt sie der andere.«

»Abgemacht!« sagte ich und schüttelte ihm die Hand.

Ich saß also eine Weile da und wartete. Der Schluckauf wollte sich nicht einstellen. Ich schluckte ein paarmal, um ihn auszulösen, weil zehn Dollar ja auch Geld sind; außerdem wollte ich mich an dem Anblick weiden, wenn Thomasen bezahlen mußte. Der Schluckauf parierte aber nicht. Ich schluckte nur ein paarmal meinen Speichel hinunter.

»Na bitte!« sagte Thomasen strahlend, »wenn man muß, dann geht es einfach nicht. Schluckauf ist eine Art Hysterie. Man sitzt da und wünscht ihn sich . . . aber es

37

geht nicht. Solange man aber dasitzt und ihn fort-
wünscht, bleibt er. Ich habe auf diese Weise viele
Anfälle von Schluckauf kuriert. Wenn er ein bißchen
häufiger aufträte, könnte ich mir damit meinen Lebensunterhalt verdienen!

»Warum sind Sie denn nicht gleich damit herausge-
rückt und lassen den armen Mann dasitzen und stundenlang leiden?« fragte Mrs. Larris sehr vernünftig.

»Ich wollte erst mal sehen, wie viele nutzlose Rat-
schläge die anderen geben!«

»Na«, sagte Onkel Theodor, den Blick auf die goldene
Uhr gerichtet, »die fünf Minuten sind jetzt um. Thomasen hat seine zehn Dollar redlich verdient. Als damals
meine Schwester in Hoboken zwei Wochen lang den
Schluckauf hatte, zahlte sie dem Heilkundigen aus Utah
zwanzig Dollar dafür, daß er sie kuriert hatte. Das war
damals eine Menge Geld.«

Widerstrebend zog ich einen Zehner aus der Brieftasche und überreichte ihn Thomasen.

»Sinnvoll ausgegebenes Geld«, sagte er.

»HICK!« sagte ich.

»Da geht es ja schon wieder los!« sagte Onkel
Theodor.

»Das ist schrecklich«, jammerte Marian. »Denkt nur,
wie das wird, wenn er die ganze Nacht so daliegen und
hicken muß.«

»War da nicht was mit Wassertrinken aus dem Glas an
der Stelle, die am weitesten von einem entfernt ist? Das
soll doch helfen«, meldete sich Mrs. Larris zu Wort.

»Das ist nicht gegen Schluckauf«, wandte Mrs. Thomasen ein. »Das war eine Strafe früher beim Pfänder-
spiel.«

Thomasen beugte sich vor und flüsterte Marian etwas
zu. Sie standen auf und gingen in die Küche. Larris

erklärte, mein Schluckauf verginge sofort, wenn ich flöge. Er trug eine wirre Theorie über den vorteilhaften Einfluß der dünneren Luftmassen auf das Zwerchfell vor, von dem nach seiner Meinung der Schluckauf ausginge. Er ging so weit, zu behaupten, Piloten von Düsenflugzeugen bekämen den Schluckauf überhaupt nie.

»Wenn Sie die Schallmauer nur ein einziges Mal durchbrechen, sind Sie Ihr Leben lang dagegen gefeit«, sagte er. »Ein Vetter von mir fliegt einen Jumbo, und er sagt, der Knall beim . . .«

Ich verspürte einen ungeheuren Stoß im Rücken, es gab einen Knall, und ich flog nach vorn, mit dem Kopf direkt in die Schichttorte hinein. Wutentbrannt sprang ich auf. Meine Brillengläser waren bedeckt mit Schlagsahne und Nüssen. Ich nahm die Brille ab und drehte mich um, bebend vor Zorn. Thomasen stand da, eine geplatzte Papiertüte in der Hand. Er wich in Richtung Anrichte zurück.

»Was zum T . . . soll das heißen?« brüllte ich und versuchte ihn am Kragen zu packen. Marian trat dazwischen.

»Das hat er nur zu deinem Besten getan. Er hat auf deinem Rücken eine aufgeblasene Papiertüte zerknallt, das war alles. Wenn man einen, der den Schluckauf hat, unversehens erschreckt, verschwindet das Leiden.«

Ich riß mich los.

»Jetzt werde ich Sie mal tüchtig erschrecken, mein guter Mann, und zwar mit einem blauen Auge, das nicht einmal der Heilkundige aus Utah in zwei Wochen kurieren kann!« schrie ich aufgebracht und verfolgte Thomasen bis in die Diele. Er packte seinen Hut und hetzte zur Tür hinaus, bevor ich bis drei zählen konnte. Trotz meiner Wut war ich meiner Sinne so mächtig, daß ich ins Wohnzimmer stürzte, die Schichttorte ergriff und sie mit

39

aller Kraft an seinen Hinterkopf schleuderte, als er die Treppe hinunterraste!

»So!« sagte ich, als ich wieder im Wohnzimmer stand, vom Schluckauf gänzlich geheilt, schweigend empfangen. »Wenn jemand einen guten Rat bei Schluckauf braucht, kann ich kostenlos dienen. Man braucht nur dafür zu sorgen, daß der Betroffene auf irgendeinen Idioten richtiggehend wütend wird, schon hat man seinen Schluckauf vergessen.«

Der Abend war ziemlich verdorben. Die Gesellschaft löste sich auf, man ging nach Hause. Thomasen war zwölf Jahre lang ein Freund des Hauses gewesen, und man vertrat offenbar die Meinung, ich hätte seine gutgemeinte Einmischung ein wenig zu heftig quittiert. Na, mir war es egal. Mit dem Rest meines Zorns schickte ich Marian zu Bett, worauf ich mich hinsetzte und dieses niederschrieb: »Es ist jetzt halb zwei Uhr nachts, und in den drei Stunden, seitdem ich unsere Gäste verabschiedet habe, mußte ich nicht ein einziges mal hicken, was deutlich beweist, daß mein Ratschlag . . . HICK!«

Geht es schon wieder los?

Ein Märchen von heute

Es war einmal ein armes junges und tugendhaftes Mädchen, ein hübsches, kleines Käferchen, das ganz allein auf der Welt war. Rothäubchen hieß es, weil sein Häubchen hellrot war und ein weißes Band zum Binden unter dem Kinn hatte. Es lebte bei seiner bösen Stiefmutter und hatte gar keine Freunde im ganzen Königreich. Daher beschloß Rothäubchen eines Tages, von daheim fortzulaufen — hinaus in die große Welt, um dort

40

sein Glück zu suchen. Es nahm einen Korb unter den Arm mit einem Brot, etwas Käse, einer Flasche Fanta und einem Bund Mohrrüben aus dem Gemüsegarten der bösen Stiefmutter – und so machte es sich auf den Weg. Doch schon bald verirrte es sich in dem großen, dunklen Wald, und als es an eine Lichtung kam, setzte es sich auf einen Baumstumpf und ruhte seine kleinen, wunden Füße aus. Im selben Augenblick sah es einen großen, dicken Bären, der im Schatten unter einem Baum lag und schlief, und einen jungen Jäger auftauchen, der seine Flinte ans Kinn legte, um den Bären zu erschießen.

»Paß auf, Bär!« rief Rothäubchen dem Bären zu. Und der Bär fuhr hoch und paßte auf. Die Kugel pfiff weit entfernt an ihm vorbei. Der Bär versteckte sich tief drinnen im Wald, und der Jäger warf ärgerlich sein Gewehr über die Schulter und ging heim. Etwas später tauchte der Bär wieder auf.

»Du hast mein Leben gerettet«, sagte er zu Rothäubchen. »Wenn du jemals meine Hilfe brauchst, dann kannst du auf mich zählen«, versprach er. Dann gab er ihm seine breite Bärentatze und schüttelte Rothäubchens schlanke, lilienweiße Hand.

Und weg war er.

Rothäubchen zog sich am Henkel seines Korbes hoch und ging tief in den Wald hinein. Als der Wald immer dichter und dunkler wurde, setzte es seinen Weg mit seinen kleinen, trippelnden Füßchen geradeaus fort. So kam es aus dem Wald heraus und zu einer blühenden Wiese, wo ein großer, häßlicher Wolf gerade versuchte, sich an ein Schaf heranzuschleichen, das dort graste und nichts Böses ahnte.

»Nimm dich in acht!« rief Rothäubchen dem Schaf zu, und das Schaf nahm sich in acht. Dann ergriff Rothäubchen einen großen Stein, warf ihn nach dem Wolf und traf ihn direkt im Nacken. Den Wolfsschwanz kläglich zwischen die Beine geklemmt, verschwand er mit jammerndem Wolfsgeheul tief im Wald.

»Du hast mein Leben gerettet«, sagte das Schaf. »Zwar bin ich bloß ein Schaf, wenn ich aber jemals etwas für dich tun kann, will ich das machen.« Und dann drückte es dankbar Rothäubchens schlanke, lilienweiße Hand, das seinen Korb nahm und weiterging.

Bald kam es zu einem großen Rübenfeld, als plötzlich ein Hase vor ihr stehenblieb und atemlos nach Luft rang.

»Der Fuchs!« keuchte er. »Der Fuchs ist hinter mir her, und ich krieg' keine Luft mehr! Es ist aus mit mir, ich kann nicht mehr laufen!«

Im selben Augenblick kam der Fuchs herangeschossen. Als er Rothäubchen sah, bremste er scharf ab, setzte sich auf die Hinterläufe und rutschte durch die Fahrt noch ein Stückchen näher zu Rothäubchen hin. Dann stand er auf, raffte sich noch zu einem kläglichen Fuchslächeln auf und schlich niedergeschlagen in den Wald zurück.

Der Hase drückte warm Rothäubchens schlanke, lilienweiße Hand.

»Du hast mein Leben gerettet«, sagte er. »Wenn du jemals in Not kommst, dann ruf mich, und ich werde dir helfen. Jetzt aber muß ich laufen . . .«

Und dann lief er.

Rothäubchen war nicht lange gegangen, als es einen Habicht auf eine Feldmaus herabstoßen sah.

»Hilfe!« schrie die Feldmaus, und Rothäubchen half. Es scheuchte den Habicht weg, und die kleine Feldmaus holte erleichtert Luft.

»Puh«, sagte sie mit ihrer dünnen, pfeifenden Stimme, »das war knapp! Du hast mein Leben gerettet. Wenn du jemals meine Hilfe brauchst, dann weiß ich, was ich dir

schulde.« Und damit verschwand sie zwischen den Korn-
halmen auf dem Feld.

Rothäubchen aber ging weiter, bis es an eine kleine,
rieselnde Quelle kam. Es setzte sich auf einen Stein,
badete seine wunden Füße in dem klaren, kalten Quell-
wasser und nahm seinen Korb, um etwas von dem Mitge-
nommenen zu essen. Etwas Brot, ein bißchen Käse, ein
paar Mohrrüben und einen Schluck Fanta. Die Wärme
machte es jedoch schläfrig, und es beschloß, nicht eher
zu essen, bis es geschlafen hatte und frisch und ausgeruht
war. Also legte es sich in den Schatten eines großen alten
Baumes und fiel bald in einen tiefen und langen Schlaf
– und träumte von alldem, wovon Mädchen träumen,
wenn sie richtig träumen.

Als es aufwachte, hatte die Maus den Käse gegessen,
der Hase hatte die Mohrrüben geknabbert, das Schaf
hatte das Brot gefressen, und der Bär hatte die Fanta in
sich hineingeschlürft; der häßliche Wolf hatte das Schaf
gefressen, der Reineke Fuchs hatte den Hasen gefressen,
und der gefräßige Habicht hatte die Feldmaus gefressen.

Und drüben vom Gebüsch kam der junge Jäger auf
Rothäubchen zu. Einen Augenblick später beugte er sich
über es und stahl sich einen Kuß.

»Hilfe!« schrie Rothäubchen.

Das hätte sie sich allerdings sparen können.

Do-it-yourself-Tapezieren

Die meisten Ehemänner hierzulande besitzen, wenn-
schon kein ausgesprochenes Flair fürs Handwerkli-
che, so doch ein Händchen für die Heimwerkerei. Ich
bin da keine Ausnahme. Eine Frau, die das Pech hatte,

bei der mit so vielen Nieten bestückten Heiratslotterie einen durch und durch unpraktischen Mann zu erwischen, weiß gar nicht, was ihr entgangen ist. Hätte sie sich lieber einen Partner mit einem Faible für Reparaturen und ähnlichen Fertigkeiten, einen Do-it-yourself-Mann, geschnappt. Einen Mann wie mich beispielsweise. Ich habe nämlich alles andere als zwei linke Hände und möchte, ohne mein Licht unter den Scheffel stellen zu wollen, behaupten, daß ich mehr kann, als nur den Damen schöne Augen machen.

Nehmen Sie etwas so Naheliegendes wie das Tapezieren. Was glauben Sie wohl, was ein Handwerker dafür verlangt, wenn er zwölf oder vierzehn Rollen Tapete an die Eßzimmerwände klatscht? Wer sich da als Selbermacher betätigt, kann heutzutage in Dänemark und auch in Deutschland einen Haufen Geld sparen. Und Tapezieren ist genau meine Masche.

Das habe ich erst neulich an unserem Eßzimmer demonstriert. Im Ausverkauf stieß ich auf einen Tapetenrest von siebzehn Rollen; das war genau das, was ich brauchte. Ich bekam sie fast geschenkt, denn es war, wie gesagt, ein Rest, und in ganz Dänemark war garantiert kein Stück mehr von derselben Sorte aufzutreiben. Mariannes Begeisterung hielt sich in Grenzen, als ich ihr eine Rolle zur Begutachtung unter die Nase hielt. Nun will ich nicht behaupten, daß ich ein Meister im Beschreiben von Tapetenmustern bin, aber so viel kann ich sagen, daß es sich um ein fortlaufendes Dekor handelte, ein putziges, leicht stilisiertes Miezekätzchen darstellend, das unter zwei großen gelben Van-Gogh-Sonnenblumen mit einem roten Ball spielt. Dazwischen tummelten sich Finklein und Elfchen und ähnliche Wesen, und durch das Ganze zogen sich bildschöne Blumengirlanden. Jetzt können Sie sich vielleicht in etwa ein Bild von der Tapete machen, nicht wahr? Ein äußerst originelles, heiteres Werk. Und obendrein abwaschbar.

»Der Himmel bewahre mich, Mann! Du willst doch nicht behaupten, daß so was für ein Eßzimmer paßt?«

Ich mopste mich etwas, wie immer, wenn Marianne mich mit ›Mann‹ tituliert. Es ist eine beklagenswerte Angewohnheit.

»Nicht geeignet? Vielleicht wäre dir ein Muster mit Messern und Gabeln lieber? Oder mit Kartoffeln in Alufolie und Lammbraten am Spieß? Oder mit Eisbein und Sauerkraut? Sicher, es ist ein Eßzimmer, aber . . .«

»Du hast eine Kinderzimmertapete gekauft.«

»Na und? Steht vielleicht irgendwo dran, daß es eine Kinderzimmertapete ist? Wenn du sie gekauft und bezahlt hast, kannst du sie hinkleben, wo du willst. Und mir ist eben danach, sie ins Eßzimmer zu kleben. Erstens, weil ich die siebzehn Rollen fast geschenkt bekommen habe, und zweitens, weil nicht einzusehen ist, daß eine Eßzimmertapete immer wie verkleckerte Buchweizengrütze aussehen muß.«

»Wenn man sie täglich sieht, wird einem ja ganz schwindlig. Merkst du nicht, daß das Muster viel zu unruhig ist?«

»Unruhig? Wo soll bei einem roten Ball und zwei gelben Sonnenblumen die Unruhe herkommen? Wenn du mir das verraten kannst, tausche ich die Tapete um. Wenn nicht, hängt sie bis zum Abend an der Wand. Hast du eine Tüte Mehl?«

Als gestandener Heimwerker mache ich mir meinen Tapetenkleister selber. Er kostet nur einen Bruchteil von dem, was man im Laden dafür zahlen muß. Und weil mir Geheimniskrämerei verhaßt ist, verrate ich Ihnen hier das Rezept: Man nehme eine Tüte Mehl und einen Schuß Wasser, verrühre, fröhliche Weisen pfeifend, beides in einer Schüssel, lasse die Mischung so lange stehen, wie man braucht, um ein Bier zu trinken – und fertig ist der Tapetenkleister.

Ich habe das Rezept von meinem Vater, der es seinerseits von seinem Vater übernommen hat. Selbstgemachter Tapetenkleister ist genau das richtige für den echten Heimwerker. Wahrscheinlich werden die Tapetenkleisterfabrikanten mir jetzt gram sein, weil ich ihre Rezeptur preisgegeben habe, aber das kümmert mich wenig.

Ich habe kein sehr herzliches Verhältnis zu Tapetenkleisterfabrikanten, seit ich mir während einer Strohwitwerperiode mal versehentlich aus einer tückischen Tüte mit industriellem Tapetenkleister meinen Porridge gerührt habe.

Aber zurück zum Thema. Ehe man mit dem eigentlichen Tapezieren loslegt, muß man unbedingt ein Stück Fußboden zum Einstreichen der Tapetenbahnen frei machen. Manche Heimwerker hängen dafür die Tür aus und legen sie auf zwei Sägeböcke, aber das hat den Nachteil, daß man seine Frau nicht aussperren kann, die sonst unweigerlich im ungünstigsten Augenblick hereinplatzt. Wenn man gerade Kleister über ihre Sanderson-Vorhänge gekleckert hat, beispielsweise, oder wenn versehentlich ihre beste Begonie vom Fensterbrett gefallen ist.

Beim Tapezieren bin ich immer unheimlich gut drauf. Als ich soweit war, die erste Bahn aufzuhängen, angelte ich einen Hundert-Kronen-Schein aus der Brieftasche und überreichte ihn Marianne.

»Hier, mein Schatz, fahr in die Stadt, schau dich um und gönn dir was. Wenn du wiederkommst, hast du ein neues Eßzimmer, hell und festlich.«

Marianne griff sich verächtlich schnaubend den Schein und verschwand. Es tat mir schon leid, daß ich mich nicht mit einem Fünfziger losgekauft hatte.

Ich strich die erste Bahn mit meinem guten, selbstgemachten Kleister ein, erklomm die Leiter, die Tapete in der Hand, und begann sie mit der Tapezierbürste an die Wand zu streichen.

Die obere Ecke konnte noch ein bißchen Kleister vertragen.

»Gibst du mir mal den Kleistereimer?« bat ich Marianne, die draußen in der Diele stand und in der Rokokokommode nach ihren Handschuhen kramte. Sie stellte den Eimer auf die zweite Stufe von oben. Ich drehte mich vorsichtig um und tauchte die Einstreichbürste in den Eimer. In diesem Augenblick landete etwas Nasses, Glitschiges in meinem Nacken. Die Tapete hatte sich gelöst und war heruntergefallen. Ich wollte von der Leiter steigen, aber der Eimer stand im Weg.

»Marianne«, rief ich. »Kommst du mal?«

Sie kam nicht.

»Marianne!«

Sie war schon weg. Ich versuchte mich zu bücken, um an den Eimer heranzukommen, aber die Leiter wackelte bedenklich.

Langsam wurde die Lage kritisch. Ich wagte kaum, mich zu bewegen, weil ich die Tapete in meinem Nacken nicht kaputtmachen wollte. Wenn sie riß, kam ich mit meinen siebzehn Rollen nicht hin.

In solchen Situationen rede ich mir gut zu: »Ruhig bleiben, alter Junge, es wird schon alles klappen.« Und so war es auch. Plötzlich kam mir eine Idee. Ich angelte ein Stück Strippe und einen verbogenen Nagel aus der Tasche, band die Strippe an den Nagel und ließ ihn zum Telefon hinunter, das auf dem Boden stand, weil ich das Telefontischchen in die Diele geschafft hatte. Es gelang mir, den Hörer hochzuholen. Mit Hilfe einer Schleuderstange, die erfreulicherweise in Griffweite war, schaffte

47

ich es nach einigen vergeblichen Versuchen, die Nummer unseres Nachbarn zu wählen.

»Hey, Mortensen«, sagte ich. »Ich bin's, Ihr Nachbar. Hätten Sie Lust, auf ein Bier rüberzukommen?«

Er kam postwendend.

Auf meine Bitte räumte er bereitwillig den Eimer beiseite, so daß ich von der Leiter steigen und die Tapete, die an meinem Rücken klebte wie eine nasse Flunder, vorsichtig abpellen konnte.

»Wenn ich tapeziere«, sagte Mortensen, der auch im Heimwerkerfach tätig ist, »streiche ich eine ganze Wand mit einer ordentlichen Schicht Kleister ein und hänge die Bahnen hintereinander auf. Daß man immer nur eine Bahn kleben soll, ist doch Blech.«

Ich versuchte es nach Mortensens Methode. Nach drei Flaschen Bier hatte ich die Wand geschafft.

»Die Tapete sitzt zu hoch«, sagte ich. Bis zum Boden fehlte ungefähr ein Viertelmeter.

»Die Katze muß das Metermaß verschleppt haben, als ich beim Zuschneiden war«, fügte ich mit Galgenhumor hinzu.

»Wissen Sie was? Sie kleben einfach einen Streifen waagerecht um die Scheuerleiste herum«, meinte Mortensen.

»Ich habe nicht genug Tapete«, gestand ich zögernd. Leider hatte ich drei, vier Bahnen wegwerfen müssen, die ich in meinem Elan verkehrtherum angeklebt hatte.

»Aber so können Sie es nicht lassen«, beharrte Mortensen, »Sie kriegen sonst Ärger mit Ihrer Frau. Wenn Sie hinter dem Büffet und dem Sideboard nicht tapezieren, reicht es.«

»Okay«, sagte ich und klebte einen Streifen an der Scheuerleiste entlang. Alles ging glatt, bis ich zu dem schwierigen Stück über dem Kamin kam. Hier wurde es kritisch. Durch den vorspringenden Sims kam ich mit der Leiter nicht nahe genug heran, und die Tapete fiel mir ständig ins Gesicht.

»Helfen Sie mir mal«, bat ich Mortensen, der sich bereitwillig aus seinem Sessel aufrappelte und mir zu Hilfe eilte. Als die Bahn endlich hing, hing sie schief.

»Wenn das Essen gut ist, fällt es überhaupt nicht auf«, tröstete Mortensen.

Aber Pfusch ist bei mir nicht drin. Also riß ich die Bahn wieder herunter, mit dem Erfolg, daß sieben alte Tapetenschichten mitkamen. Darunter kam eine achte Schicht zum Vorschein, ein brauner Untergrund mit goldenen Weinranken. Mortensen betrachtete sie ausgiebig.

»Gar nicht schlecht, ehrlich«, befand er. »Immer wieder hübsch, so ein Weinrankenmuster.«

Er hatte recht. Es war wirklich eine hübsche Tapete.

»Irgendwie vornehm«, fuhr Mortensen fort. »Muß anno dazumal ganz schön teuer gewesen sein.«

Mir kam eine Idee. »Wissen Sie was? Ich werde überall die sieben Tapetenschichten runterreißen. Bis auf die Wand, die ich schon geklebt habe. Muß schick aussehen, so ein Weinrankenmuster im Eßzimmer. Das kommt bei Marianne bestimmt gut an.«

Ich machte mich daran, die sieben Schichten herunterzuholen, und je mehr von den Weinranken zum Vorschein kam, desto größer wurde meine Begeisterung.

»Viel vornehmer als die Katzen und die Sonnenblumen da drüben«, sagte ich. Mortensen war meiner Meinung. An ein paar Stellen klebte noch ein bißchen alter Kleister, aber den wusch ich vorsichtig mit einem nassen Lappen ab. Als ich fertig war, kannte Mortensens Entzücken keine Grenzen.

»Jetzt haben Sie noch so viel von den Sonnenblumen

49

übrig, daß Sie die ganze erste Wand waagerecht tapezieren können«, schlug er vor und trat ein paar Schritte zurück, um den Streifen zu begutachten, den ich an der Scheuerleiste entlang geklebt hatte. »Ich habe den Eindruck, daß sie seitlich wirklich besser aussieht«, meinte er. »Dann merkt man nicht so, daß es eigentlich eine Kinderzimmertapete ist.«

»Recht haben Sie«, erklärte ich. »Wo steht denn geschrieben, daß man Tapeten immer in senkrechten Bahnen kleben muß? Ich werde die ganze Wand waagerecht tapezieren.«

Es war gar nicht so übel, als es fertig war. Jetzt brauchten wir nur noch den Boden sauberzumachen. Zwei Bahnen waren an unserem ziemlich abgetretenen Parkettfußboden festgeklebt.

»Wird nicht so einfach sein, sie abzukriegen«, sagte ich und polkte ein bißchen an einer Bahn herum.

»Abzukriegen?« wiederholte Mortensen. »Wozu wollen Sie die überhaupt wieder wegmachen? Sie haben doch noch vier, fünf Rollen übrig. Tapezieren Sie einfach den ganzen Fußboden, dann sieht man das abgetretene Parkett nicht mehr.«

»Den Fußboden tapezieren?« sträubte ich mich. »Das geht doch nicht!«

»Das geht nicht?« schnaubte Mortensen. »Wir haben das ganze Badezimmer tapeziert und die Rohre knallrot gestrichen. Es geht alles, wenn man nur will. Die Toilette in unserem Ferienhaus hat Zebrastreifen. Ihr Parkett sieht schon lange etwas mitgenommen aus. Tapeziert macht es sich bestimmt besser.«

»Das Muster tritt sich schnell ab.«

»Nicht, wenn man eine schöne dicke Lackschicht drüberlegt. Man muß sich auch mal trauen, Neuland zu beschreiten.«

»Das gibt Krach mit meiner Frau.«

»Na und? Bei der Sache mit den Zebrastreifen hat mich Olga ganz schön fertiggemacht, aber inzwischen hat sie sich daran gewöhnt. So eine kleine Überraschung dann und wann tut einer Ehe nur gut.«

Das war mir aus der Seele gesprochen.

Wer nicht der Typ ist, gelegentlich mal aus der Ehe auszubrechen, sich bei günstiger Gelegenheit einen netten, kleinen Seitensprung zu gönnen, muß eben nach anderen Möglichkeiten suchen, um das, was sich so im Laufe der Jahre angestaut hat, ab und zu rauszulassen.

Also betrat ich Neuland und tapezierte den Fußboden. Es mag sich verrückt anhören — aber als nach einigen Stunden alles fertig war, kam ich mir wirklich vor wie ein Mann, der eine große Tat vollbracht hat. Eine tiefe Ruhe überkam mich. Ich sank in einen unserer Hepplewhite-Sessel und erfreute mich an meinem Werk. Vielleicht war ich der erste Heimwerker der Welt, der einen Parkettboden tapeziert hatte.

Eine erhebende Vorstellung.

»Na?« sagte ich aufgeregt zu Marianne, als sie heimkam. »Was sagst du?«

»Großer Gott!« stieß sie hervor. Ein Ausspruch, der zahlreiche unterschiedliche Interpretationen zuläßt. Später — während ich auf den Knien herumrutschte und mit viel Seifenwasser und einem Spachtel die Tapete vom Fußboden kratzte — wurde sie ausführlicher, aber ich verschone Sie mit ihren ziemlich widersprüchlichen und verworrenen Darlegungen. Ich möchte nur noch hinzufügen, daß uns ein paar Tage später beim Abendessen die ganze waagerecht tapezierte Wand auf den Kopf fiel — daß heißt, natürlich nicht die Wand selbst, sondern die Tapete.

Als ich daraufhin meinen selbstgemachten Tapetenkleister einer genauen Untersuchung unterzog, stellte
sich heraus, daß er überhaupt keine Klebekraft hatte,
und als ich mir die leere Tüte ansah, wurde mir klar,
warum er nicht kleben konnte. Aber um ehrlich zu sein:
ich habe mich nicht getraut, Marianne zu sagen, sie
möge ihre Tüten deutlicher beschriften, damit man
sofort erkennt, in welchen Weizenmehl ist — und in
welchen Grieß.

Der sexhungrigen Madame Colette

Bekleidet mit ihrem schicksten Nachmittagskostüm
saß die nicht mehr ganz junge, aber noch immer
attraktive Madame Colette an einem der unbequemen
Miniaturtische im Café de la Paix und nippte an ihrem
Aperitif, während sie mit einem abwesenden Ausdruck
ihrer schönen Augen den unaufhörlichen Strom von
Passanten beobachtete, der am Boulevard des Capucines
und über den Platz vor der Oper vorbeihastete.

Zwar konnte man ihr nicht ansehen, daß sie bereits
viermal verheiratet gewesen war und gerade von ihrem
vierten Mann geschieden wurde, weil er sich geistiger
Grausamkeit schuldig gemacht hatte. Nun war sie auf
der Jagd nach dem fünften Ehemann.

Am Tisch neben Madame Colette saß ein Herr mit
einem großen, modernen dunklen Vollbart. Ein eleganter Herr mit breiten Schultern, die in einem eleganten
Anzug steckten, dem man den erstklassigen Pariser Her-
renschneider ansah. Madame Colette schätzte ihn auf
Mitte dreißig. Noch nie war sie mit einem Mann in den
Dreißigern verheiratet gewesen, der einen so großen, so

dunklen und so vornehmen Vollbart trug. Genaugenommen war sie überhaupt noch nicht mit einem Mann mit Vollbart verheiratet gewesen. Als sie ihn zufällig anblickte und er ihren Blick einige Augenblicke lang erwiderte, lächelte sie ihr bezauberndstes Lächeln, und das wollte schon einiges bedeuten. Es hatte auch die gewünschte Wirkung. Der elegante Herr erhob sich und trat an ihren Tisch.

»Excusez-moi, Madame«, lächelte er und deutete auf den freien Stuhl an ihrem Tisch. »Ist dieser Platz besetzt?«

Colette schüttelte verneinend den Kopf, und der Herr mit dem Vollbart nahm Platz.

»Die Aussicht von hier ist schöner«, sagte er und blickte Colette so tief in die Augen, daß sie züchtig errötete.

»Darf ich Sie zu einem Drink einladen?« fuhr der Herr fort.

»Avec plaisir«, erwiderte Colette mit einem Lächeln, angemessen reserviert.

Eine halbe Stunde später war es um den bärtigen Herrn geschehen. Er griff nach Colettes schlanker weißer Hand, führte sie an seine Lippen und hauchte einen leichten, eleganten Kuß darauf. Der Vollbart kitzelte, als er ihre zarte weiße Haut berührte, und sie mußte unwillkürlich lächeln. Der Herr mit dem Vollbart erlag ihrem bezaubernden Lächeln mit Glanz und Gloria.

»Madame«, sagte er, »verzeihen Sie meine Eile, aber ich kann keine Sekunde länger damit warten, meine Bitte vorzutragen: Wollen Sie meine Frau werden?«

»Peut-être bien«, lächelte Colette, und damit war die Sache beschlossen. So schnell, glatt und reibungslos geht es zu in der Traumstadt der Liebenden, wenn eine einsame Seele eine andere einsame Seele trifft und wenn diese beiden einsamen Seelen denselben Wunsch haben: die Einsamkeit, die Sorgen, die Freuden und das Kopfkissen mit jemandem zu teilen.

In dieser Nacht verlor Madame Colette ihre Tugend zum fünften Mal, und zwar ohne jede Einschränkung. Um die Wahrheit zu sagen, sie verlor ihre Tugend in dieser Nacht mit kurzen Pausen mehrere Male nacheinander.

Nun gut, der Herr mit dem Vollbart heiratete Madame Colette, die wir von jetzt an Madame Château-neuf-du-Pape nennen wollen, so lautete nämlich der Name ihres Mannes. Früher hieß er ganz einfach Dupont, was etwa dem deutschen Meier, Müller oder Schmidt entspricht. Aber er fand den Namen zu gewöhnlich und schaffte sich deshalb zusammen mit dem imposanten dichten Vollbart den aristokratisch klingenden Namen Château-neuf-du-Pape an.

Madame Château-neuf-du-Pape genoß das Glück ihrer fünften Ehe. So glücklich wie dieses Mal war sie noch niemals gewesen. Die Hochzeitsreise ging nach Rom, wo sie das Kolosseum und die Spanische Treppe besichtigten und im übrigen so verliebt waren, wie man das von Hochzeitsreisenden kennt. Mehrere Monate vergingen, ehe Madame Château-neuf-du-Pape den ersten Fehler an ihrem fünften Mann entdeckte.

Nämlich seinen großen dunklen Vollbart.

Er kitzelte.

Er kitzelte, wenn er sie küßte.

Er kitzelte, wenn er . . . ja, also der Vollbart kitzelte ihren blanken Bauch, und wenn etwas Madame Colettes blanken Bauch kitzelte, begann sie zu lachen — und wer kann sich schon auf die verwegenen Variationen des Sexuallebens konzentrieren, wenn man sich dabei kaputtlacht? Colette nicht, Colette wahrhaftig nicht!

Non, monsieur. Sie bat ihn, den großen, kratzenden, dummen Vollbart abzunehmen, aber er war so stolz darauf, daß er sich schlankweg weigerte, ihren Wunsch zu erfüllen.

Was tat nun Madame Château-neuf-du-Pape?

Ließ sie sich noch einmal scheiden? Schaffte sie sich einen Liebhaber ohne Bart an? Nein, wo denken Sie hin! Sie liebte noch immer ihren großen, eleganten Mann, und es wäre ihr nicht einmal im Traum eingefallen, einen so drastischen Schritt zu tun, wie es eine Scheidung gewesen wäre. Nein, sie tat einfach ein paar Schlaftabletten in seinen abendlichen Drink, und als er bald darauf tief und geräuschvoll in seinem Lieblingssessel schnarchte, griff Madame Colette nach einer Schere und schnippelte ihm schonungslos den Vollbart bis auf den letzten Millimeter ab.

Nachdem das getan war, trat sie ein paar Schritte zurück, um ihr Werk zu betrachten.

Plötzlich riß sie ungläubig die Augen auf, stieß einen schrillen Schrei aus und schlug die Hände vors Gesicht.

Bon Dieu! Im Sessel saß ihr vierter Mann − der elende Dupont!

Hat Shakespeare wirklich hier gelebt?

Es war immer schon mein großer Traum gewesen, mir das einzigartige Erlebnis zu gönnen, in Shakespeares Geburtshaus in Stratford on Avon zu stehen. Wenn man selbst schreibt und weiß, wieviel geistige Entfaltung und Gehirnkonzentration dazu gehört, um seiner Mitwelt all das zu geben, was man in sich hat, dann versteht man das Lebenswerk eines Kollegen wie

Shakespeares zu würdigen. Als wir deshalb im Sommer in England waren — Marianne und ich —, war der Besuch in Stratford on Avon mein wichtigster Plan. Aber wie es so geht und auch nicht geht, vertrödelten wir die Tage in Kneipen, an Badestränden und Golfbahnen. Zwar spiele ich selbst nicht Golf, aber wir zelteten mehrere Tage auf einem englischen Golfplatz. Und wenn man nach einem guten und reichhaltigen Frühstück auf dem Rücken im Gras liegt und ein kleines Schläfchen macht, dann vergeht die Zeit — man schafft nicht alles Geplante und muß sich so langsam darauf einstellen, nach Hause zu fahren, ohne Shakespeares Geburtshaus gesehen zu haben. Nun, man konnte sich auch mit weniger begnügen.

Als wir eines Tages in einem kleinen Dorf, Appledale, haltgemacht hatten, um etwas Benzin aufzutanken, entdeckte ich an einem bescheidenen alten Fachwerkhaus in typisch englischem Stil ein hübsch lackiertes Holzschild mit der zierlichen Aufschrift: SHAKESPEARE LIVED HERE!

»Hat Shakespeare wirklich hier gelebt?« fragte ich den Tankwart interessiert.

»Ja, Sir«, sagte er, »da drüben! Genau da drüben in dem Haus des alten Webster Blackworth. Sie sollten mal rübergehn und das Bett ansehen, in dem Shakespeare geschlafen hat!«

Wir eilten hinüber. *Open daily 10—4, admission 2 sh* stand dort auf einem kleinen Pappschild über der Klingel. Ich klingelte, der alte Webster schlurfte heran und bat uns herein. Es war etwas eng in den kleinen, niedrigen Zimmern mit den bleiverglasten Fenstern.

Wir sahen uns um — schweigend und ergriffen. Schließlich geschieht es nicht jeden Tag, daß man einen Ort betritt, an dem Shakespeare gelebt, gewohnt, geatmet und geschlafen hat. Und wenn man einen so großen Augenblick erlebt, zum ersten Mal, dann stimmt dies andächtig.

»Wo stand sein Bett?« wagte Marianne endlich zu fragen. Der Alte wackelte, auf seinen Stock gestützt, in eine Kammer nebenan. Eng und dunkel war es dort, doch das Bett war tatsächlich da – ein altes Gestell mit primitiv ausgeführter Schmiedeeisenarbeit am Kopfende und mit kleinen, einfachen Porzellanknöpfen an den Bettpfosten. Die Bettdecke war schwer und klumpig mit breitgestreiftem blau-weißem Stoff bezogen, und ein Nachtgeschirr, bemalt mit einem walisischen Blumenmotiv, ragte unter der schmalen Seite des Bettes hervor.

»Hat Shakespeare wirklich in diesem Monstrum geschlafen?« fragte Marianne und erschauerte über den geringen Komfort.

»Viele, viele Male«, nickte der alte Webster und angelte den Nachttopf, mit dem Stock über die rohen Fußbodenbretter schubsend, hervor, wobei er aufrichtig hinzufügte: »Man weiß nicht, ob er überhaupt für seine eigentlichen Zwecke benutzt worden ist. Er stand aber in jedem Fall hier, als ich 1912 das Haus übernahm. Und es kann sehr wohl sein, daß Shakespeare . . .«

»Phantastisch!« unterbrach ich. »Phantastisch, vor einem Bett zu stehen, in dem Shakespeare geschlafen hat.«

»Ja«, gab der Alte zu, »das sollte die 2 Schillinge reichlich wert sein.«

Ich faßte die Bemerkung als eine ebenso diskrete wie geschickte Mahnung auf, daß wir den Eintrittspreis noch nicht beglichen hatten, als wir über die Türschwelle getreten waren, und ich drückte dem Alten 4 Schillinge in die Hand.

»Hier drinnen«, sagte er und schlurfte in eine kleine

alte Küche mit Steinfußboden und gekachelten Wänden, »hier drinnen hat Shakespeare seine bescheidenen, anspruchslosen Mahlzeiten eingenommen.«

»Stell dir vor!« sagte Marianne.

»Phantastisch!« sagte ich.

Der alte Webster fummelte ein bißchen an einem Kühlschrank herum, der in eine Ecke neben den Herd geschoben worden war.

»Den Kühlschrank habe ich selbst angeschafft«, sagte er, »der stand nicht hier, als ich 1912 nach der alten Witwe Ernie Peacock das Haus übernahm.«

Er faßte nach einer alten, angeschlagenen Tonschüssel. »Aber die Schüssel hier«, sagte er und setzte sie vorsichtig auf den recht schmuddeligen Küchentisch, »aus der Schüssel hier hat Shakespeare unzählige Male gegessen.«

Wir betrachteten stumm die abgeschlagene einfache Tonschüssel, deren Rand verriet, daß sie früher einmal blau glasiert gewesen war. Der alte Webster verfolgte mit seinen kleinen, tiefliegenden Augen gespannt unsere Reaktionen.

»Stell dir vor, daß er aus so einer Schüssel gegessen hat«, sagte Marianne.

»Ohne Messer und Gabel«, sagte der alte Webster wissend.

»Phantastisch!« sagte ich.

Der alte Webster schob uns einen großen Tonkrug zu.

»Und daraus hat er getrunken«, fuhr er fort.

Der Henkel war leider abgegangen, man konnte jedoch noch immer deutlich sehen, wo er gesessen hatte.

Wir sahen uns nach interessanten Dingen um.

»Durch die Tür da ist er viele, viele Male aus und ein gegangen.« Eine alte geteilte Tür mit Klinke.

Wir gingen zurück zur Stube.

Über die Armlehnen eines alten englischen Schaukelstuhls war ein dünnes Stückchen Schnur gespannt, so daß Besucher nicht versehentlich gerade auf dem Stuhl Platz nehmen sollten, in dem Shakespeare gesessen hatte. Mir kam eine Idee.

»Darf ich mal darauf sitzen?« fragte ich eifrig.

Der Alte sah mich sprachlos an. Es hatte offenbar niemand vorher gegeben, der sich erdreistet hätte, so etwas zu fragen. Ich malte mir aus, wie wunderbar es wäre, zu Hause erzählen zu können, daß ich in ebendemselben Stuhl wie Shakespeare gesessen hätte.

Ich drückte dem Alten daher eine Pfundnote in die Hand. Das half. Er löste die Schnur, und ich setzte mich und schaukelte etwas vor und zurück.

»Herrlich!« rief Marianne ergriffen.

Wahrhaftig! Shakespeares Haus in Appledale, Hertsfordshire, war ein Erlebnis.

Leider entdeckte ich, als wir die Stadt verlassen wollten, daß ich meinen Hut auf dem Küchentisch liegengelassen hatte und wir deswegen umkehren mußten. Keine Antwort, als ich klingelte. Ich ging nach hinten, um nach dem alten Webster zu suchen. Er ging gerade schwankend mit der angeschlagenen Tonschüssel auf ein Hundehaus zu, aus dem ihm ein alter, steifbeiniger irischer Setter entgegenkam.

»Shakespeare«, rief er, »Fressen!«

Der Kaviarsputnik und die Kaugummirakete

Der Kernwaffenphysiker Professor Dimitri Wodkanowitsch stand zusammen mit seinen engsten Mitarbeitern und einigen hochgestellten Militärs in einem der riesigen Laboratorien der Nischnij-Omsk-Werke. Er beugte sich über einen Kartentisch und ließ seine mageren weißen Finger erklärend über die komplizierten Blaupausenzeichnungen gleiten.

»Ja, aber . . .«, wandte Marschall Samowarski mit einem skeptischen Blick auf die Konstruktionszeichnungen ein, »das ist doch nur ein ganz gewöhnlicher Sputnik!«

Professor Wodkanowitsch blickte auf.

»Sie irren sich, Genosse Marschall«, sagte er und schob die Brille auf die Stirn. »Da irren Sie sich ganz gründlich. Der Sputnik Q 13 kann in keiner Weise mit einem unserer früheren Sputniks verglichen werden. Hören Sie: In dieser Q 13 plutoniumisierten Fission-Fusionsbombe werden die Elektronen von dem Caesium U 235 mit einer enormen Geschwindigkeit beschleunigt. Diese Deuterium-Trotium-Elektronen bombardieren nun die Brint-Atome und reißen Protonen und Neutronen los, die durch ein trichterförmiges Rohr in eine Bleikappe geleitet werden, in der eine Dose frischer Kaviar eingebaut ist. In dem Augenblick, in dem die Brint-Atome, Protonen und Neutronen auf den Kaviar treffen, wird eine gewaltige Kettenreaktion ausgelöst. Die Kernspaltung des Kaviars entwickelt sich mit einer so phantastischen Explosionskraft, daß sich Myriaden von Störeiern in Sekunden über ein Gebiet von mehreren hundert Quadratkilometern ausbreiten, und zwar in einer Stärke von mindestens dreißig Metern. Alles, was innerhalb des Explosionsbereiches liegt, erstickt in Kaviar. Ein einziger unserer Kaviarsputniks reicht aus, um eine Stadt von der Größe New Yorks zu vernichten. Der Kaviar wird sich als eine widerlich-schleimige Masse, als ein grauschwarzer, undurchdringlicher Brei über Gut und Böse ausbreiten. Alle Lebewesen werden im Kaviar ersticken. Sie werden sich bei dem verzweifelten Versuch, dem echten russischen Kaviar zu entfliehen, an der schleimigen kaspischen Delikatesse überfressen und zugrunde gehen. Die Wahrheit zu sagen, Genosse Samowarski, handelt es sich um eine so gewaltige Lebensmittellieferung, daß die Nation, welche wir damit bereichern, uns niemals vergessen wird!«

Während Professor Wodkanowitsch seinen Vortrag hielt, erschien auf den sonst versteinerten Zügen von Marschall Samowarski ein schwaches Lächeln.

»Und wann können wir den ersten Versuch mit diesem Kaviarsputnik machen?« fragte er interessiert, während er sich hinunterbeugte, um einen kleinen sibirischen Versuchshund Karotjik, der ihm zwischen den Beinen herumlief, zu streicheln. »Jederzeit! Die Rakete ist fertig und kann sofort auf die Reise gehen. Uns fehlt nur noch Klarheit über die Stelle, wo wir sie niedergehen lassen sollen. Wie wäre es mit der Balalaikajansk-Tundra? Dort können höchstens ein paar Jakuter-Nomaden ihr Leben verlieren, und was kann ein Nomade wohl Schöneres wünschen, als sich an Kaviar zu überfressen, bis er stirbt? Im Dienste des Weltfriedens und der Wissenschaft!«

Marschall Samowarski schüttelte den Kopf.

»Die Balalaikajansk-Tundra kommt nicht in Betracht«, sagte er, »dort hält unsere ruhmreiche Armee gerade besonders geheime Manöver ab. Alles in allem halte ich es für bedenklich, die Rakete auf unserem Gebiet detonieren zu lassen. Solange sie noch nicht erprobt ist, weiß man ja nicht, ob auch alles klappen wird. Für den ersten Versuch müssen wir einen anderen Ort finden. Können Sie mir nicht einen Vorschlag machen?«

»Wie wäre es mit Amerika?«

Der dicke vierschrötige Marschall zuckte zusammen. Er wandte sich schnell dem Professor zu und musterte ihn mit einem so scharfen Blick, daß der Wissenschaftler unwillkürlich einen Schritt zurücktrat.

»Das ist mir nur so herausgerutscht, Genosse Marschall«, murmelte er kleinlaut, »natürlich kommt Amerika nicht in Betracht. Ich weiß gar nicht, wie ich auf den Gedanken kommen konnte.«

Marschall Samowarski runzelte die Stirn und ging nachdenklich und schweigend einige Male hin und her.

»Jedenfalls müßten wir dann dort drüben eine Stelle finden, wo wir sicher wären, daß das Ding so gut wie keinen Schaden anrichtet«, sagte er, »und falls der Versuch dennoch zu politischen Komplikationen führen sollte, müßten wir den Vorfall als zwar bedauerliches, aber nicht beabsichtigtes Mißgeschick hinzustellen versuchen. Das haben beide Lager schon vorher mit Erfolg getan.«

Der Marschall wandte sich an einen seiner Kartographen.

»Können *Sie* einen Vorschlag machen?« fragte er.

»Walnut Hills, Alabama«, lautete die Antwort präzise ohne langes Zögern, »das ist ein großes, menschenleeres Gebiet, das nur von einigen rückständigen Farmern, primitiven *backwoodsmen,* bewohnt wird.«

Marschall Samowarski nickte erleichtert.

»Walnut Hills, Alabama«, sagte er und kreuzte das Gebiet auf seiner Karte an. Damit war die Entscheidung gefallen.

Mit Hilfe einer Dreistufenrakete wurde der Kaviarsputnik nun ins Weltall geschickt, wo er in zweitausendfünfhundert Kilometer Höhe auf Kurs ging. Wenn er nach der 24. Umrundung das betreffende Gebiet von Alabama erreichte, würde er automatisch Kurs auf die

Erde nehmen, eine zweistufige hydraulische Bremsra-
kete würde die Fahrtgeschwindigkeit reduzieren, und
mit gleichbleibender Geschwindigkeit würde er die Erde
erreichen, um dort beim Aufprall zu explodieren.

In den Laboratorien der Nischnij-Omsk-Werke verfolgte man gespannt die regelmäßigen Pip-Pip-Pip-Pip-
Radiosignale, die der Sputnik Q 13 sendete. Nur Professor Wodkanowitsch hörte sie nicht. Er saß an seinem
Schreibtisch, hatte ein Blatt Papier vor sich und nahm
einige routinemäßige Kontrollberechnungen vor. Plötzlich riß er entsetzt die Augen auf, ließ seinen Kugel-
schreiber nervös über die Zahlen und Formeln gleiten,
wurde leichenblaß, erhob sich, blickte einen Augenblick
starr vor sich hin, schwankte ein wenig, griff mit der
Hand ans Herz und stürzte tot zu Boden.

Bei der Berechnung der Störeiermenge, die nach der
Kernzertrümmerung der Kaviarladung im Sputnik Q 13
das Explosionsgebiet bedecken würde, hatte er einen
schicksalsschweren Fehler begangen. In der Aufregung
hatte er ein Komma siebzehn Stellen zu weit rechts
angebracht.

Das bedeutete, daß der Sputnik Q 13 mit seiner
Kaviarladung oben im Weltall eine Bahn zog, die in 24
Stunden den ganzen Erdball mit einer Kaviarschicht von
mehreren Kilometern Dicke bedecken würde. Deshalb
der Herzschlag.

Am Kap Karneval wurde es Abend. Es dunkelte über
der größten Atom- und Raketenabschußrampe der westlichen Welt, der Heimstatt des furchtbarsten Spielzeugs
aller Zeiten, der Kaugummirakete, heimlicher, verblüf-
fender Triumph amerikanischer Raketenwissenschaftler.
Die riesigen Raketenanlagen in der stark bewachten
Talsohle lagen verlassen da. Nur aus einem klobigen

grauen Betonbau, der zwischen der thermischen Diffusionsanlage und der Anlage zur elektromagnetischen Trennung von Isotopen lag, drang Licht aus den vergitterten Fenstern.

Zwischen den gigantischen Zyklotronen standen zwei Männer. Der eine, ein schlotternder schwarzer Kerl mit vorspringendem Unterkiefer, flacher Nase, Kraushaar und dicken Lippen, stand in stummem Abscheu auf einen Schrubber gestützt und ließ die dicke Unterlippe gedankenlos herabhängen. Der andere, ein Nachtwächter, fummelte eifrig an einem Instrumentenbrett, das zu einem der Zyklotronen gehörte. Er drückte auf verschiedene Knöpfe, ließ kleine Birnen rot und grün aufleuchten. »Du, Pete«, sagte der Neger mit tiefer Baßstimme, »viel verstehen tut man von dem ganzen Kram ja nicht.«

»Du wohl nicht, Mose. Dein Kopf ist zu klein, um das alles zu begreifen. Da ist für diese Dinge kein Platz drin. Man muß mit einem großen Verstand geboren sein, um alles zu kapieren. Siehst du, Mose, ich könnte dir ja erklären, wie diese Zyklotronen wirken, aber es wäre vergebens. Deine Gehirnschale ist zu dick, Mose, von ihr prallt alles ab.«

Mose stützte sich auf den Griff seines Schrubbers, legte sein Kinn auf seine gefalteten Hände und sog seine Unterlippe mit einem vernehmbaren Geräusch ein.

»Ich bin ja auch nicht so lange in die Schule gegangen, Pete. Daheim in Nashville lernten wir nur Psalmen, Verse und geistliche Lieder. Ich entsinne mich an ein Mädchen, Molly hieß sie, wenn sie Psalmenverse aufsagen sollte . . .«

Pete unterbrach ihn: »Würde es dich denn interessieren, wenn ich dir mal zeige, wie diese große, neue, geheime Kaugummirakete funktioniert, Mose?« fragte er.

64

»Du meine Güte, Pete! Brennend interessieren würde mich das!« murmelte Mose geistesabwesend. In Gedanken war er in dem kleinen Holzschuppen von Nashvilles Negerviertel, wo er seine Jugenderfahrungen gesammelt hatte.

»Dann sieh mal her!«

»Okay, Pete!«

Der Nachtwächter entfernte eine Stahlhaube, die über einer Rakete des neuesten, verheerendsten Modells angebracht war, der Kaugummirakete.

»Da ist allerhand Mechanik in so einem Kasten, was, Mose?« grinste Pete und entfernte vorsichtig die Steuerungsflossen, das Zündrohr, den Radarzündmechanismus und die Atomzertrümmerungsanlage, so daß Einzelteile der Rakete im Innern sichtbar wurden. Während Pete das Gyroskop entfernte, hörte man plötzlich ein paar merkwürdige Pip-Pip-Pip-Signale aus dem Innern der Rakete. Mose trat schnell ein paar Schritte zurück.

»Um Himmels willen, Pete!« murmelte er. »Paß bloß auf, daß uns das Ding nicht losgeht!«

»Da kann gar nichts passieren, Mose, immer mit der Ruhe! Ich habe hier immer gut aufgepaßt und habe alles unter Kontrolle. Nicht umsonst bin ich hier seit fünfzehn Jahren als Nachtwächter tätig. Bist du denn wirklich so dumm, Mose, daß du dir einbildest, dies sei eine ganz gewöhnliche kleine Brint-Bombe? Da irrst du dich aber gewaltig. Kannst du sehen, was dort unten in der Bleikappe liegt?«

Mose warf einen Blick auf die Verschlußkappe.

»Du darfst mir nicht böse sein, Pete«, sagte er und zwinkerte mit seinen großen, gutmütigen Augen dem Nachtwächter zu, »aber für mich sieht es aus wie ein ganz gewöhnliches Päckchen Kaugummi, ein einfaches, normales Päckchen Kaugummi.«

»Du hast vollkommen recht! Es *ist* ein Päckchen Ballonkaugummi. Ich will dir auch sagen, was in derselben Sekunde passiert, wo alle diese Protonen und Elektronen das kleine Kaugummipäckchen zu bombardieren beginnen: Da geschieht nichts anderes, als daß der Kaugummi in Myriaden von winzigen Stückchen zerteilt wird, die sich in Sekundenschnelle über ein Gebiet von – um mal ein richtig großes Gelände zu nennen – wie das halbe Rußland ausbreiten, und zwar in einer Schicht, die mindestens fünfzig Meter dick ist. Was sagst du dazu, Mose? Fünfzig Meter nasser, klebriger Ballonkaugummi, wohin man blickt. Siehst du all die bärtigen Bolschewiken und die kleinen schlitzäugigen Mongolen, wie sie sich bis weit über die Ohren in Kaugummi wälzen? Beine, Arme und Bart: Überall Kaugummi! Und dann bekommen sie das Zeug in die Luftröhre und ersticken daran. Ersticken wie Ameisen, die man in einen Klumpen Hefeteig steckt. Kannst du dir das vorstellen, Mose?«

»Jessas, Pete! Das kann ich mir sehr gut vorstellen!«

»Siehst du, wie sie da auf dem Roten Platz in Moskau liegen und strampeln und unter schrecklichen Bolschewikenflüchen und -verwünschungen an unserem Kaugummi zugrunde gehen?«

Pete verstummte jäh.

In einem Nebenzimmer hörte man Schritte. Er beeilte sich, den Ballongummi in den Bleibehälter zurückzuwerfen, und Mose begann, mit Schmierseife und Schrubber den Fußboden zu bearbeiten.

Der Atomphysiker und Raketenforscher Max Nutzbaum kam in Begleitung einer Gruppe hochstehender Offiziere herein, die von General Shane O'Malley angeführt wurden.

»Wir können die Kaugummirakete weder in der Nevadawüste noch in der Wüste Neumexikos explodieren lassen«, sagte Professor Nutzbaum. »Nirgends in den Vereinigten Staaten gibt es ein Gebiet, das für ein Experiment groß genug wäre, ohne Leben und Eigentum amerikanischer Bürger zu gefährden.«

»Folglich müssen wir, wie ich bereits früher vorgeschlagen habe, die Versuchsbombe über Sibirien explodieren lassen«, schlug General O'Malley vor.

»Davon haben wir nur Ärger«, wandte der Professor ein. »Halb Sibirien wird unter einer meterdicken Kaugummischicht verschwinden, Moskau wird vor Raserei außer sich sein.«

»Die Panne bringen wir mit dem üblichen Notenwechsel aus der Welt«, meinte General O'Malley optimistisch. »Die erste Protestnote schicken wir am besten schon heute abend ab, dann hat Moskau sie eine Stunde nach der Explosion unserer Kaugummirakete bereits in Händen.«

»Und wogegen wollen wir protestieren?«

»Wir verlangen umgehend, daß uns das Ballonkaugummi ausgeliefert wird, welches für unsere Basen im Fernen Osten bestimmt ist und das eine unserer U 23-Maschinen, ohne russisches Territorium zu verletzen, abwerfen mußte, als sie sich von russischen Kau-Jägern verfolgt fühlte.«

Auf seinen Schrubber gestützt und mit schlapp herunterhängender Unterlippe hatte Mose ungläubig staunend den Ausführungen von General O'Malley zugehört. Dann verklärte sich sein schwarzes Gesicht zu einem breiten, großen Grinsen. »Sie machen es richtig, Mr. General«, sagte er und rollte mit den Augen.

Beim Verlassen des Labors klopfte ihm der General freundlich auf die Schulter: »Du gehörst zu uns, Mose«, sagte er mit einem aufmunternden Lächeln, »dir werden wir gestatten, mit der ersten achtköpfigen Stufenrakete, die wir zur Sonne schicken, mitzureisen.«

Tief im Innern Sibiriens.

In der Einsamkeit der Tundra sitzen zwei Jakuter-Nomaden vor ihrem primitiven Rindenzelt und buchstabieren sich mühsam durch die letzte Ausgabe der »Prawda«.

»Sewódnja charóschaja pagóda!« ruft der eine plötzlich und blickt empor, während er seine Hand schützend vor die Augen hält, die von der Sonne geblendet werden. Er hatte dort oben etwas Merkwürdiges entdeckt, ein glänzendes Etwas, das mit Lichtgeschwindigkeit auf sie zukam.

Blitzschnell verschwinden sie in ihrem Zelt. Das merkwürdige Ding schlägt vor dem Zelteingang ein, faucht etwas, macht ein paar kleine Sprünge, macht einige Male Put-Put-Put und bleibt dann vollkommen still liegen, ohne noch einen Ton von sich zu geben.

Die beiden Nomaden schieben neugierig ihre Nasen durch die Zeltöffnung.

»Schtó éto?« meint der eine fragend.

Der andere schüttelt den Kopf. Auch er weiß nicht, um was es sich handelt. Einige Male gehen sie vorsichtig um das mysteriöse Etwas herum, ohne zu wagen, daran zu rühren. Schließlich ermannt sich der eine und berührt es behutsam mit einem Stöckchen. Nichts geschieht. Der andere legt vorsichtig seine Hand darauf und tätschelt das Ding beruhigend. Das Etwas verhält sich weiter ruhig. Vielleicht ist es gar nicht so gefährlich, wie es aussieht?

Sie holen etwas primitives Werkzeug aus ihrem Zelt und beginnen, das Ding auseinanderzunehmen. Der eine sichert sich einige Bleileitungen und dünne Drahtgewinde, der andere interessiert sich mehr für einen kleinen

Elektromagneten, bis er einen Finger in eine Bleikappe steckt, die so groß ist wie eine Konservendose. Er öffnet sie und blickt gespannt in den Behälter, in dem einige kleine, zusammengerollte Papierstücke liegen. Behutsam holt er sie heraus und glättet sie. Mühsam buchstabiert er sich dann durch die merkwürdigen, fremdartigen Buchstaben, die auf dem Papier stehen.

»Wrighley-Kaugummi«, liest er, aber die Buchstaben sagen ihm nichts. Er hat von dem Behälter etwas Interessanteres erwartet. Begleitet von einem saftigen mongolischen Steppenfluch befördert er den Behälter mit einem Fußtritt weit hinein in die Tundra.

Er kann ja nicht wissen, daß ein schwarzer Mann namens Mose in einem passenden Augenblick ihr Leben dadurch gerettet hat, daß er den ganzen Behälterinhalt, der aus Kaugummi bestand, herausgenommen hatte. Dann hatte er genüßlich das unentbehrlichste Element der furchtbarsten Waffe der westlichen Welt, die Kaugummiladung, heruntergeschluckt.

Die brütende Mittagshitze lag wie ein schweres, feuchtes Tuch über dem Tal. Unbarmherzig brannte die Sonne durch die diesige Luft. Alles Grüne begann zu welken, das Gras knisterte vor Trockenheit, und alle Lebewesen verkrochen sich vor der sengenden Glut.

Farmer Ephram hatte sich lange mit dem Schatten begnügt, den er unter seinem alten Ford finden konnte.

Dann drang der verführerische Duft von Pfannkuchen durch die Tür der baufälligen Holzveranda, kitzelte seine Nasenlöcher und brachte ihn dazu, sich in den Schatten der Veranda zu flüchten, wo er in den großmütterlichen Schaukelstuhl sank.

Samatha erschien mit einem Pfannkuchenstapel sowie einem Topf Sirup.

»Nun sind alle fortgezogen, Pa«, sagte sie. »Wir sind jetzt die letzten, zumindest hier im Staat Alabama. Die Leute aus Snagtooth Chibby sind auch nicht mehr da. Wir müssen uns jetzt wirklich ebenfalls auf die Reise machen.«

Farmer Ephram rollte einen Pfannkuchen zusammen und stopfte ihn in den Mund. Samatha trocknete ihre Sirupfinger an ihrer Baumwollschürze ab und fuhr fort:

»Auf dem Schild, das oben in Death Valley angeschlagen ist, steht, daß der 15. Juli der letzte Termin ist. Das war gestern, Pa. Ich habe es nach Garbeys' Kalender ausgerechnet.«

»Farmer Rafe, sagtest du? Bist du drüben bei Rafe gewesen? Hast du vielleicht darauf geachtet, ob noch etwas in der Flasche ist, die immer in der Ecke seines Regals steht?«

Darauf hatte Samatha leider nicht geachtet.

»Er ist bestimmt nicht abgereist, ohne sie vorher geleert zu haben. Wäre noch etwas in der Flasche gewesen, ich gehe jede Wette ein, er wäre noch da.«

Farmer Ephram stopfte seine Birkenholzpfeife, zündete sie an und paffte drauflos.

»Kürzlich wurde im Radio bekanntgegeben, wie viele noch hier sind«, fuhr Samatha fort, »oben in Maine gibt es noch einen Feldjäger, der auf alle schießt, die in seine Nähe kommen. Dann einige Pokerspieler, die sich in einem Saloon in Alamo Heights, Texas, verschanzt haben. Und dann uns beide, Pa. Er erwähnte auch uns beide!«

»Shucks!« knurrte Farmer Ephram, schob sich den Hut in die Stirn und lehnte sich im Schaukelstuhl zurück. Er wollte nun sein Mittagsnickerchen machen. Samatha verschwand im Haus und stellte das Radio an. Nach einigen Minuten wurde die Musik unterbrochen, und eine ziemlich hektische Stimme ertönte in dem scheppernden Lautsprecher: »Die Totalevakuierung der USA ist nun so weit fortgeschritten, daß das letzte Raumschiff morgen früh um 6.20 Uhr von der E-Station 188 West abgehen wird. Wir bringen jetzt eine persönliche Mitteilung an Farmer Ephram Hawkins und Frau Samatha Hawkins, Death Valley, Walnut Hills, Alabama. Da sie auf keine der zahlreichen Aufforderungen der Evakuierungskommandos reagiert haben, die Erde zu verlassen und sich zum Planeten Mars evakuieren zu lassen, werden sie hiermit aufgefordert, sich bei dem Raumschiff Ma-4813-XP, Evakuierungsstation 188 West, am Sonnabend morgen, pünktlich 6.20 Uhr, einzufinden. Sofern sie sich bis zu diesem Zeitpunkt bei der E-Station 188 West nicht eingefunden haben . . .«

Farmer Ephram stellte das Radio ab, und die Stimme verstummte.

»Verdammter Kerl!« schimpfte er und lehnte sich im Schaukelstuhl zurück. »Die Kerle können nicht recht bei Trost sein. Manchmal könnte man glauben, sie hätten nichts anderes zu tun, als von einem Planeten auf den nächsten zu sausen . . . und das ausgerechnet jetzt, wo wir mitten in der Maisernte stecken!«

In Wahrheit konnte Farmer Ephrams Mais durchaus noch einige Tage warten, bis die Kolben reif waren, ja, es war nicht einmal ganz sicher, ob es überhaupt zu einer Maisernte kommen würde, aber was ging das diese elenden Raketenblödiane an? Ihm jedenfalls winkte ein guter, langer Mittagsschlaf, und den wollte er sich nun nicht entgehen lassen.

»Ich hole jetzt dein Hemd mit dem Würfelmuster und deine neue Hose«, rief Samatha, kaum daß er die Augen zugemacht hatte. »Wir müssen jetzt wirklich zusehen, daß wir uns auf die Strümpfe machen.«

»Nicht bei dieser Hitze!« wandte Farmer Ephram ein. »Wir schwitzen uns kaputt, wenn wir den ganzen Nachmittag in unserem Ford kutschieren und die Sonne auf uns runterbrennt.«

»Wir können ja auch abends fahren. Ich bin richtig neugierig darauf, wie es auf dem Mars aussieht. Ich bin noch nie da gewesen, und obendrein kostet uns die Reise doch nichts. Das ist doch jedenfalls besser, als hier zu bleiben, wenn jetzt unser ganzer Globus in die Luft gesprengt wird.«

»Shucks! Flieg du nur zum Mars! Aber was soll werden, wenn am kommenden Montag auch der Mars explodiert? Dann wirst du zur Venus evakuiert, und wenn am Dienstag darauf die Venus explodiert, dann bleibt euch gar nichts anderes übrig, als immer nur von einem Planeten auf den anderen zu sausen. Aber bitte ohne mich! Ich bin hier in Walnut Hills geboren und aufgewachsen, und ich werde hier bleiben! Von mir aus können die Idioten unseren Globus platzen lassen, ich komme schon irgendwie davon. Mir hängt dieser ganze Evakuierungsquatsch meilenweit zum Halse heraus. Mich ödet er einfach an.«

Wie ernst es Farmer Ephram war, zeigte er dadurch, daß er sofort einschlief, und er blieb so lange liegen, bis der Duft von Schafssuppe seine Nasenlöcher kitzelte.

Am Sonnabend vormittag sauste einer der Strato-Hubschrauber des Heeres in niedriger Höhe über Death Valley, Walnut Hills, dahin. Er warf einen Behälter auf die trockene, rissige Erde vor Farmer Ephrams wackeliger Veranda.

Samatha hob ihn auf, öffnete ihn und zog einen großen gelben Umschlag mit einem Schreiben des E-Kommandos heraus. Mit Hilfe ihres Zeigefingers buchstabierte sie sich langsam durch den Text:

»Herrn Farmer Ephram Hawkins und Frau Samatha Hawkins, Death Valley, Walnut Hills, Alabama.

Aus der Passagierliste des Raumschiffes Ma-4813-XP, Start E-Station 188 West Sonnabend 6.20 Uhr, ist ersichtlich, daß Sie dem Evakuierungskommando nicht Folge geleistet haben.

Sie werden hiermit nachdrücklich darauf aufmerksam gemacht, daß Sie sich sofort zum Start des Nachzügler-raumschiffs NIK-1317-00, Evakuierungsstation 188 West, einzufinden haben. Dieses Raumschiff ist Ihre endgültig letzte Chance. Sofern Sie diesem unwider-ruflich letzten E-Befehl bis Sonntag morgen 6.00 Uhr früh, wenn das Raumschiff zum Mars startet, nicht gefolgt sind, werden Sie automatisch auf der Evaku-ierungsliste gelöscht und nur noch in der Rubrik ›Ver-luste‹ geführt.«

Samatha verließ das Haus und blickte unter den alten Ford, in dessen kühlem Schatten sie ihren Mann fand.

»Soeben wurde ein Brief für uns abgeworfen«, sagte sie.

Ephram reagierte nicht.

»Du kannst jetzt hereinkommen und deine Pfannku-chen bekommen«, fuhr Samatha fort, »außerdem gibt es ein Glas Pflaumenschnaps. Warum soll ich ihn noch länger aufbewahren, wenn . . .«

Farmer Ephram kroch unter dem Auto hervor und richtete sich auf.

»Pflaumenschnaps? Wo hast du den her?«

»Ich habe noch etwas von Lizzy-Belles Hochzeit übrig-behalten. Hast du übrigens gehört, was ich gesagt habe? Es wurde ein Brief für uns abgeworfen.«

Sie reichte Ephram das Schriftstück, und er setzte sich damit in Großmutters Schaukelstuhl und überflog es.

»Unter Verluste geführt«, schnaubte er, »verdammte Kaffern! Bei dem letzten Tornado ist doch unser kleines Herzchenhaus auf dem Hof stehengeblieben. Wenn wir dort in volle Deckung gehen, glaube ich nicht, daß sie uns erwischen.«

Samatha reichte ihm mit bekümmerter Miene die Pfannkuchen und den Siruptopf.

»Wenn du mich fragst«, sagte sie, »so täten wir besser daran, schleunigst von hier zu verschwinden.«

»Ich frage dich aber nicht«, erwiderte Farmer Ephram und bedeckte seine Pfannkuchen wieder mit einer dicken Schicht Sirup. »Und jetzt möchte ich den Pflaumenschnaps trinken. Aber ich möchte gern die ganze Flasche sehen, damit ich sicher bin, daß du nicht wieder etwas davon versteckst.«

Der Sonntagvormittag in Death Valley verlief ungewöhnlich ruhig. Die drückende Hitze hatte Ephram schon früh aus seinem Eisenbett und auf die Veranda hinausgetrieben. Samatha stellt das Radio an. Unaufhörlich wiederholte eine nervöse Stimme denselben eindringlichen Appell:

»Unwiderruflich letzter Evakuierungsbefehl für Farmer Ephram Hawkins und Frau Samatha Hawkins, Death Valley, Walnut Hills, Alabama. Sie haben sich ohne jede Verzögerung zu ihrer E-Station zu begeben, wo Sie, sofern es der Platz erlaubt, von einer HQ-Transportrakete des E-Kommandos mitgenommen werden, die als letzte um null Uhr eins zum Planeten Mars startet. Wir schalten jetzt um zum Mars.«

Farmer Ephram öffnete das eine Auge zur Hälfte.

»Stell den Quatsch ab, Samatha!«

»Laß uns doch hören, was sie sagen, Pa!«

»Dann hör du dir's an, aber bitte recht leise. Ich möchte jetzt mein Mittagsschläfchen halten. Ich habe es wahrlich nötig. Seit die Idioten mit ihrem Evakuierungs-unfug begonnen haben, ist man keinen Augenblick mehr zur Ruhe gekommen.«

Samatha stellte das Radio etwas leiser.

»Hier spricht Radio Mars. Die Angehörigen von Farmer Ephram Hawkins, Death Valley, der sich nach wie vor der Evakuierungsaufforderung widersetzt, richten jetzt einen dringenden Appell an ihn. Als erstes spricht Hawkins' junge Tochter. Bitte, Lizzy-Belle!«

»Guten Tag, liebe Eltern! Hier spricht eure Lizzy-Belle. Wir sind hier oben glatt gelandet, und uns geht es gut, sowohl mir wie Jake und unserem kleinen Luke. Wir vermissen euch und bitten euch herzlich herzukommen. Jetzt kommt Jake.«

»Guten Tag, liebe Schwiegereltern! Was muß ich hören? Habt ihr wirklich keine Lust, herauszukommen? Ihr solltet euch wirklich beeilen, denn wenn die verdammten Bolschewiken den Globus sprengen, bleibt von euch nichts übrig, und ihr fliegt schnurstracks zur Hölle, wo man ja ohnehin früh genug hinkommt. Ich und Farmer Eckly und Farmer Gooch und der Pfarrer von Mulberry Springs spielen jeden Tag Poker, und wenn du kommst, Ephram, bist du herzlich willkommen, mitzumischen. Du kannst auch dein Mittagsschläfchen hier oben halten, falls dir der Sinn danach stehen sollte. Kommt also, ehe es zu spät ist! Hier ist noch unser junger Pfarrer, der auch ein paar Worte an euch richten möchte!«

»Guten Tag, guten Tag, Freunde im Herrn! Es ist ein großer und schöner Gedanke, sagen zu können, daß ich vom Himmel zu euch spreche — oder doch so nahe, wie man den kleinen Engeln unseres Herrn kommen kann, jedenfalls, solange wir nicht, wie gerüchteweise verlautet, zur Venus weiterevakuiert werden. Ich habe unsere

Gemeinde aus unserem Heimatdistrikt hier oben versammelt, und uns fehlen nur noch ihr beiden. Wenn ihr nicht kommen solltet, werden wir für euch beten, sobald wir mit unserer nächsten Partie Poker fertig sind, zu der mich Jake überredet hat. Dieses Gebet soll euch ein rechter Trost sein. Und jetzt spricht Onkel Shiggle.«

»Mojn, Ephram! Hier oben ist es prima, und du solltest wirklich kommen. Falls du vor der Raketenreise Bammel hast, so möchte ich dir sagen, daß deine Angst vollkommen unbegründet ist. Die Verpflegung unterwegs ist erstklassig, man kriegt sogar ein Gläschen Whisky. Wasser gibt es hier oben allerdings nicht, aber wir behelfen uns mit Coca Cola und etwas stärkeren Getränken, denn die Cola müssen wir natürlich in erster Linie den Frauen und Kindern geben. Übrigens soll ich dir von Farmer Rafe bestellen, falls du daran denken solltest, bei ihm zu Hause nachzusehen, ob noch etwas in der Flasche ist, die in der Ecke auf dem Regal steht, so könntest du dir den Weg sparen.

Unmittelbar vor seiner Abreise hat er sie noch ausgetrunken.

Falls du nicht kommst, hast du wohl nichts dagegen, daß ich und Farmer Eckly deine Tagesration von drei doppelstöckigen Whisky miteinander teilen. Und dann möchte ich dir noch empfehlen, dich gut festzuhalten, falls die Bolschewiken den Globus unter deinen Füßen wegputzen. Irgend etwas muß an der Geschichte ja dran sein, sonst hätte unser E-Kommando deswegen nicht so viel Theater gemacht. Im Notfall könnt ihr ja immer noch Deckung in eurem Häuschen mit dem Herzen suchen. Beim letzten Tornado ist es zum Glück stehengeblieben . . .«

Farmer Ephram stellte das Radio ab. Dann wandte er sich an Samatha:

»Wo ist das karierte Hemd, von dem du gesprochen hast?« fragte er. »Und was hältst du von dieser Hose? Kann ich sie anbehalten, oder soll ich eine neue anziehen?«

Samatha warf ihm die neue Hose auf die Veranda. Gerade als er seine Beine hineinsteckte, hörte er ein pfeifendes Geräusch über sich, und eine Sekunde später bohrte sich ein metallglitzernder Gegenstand in die trockene, rissige Erde vor dem Haus.

Blitzschnell nahm Ephram mit herunterschlotternder Hose hinter Großmutters Schaukelstuhl Deckung. Aber da der Gegenstand mit der Spitze voran in der Erde steckenblieb, ohne zu explodieren, wagte er sich etwas später hinaus, um ihn näher in Augenschein zu nehmen.

»So ein verdammtes Ding, Samatha!« fluchte er. »Vor Schreck hätte ich beinahe einen Herzschlag bekommen. Zum Glück scheint es harmlos zu sein. Ich rolle es jetzt einfach in unseren Schuppen. Vielleicht kann ich ein paar Dollars dafür bekommen, falls Ozzy Webster einmal vorbeikommt und nach altem Eisen fragt.«

Nach diesen Worten bugsierte Farmer Ephram den Kaviarsputnik Q 13, die fürchterlichste Waffe der östlichen Welt, in den baufälligen Schuppen auf dem Hof. Für den Blindgänger konnte man sich bei dem sibirischen Versuchshund Karotjik bedanken, der in einem passenden Augenblick vor dem Start sein Bein an dem hochempfindlichen Mechanismus hochgehoben hatte, welcher die Kaviarladung zur Explosion bringen sollte.

Für Farmer Ephram und Samatha gab es einen großen Begrüßungsempfang, als sie den Mars erreichten. Nun waren sie alle vereint, Lizzy-Belle, Jake und der kleine Luke, der Pastor, Onkel Shiggle und alle anderen.

»Du sagtest etwas von einigen doppelstöckigen Whiskys«, flüsterte Ephram Onkel Shiggle zu. »Während unserer Raketenreise hier herauf bekamen wir nichts anderes als Puffreisverpflegung. Ich habe jetzt noch ein ganz staubiges Gefühl im Hals. Wenn ich jetzt nicht bald einen ordentlichen Whisky bekomme, so . . .«

Weiter kam Farmer Ephram nicht. Er wurde von einem gleichmäßigen Sirenengeheul unterbrochen, eine Ansage aus dem Lautsprecherwagen folgte dem:

»Hier spricht das Hauptquartier Mars! Die Evakuierungsübung ›Wolkenwärts‹ ist zu Ende. Alle Zivilpersonen haben sich umgehend auf der Raketenabschußrampe zwecks Rücktransport zur Erde einzufinden.«

Die Kunst, mit Gästebüchern umzugehen

Man kann viele gute Dinge über Marian sagen, und wenn man sie gesagt hat, kann man es sich erlauben, fassungslos den Kopf über ihre Einstellung zu vielen völlig bedeutungslosen Nichtigkeiten des Lebens zu schütteln. So betrachtet sie es als Katastrophe, wenn wir vergessen, der alten Tante Olga die gewohnte Weihnachtskarte zu schicken, und hält es durchaus nicht für dasselbe, wenn ich vorschlage: »Knallen wir ihr statt dessen eine hypervornehme Neujahrskarte hin, dann ist unser Ruf gerettet!«

Zu jener sonderbaren, lästigen, reaktionären und in jeder Beziehung geschmacklosen Erscheinung, bekannt unter dem Namen GÄSTEBUCH, hat sie genau dieselbe Einstellung: Nicht nur, daß man ein paar Worte hineinschreiben muß, es muß auch etwas *Persönliches,* etwas *Geistiges* sein.

Dem allerersten Gästebuch unserer Ehe begegneten wir im Verlauf eines Besuchs bei Bekannten, die uns eingeladen hatten, das Wochenende in ihrem wunderhübschen kleinen Landhaus zu verbringen . . . frische Luft, viel Landschaft und all das. Wir hatten am Montagvormittag in die Stadt zurückfahren wollen. Das taten wir nicht. Der Grund war, wie man sich inzwischen schon denken kann, ein großes, dickes Buch mit einem kräftigen braunen Ledereinband und handvergoldeten Spitzen, das wir auf dem Schreibtisch in unserem Gästezimmer vorfanden.

GÄSTEBUCH stand in eindrucksvoller Schnörkelschrift auf dem Einband. Marian stürzte sich gierig in den ganzen sinnlosen Schmonzes, den Freunde und Bekannte des Hauses, Tanten und Onkels und entferntere Verwandte zu Papier gebracht hatten . . . Seite um Seite.

»Na«, sagte ich und lockerte meine Krawatte, »das war das Wochenende! Legen wir uns hin. Wir fahren morgen früh um acht Uhr los.«

Marian schlug eine leere Seite des Gästebuchs auf.

»Du mußt etwas hineinschreiben«, sagte sie. »Deshalb haben sie es hingelegt.«

»Also gut«, meinte ich und zog meinen Füllfederhalter heraus. Ich setzte mich hin und schrieb:

»Dank für die schöne Zeit! Marian und Willy.«

Daraufhin klappte ich das Gästebuch zu und zog mich aus. Marian schlug das Buch auf und las, was ich geschrieben hatte. Darauf drehte sie sich zu mir um, die Unzufriedenheit in Person.

»Du kannst doch nicht einfach schreiben: Danke für die schöne Zeit. Das verrät einen absoluten Mangel an Phantasie, du Gimpel! Viel zu unpersönlich! Cyril und Emily erwarten natürlich, daß du etwas *Brillantes* schreibst . . . oder wenigstens etwas Witziges. Du gibst dich doch als Humorist aus, oder?«

»Es ist zu spät jetzt«, wandte ich ein. »Es steht bereits schwarz auf weiß auf dem Papier: Dank für die schöne Zeit. Ich habe *Dank* geschrieben und *Dank* gemeint. Gehen wir schlafen. Wie du weißt, müssen wir morgen früh . . .«

»Du mußt die Seite herausreißen und etwas anderes schreiben.«

Ich kapitulierte achselzuckend und riß die Seite heraus. Man muß eine Eigenart bei Büchern bedenken: Wenn man an einer Stelle ein Blatt herausreißt, fällt an einer anderen Stelle unweigerlich ein zweites heraus. Ich zog auch dieses aus dem Buch, zerknüllte es und warf es in den Papierkorb.

»Um Himmels willen! Was machst du denn da? Das war doch eine beschriebene Seite. Wer hat dir denn gesagt, daß du sie einfach herausreißen und wegwerfen kannst?

Ich holte widerwillig die zerknüllte Seite aus dem Papierkorb, glättete sie und las:

Liebe Emily! Schätze stets deinen Mann
und sorg dafür, daß er immer braun sein kann.
Seine Socken mußt du stets brav nähen
und mit seinem Geld schön einkaufen gehen.
Und gib ihm jeden Tag sein gutes Essen,
dann wird er dich niemals mehr vergessen.
Euer Haus ist ein Traum.
Herzlichen Dank für einen himmlischen Sonntag.
Henric und Penelope

Ich zerknüllte das Blatt und warf es wieder in den Papierkorb.

»Was die Leute alles an Mist verzapfen!« schnaubte ich. »Heiliger Strohsack!«

»Dann schreib etwas Besseres«, konterte Marian.

Ich holte meinen Füller heraus, saß eine Weile da und

betrachtete das leere, glänzende Papier des Gästebuchs. Plötzlich war es mir, als sei mein Gehirn so leer wie ein Starennest am Nordpol, leer wie eine Schachtel Weihnachtsgebäck im Juli, leer wie eine Kongreßhalle, wenn es in der Kantine Apfelkuchen gibt. Es war nicht möglich, ihm auch nur einen einzigen brillanten Satz abzupressen. Nach einer halben Stunde energischen Federkauens hatte ich endlich Erfolg und schrieb nieder, was mir eingefallen war.

»Was hältst du davon?« fragte ich und las laut vor: »Reisen ist fein, daheim die beste Rast, Grüße und Dank von einem Wochenendgast!«

Marian, die sich soeben ins Bett gelegt hatte, sprang explosionsartig hoch.

»So etwas kannst du nicht schreiben! Das ist eine Beleidigung! *Reisen ist fein, daheim die beste Rast.* So etwas habe ich in meinem ganzen Leben noch nicht gehört. Würdest du die Seite bitte herausreißen — auf der Stelle!«

Resigniert riß ich die Seite heraus. Wieder löste sich ein Blatt an einer anderen Stelle im Buch. Ein liebevolles Gedenken von Onkel Rasmus mit Dank für die Gastfreundschaft »und mit den besten Wünschen für eine lange und glückliche Zukunft hier in Golden Heights« landete gemeinsam mit meinem verworfenen Produkt im Papierkorb. Ich war wieder am Anfang.

Ich tat wegen dem albernen Buch die ganze Nacht kein Auge zu. Mehrmals stand ich auf und schrieb etwas hinein, aber es taugte alles nichts, also riß ich Seite um Seite heraus und warf sie in den Papierkorb. Am Morgen, nach dem Aufstehen, versuchte ich es noch einmal, aber ohne Glück. Der Vormittag verrann, ohne daß ich ein akzeptables Ergebnis erzielt hätte.

»Wir müssen bis morgen bleiben«, sagte ich. »Ich

mache einen langen Spaziergang durch den Wald und das Dorf und lasse mir etwas Brillantes und Brauchbares einfallen.«

Erst am Dienstagabend fiel mir etwas ein. Ich saß im Arbeitszimmer und paffte eine von Cyrils großen, dicken Zigarren, als mir eine Idee kam. Begeistert schnippte ich mit den Fingern, stand auf und ging ins Gästezimmer. Als Marian kurz danach auftauchte, war der Fall erledigt.

»Na bitte!« sagte ich und schob ihr das Gästebuch hin. Sie las:

Was nützten dir alle Schätze der Welt,
und hättest du alles an Gut und Geld,
wenn eure Freunde nicht es nicht blieben,
ewig treu und verbunden euch Lieben.
Dank für ein wunderschönes Osterfest.

Marian sah mich anklagend an.

»Das hast du gestohlen«, sagte sie aufgebracht.

»Woher weißt du das?« sagte ich undeutlich, ohne ihren Blick zu erwidern.

»Du hast ›Osterfest‹ geschrieben statt ›Wochenende‹. Du hast ganz offensichtlich eine der Eintragungen abgeschrieben.«

»Osterfest läßt sich sehr leicht zu Wochenende umschreiben«, versuchte ich einzuwenden, verärgert, weil mir das kleine Wörtchen durchgerutscht war.

»Du kannst dir Plagiate einfach nicht erlauben, oder? Wenn du das stehenläßt, wird man sich zweifellos fragen, woher du wohl die Einfälle für deine anderen Texte nimmst.«

Marian blätterte im Buch.

»Da steht es: ›Was nützten dir alle Schätze der Welt . . .‹ Wort für Wort! Unterschrieben von Onkel Waldemar und Tante Ellen. Du mußt die Seite sofort herausreißen.«

Ich riß die Seite heraus. Onkel Waldemars poetische Ergüsse landeten im Papierkorb. Nicht, daß sie ein besseres Schicksal verdient hätten, wenn man es genau nahm.

»Deine *eigene* Seite, habe ich natürlich gemeint«, fuhr mich Marian an. »Ich fahre nicht weg, solange das in dem Buch steht.«

Ich mußte meinen Stolz hinunterschlucken und die Seite herausreißen. Gleichzeitig löste sich ein anderes Blatt vorne im Buch. Es ging denselben Weg.

»Es wird schon ein bißchen dünn«, murmelte ich sorgenvoll. Dann schickte ich Marian ins Bett und setzte mich hin, um zu brüten.

»Du glaubst nicht, wir sollten einfach schreiben: Dank für die schöne Zeit?« fragte ich zwei Stunden später.

»Das kann jeder schreiben.«

Zornig klappte ich das Buch zu und kroch ins Bett. Ich wollte nicht ein zweitesmal dieses blöden Buches wegen auf meinen Schlaf verzichten. Das machte ich Marian unmißverständlich klar, bevor ich das Licht ausknipste.

An Einschlafen war jedoch nicht zu denken. Ich lag da, zermarterte mir das Gehirn nach einem guten Reim für »Dank«, aber mir fiel nur ein krank, blank, Zank, Bank, Schrank und Gestank. Das kam alles nicht in Frage. »Nehmt von mir den besten Dank, fern von euch sei der Gestank!« Nicht zu gebrauchen. »Ernst gemeint ist unser Dank, besser noch als jeder Zank!« Ausgeschlossen! Hoffnungslos!

Was reimte sich auf Weekend? Nichts! Aber ich war auf der richtigen Spur! Was reimte sich auf Tage? Klage? Plage? Keine Frage? »Wir danken euch für diese schönen Tage — sie waren für uns keine Plage!«

83

Ging das? War das brillant genug? Oder war es doch eine Stufe unter dem, was man von einem international anerkannten Humoristen erwarten durfte? Ich verwarf es, verzichtete gänzlich auf eine Reimlösung und beschloß statt dessen, am nächsten Morgen einen neuen Anlauf zu einer brillanten literarischen Formulierung zu unternehmen . . . worauf ich einschlief!

Der Mittwoch verging ohne greifbares Ergebnis. Ich *kann* nicht auf Anforderung brillant sein, das kann niemand. Alles, was ich niederschrieb, wurde von Marian mit verächtlichen Schnaublauten verworfen. Ein Blatt nach dem anderen mußte aus dem Gästebuch in den Papierkorb übersiedeln.

Am Donnerstagabend hatte ich noch immer nichts zuwege gebracht, was man hätte verwenden können. Die Stimmung beim Abendessen war eher gedrückt. Der Schinken war ebenso aufgegessen wie der selbstgemachte Hackbraten und die Spareribs. Cyril und Emily, unsere liebenswürdigen Gastgeber, Besitzer von Golden Heights, hatten offensichtlich das Gefühl, daß wir ihre Gastfreundschaft überstrapazierten. Aber was sollten wir tun? Dieses gräßliche Gästebuch verfolgte mich in allen meinen Gedanken. Ich schwor mir, daß ich im selben Augenblick, in dem es das enthielt, was hineingehörte, fortwollte . . . keine zehn Pferde würden mich je wieder nach Golden Heights bringen. Mein Blick begegnete dem von Emily, und ihr gezwungenes Lächeln verriet mir, wie gering die Wahrscheinlichkeit war, daß wir jemals wieder eine Einladung übers Wochenende aufs Land erhalten würden.

»Jetzt oder nie«, sagte ich, als ich mich später am Abend an den Schreibtisch in unserem Zimmer setzte. »Ich halte das keinen Tag länger aus. Die Art, wie Cyril jeden Morgen das Kalenderblatt abreißt, wenn wir zum

Frühstück kommen, zeigt, daß sie endgültig genug von uns haben. Ihnen ist das mindestens ebenso zuwider wie uns.«

»Liebe Freunde«, schrieb ich ins Gästebuch. Weiter kam ich nicht. Ich riß die Seite heraus. »Liebe alte Freunde von Golden Height«, probierte ich. Das war auch nicht besser. Ich riß die Seite heraus und schickte Marian zu Bett.

»Ich kann mich nicht konzentrieren, wenn du mir dauernd über die Schulter guckst. Wie lautet nur gleich der Spruch? ›Oh, danke für die Zeit, die mir so rasch vergangen . . .‹«

»Das kannst du nicht nehmen, Menschenskind! Du mußt selbst etwas erfinden.«

Ich erfand die ganze Nacht. Als die Morgensonne ihre ersten schwächlichen Strahlen durch die kleinen Fenster sandte, stieß ich einen Freudenschrei aus, lief zum Bett und rüttelte Marian wach.

»Raus mit dir!« sagte ich aufgeregt. »Wir fahren! Es gibt keinen Grund mehr hierzubleiben. Ich habe eben die letzte Seite aus dem Gästebuch zerrissen . . . und wer kann schon verlangen, daß wir unsere Dankbarkeit in einem Gästebuch zum Ausdruck bringen, das gar nicht vorhanden ist?«

Eine halbe Stunde später ließen wir den Motor an und räumten das Feld. Einige Wochen später verbrachten Cyril und Emily ein Wochenende bei uns in der Stadt. Ich hatte ein Gästebuch mit 500 leeren Seiten gekauft und es auf ihren Nachttisch gelegt. Marian war angewiesen, so viel Essen einzukaufen, daß wir sie mindestens eine Woche lang durchfüttern konnten, falls die Muse Cyril nicht auf Anhieb küssen wollte. Rache ist süß, nicht wahr?

Aber sie fuhren am Montagmorgen. »Dank für die schöne Zeit, Cyril und Emily«, stand im Gästebuch.

Ich las es mit einem verächtlichen Schnauben. Marian

erklärte, es sei eigentlich richtig nett. Lieber nur ein paar Worte, die man ernst meine, als eine Menge oberflächlichen Schmonzes.

So kann man es freilich auch sehen. Auf dieser Welt ist natürlich alles viel einfacher, wenn man nicht einem Ruf gerecht werden muß.

Das Mädchen und die Todesstrahlenpistole

Der Vater des kleinen Konrad kam an jedem Zahltag betrunken nach Hause, und dann forderte er auf eine wenig rücksichtsvolle Art seine ehelichen Rechte. Und wenn Konrads Vater die Mutter haben wollte, dann mußte es auf der Stelle passieren. Konrads Mutter hatte sich zur Verfügung zu stellen, auch wenn sie gerade in der Küche beschäftigt war, und das war sie oft. Denn wenn der Vater betrunken nach Hause kam und seinen Willen gekriegt hatte, dann hatte er Hunger und wollte sofort etwas auf dem Tisch haben. Konrads Mutter war es zuwider, daß sie es immer über sich ergehen lassen mußte, während sie an den Kochtöpfen stand. Allmählich ekelte sie das an, aber sie hatte keine Ahnung, wie sie davon loskommen sollte.

Eines Tages, als der kleine Konrad zum Spielen in den Wald lief — sie wohnten direkt am Waldrand —, passierte etwas Sonderbares. Auf einer Lichtung landete plötzlich eine fliegende Untertasse, und ein paar kleine grüne phosphorleuchtende Marsmänner stiegen aus. Zuerst wollte Konrad davonlaufen, aber dann winkte ihm einer der Marsmänner, der grünste von allen, freundlich zu, und er durfte näher treten und die fliegende Untertasse von innen besichtigen. Dort sah es irre spannend aus, es gab eine Menge phantastischer Instrumente, und Konrad verlebte den schönsten Tag in seinem ganzen Leben.

»Warum kommst du so spät, Junge?« fragte seine Mutter streng, als er lange nach Essenszeit zu Hause eintraf.

»Draußen im Wald war eine fliegende Untertasse«, erzählte Konrad begeistert, »und einer der Marsmänner, der Chef, hat mich herumgeführt und mir alles gezeigt, ich habe alle Instrumente gesehen.«

Konrads Mutter hörte kaum hin. Kinder hatten ja oft eine lebhafte Phantasie. Konrads Vater hatte sie gerade wieder in der Küche genommen, sie war heiß und müde und erschöpft, und die Suppe war angebrannt.

»Iß jetzt ordentlich deine Suppe«, mahnte sie.

Und Konrad aß brav seine Suppe, obwohl sie angebrannt war.

»Die Augen der Marsmänner saßen auf Stielen. Sie hatten auch im Nacken Augen, und sie waren ganz grün wie Gurken.«

»Wirklich?« fragte seine Mutter ungläubig, und dann wurde nicht mehr über den Fall gesprochen.

Früh am nächsten Morgen lief Konrad wieder in den Wald. Die fliegende Untertasse stand noch immer da.

»Aber gleich fliegen wir zum Mars zurück«, sagte der grünste Marsmensch, »und dann dauert es hundert Millionen Lichtjahre, bis wir wiederkommen. Du bist ein lieber Junge, und hier ist ein kleines Geschenk für dich, zum Andenken.«

»Oh«, rief Konrad begeistert, »eine richtige Pistole.«

»Ja, das ist eine Todesstrahlenpistole, und sie hat sechs Schüsse. Man zielt auf jemand oder irgend etwas . . . so . . .«

87

Der Marsmensch zielte auf einen anderen Marsmenschen.

»Und dann drückt man ab — so!«

Der Marsmensch drückte ab, und der andere explodierte mit einem Knall — im Bruchteil einer Sekunde war er in ein Nichts aufgelöst.

»Jetzt hat die Pistole nur noch fünf Schüsse«, sagte der Marsmensch, welcher der Chef der fliegenden Untertasse war.

Dann flog die fliegende Untertasse davon, und der kleine Konrad rannte selig mit seiner Todesstrahlenpistole nach Hause.

»Was hast du denn da?« fragte seine Mutter.

»Ach das«, erklärte Konrad, »das ist nur eine Todesstrahlenpistole.«

»O je!« meinte seine Mutter. »Paß auf, daß du nicht auf jemand zielst. Und nun iß brav dein Tomatenbrot und deinen Pudding!«

Klein-Konrad aß brav sein Brot und seinen Pudding, und dann verschwand er hinterm Haus, um seine neue Pistole auszuprobieren. Zuerst zielte er auf eine Henne, die aus dem Stall gerannt kam, verfolgt von einem jungen Hahn, der wohl wußte, wem er hinterherlief, denn sie war eine junge und füllige Henne. Konrad drückte ab.

Peng machte es — und im selben Augenblick löste sich die Henne in eine Rauchwolke auf. Keine einzige Feder blieb von ihr übrig.

Dann zielte Konrad auf den Hahn, der verblüfft stehengeblieben war und ganz enttäuscht aussah. *Peng* machte es. Und auch der Hahn war verschwunden, in ein Nichts aufgelöst.

Da tauchte Konrads Mutter auf und fragte: »Was machst du denn da, mein Junge?«

»Ich probiere bloß meine neue Todesstrahlenpistole aus. Mutti, guck doch mal!«

Klein-Konrad zielte auf einen großen schwarzen Kater, der ahnungslos vorbeischlich. Konrad drückte ab und *peng*: der Kater explodierte mit einem Knall und löste sich in Rauch auf, schneller, als man bis drei zählen konnte.

»Nein, das ist ja phantastisch«, entfuhr es Konrads Mutter, und sie sah plötzlich sehr nachdenklich aus.

»Versuch doch mal selbst«, schlug Konrad vor, »die Pistole hat noch zwei Schüsse.«

Vorsichtig nahm die Mutter die Pistole in die Hand. Sie sah sich nach einem Objekt um, erblickte den ewig kläffenden kurzbeinigen Dackel des Nachbarn, zielte, drückte ab und *peng* — der Hund verschwand auf der Stelle, im Bruchteil einer Sekunde. Psst, weg war er! Konrads Mutter sah noch nachdenklicher aus.

»Mein Gott!« keuchte sie. »Das ist die phantastischste Waffe, die ich jemals . . .«

»Jetzt hat sie nur noch einen Schuß«, sagte der kleine Konrad, »morgen in der Schule will ich Klaus abschießen, der ist so blöd und prügelt mich immer in der großen Pause. Aber morgen drücke ich einfach meine Todesstrahlenpistole ab und . . .«

Konrad bekam eine schallende Ohrfeige.

»Du wirst niemanden abschießen, Junge«, schalt seine Mutter, »du bist wohl nicht bei Trost. Mit so einem lebensgefährlichen Spielzeug herumzulaufen! Die Pistole ist hiermit beschlagnahmt, das kann ich dir versprechen. Und jetzt, marsch ab ins Bett, du ungezogener Junge! Du kriegst heute kein Abendbrot.«

Widerwillig ging Konrad zu Bett. Am nächsten Tag lief er wieder in den Wald, um zu sehen, ob die Marsmänner außer der Todesstrahlenpistole noch was anderes Interessantes zurückgelassen hatten. Aber das hatten sie nicht.

Er spielte den ganzen Nachmittag im Wald, und gegen Abend lief er zum Essen nach Hause. Er sah, daß sein Vater wieder betrunken nach Hause gekommen war, denn es war Zahltag gewesen. Durchs Küchenfenster beobachtete er, wie sein Vater seine großen derben Arbeiterhände auf den fülligen Busen seiner Mutter legte, wobei er sich fest gegen ihr Hinterteil preßte. Sie stand über den Herd gebeugt und paßte auf, daß die Suppe nicht anbrannte. Mehr sah Konrad nicht, denn in diesem Augenblick zog der Vater die Küchengardine vor.

Konrad wusch seine Hände unter der Wasserpumpe, dann lief er in die Küche, um zu essen. Auf dem Küchentisch lag die Todesstrahlenpistole. Er hielt sie zur Küchentür hinaus und drückte ab, aber es war kein Schuß mehr drin. Er warf sie weg, denn nun war sie ja sowieso nichts mehr wert. Dann wandte er sich seiner Mutter zu. Die Hose des Vaters hing über dem Küchenstuhl, und die Mutter leerte die Hosentaschen aus.

»Wo ist Papi?« fragte Konrad.

Traum von Hawaii

Ich war schnell ins Kaufhaus gelaufen, um mir ein Paar Socken zu kaufen und nahm beim Hinausgehen eine Abkürzung durch die Parfümerieabteilung. Dabei entdeckte ich von weitem meine fürchterlich redselige Tante Olga. Um rasch aus ihrem Gesichtskreis zu entschwinden, drängte ich mich zwischen einer Gruppe von Damen hindurch, die eine Vorführerin umstanden.

Diese pries in schrillem Diskant ein Parfüm mit starker, sehr aufreizender exotischer Duftnote an. Sie nannte es »Traum von Hawaii«.

»Probieren Sie mal, mein Herr«, sagte sie und zielte mit einem verschwenderischen Spritzer auf mein Revers.

»Überirdisch, nicht wahr?«

Tante Olga verschwand, ich löste mich aus dem Damengrüppchen und machte mich auf den Heimweg. Im Autobus fingen einige Mitreisende sonderbar zu schnüffeln an, und als sie den starken Duft des Traumes von Hawaii und des Hula-Hula geortet hatten, warfen mir alle − zumindest jedoch die Frauen − tadelnde Blicke zu. Was mochte ich nach Büroschluß wohl getrieben haben?

Was, zum Teufel, geht die das an . . . − du mein Schreck, was würde Marianne sagen! In unserer langen, glücklichen Ehe war ich noch kein einziges Mal in einer Parfümwolke heimgekommen. Mich streifte die Ahnung, daß es nicht ratsam wäre, es auf eine Probe aufs Exempel ankommen zu lassen. Auch wurde mir rasch klar, daß die Geschichte mit der Abkürzung durch die Parfümerieabteilung, nur um den endlosen Berichten über Tante Olgas Hexenschuß zu entrinnen, ein bißchen konstruiert klang. Bei einem so mißtrauischen Naturell wie dem von Marianne konnte ich diese Erklärung gleich vergessen.

Ich stieg drei Haltestellen zu früh aus dem Bus. Mein stark duftendes Revers brauchte nichts so nötig wie frische Luft. Vor unserer Hecke angekommen, zog ich die Jacke aus und schüttelte sie heftig im Wind. Dann roch ich daran. Pfui, sie stank noch immer kilometerweit nach der verbotenen hawaiischen Frucht und heißen exotischen Nächten. Ich schlich mich ungesehen in unseren Garten. Mir war ein Gedanke gekommen. Ich rupfte die größte Zwiebel aus dem Beet, schnitt sie durch und schmierte mir ihren Saft aufs Revers. Um ganz sicherzugehen, rieb ich mir auch ein bißchen davon in den Schnurrbart. Von Ehekrächen, die ein nach Zwiebeln stinkender Ehemann ausgelöst hätte, war mir nichts bekannt. Ich atmete tief ein und mußte feststellen, daß ich immer noch nach »Traum von Hawaii« stank. Meine Lage war verzweifelt. Daß mir dabei Tränen in die Augen traten, machte die Sache nicht besser. Meine Tränendrüsen waren dem starken Zwiebeldunst aus Richtung Schnurrbart nicht gewachsen.

Unser Nachbar Jonas schaute über die Hecke.

»Mann, was, zum Teufel, ist denn mit Ihnen los?« fragte er. »Seit wann wässern Sie denn die Beete? Hat jemand in Ihrer Familie den Löffel weggelegt?«

»Nein, nein«, beruhigte ich ihn rasch. »Ich habe nur zu lang im Zwiebelbeet gestanden.«

Jonas kam näher und sog sonderbar die Luft in seine große Nase.

»Wissen Sie, daß Sie zum Himmel stinken, und zwar nach drittklassigem Billigparfüm? Wenn ich zu meiner Alten heimkäme und so röche, würde sie mir auf der Stelle den Kopf abreißen!«

In der Tür zum Innenhof erschien Marianne.

»Bitte zu Tisch«, rief sie. Jonas legte mir mitfühlend eine schwere Hand auf die Schulter und sagte: »Sie armes Schwein.«

Ich näherte mich der Tür. In dem Augenblick, in dem Marianne mir die Lippen bot, um den gewohnten Begrüßungskuß entgegenzunehmen, bückte ich mich und zog meinen rechten Schuh aus.

»Erde vom Zwiebelbeet«, murmelte ich und eilte an ihr vorbei ins Haus.

»Krieg' ich heute keinen Kuß?«

»Doch, doch, natürlich, Liebes, ich hab' nur gedacht, es wäre schade, wenn die Schweinekoteletts kalt würden. Wo du dir doch solche Mühe damit gemacht hast. Ich küss' dich gleich, wenn ich mich umgezogen und ein bißchen frisch gemacht habe . . .«

Sie kam näher und schloß mich in die Arme. Eine Sekunde später war der Willkommenskuß in vollem Gange. Sekunden wurden zu Jahren. Endlich ließ sie mich los. Einen Moment stand sie nur so da und sah mich sonderbar an. Ganz offensichtlich wollte sie etwas sagen, unterließ es dann aber. Wir setzten uns zu Tisch und aßen schweigend. Mein Jackett stank noch immer nur so vor sich hin − nach »Traum von Hawaii«, und zwar so durchdringend, daß ich selbst den Senf, den ich auf mein Kotelett geschmiert hatte, nicht mehr roch. Die Maiskolben hatten diesmal einen gräßlichen Nachgeschmack: nach schwülem, schwerem Hula-Hula-Öl. Es kostete Mühe, sie hinunterzuwürgen.

»Weißt du überhaupt, was du getan hast?« fragte Marianne plötzlich und legte die Gabel hin. »Ich bin tief enttäuscht von dir. Es war, ist und bleibt eine schwere Prüfung, mit jemandem wie dir verheiratet zu sein!«

»Aber hör mal . . .« murmelte ich und sah bereits meine ganze Existenz, meine Ehe und das Leben um mich her zu Bruch gehen. Marianne fuhr mit ihren schweren Anschuldigungen fort.

»Außer Futtern hast du nichts im Kopf. Da rennt nun deine Frau in der ganzen Stadt herum, kauft sich ein sündhaft teures exotisches Parfüm und sprüht sich damit an, so daß das ganze Haus nach ›Traum von Hawaii‹ riecht − aber du nimmst das einfach nicht wahr. Nur die Schweinekoteletts − *die* riechst du . . .«

Mushy Boones freies Leben

Mark W. Sloane, ein bekannter New Yorker Anwalt der High Society, war auf der Flucht. Auf der Flucht vor dem Konto eines Klienten, von dem gut und gern eine Million Dollar verschwunden waren. Und das schlimmste war, daß Sloane kaum hätte sagen können, wo das Geld geblieben war. Es war einfach versickert. In den Nachtklubs. In den Spielkasinos von Las Vegas. Bei hübschen Blondinen. Geblieben war ihm nur der Cadillac, der ihn jetzt mit Höchstgeschwindigkeit der mexikanischen Grenze immer näher brachte. Er war den ganzen Tag gefahren, unrasiert, müde, hungrig und klebrig von der Hitze, als er unvermittelt vom Highway 417 auf eine schmale unbefestigte Straße einbog, die zu den Seven Peak Mountains führte. An einem Bach hielt er an. Er stieg aus, wusch sich den Schweiß vom Gesicht, zündete sich eine Zigarette an und wollte sich gerade auf einem Stein niederlassen, um einen Augenblick auszuruhen, als ihm ein seltsamer Geruch in die Nase stieg. Es roch — ja, es roch nach Essen. Aber wie war denn das möglich? Er zwängte sich durch das dichte Buschwerk und ging dem Duft nach. Und dann stand er vor einem Penner, der an einem Feuerchen saß und Fleischstücke briet. Neben ihm auf einem großen blau gepunkteten Tuch lagen Brot und zwei gegrillte Puterkeulen.

»Hallo«, begann Sloane mit einem hungrigen Blick auf die gegrillten Puterkeulen.

Der Penner fuhr zusammen und erhob sich.

»Darf man hier kein Feuer machen?« fragte er verlegen. »Oder ist das vielleicht Ihr Land?«

Sloane beruhigte ihn. »Keine Aufregung. Ich komme hier nur zufällig vorbei, habe mich gewaschen und meinen Durst gestillt. Haben Sie vielleicht ein Stück Brot für mich übrig? Ich habe einen Mordshunger, bin schon den ganzen Tag auf Achse.«

Der Tramp war sichtlich erleichtert. »Setz dich, es ist genug für zwei da.«

Sloan setzte sich, und der Tramp warf ihm ein saftiges Puterstück hin. Sloane machte sich heißhungrig darüber her und brach sich ein Stück Brot ab.

»Ich beneide euch Tramps«, sagte er, als der ärgste Hunger gestillt war. »Ihr führt ein freies Leben, braucht euch keine Gedanken um das Morgen zu machen. Ehrlich, ich würde ein Vermögen darum geben, mit euch zu tauschen.«

Der Penner nahm eine von Sloanes Zigaretten an.

»Ist das dein Cadillac, der da oben an der Brücke steht?« fragte er.

Sloane nickte.

»Und dann willste mit mir tauschen? Daß ich nicht lache«, sagte der Penner zynisch.

Sloane war eine Idee gekommen. Eine fast geniale Idee! Wenn er es geschickt anstellte, kam er damit glatt über die mexikanische Grenze, und von dort stand ihm der Weg nach Südamerika offen. Brasilien, Venezuela — er brauchte nur zu wählen.

»Beneidest du mich etwa? Tu's nicht«, sagte er. »Das Leben eines gestreßten Geschäftsmannes ist überhaupt nicht beneidenswert. Nein, nein, ich habe genug von großen Diners, Cocktailpartys, Konferenzen und Blondinen, die nur Stroh im Kopf haben.«

»Wirklich?«

»Ehrenwort! Seit Jahren träume ich von einem Leben ohne Sorgen, von einem ungebundenen Leben unter Gottes blauem Himmel. Ich glaube, nur so käme ich weg von meinem Magengeschwür, meinen schlaflosen Nächten, meinem zerfransten Nervenkostüm. Wenn du irgendwas bei dir hast, womit du deine Identität beweisen kannst, würde ich dir gern einen Vorschlag machen.«

Der Penner klaubte ein zerknautschtes Etwas aus der Innentasche seiner abgetragenen Jacke und warf es Sloane in den Schoß. Der sah es sich rasch an. Es war genau das, was er brauchte: ein Paß auf den Namen Mushy Boone mit einem Foto, das auffallende Ähnlichkeit mit dem Penner hatte, der vor ihm saß. Bei großzügiger Auslegung mochte das Foto als eine etwas jüngere Ausgabe von Sloane hingehen.

»Was würdest du davon halten, in meine Rolle zu schlüpfen, Freund?« fragte Sloane schnell.

»Ist der Cadillac da oben bei dem Geschäft mit drin?«

»Natürlich. Ich biete dir ein neues, für dich wahrscheinlich ungewohntes Leben als Anwalt Mark W. Sloane. Hier sind meine Papiere, hier die Wagenschlüssel, und dazu gibt's noch ein bißchen Startkapital. Greif zu, Junge, laß dich nicht lange bitten.«

Der Penner hielt offenbar den Fremden für etwas verrückt, aber er ging auf den Handel ein. Fünf Minuten später steckte Sloane in den Lumpen des Tramps, hatte das blau gepunktete Tuch zu einem Bündel geschnürt und an einen Stock gesteckt; der Penner aber saß, angetan mit Sloanes sorgfältig gebügeltem mausgrauen Anzug, im Cadillac, wendete und brauste in einer Staubwolke dem Highway 417 entgegen. Armer Einfaltspinsel!

Sloane ließ sich Zeit. Er wartete, bis die Staubwolke sich gelegt hatte. Dann ging er zum Highway hinüber. Was er jetzt brauchte, war ein Laster, der ihn bis zur Grenze mitnahm. Er schob die Hand in die Tasche, um die Zigaretten herauszuholen. Sie waren nicht da. Seine Camels steckten in dem mausgrauen Anzug. Vielleicht fand sich noch eine Kippe in der Jacke des Tramps? Er kramte alle Taschen durch, förderte aber nur einen zerknitterten Zeitungsausschnitt zutage. Er glättete ihn und las:

»Der berüchtigte Gangster und Tankstellenmörder Mushy Boone, der gestern, nach Verbüßung von nur zwei Jahren einer vierzigjährigen Haftstrafe, aus dem Staatsgefängnis in Spud Rock ausgebrochen ist, soll in der Umgebung des Highway 417 gesehen worden sein. Mit Bluthunden ausgerüstete Suchtrupps der Bundespolizei haben die Fahndung nach dem Ausbrecher im Gebiet südlich von Seven Peak Mountains verstärkt.«

Sloane erstarrte. Das wütende Bellen und Knurren kam immer näher.

Grüne Augen

Die S. S. DIONYSIOS war ein griechischer Zehntausendtonner, ein richtiger Seelenverkäufer. Zur Zeit lag das Schiff in Tampa und war unterwegs nach Montevideo. Dicker Rauch wälzte sich aus dem schmutzigen grauen Schornstein. Zwei schwarzgefleckte Schweine mit langen Schnauzen wühlten auf dem Achterdeck im Dreck herum. Ein rußgeschwärzter Heizer mit hohlen Wangen hing über der Reling, eine Zigarette im Mundwinkel. Ein schwitzender schwarzer Matrose flickte Taue. Und ein verschrumpelter kleiner Chinese ließ sein gelbes Gesicht kurz in der Kombüsentür sehen.

Ich hatte kaum das schmierige Deck betreten, als ich es schon bereute, hier angeheuert zu haben. Auf einem griechischen Schiff war ich noch nie gefahren, hatte allerdings bereits gehört, daß es ein höchst zweifelhaftes Vergnügen sein kann. Ich hatte vergeblich versucht, eine

97

Passage nach Buenos Aires zu kriegen. Nur deshalb hatte ich in den sauren Apfel gebissen. Jetzt war ich also Schmierer auf dem Griechen. Als ich den Maschinenraum sah, tat es mir leid, daß ich nicht zumindest versucht hatte, einen Job als Kajütenboy zu bekommen. In meinem ganzen Leben hatte ich noch keinen so dreckigen Maschinenraum gesehen. Zylinderkappen, Wellenlager, Kurbeln, Propellerachsen — alles war von einer zentimeterdicken fettigen Schmutzschicht bedeckt.

Gegen Mittag ging es los. Ich weinte Tampa keine Träne nach. Zu meiner Kolonne gehörten noch Alvarez, ein junger Portugiese, faul wie die Sünde, aber sonst sehr nett, und ein kaffeebrauner Neger aus Jamaika, ein großer Tor namens Joe. Meine Kabinengenossen waren Jan, ein Junkie aus Belgien, der ständig angetörnt war, und ein schlampiger älterer Grieche, der schon seit einer halben Ewigkeit auf der DIONYSIOS war. Er war der Bootsmann. Die Familie stammte aus Pyrgos, auf dem Peloponnes gelegen, aber er war selbst nie dort gewesen. Kleon hieß er. Die beiden Jungs von meiner Kolonne, Alvarez und der Typ aus Jamaika, Joe, waren auch in meiner Kabine.

Am ersten Abend, als wir in der Kabine zusammensaßen, nachdem wir uns mit dem Fraß des griechischen Kochs die Bäuche gefüllt hatten, kam das Gespräch rasch auf den Kapitän, einen Griechen namens Kostas Porphyros. Ich merkte sehr bald, daß er an Bord nicht gerade beliebt war.

»Er ist ein Teufel«, sagte Kleon und nahm einen tiefen Zug aus einer parfümierten griechischen Zigarette. »Einmal, vor Cap Parina, hat er einen Heizer einfach über Bord geschmissen. Ohne sich zu bekreuzigen oder irgendwas. Einfach so.«

»Und warum?« fragte ich.

Der Grieche sog den Rauch tief in seine verteerte Lunge und sah rasch zur Tür. Erst dann antwortete er.

»Weil der Kerl ein Auge auf Pythia, die Frau des Kapitäns, geworfen hatte. Die Schöne, so nennen wir sie hier.«

»Ist sie an Bord?«

Der Grieche nickte. »Sie ist immer dabei. Auf jeder Fahrt. Seit ich auf diesem Kahn bin. Unglaublich, sie sieht noch ebenso jung, ebenso schön und ebenso traurig aus wie vor zehn, fünfzehn, zwanzig Jahren.«

»Kommt sie nie an Deck? Ich würde sie mir gern mal ansehen«, sagte Jan, der Junkie, während er sich auszog und in seine Koje kroch. Er war, wie ich, neu an Bord.

»Klar, manchmal schon«, erwiderte Kleon. Dann fügte er fast flüsternd hinzu:

»Sie sitzt im Rollstuhl, aber irgendwas ist faul an der Sache. Sie ist nicht gelähmt, da würde ich drauf schwören.«

Auch Kleon kroch in seine Koje.

»Georgios Kambisis, der Zweite Ingenieur, sagt, daß ihr Handgelenk mit einer kurzen, leichten Kette am Rollstuhl befestigt ist. Sie hat immer die linke Hand unter der Decke, die um ihre Beine und ihre Taille gehüllt ist.«

Ich löschte die Paraffinlampe. Es wurde still in der Kabine.

»Sie hat grüne Augen. Grün wie die Ufer des Amazonas«, ließ sich die dunkle Stimme des Negers aus Jamaika aus einer der unteren Kojen vernehmen.

»Heilige Barbara, so 'ne Puppe müßte man bumsen können«, stöhnte Alvarez.

»Stimmt«, sagte Kleon leise. »Sie hat grüne Augen. Grün wie frischer Seetang auf dem Korallenriff.«

»Aber sie ist ein Engel«, fuhr der schwarze Jamaikaner fort und schluckte geräuschvoll. »Wenn ich sie sehe, muß ich immer an einen Engel denken. Meist hat sie Tränen in den grünen Augen, die rollen über ihre blassen Wangen, wenn sie blinzelt. Wenn es je eine Heilige Jungfrau gab . . .«

»Halt den Mund, Joe, verdammt noch mal«, fuhr der Junkie ihn an, und Joe verstummte.

Bald ertönte in der Kabine ringsherum lautes Schnarchen. Aber ich fand keinen Schlaf. Lange lag ich wach und horchte auf die schwere Kette der Ankerwinde. Ich mußte immer an die seltsamen Geschichten denken, die Kleon über die Frau des Kapitäns erzählt hatte.

Endlich, gegen Mitternacht, schlief ich ein. Hätte ich geahnt, was ich erleben und mitmachen würde, ehe die S. S. DIONYSIOS in den Hafen von Montevideo einlief, hätte ich in dieser Nacht wohl kein Auge zugetan.

Am nächsten Tag sah ich zum erstenmal unseren Skipper. Ich kam aus der Pantry, wo ich Öl geholt hatte, und wir gingen an Deck aneinander vorbei. Ich grüßte ihn. Er sah mich nur an mit seinem kalten Blick, aus verengten, durchdringenden Augen. Er war über einsachtzig groß und breitschultrig, hatte vorstehende Wangenknochen und eine fliehende Stirn, und seine blassen, rissigen Lippen sahen aus, als hätten sie nie lächeln gelernt.

Als wir an diesem Abend wieder den gleichen Fraß des griechischen Kochs in uns hineingelöffelt hatten, lehnte sich plötzlich Alvarez, der Portugiese, zu Kleon hinüber und flüsterte ihm vertraulich zu, er habe die Absicht, gleich nach dem Essen Pythia einen Besuch abzustatten. Kleon riß erschrocken die Augen auf. Alvarez hatte im Lauf des Tages zwei Flaschen Samos ausgetrunken und war ziemlich hinüber.

»Laß die Hände von der Frau«, warnte Kleon. »Denk

an den Heizer Androkles, der über Bord gegangen ist. Und warum? Weil er sie nur ein bißchen getätschelt hat. Dabei war es kaum der Rede wert.«

Alvarez lachte. »Ich will sie ja gar nicht tätscheln. Nur ansehen will ich sie mir. Und zwar nackt, ohne einen Faden am Leib. Ich hab' gerade Lust, ein pudelnacktes Weib zu sehen.«

»Du bist betrunken. Mach bitte keine Geschichten. Wenn der Alte dir auf deine unanständigen Absichten kommt, bist du Haifischfutter, ehe du bis drei gezählt hast.«

Alvarez stand auf und schwankte zur Kombüse, wo Jannis Skipis, der griechische Koch, gerade eine Kanne grünen Tee auf ein Tablett stellte. Der Tee war für Pythia bestimmt, und Mori, der japanische Kajütenjunge, sollte ihr, wie üblich, das Tablett in die Kabine bringen. Mori war taubstumm und durfte als einziger aus der Mannschaft Pythias Kabine betreten.

Als der kleine gelbe Wicht aus der Kombüse kam, packte Alvarez ihn von hinten, schnappte sich das Tablett und stieß ihn brutal gegen ein Deckhaus. Dann ging er mittschiffs und klopfte an Pythias Kabinentür. Wir sahen aus der Entfernung gespannt zu. Er blieb einen Augenblick stehen, lauschte, dann machte er die Tür auf und trat ein. Wir gingen in unsere Kabine und warteten.

Einige Minuten später erschien Alvarez. Er sah aus wie eine Wasserleiche.

»Was war?« fragte ich.

Alvarez ließ sich auf eine Bank fallen und sah mit leerem Blick vor sich hin.

»Unglaublich«, sagte er endlich. »So was ist mir denn doch noch nicht vorgekommen!«

Mit zitternden Händen zündete er sich eine Zigarette an und nahm einen steifen Zug.

»Nun erzähl schon«, drängte Kleon.

»Ja, also . . . Pythia dachte natürlich, daß es Mori sei, der ihr wie gewöhnlich den Tee brachte. Sie lag in ihrer Koje und weinte, den Kopf in die Kissen vergraben. Der Rollstuhl stand daneben. Sie war mit dem linken Handgelenk daran gefesselt. Ich nähere mich vorsichtig, um das Tablett abzusetzen, und plötzlich ist der Skipper hinter mir. Er macht wilde Augen. ›Raus!‹ faucht er, und ich mach, daß ich wegkomme. Ich hab' ihn noch nie so blaß gesehen. Er . . .«

»Aber was ist mit Pythia?« unterbrach ihn der Neger aus Jamaika und rollte aufgeregt mit den Augen.

»Okay, ich sag euch, was mit Pythia ist. Haarsträubend ist es, das kann ich euch flüstern. Ich hab sie nackt im Bett gesehen, und nicht nur das. Ihr denkt jetzt bestimmt, ich lüg euch die Hucke voll, aber es war so . . .«

»Alvarez«, ließ sich eine frostige Stimme von der Kabinentür her vernehmen. Sie gehörte Kostas Porphyros, dem Skipper. Er hielt einen Revolver in der Hand. Alvarez rührte sich nicht. Die Zigarette rutschte ihm langsam aus dem Mund und kullerte über die Planken. Der Skipper richtete den Revolver auf den Kopf des Portugiesen.

»Kommen Sie, Alvarez.«

Alvarez stand auf und folgte angstschlotternd dem Skipper.

»Jetzt knallt er ihn ab«, sagte der Neger entsetzt. »Ich wette meine ganze Heuer, daß er ihn wie einen Hund abknallt und die Leiche ins Meer wirft.«

»Ich hab' ihm noch gesagt, daß er die Hände von ihr lassen soll«, meinte Kleon.

Am nächsten Morgen kam der Zweite Ingenieur in den Maschinenraum herunter. Er brachte einen von der

102

Kombüsenmannschaft mit, den Jugoslawen Boris, der sollte als Schmierer bei uns mitmachen.

»Wo steckt Alvarez?« fragte ich Georgios Kambisis, den Zweiten Ingenieur.

»Die See hat ihn sich genommen. Der Skipper hat ihn um Mitternacht am Heck schlafwandeln sehen. Dabei ist er über einen Anker gestolpert und über Bord gefallen.«

»Gestolpert? Das ist eine Lüge.«

»Was, zum Teufel, weißt du denn davon?«

Der Zweite Ingenieur drückte mir eine Ölkanne in die Hand und empfahl mir, mich um meine Arbeit zu kümmern und meine Nase nicht in Sachen zu stecken, die mich nichts angingen. Dann drehte er sich auf dem Absatz um und verschwand.

Am späten Nachmittag mußte ich nach oben, um mittschiffs die Decksluken zu säubern. Als ich fertig war, brachte ich mein Zeug in die Pantry zurück. Dabei kam ich an Pythias Kabine vorbei.

»Hallo, Sie da!«

Pythia rollte mit ihrem Stuhl auf mich zu. Ich blieb erwartungsvoll stehen. Direkt vor mir hielt sie an. Ich sah, daß sie ein ungewöhnlich schönes junges Gesicht hatte. Noch nie hatte ich eine Frau mit so zarter weißer Haut gesehen. Und noch nie eine Frau mit solchen Augen. Kleon hatte recht, sie waren grün. Grün wie junger Seetang auf dem Korallenriff. Sie hielt meinen Blick fest. Ich merkte, daß ich rot wurde und eine seltsame Wärme meinen Körper durchströmte.

»Sie haben gerade die Decksluken saubergemacht«, sagte sie mit einer sanften, sehr eigenartigen Stimme. »Arbeiten Sie im Maschinenraum?«

Sie streifte mit ihrem Blick meinen Overall, der von Ölflecken übersät war.

»Ja«, sagte ich. »Im Maschinenraum.«

103

Ich wollte weitergehen, schaffte aber nur ein paar Schritte.

»Haben Sie es eilig? Keine Angst, Kostas schläft. Ich soll eigentlich nicht mit der Mannschaft reden, wußten Sie das? Aber jetzt schläft er. Er schläft immer fest, wenn einer von der Mannschaft über Bord gefallen ist. Im Laufe der Jahre sind viele über Bord gefallen. Er hält mich auf der DIONYSIOS gefangen. Wenn ich nicht von diesem stinkenden Kahn wegkomme, muß ich sterben. Kostas ist ein grausamer Mann. Ich hasse ihn. Begreifen sie, warum ich ihn hasse?«

Ich nickte. Pythia rollte ihren Stuhl zu mir herüber. Sie griff nach meiner Hand und drückte sie.

»Haben Sie ein Messer?« fragte sie. In ihrer bisher so sanften Stimme lag plötzlich ein kalter, erbarmungsloser Klang.

»Ein Messer?« sagte ich. »Ja, ich habe ein Messer.«

»Würden Sie es mir bitte borgen? Sie bekommen es zurück.«

Ich gab ihr mein Bowiemesser. Rasch steckte sie es unter die Wolldecke, die über ihren Knien lag.

»Machen Sie aber keine Dummheiten mit dem Ding«, sagte ich. »Sie können sich erheblichen Ärger einhandeln, wenn . . .«

Sie hatte meine Gedanken erraten. »Ja, Kostas muß sterben. Er hat mich lange genug gequält. Er hat kein Recht auf mich, ich bin nicht sein Eigentum. Er hat mich geraubt. Ich weiß, daß er mich liebt, aber ich empfinde nur Haß für ihn. Ich hasse ihn und habe ihn immer gehaßt.«

Sie sah mich aus ihren seltsamen grünen Augen an.

»Wie heißen Sie?« fragte sie. Ihre Stimme klang wieder sanft und herzlich.

Ich sagte es ihr.

»Würden Sie mir helfen, von hier wegzukommen? Würden Sie das für mich tun? Kommen Sie zu mir, wenn Kostas heute nacht auf der Brücke ist. Sie müssen mir zur Flucht verhelfen.«

»Wir sind auf See, mitten in der Karibik.«

Sie drückte mir noch einmal die Hand, dann ließ sie mich los und sah mich an.

»Sie kommen heute nacht, nicht wahr?«

Ich nickte.

An diesem Tag konnte ich mich zu nichts mehr aufraffen.

Boris erzählte ich, mir sei sterbensübel. Ich ging nach unten und warf mich auf meine Koje. Jan, der Junkie, brachte mir einen Becher heißen Kaffee. Er war ein guter Kerl.

»Was ist los?« fragte er.

»Nichts.«

»Hast du Pythia heute gesehen?«

»Ja.«

»Hast du vielleicht auch mit ihr gesprochen?«

»Ja.«

»Laß dich auf nichts ein, ich rate dir gut.«

Ich stand auf, klopfte Jan auf die Schulter, verließ die Kabine und ging mittschiffs. Vorsichtig öffnete ich die Tür zu Pythias Kabine und trat ein. Sie saß in ihrem Rollstuhl.

»Sie sind es«, sagte sie glücklich. »Lieb, daß Sie gekommen sind. Kostas ist tot. Wenn Mori ihm den Kaffee herunterbringt, wird er ihn tot in seiner Kabine finden. Ich habe Ihr Messer ins Meer geworfen. Tut es Ihnen leid, daß ich es weggeworfen habe? Aber Sie können sich in Montevideo ein neues kaufen, nicht wahr? Jetzt helfen Sie mir bitte, die Fesseln loszuwerden.«

105

Ich angelte rasch ein paar Werkzeuge aus den Taschen. Wenig später hatte ich Pythia von der Kette befreit, die sie so lange an den Rollstuhl gefesselt hatte.

»Helfen Sie mir hier heraus«, sagte sie atemlos und streifte die Decke ab. Ich tat unwillkürlich einen Schritt zurück. Vor meinen Augen begann sich alles zu drehen. Der Gedanke an Kostas Porphyros gab mir Kraft. Dieser Verbrecher, dachte ich. Dieser hundsgemeine Schuft.

»Die Karibik ist meine Heimat«, sagte Pythia. »Deshalb mußte Kostas hier sterben, und nicht im Pazifik oder Atlantik.«

Ich hob sie aus dem Rollstuhl und trug sie aus der Kabine zur Reling. Dankbar legte sie mir die Arme um den Hals und gab mir einen herzhaften Kuß.

»Danke, Seemann«, flüsterte sie. Das war alles.

Dann glitt sie über die Reling und verschwand in den blauschwarzen Wogen der Karibischen See. Beim Untertauchen schlug sie einmal mit dem Schwanz. Ich hatte Fischschuppen auf meinem Overall. Sorgfältig streifte ich sie ab, ehe ich wieder nach unten ging und mich auf meine Koje warf.

»Der Skipper ist tot«, sagte der Neger Joe.

»Na und?«

»Nichts weiter. Er ist tot.«

In dieser Nacht konnte ich nicht schlafen. Die schwere Kette der Ankerwinde scharrte und kratzte mit monotonem Singsang in der Klüse. Durch die Decksfugen stieg der faulige Gestank des Bilgenwassers. Ich merkte es nicht. Ich dachte an Pythia. An ihre Augen.

Sie waren grün wie der Seetang in der Sargossasee.

106

Der Pflaumenkern

Im Kamin flackert ein helles Feuer. Draußen heult der Sturm. Förster Simmons sitzt gemütlich in seinem Ledersessel, die Hände auf dem Bauch gefaltet, und verdaut sein Abendessen. Auf dem stabilen Rosenholztisch neben ihm steht eine Kristallschale mit Pflaumen. Die Standuhr tickt. Mrs. Simmons klappert emsig mit ihren Stricknadeln.

Zwei Menschen genießen an einem kühlen Herbstabend die Freuden ihres behaglichen Wohnzimmers. Sagten wir *genießen*? Ja — aber der Schein trügt! Man beachte, wie nervös Mrs. Simmons den Mund zusammenpreßt, wie wachsam ihre Augen sind. Simmons greift nach einer der großen, reifen Pflaumen in der Schale und steckt sie sich in den Mund. Mrs. Simmons umklammert mit ihren blassen, manikürten Händen die mattpolierten Lehnen ihres Rokokosessels. Ihre Knie werden so weiß wie ihre Knöchel, sie atmet kaum. Sie wartet.

Jeder Muskel ist angespannt . . . Und dann passiert es. Ihr Mann zielt auf eine der Birnen des Kronleuchters, holt tief Luft und schießt.

Rasant wie eine Weltraumrakete startet der Pflaumenkern und trifft die Birne mit einem lauten, hallenden Ping.

Mrs. Simmons preßt die Hände ans Herz.

»Ich halte das nicht mehr aus«, stößt sie hervor. »Den ganzen Abend schon schießt du mit Pflaumenkernen nach dem Kronleuchter. Vollkommen verrückt ist das. Andere Männer würden nie auf die Idee kommen, etwas derart Kindisches zu tun. Kannst du deine Pflaumenkerne nicht in einen Aschenbecher oder eine Untertasse spucken?«

Der Förster gibt keine Antwort. Er steht achselzuk-kend auf, greift sich den Pflaumenkern, wirft ihn in den Kamin und kehrt zu seinem Sessel zurück. Mrs. Simmons greift wieder nach ihrem Strickzeug und klappert weiter. Die Standuhr tickt unbeirrt, als ob nichts geschehen wäre.

Draußen heult der Sturm. Der Förster greift nach der nächsten Pflaume und steckt sie in den Mund. Lutscht genüßlich an dem vom Fleisch befreiten Pflaumenkern. Dann richten sich seine kleinen runden Augen auf den fünfarmigen Kronleuchter . . . Ping!

Mrs. Simmons zuckt zusammen und blickt ihren Mann wie ein waidwundes Reh an.

»Du hast wieder geschossen«, stöhnt sie. »Es ist das siebte Mal heute abend.«

»Sonst noch was?«

»Nein. Nur daß du mich verrückt machst mit deiner idiotischen Schießerei. Glaub mir, Alfred, ich halte das nicht länger aus.«

»Aber jetzt sei doch vernünftig, Louise. Ich hebe die Kerne alle wieder auf, ich weiß ja genau, wo sie runterkommen. Wenn ich die untere Hälfte der Birne treffe, landet der Kern beim Fernseher, wenn ich die obere Hälfte treffe, landet er drüben am Kamin. Und ich mach' ja nichts kaputt mit meinen Pflaumenkernen. Ich schieß' doch nur zum Spaß, Louise. Weil ich wissen will, ob ich genau die Stelle treffe, auf die ich gezielt hab'. Ich weiß wirklich nicht, wieso du dich darüber so aufregst.«

»Weil es mir auf die Nerven geht, und das weißt du ganz genau. Ich kann nicht mehr, Alfred, ich halt' es nicht mehr aus. Ob du's glaubst oder nicht − wenn du mit dieser irrwitzigen Schießerei nicht endlich Schluß machst, reiche ich die Scheidung ein. Und morgen geh' ich zurück zu meiner Mutter.«

»Jetzt mach aber halblang mit deinem hysterischen Getue«, fährt der Förster sie an und sieht zur Glasschale hinüber. »Die letzten eß' ich erst kurz vor dem Schlafengehen, das versprech' ich dir. Und jetzt gib gefälligst Ruhe.«

Mrs. Simmons greift wieder nach ihrem Strickzeug. Die Standuhr tickt friedlich. Der Förster vertieft sich in die Zeitung. Dann streckt er wieder die Hand nach einer Pflaume aus und steckt sie in den Mund. Mrs. Simmons starrt ihn wie gebannt an. Sie hört auf zu stricken. Der Förster lutscht intensiv am Kern und fixiert den Kronleuchter. Mrs. Simmons schließt die Augen und hält sich krampfhaft an den Sessellehnen fest. Wo bleibt der Schuß? Warum schießt er nicht? Warum um alles in der Welt schießt der Mann nicht? Zwei Minuten verstreichen. Noch immer kein Schuß? Sie macht die Augen auf — und sieht gerade noch, wie ihr Mann langsam aus dem Ledersessel zu Boden rutscht. Sein Gesicht ist rot angelaufen. In seiner Luftröhre steckt ein Kern, er ist am Ersticken. Mrs. Simmons schreit auf, stürzt zu ihm hin und schüttelt ihn.

Mein Gott, er wird doch nicht sterben!

Sie legt ihn auf den Teppich, kniet nieder und versucht, ihn künstlich zu beatmen. Aber das bringt nichts.

Er liegt leblos da und ist schon ganz blau. Sie steht auf, sieht einen Augenblick ratlos vor sich hin, dann läuft sie aus dem Haus. Sekunden später kommt sie mit ihrem Nachbarn, Tierarzt Lund, zurück.

Er macht sich ein bißchen an dem Förster zu schaffen, aber ohne sichtbaren Erfolg.

»Wie schrecklich«, jammert Mrs. Simmons. »Glauben Sie, er wird . . .?«

»Ich fürchte, ja«, murmelt der Tierarzt ernst.

»Könnten Sie nicht den Pflaumenkern mit irgendeinem Instrument durch die Luftröhre nach unten stoßen?«

»Vielleicht. Aber ich bin für Tiere, nicht für Menschen zuständig. Und außerdem ist es dafür bereits zu spät.«

Der Tierarzt schaut auf die Uhr.

»In der Zentrale ist niemand mehr zu erreichen. Wenn ich einen Krankenwagen haben will, muß ich ihn selber holen. Bitte verlieren Sie nicht die Nerven, Mrs. Simmons. Ich fürchte, daß Ihr Mann bereits tot ist. Erstickt. An einem Pflaumenkern.«

Mrs. Simmons kann es nicht glauben. Sie begleitet den Tierarzt zur Haustür. Dann läßt sie sich in einen Sessel in der Diele sinken. Sie hat Mühe, ihre Gedanken beisammenzuhalten. Es ist alles so plötzlich gekommen. Jetzt ist sie Witwe.

Aus dem großen Spiegel sieht ihr das eigene Bild entgegen. Sie erhebt sich und stellt sich in Positur. Sie ist noch jung. Erst dreiundvierzig, in den besten Jahren, wie man so sagt. Das Leben hat ihr noch einiges zu bieten. Vielleicht findet sie sogar wieder einen Mann. Einen, der keine Pflaumen ißt. Alfred wollte sie fertigmachen, bestimmt. Es war ein gerissener Plan, um sie mit seinen gemeinen Pflaumenkernschießübungen gegen den Kronleuchter an den Rand des Wahnsinns zu treiben. Während der ganzen Pflaumenzeit hat er auf ihren Nerven herumgesägt, ganz genau hat er gewußt, daß sie früher oder später aufgeben, zusammenklappen, die Scheidung einreichen würde.

Und jetzt liegt er tot auf dem Teppich im Wohnzimmer, den leeren, starren Blick nach oben, auf den Kronleuchter gerichtet. Das hat er nun von seiner Teufelei. Erstickt. Erstickt an einem seiner widerlichen Pflaumenkerne. Nemesis nennt man so was, mein guter Alfred . . .

110

Ein leises Lächeln geistert um Mrs. Simmons' blasse Lippen. Und dann fährt sie entsetzt zusammen. Was war das? Ein Geräusch! Und das Geräusch kommt aus dem Wohnzimmer. Es ist ein lautes, nicht zu überhörendes, hallendes Ping.

Die Geschichte des Mannequins Gloria Marlowe

Nachdem sie den Schönheitswettbewerb in ihrer Heimatstadt errungen und man ein Seidenband mit der Aufschrift »Miß Yorkshire« um ihre hübschen Schultern gelegt hatte, nachdem die Probeaufnahmen für den Film überstanden waren und sie mehrere kleinere Aufgaben als Mannequin, Nacktmodell und ähnliches hinter sich gebracht hatte, wie sie zu einem Miß-Wettbewerb gehören, hatte Gloria Marlowe großen Geschmack an irdischen Glückseligkeiten gewonnen.

Sie war entschlossen gewesen, eine steile Karriere zu machen und unerhörte Abenteuer zu erleben. Deshalb war sie von ihrem ersparten Geld an die Riviera gereist.

Wir trafen sie, während sie an ihrem Aperitif nippte, an einem Tisch vor dem »George V.«, einem kleinen exklusiven Restaurant gegenüber dem Spielkasino von Monte Carlo.

Es war ihr letzter Tag an der Riviera. Das große, entscheidende Abenteuer hatte auf sich warten lassen. Am nächsten Tag wollte sie nach Hause zurückkehren. Tief enttäuscht drehte sie sich nach dem Kellner um, um das Getränk zu bezahlen.

Im selben Augenblick geschah es: Ein großer, eleganter, sonnengebräunter, dunkelhaariger Mann kam die breite Marmortreppe des Spielkasinos herunter, sah sich einen Augenblick suchend um, entdeckte Gloria, entblößte seine kreideweißen Perlenzähne zu einem strahlenden Lächeln, winkte begeistert und eilte mit leichten, federnden Schritten direkt auf sie zu.

»Mademoiselle«, sagte er wie benommen, griff nach ihrer Hand, küßte sie mit weltmännischer Eleganz und fuhr fort:

»Endlich finde ich Sie. Ich sah Sie schon im Flughafen, aber in dem Menschengewühl habe ich Sie aus den Augen verloren. Sollte ich diese Frau jemals wiederfinden, sagte ich zu mir selbst, sollte ich dieses wunderbare Geschöpf noch einmal vor meine Augen bekommen, so soll sie die Meine werden, selbst wenn ich Jahre warten müßte und es mich Millionen kosten würde. Sie soll die Meine werden. Ich will ihren Körper besitzen, ihr Herz, ihre Seele − und wäre sie unerreichbar wie der fernste Stern am Firmament.«

Miß Gloria wurde es schwarz vor den Augen. Sie fühlte sich schwindlig, ihr junges Herz schlug einen dreifachen Salto tief in ihrem wohlgeformten Busen.

Endlich war das große, wunderbare Abenteuer da! Wie in Trance entzog sie ihm die Hand.

»Verzeihen Sie mir«, fuhr der wunderbare, supermännliche Mann fort, »vergeben Sie mir meinen Eifer, meine Taktlosigkeit, mein Draufgängertum! Darf ich mich vorstellen: Jean Pierre Renoir aus der Renoir-Dynastie, die Ihnen sicherlich bekannt ist. Aber sprechen wir nicht davon. Gestatten Sie, daß ich für einen Augenblick bei Ihnen Platz nehme, Mademoiselle . . .«

»Gloria Marlowe!«

Jean Pierre zog seinen Stuhl heran, setzte sich und griff wieder nach Glorias Hand.

»Darf ich Sie Mademoiselle Gloria nennen?« fragte er

eindringlich und sah sie mit seinen prachtvollen braunen Augen bettelnd an. Wieder wurde es Miß Gloria schwarz vor den Augen. Sie nickte nachgiebig.

»Gloria«, fuhr er hingerissen fort, »Gloria, Darling, ich werde Ihnen Schmuck kaufen, ich kaufe Ihnen Pelze, ich kleide Sie von Kopf bis Fuß ein, und zwar in das Teuerste und Exklusivste, was es in den feinsten Pariser Modehäusern für Geld zu kaufen gibt. Ich werde Sie mit meinen Freunden bekannt machen, ich führe Sie in die Gesellschaft ein. Mit Stolz begleite ich Sie in die vornehmsten Nachtlokale, Sie sollen in Champagner schwimmen und Kaviar schon zum Frühstück genießen. Sie sollen auf alles zeigen, was Sie haben möchten, und ich werde es Ihnen kaufen.«

Jean Pierre machte eine kurze Pause, atmete tief, führte Glorias lilienweiße Hand an seine Lippen, küßte sie heftig, küßte den ganzen Arm, küßte jeden einzelnen der fünf langen Nägel an ihrer Hand und fuhr fort:

»Gloria, meine Geliebte, mein Schatz! Wir werden reisen, wir beginnen mit einer Weltreise, ich werde dir Hawaii zeigen, Miami Beach, Buenos Aires, Indien, Hand in Hand besteigen wir den Fudschijama, wir blicken über die Palatiner Höhen, stehen staunend vor der Cheopspyramide, freuen uns über die Niagarafälle, wir sehen den Mond über dem Kilimandscharo leuchten und die Sonne im Stillen Ozean untergehen. Wir werden uns auf dem Promenadendeck des weißen Luxusschiffes aalen, wir planschen in den Wellen an den Küsten der Bahamas, liegen auf den weißen Sandstränden, wir lauschen dem Gesang der Zikaden in wundervollen Tropennächten . . . all das werden wir zusammen genießen, du und ich!

Und wenn du fühlst, daß du nicht länger widerstehen kannst, dann wirst du in meinen Armen einen Himmel

113

auf Erden genießen, wie ihn Worte nicht beschreiben können. Wieder und immer wieder sollst du in meinen Armen liegen, und ich werde dir zu immer neuen Freuden verhelfen. Wahrhaftig, Geliebte, die Welt liegt offen zu unseren Füßen, wir haben keine Minute zu verlieren. Die Glücksgöttin hat ihr Netz nach uns ausgeworfen. Laß du dich von ihr einfangen.«

Jean Pierre warf einen Blick auf seine Uhr.

»Aber jetzt muß ich gehen«, sagte er traurig und stand auf. »Warte hier auf mich. Schwöre bei allem, was dir heilig ist, Gloria, Darling, meine Geliebte, daß du hier auf mich wartest, bis ich . . .«

Er faßte in die Tasche seines äußerst eleganten weißen Tropenanzugs, ohne zu finden, was er suchte.

Dann schnippte er mit zwei Fingern vor Glorias Gesicht, zufrieden darüber, daß er die Lösung eines Bagatellproblems gefunden hatte, das ihn fast ärgerlich gemacht hätte.

»Leih mir mal eben einen Tausendfrankenschein«, sagte er, »aber schnell, wir dürfen keine Minute verlieren, keine Sekunde . . .«

Gloria wühlte fieberhaft in ihrer Handtasche, zog ihren letzten Tausendfrankenschein heraus und schob ihn hastig in die Hand des wunderbaren, des bezaubernd schönen Jean Pierre.

»Danke, mein Herz, meine Liebste«, sagte er und küßte ein letztes Mal ihre lilienweiße Hand. »Nun laufe ich hinüber in das Kasino und setze diese tausend Franken ein, und wenn ich dann die Bank gesprengt habe, komme ich zurück und hole dich ab. Dann, meine Liebste, dann liegt uns die Welt offen zu Füßen.«

Der Wohnwagen-Mord

In diesem Teil Kaliforniens war die Hitze ein Dauerzustand. Die Sonne brannte unbarmherzig durch den Hitzedunst. Fransig-zerrupfte Wattebällchen drifteten über den blauen Himmel. Rechts und links vom Wagen wellte sich die versengte Landschaft wie ein verknitterter Teppich. Ralph döste hinter dem Steuer vor sich hin. Mit halb geschlossenen Augen registrierte er apathisch, wie sich der Wagen immer weiter in das breite Asphaltband hineinfraß, während die Akazienreihen an ihm vorüberhuschten. Er durfte nicht zu schnell fahren, er mußte an den großen Wohnwagen denken, den er angehängt hatte. Jetzt saß er schon die sechste Stunde am Steuer. Nur einmal hatte er kurz an einer Tankstelle gehalten. Er kramte im Handschuhfach herum, fand die Tabletten und schluckte mehrere, um die Kopfschmerzen loszuwerden. Er hatte gestern abend gebechert, und zwar nicht zu knapp. Sonst trank er meist in Maßen, aber gestern abend hatte er Grund gehabt, sich vollaufen zu lassen. Ärger mit Sandra. Scheußlichen Ärger. Sandra war seine Frau.

Er nahm das Gas weg. An der Kreuzung stand ein Mädchen, das ihm winkte. Er hatte sich eigentlich nicht das Mädchen angeln wollen, sondern die Zigaretten, die vom Sitz gerutscht waren und neben dem Gaspedal lagen. Das Mädchen lief zu seinem Wagen hinüber; sie dachte wohl, er hätte ihretwegen das Gas weggenommen. Tja, wenn das so war . . . Er hielt an.

»Soll ich Sie ein Stück mitnehmen?« fragte er.

»Schönen Dank«, sagte das Mädchen und stieg ein. Sie hob Ralphs Zigaretten auf und gab sie ihm.

»Ich heiße Linda«, sagte sie.

Ralph nannte seinen Namen. Dann zündete er sich

115

eine Zigarette an und fuhr weiter. Die Sonne stand jetzt nicht mehr so hoch. Das Asphaltband schlängelte sich durch einen dunklen Föhrenwald. Irgendwo im Wald, auf einer Lichtung, stieg durchsichtiger blauer Holzrauch aus dem Schornstein eines kleinen Bauernhauses. Ralph dachte an Sandra, und ein Schatten glitt über sein jugendliches Gesicht.

Linda. »Mir ist das Geld ausgegangen. Kann jedem mal passieren, nicht?«

»Schon möglich.«

Ralph gab Gas, dann stieg er auf die Bremse. Um ein Haar hätte er einen Truthahn überfahren, der plötzlich über die Fahrbahn stolzierte.

Er fluchte. Wenn er den Wohnwagen anhängen hatte, bremste er ungern scharf.

»Sind Sie verheiratet?« fragte er unerwartet.

»Nein«, sagte Linda. »Ich bin in der Kosmetikbranche.«

»Sie können ja trotzdem verheiratet sein«, meinte Ralph gereizt.

»Stimmt. Bin ich aber nicht. Ich hab' gerade meine Stelle verloren. Der Boß wollte sich an mich ranmachen. Aber da läuft bei mir nichts. So was geht nur auf Gegenseitigkeit.«

Ralph sagte nichts mehr, und auch Linda schwieg. Ein Gewitter zog auf. Heftige Windböen rüttelten an den Akazienwipfeln und rammten mit fast zorniger Brutalität den Wagen. Ralph kurbelte sein Seitenfenster hoch, Linda das ihre zur Hälfte. Sie saß an der Leeseite. Ralph dachte wieder an Sandra. Er runzelte die Stirn und legte noch etwas Tempo zu.

»Sind Sie verheiratet?« fragte Linda.

»Ja«, bestätigte Ralph, »ich bin verheiratet.«

Eine Weile saß er schweigend da, dann drehte er den

Kopf zur Seite und sah Linda bedeutungsvoll in die Augen. »Und ob ich verheiratet bin«, bekräftigte er noch einmal.

»Vielleicht nicht sehr glücklich?« mutmaßte Linda.

»Glücklich!« Ralph lächelte bitter.

Die schweren Gewitterwolken hingen jetzt direkt über ihnen. Grelle Blitze zuckten über den schwarzen Himmel. Bald würde es anfangen zu regnen, und dann würde Ralph mit dem Tempo heruntergehen müssen. Vor ihnen tauchte ein Farmer mit einer schweren landwirtschaftlichen Maschine auf. Sie nahm fast die ganze Straßenbreite ein. Ralph mußte aufs Bankett ausweichen, um überholen zu können. Der Farmer reagierte überhaupt nicht auf Ralphs warnendes Hupen.

»Idiot!« schimpfte Ralph. Schweigend fuhren sie weiter. Ralph mußte wieder an Sandra denken.

»Hol sie der Teufel!« sagte er.

»Bitte?« fragte Linda. Sie verfolgte mit ängstlichem Gesicht einen Blitz, der lange Zickzackstreifen durch die grollenden schwarzen Wolken fetzte.

»Ich sagte: Hol sie der Teufel.«

»Wen?«

»Na, raten Sie mal.«

»Ihre Frau?«

»Klar!«

»Sind Sie auf dem Weg zu ihr?«

Ralph schüttelte den Kopf.

»Dann kommen Sie vielleicht gerade von ihr?«

Wieder schüttelte Ralph den Kopf. »Weder noch«, meinte er. »Egal, ob ich langsam fahre oder einen Affenzahn vorlege — ich werde sie nicht los. Sie ist hinten im Wohnwagen. Es gibt drei Möglichkeiten. Entweder liegt sie da, hat sich die Decke über ihren dicken fetten Leib gezogen und schnarcht. Oder sie liegt da und vertreibt

117

sich die Zeit mit einem Stoß Modezeitschriften und einer Schachtel Pralinen.«

»Und die dritte Möglichkeit?«

»Ist eher hypothetisch. Sie *könnte* natürlich im Schlaf aufgestanden sein, die Tür aufgemacht haben — auch im Schlaf. Und einen Schritt ins Leere getan haben — im Schlaf.«

»Wünschen Sie das? Ist sie eine richtige Nachtwandlerin?«

»Leider nein!«

Ralph stellte den Scheibenwischer ab. Der heftige Gewitterregen war vorbei, aber noch immer zuckten Blitze durch die schwarze Wolkendecke, und der Donner grummelte beharrlich wie ein knurrender Magen hinter den Bergen.

»Seit sieben Jahren nervt sie mich«, sagte Ralph. »Seit einer halben Ewigkeit. Im Augenblick sind wir im Urlaub, wie jedes Jahr um diese Zeit. Wir fahren in Kalifornien herum. Ich sitze vom frühen Morgen bis zum Abend am Steuer, und sie liegt im Wohnwagen, schläft oder mampft Konfekt. Jeden Abend muß ich ihr vor dem Einschlafen mit einer Haarbürste den Rücken kraulen.«

»Ist es ihr Wunsch, daß Sie Ihren Urlaub auf diese Weise verbringen?«

»Nee, ihr ist das egal.«

»Also geht es von Ihnen aus. Warum?«

Ralph wandte das Gesicht ab. Er packte die Kurbel des Seitenfensters, drehte es langsam halb herunter und dann wieder hoch.

»Zu Hause schlafwandelt sie manchmal. Irgendwann muß sie doch mal aufstehen, während wir fahren, und dann . . .«

Er führte den Satz nicht zu Ende.

»Verstehe«, sagte Linda. »Aber das ist ja Mord. Wenn es so läuft, wie Sie sich das denken, ist das Mord.«

»Leuchtet mir nicht ein«, widersprach Ralph leicht gereizt. »Wieso Mord? Es ist ein Unfall, ganz einfach.«

Linda überlegte einen Augenblick. Dann fragte sie: »Wie alt sind Sie eigentlich, Ralph?«

»Siebenunddreißig. Warum?«

»Nur so. Und wie alt ist sie?«

»Keine Ahnung. Hundertfünfzig.«

»Hundertfünfzig?«

»Ja, verdammt noch mal, hundertfünfzig. In meinen Augen ist sie hundertfünfzig. Mag sein, daß auf ihrer Geburtsurkunde was anderes steht. Fünfundfünfzig vielleicht. Siebenundfünfzig. Oder sechzig. Aber für mich zählt, wie ich sie sehe. Klar?«

»Ja.«

Ralph hupte. Der schrille Ton erschreckte einen jungen Farmer, der Jungvieh über die Straße trieb. Eine Färse begann vergnügt in einem Maisfeld herumzutollen. Ralph sah zu ihr hinüber.

»Die ist durchgedreht«, sagte er. »Da gibt's nur eins, wenn diese jungen Biester durchdrehen.«

Linda drückte eine Zigarette im Aschenbecher aus. Ihr kurzer Rock war ihr ziemlich hoch über die Hüften gerutscht.

»Sie haben hübsche Knie«, sagte Ralph.

»Finden Sie?«

»Sandra hat Ständer wie ein Elefant, ihre Beine könnte man als Telegrafenmasten verwenden. Aber Sie haben verdammt hübsche Beinchen. Und süße Knie.«

»Es gibt Leute, die sagen, daß Grübchen drin sind.« Linda kicherte ein bißchen.

Ralph kniff die Augen leicht zusammen, als könnte er sich so besser konzentrieren. Sie hatte recht. Wie sie

119

jetzt dasaß, sah es wirklich so aus, als sei ein muldenartiges Grübchen an der Außenseite ihres Knies, zwischen Kniescheibe und Kniekehle, genau in der Mitte.

»Grübchen auf dem Knie«, sagte Ralph. »Was es nicht alles gibt!«

Er überlegte einen Augenblick. Dann sagte er: »Aber vielleicht haben die alle Mädchen. Mir fehlt es da an Erfahrung. Schließlich habe ich ja Sandra.«

Jetzt erst musterte er Linda gründlicher. Sie war dunkelhaarig und schlank, hatte feste, gerundete Glieder. Ihre Haut war tief braun, ihr Mund groß und sinnlich, dazu die sanften braunen Augen. Ein hübsches Mädchen, dachte Ralph bei sich. Ein Mädchen, mit dem man allerlei würde anfangen können. Ein neues Leben zum Beispiel.

»Warum sehen Sie mich so an?« fragte sie.

»Ohne besonderen Grund«, sagte Ralph.

Dann nahm er das Gas weg und küßte sie. So richtig klappte das nicht, solange er auf den Verkehr achten mußte. Er ließ den Wagen am Straßenrand ausrollen und hielt an. Dann zog er sie an sich und küßte sie, wie es sich gehörte.

»Und wenn deine Frau auftaucht?« fragte sie.

»Tut sie nicht.«

Ralph küßte weiter. Er drehte Linda herum, damit er auch ihr Knie küssen konnte. Er fühlte mit der Zunge nach, ob sie an der Innenseite auch ein Grübchen hatte. Und er fühlte mit der Zunge nach, ob sie an anderen Stellen Grübchen hatte.

Es dunkelte. Am Horizont gab es ab und zu ein Wetterleuchten. Die Luft war gesättigt von dem Duft, der von den Orangenhainen aufstieg. Sie merkten es beide nicht. Linda ließ ihre langen, schlanken Finger durch sein dunkles Haar gleiten.

»Nein, Ralph nicht. Das darfst du nicht, hörst du?«

Ralph hörte nicht.

Eine halbe Stunde später stieg er aus dem Wagen.

»Bleib, wo du bist«, sagte er. »Ich bin gleich wieder da.«

Während Linda versuchte, ihre Sachen in Ordnung zu bringen, ging Ralph nach hinten zum Wohnwagen. Er blieb eine Weile davor stehen, dann schloß er die Tür auf.

»Sandra«, fragte er in die Dunkelheit hinein, »bist du da?«

Keine Antwort.

»Sandra, schläfst du?«

»Ja«, ertönte es muffig aus der Dunkelheit.

»Willst du was essen?«

»Nein.«

»Ist es dir recht, wenn wir heute nacht hierbleiben?«

»Ja.«

»Ich muß mir irgendwo einen neuen Keilriemen besorgen. Ist es dir recht, wenn ich den Wohnwagen abhänge?«

»Ja.«

»Gut, dann fahr ich los und sehe zu, ob ich eine Werkstatt finde.«

Er sagte gute Nacht, machte die Tür zu und schloß ab. Dann hängte er den Wohnwagen ab, stieg ins Auto und setzte sich ans Steuer. Linda lehnte sich zu ihm herüber und küßte ihn leidenschaftlich.

»Nein«, sagte er. »Nicht hier. Und nicht jetzt.«

Er startete den Motor, und das Auto rollte weiter über das breite, dunkle Band des Highway. Ohne den Wohnwagen. Ohne Sandra.

»Wohin fahren wir?« fragte Linda.

»Wir suchen uns ein Motel«, antwortete Ralph.

121

»Eigentlich müßte ich zu meinen Eltern nach Oak Creek. Ich bin noch nie per Anhalter gefahren. Das war nur, weil ich meine Tasche mit dem ganzen Geld auf dem Busbahnhof verloren habe und . . .«

»Vergiß es«, fiel Ralph ihr ins Wort. Dann sah er sie an und fragte ohne Umschweife: »Willst du mich heiraten, wenn ich wieder ein freier Mann bin?«

»Ein freier Mann?«

»Ja, wenn ich Witwer werde.«

»Wann wird das sein?«

»Bald. Sehr bald.«

Er wurde noch in dieser Nacht ein freier Mann, und zwar — sie waren gerade vor dem Motel angekommen — um genau 23.45 Uhr. Er hatte den Wohnwagen direkt auf einem Bahnübergang abgestellt.

Die italienischen Mode-Shorts

Es fing damit an, daß mein Nachbar, der am Strand den Bungalow neben uns hat, eines Tages plötzlich in einer nagelneuen knall-lila Badehose erschien. Gar nicht zu reden von dem Muster: plattgedrückte schleimige Tintenfische in einer nicht näher zu bezeichnenden weißen Soße. Falls Sie sich so was überhaupt vorstellen können. Augenscheinlich war sich der Mann nicht darüber klar, daß seine neue Badehose der letzte Schrei vom *vorigen* Jahr war. Die jungen Strandschönen wollten sich denn auch totlachen über seinen täglichen Stolziergang vom Bungalow zum Wasser und wieder zurück. Der Mann hatte ein Selbstbewußtsein wie ein junger Gockel!

Ich bin nun gewiß nicht der Typ, der in Sachen Mode

immer mit Nachbarn oder Bekannten mithalten will, mußte aber zugeben, daß meine ausgefranste, ausgeblichene Khaki-Bux mit ihrem ausgeleierten Gummiband einigermaßen gräßlich aussah, wenn man sie sich näher betrachtete. Ich fuhr daher in die Stadt und suchte nach etwas Käuflichem, das ein bißchen mehr hermachen würde. Schließlich und endlich mußte ja auch ich täglich durch einen dichten Ring schöner junger Badenixen Spießruten laufen, wenn ich ins Wasser wollte.

Im Schaufenster eines Herrenausstatters sah ich plötzlich eine Badehose ausgestellt, die mein Interesse erregte. Sie hatte etwas hinreißend Jugendliches, etwas Lebensbejahendes. »DER LETZTE SCHREI, MÄNNER: DIE ITALIENISCHEN MODE-SHORTS! CIAO! CIAO! DIE MODE DIESES SOMMERS!« Blitzartig fiel mir ein, daß ich auf der Titelseite eines Herrenmagazins Muhammad Ali in so einer Hose gesehen hatte, jawohl, handbedruckt mit springenden Büffeln in psychedelischen Farben. Sie hatte ihm gut gestanden.

Etwas Viriles, etwas Übermännliches ging von diesen Luxus-Shorts aus. Warum eigentlich müssen Männer immer in öden, phantasielos grauen oder braunen Badehosen herumlaufen? Warum nicht einmal unser kümmerliches Sommer-Exterieur mit fröhlichen, festlichen Badehosen aufmuntern — Badehosen, auf denen Büffel schnauben! Eine wundervolle Idee, wirklich.

Ich ging vor dem Geschäft ein paarmal auf und ab und warf Seitenblicke auf die Badehose. Dann nahm ich allen Mut zusammen und ging hinein. Natürlich sagte ich nicht sofort, was ich wollte, sondern tastete mich langsam vor. Vielleicht fand man es töricht, daß ein Mann in meinem Alter sich für diesen sommerlichen Firlefanz interessierte. »Ich möchte mir Socken ansehen«, begann

123

ich und schielte auf ein Paar modische Shorts, bedruckt mit festlich-eleganten Weinflaschenetiketten aus der ganzen Welt.

»Eine besondere Farbe?«

Ich antwortete nicht, sondern befühlte die Badehose.

»Scheint ja aus sehr gutem Material zu sein«, sagte ich sommerlich leichtfertig.

»Das allerneueste, eben aus Mailand eingetroffen. Die werden heuer *der* Schlager der Herrenstrandmode.«

»Aber so was kann man doch nicht anziehen«, wandte ich ein und hielt mir die Badehose an.

»Und warum nicht? Ich habe selbst ein paar von denen daheim. Machen richtig Spaß! Sie sollten mal eine anprobieren.«

»Bin ich für so was nicht zu alt?«

»Im Gegenteil, das macht jugendlich. Warum wollen Sie unbedingt fad und phantasielos rumlaufen . . . an einem schönen Sommertag?«

»Eigentlich haben Sie recht«, räumte ich ein, »schließlich sind die Sommerfähnchen und Strandkleider der Damen auch alle bunt und lebhaft gemustert.«

»Genau. Was halten Sie von denen da? Sind eben mit der Alitalia aus Bologna eingetroffen?«

Der Ladenjüngling hielt mir eine mit Hirschen bedruckte Badehose hin.

»Phantastisch männlich! Und schauen Sie, mein Herr . . . hier hinten drauf kämpfen zwei Hirsche . . . Brunftzeit, Sie wissen schon, und die Geweihe prallen aufeinander.« Ich schob die Hirsche von mir.

»Nein danke«, sagte ich. »Das ist für meinen Geschmack ein bißchen *zu* spaßig. Haben Sie nichts Gediegeneres?«

»Hier haben wir etwas mit Oben-ohne-Mädchen . . . hier welche mit rosa Elefanten . . . und hinten drauf, sehen Sie, drollige Äffchen, die sich von Baum zu Baum schwingen? Wie gefallen Ihnen die? Es ist doch nur einmal im Jahr Sommer. Ich habe übrigens genau so eine – draußen in meinem Bungalow am Strand.«

»Wäre vielleicht nicht so übel«, überlegte ich. »Ist das meine Größe?«

»Genau! Ich an Ihrer Stelle würde zugreifen. Sie sind der Typ für so was, Sie haben das Format, sich in einer solchen Badehose zu zeigen.«

»Oh – noch was«, fragte ich übermütig. »gehen die Elefanten bei der Wäsche ein?«

»Elefanten gehen überhaupt nicht ein, haha, guter Witz. Und farbecht sind sie auch. Wie gesagt, ich hab' genau die gleiche draußen im Strandhaus. Sieht heute noch aus wie an dem Tage, an dem ich sie gekauft habe.«

»Also gut, packen Sie sie ein.«

»Und die Socken?«

»Die laß ich fürs nächste Mal. Ich habe heute nicht allzuviel Zeit.«

Ich nahm meine festlichen italienischen Luxus-Shorts in Empfang und begab mich eilig zurück in meinen Bungalow. Der Mann hatte recht gehabt, die Größe stimmte genau.

»Na, wie findest du sie?« fragte ich Marianne und spazierte im Innenhof probeweise ein paarmal auf und ab.

Marianne war nicht besonders begeistert.

»Um Himmels willen, Menschenskind«, keuchte sie. »Ist das dein Ernst! In deinem Alter? Die sind ja fast schon unanständig!«

»Was soll denn unanständig sein an ein paar niedlichen Elefäntchen und Äffchen . . .«

»Diese roten Hinterteile. Ich habe noch nie . . .«

»Ach Unsinn«, warf ich ein. »Das ist ja gerade das

125

Lustige dran. Außerdem ist es ein amüsanter Farbeffekt . . .«

»Also wenn Mama kommt, darfst du in diesem Fetzen nicht erscheinen, das erlaube ich nicht.«

Ich war etwas empört. »Wie meinst du das? Du verlangst doch wohl nicht, daß ich splitternackt . . .«

»Du weißt genau, was ich meine. Außerdem mußt du daran denken, was die Leute sagen werden, die Nachbarn. Und eben Mama.«

»Die Leute«, schnaubte ich verächtlich, »als ob ich mir das Geringste aus dem machte, was die Leute sagen. Wenn ich mit Affen auf meinem Badehosensitz herumlaufen will, dann tu' ich das, ganz egal, was die Leute sagen . . .«

Ich redete nicht weiter; es wurde mir einfach zu dumm. Ich ging hinaus, holte den Gartenschlauch und fing an, die Rhododendren zu gießen. Nicht, daß sie es nötig gehabt hätten. Es ging mir nur darum, die neue Badehose meinem Nachbarn, dem Doktor, zu präsentieren.

Er stand da und murkste an einem großen Gartenschirm herum. Ich wandte ihm den Rücken zu, bückte mich und zupfte ein paar Quecken aus. So straffte sich der Hosenboden, und der bunte Druck kam richtig zur Geltung. Plötzlich scheppere es. Der Doktor hatte den Gartenschirm umgeworfen.

»Kitzeln die nicht?« fragte er und kam an die Hecke. Er wirkte sehr skeptisch.

»Was soll kitzeln?«

»Ich meine . . . na, die Affen in, äh . . . auf Ihrer Hose?«

Das war zu vulgär. Ich gab ihm zu verstehen, daß das Niveau seines Witzes unter dem lag, was man von einem praktischen Arzt erwarten konnte, und setzte noch hinzu, zu so einer Bemerkung gehöre eine erhebliche Portion Geschmacklosigkeit.

»Was bringt Ihnen das, wenn Sie so was tragen?« fuhr er fort. »Wollen Sie vielleicht ins Guinness-Buch der Rekorde und unsterblich werden?«

Ich sah ihn trotzig an.

»Es ist eine ganz dumme Angewohnheit von Ihnen, sich immer so über die Hecke zu fläzen«, sagte ich. »Auf die Art wächst sie natürlich nie. Warum bleiben Sie nicht drüben auf Ihrer Seite? Und glauben Sie ja nicht, daß die wabbeligen Quallen, die sich auf Ihrer Sommerschluß-verkaufshose breitmachen, besser sind. Solchen Schund zu kaufen, also nein, wissen Sie . . . Und ich dachte immer, Ärzte hätten mehr Phantasie . . .«

Ich hörte selbst, daß meine Stimme anfing schrill zu werden. Mit dämlichem Grinsen warf der Doktor den lieben Äffchen auf meinem Badehosenboden einen letzten Blick zu, dann sprang er, die Arme wie ein Gorilla hin und her schwenkend, über den Rasen und lief zurück in sein Haus, wobei er sich anscheinend äußerst komisch vorkam. Etwas später erschienen dann: Jonas, der Nachbar von gegenüber, der Zahnarzt von Nr. 12 und noch ein paar Bekannte, um sich dies und jenes zu borgen, die Heckenschere oder den Kantenschneider oder was für Ausreden sie sich sonst noch ausgedacht hatten, um herüberzukommen. Sie glotzten meine Badehose an und brachten ihren Neid dadurch zum Ausdruck, daß sie billige Witze über Affen und Elefanten rissen. Als ich es nicht mehr mit anhören konnte, tat ich ihnen kund, sie mögen verschwinden. Ich wollte nicht, so drückte ich es aus, daß sie alle auf meinem Grund und Boden herumwimmelten, nur weil ich mit der Zeit gegangen sei und mir endlich eine modische Badehose gekauft hätte.

Abends machten wir dann einen Spaziergang durch

127

die Nachbarschaft. Ich trug meine Luxus-Shorts.
Marianne behauptete später, die Leute hätten in ihren
Gärten gesessen und gelacht. Ein paar kleine Kinder
tauchten auf und folgten uns in respektvoller Entfernung. Jedesmal, wenn wir stehenblieben, blieben sie
auch stehen. Das machte mich nervös. Wir trafen ein
paar Bekannte, die vorschlugen, ich solle warten, bis es
dunkel sei, ehe ich meine Luxus-Shorts spazierentrüge.
Sie seien dann weniger aufreizend. Daß sie das Wort
aufreizend brauchten, ging mir gegen den Strich. Ich
wandte mich um und scheuchte die Gören weg.

Eine Weile später begegneten wir zufällig Mariannes
bester Freundin und ihrem Mann. Das Gespräch drehte
sich sogleich um meine Badehose.

»Natürlich könnte man sie umarbeiten — zu — ach
nein, eigentlich kann man nichts anderes daraus machen,
beim besten Willen nicht.«

»Doch«, sagte die Freundin und befühlte den Stoff,
»die färbt man am besten dunkelbraun oder blau. Die
Qualität des Stoffes ist einfach zu gut, um die Hose
einfach wegzuschmeißen.«

Als ob ich je daran gedacht hätte! Ziemlich wütend
machte ich auf dem Absatz kehrt und ging heim.

Am Sonntagmorgen zog ich meine neuen Luxus-
Shorts wieder an. Marianne enthielt sich jeglichen Kom-
mentars, vielleicht hatte sie Angst.

Ich hörte, wie sie im Badezimmer den Knaben des
Hauses eindringlich ermahnte, ja keine kessen Bemerkungen zu machen.

»Daddy wird böse, wenn du was darüber sagst«,
raunte sie. »Und wehe dir, wenn du grinst.«

Trotzig ging ich zur Tür und öffnete sie. Jenseits der
Hecke standen der Doktor, Jonas, der Zahnarzt und
noch ein paar andere Nachbarn.

»Kommt er?« hörte ich Jonas erwartungsvoll fragen.

Einen Augenblick lang stand ich da, die Klinke in der Hand. Draußen auf der Straße kam der Manager des Einkaufszentrums vorbei, ein gewisser Bastrup, und dann waren da noch ein paar Leutchen, die so taten, als bummelten sie nur rein zufällig durch unsere Gegend.

Aber als sie mich erblickten, verlangsamte sich ihr Schritt noch mehr.

»Okay«, knurrte ich und warf meine schicken Shorts Marianne in die Arme, »färb sie meinetwegen dunkelblau oder wie du willst . . .«

Ein paar Tage später ging ich in den Laden, in dem ich sie gekauft hatte.

»Ich hätte gern ein Paar Socken«, sagte ich. Der Verkäufer musterte voller Interesse meine dunkelblauen Shorts und befühlte sie flüchtig.

»Ist das nicht die . . .«

Ich nickte und fing an, in den Socken herumzuwühlen.

»Genau so eine hab' ich in meinem Strandhaus«, sagte der Verkäufer im Verschwörerton. »Nur ist sie noch dunkler blau.«

Haben Sie eine schöne und wertvolle Tablettensammlung?

Es fing damit an, daß mein Arzt mir Vitamin-A-Tabletten gegen chronische Müdigkeit verordnete, außerdem kleine, hellblaue Tabletten gegen einen Hexenschuß, den ich mir bei schwerer, komplizierter Gartenarbeit zugezogen hatte. Die Vitamintabletten bekamen mir gut, während die kleinen, hellblauen mir den Schlaf raubten. Aber dagegen gab es ein Mittel. Der

Arzt verordnete mir sogenannte Einschlaf-Tabletten, und jede Nacht schlief ich schon nach Sekunden wie ein Murmeltier, wenn ich die Tablette in meinen Magen befördert hatte, um diverse Organe einzulullen. Ich schlief dann fast den ganzen nächsten Tag. Aber dagegen gab es auch ein Mittel. Ich bekam große, mausgraue Tabletten mit Spalt. Die sollten mich aufputschen, damit ich nicht an der Schreibmaschine oder vor dem Fernseher eindöste. Das taten sie auch, und um abends zur Ruhe zu kommen, mußte ich außer den Einschlaftabletten auch ein paar Durchschlaftabletten und ein paar Dauerschlaftabletten einnehmen, und morgens 2 Thomapyrin gegen die Kopfschmerzen. Von den vielen Tabletten kriegte ich Magenbeschwerden. Aber auch da half der Arzt. Kein Problem. Ich kriegte Zitronensäure-Tabletten und ein Glas starke Zymopavan-Tabletten. Allmählich ströhmten die Tabletten Tag und Nacht gleichmäßig durch die Speiseröhre, bis mir mein Arzt Hypophysodron-Tabletten verschrieb, um mein Gedächtnis zu stützen, damit ich keine Tablette vergaß.

Als ich mit den Hypophysodron-Dingern nach Hause kam, ließ ich ein paar in die Hand kullern, um sie mit einem Schluck Wasser runterzuspülen. Sie hatten eine so wunderschöne, klare lila Farbe, wie ich sie nie zuvor bei Tabletten gesehen hatte. Ich brachte es einfach nicht übers Herz, sie zu schlucken.

Plötzlich fiel mir auf, wie verschieden Tabletten eigentlich aussehen. Einige sind karmesinrot, andere ockergelb, diskret altweiß, orange oder schreiend azurblau, daß einem die Augen weh tun. Besonders bei den Vitamin-Tabletten schwelgen die pharmazeutischen Firmen in kräftigen, verlockenden Farbnuancen, aber auch die herkömmlichen weißen Tabletten erweisen sich bei näherem Hinsehen als äußerst verschieden, es gibt runde und ovale, konvexe und konkave, kleine und große, mit und ohne Geschmacksüberzug.

Ich betrachtete eine Weile die Tabletten in meiner Hand, dann schüttete ich sie ins Glas zurück und kramte alle Tabletten aus der Hausapotheke. Ich sortierte, definierte und katalogisierte: Alle roten kamen in eine Schachtel, alle blauen in eine andere, alle weißen, ovalen in eine dritte und so weiter. Ein wirklich spannendes Hobby. In diesem Augenblick beschloß ich, Tabletten zu sammeln. Heute habe ich die größte Tablettensammlung des Landes in Privatbesitz. Sie können jede Farbnuance, jede Form und jede Art Überzug in meiner Sammlung finden. Regelmäßig fülle ich meine Sammlung durch Freunde und Bekannte auf. Alle haben massenweise Tabletten, die sie sowieso nicht gebrauchen, weil sie längst vergessen haben, wogegen sie helfen sollen.

Marianne mag nicht, daß ich Tabletten sammle. Sie findet das Hobby blöd. Ich persönlich finde es nicht blöder als eine Sammlung von Streichholzschachteln, Zigarrenbauchbinden oder Bierdeckeln, um nur einige Beispiele zu nennen. Im übrigen ist meine Sammlung für alle Interessierten zugänglich. Bereitwillig zeige ich sie allen Gästen, mit Kostproben bin ich nicht kleinlich.

»Nehmen Sie sich ruhig ein Exemplar von den komischen runden, lachsroten, Frau Martens, wenn Sie die so niedlich finden. Die sind mit Pfefferminz überzogen. Aber schnell schlucken, wenn der Überzug abgelutscht ist . . . die Tablette selbst schmeckt gräßlich. Das ist ein Extrakt aus Kalbsmägen.«

Ich habe ein paar winzige, ovale Tabletten in schreiendem Rot, denen keiner widerstehen kann. Sie heißen Nitrazolklyridmalid und sollen besonders gut gegen Nesselfieber helfen, aber auch gegen Hühneraugen. Nein, ich glaube, gegen Röteln. Jedenfalls sehen die Tabletten entzückend aus. Jetzt fällt es mir ein. Die habe ich mir mal auf einer an die nach Costa del Sol eingetauscht. Im Ausland kann man ja jede Menge Tabletten spottbillig bekommen.

Auch die verschiedenen Sorten Kohletabletten dürfen alle gern probieren, die sie noch nicht kennen. Das ist immer ein großer Erfolg, aber Kohle kommt ja auch wieder in Mode.

Das größte Interesse gilt jedoch meinen Anti-Streß-Tabletten. Das sind große, weiße Dinger mit der Bezeichnung Fenacelidnamidnitridcloridanid. Viele meiner Bekannten konnten bereits nach wenigen Minuten eine erstaunliche Besserung spüren, wenn sie so ein Ding verschlungen hatten. Jetzt habe ich allerdings die Kostproben gebremst, nachdem ein Mann im Reformhaus mich darauf aufmerksam gemacht hat, daß es sich überhaupt nicht um Fenacelidnamidnitridcloridanid handelt, sondern um ganz gewöhnliche Mottenkugeln.

Wie gesagt, Marianne kann mein Hobby nicht leiden. Sie behauptet, sie würde plemplem davon. Als ich neulich freudestrahlend mit einer Schachtel äußerst seltener achteckiger Metylanylmacolin-Tabletten und einem Glas seegrüner Tabletten gegen Seekrankheit nach Hause kam, weigerte sie sich, sie überhaupt anzugucken.

»Tabletten, nichts als Tabletten«, fauchte sie mich an. »Du redest bald von nichts anderem. Das ist zum Wahnsinnigwerden.«

»Ich esse keine einzige davon«, wandte ich ein.

»Das ist doch ganz egal. Aber wo wir auch hinkommen, mußt du die Hausapotheke der Leute durchwühlen und ihnen alle möglichen blödsinnigen Krankheiten vorspielen . . . nur um ein paar Tabletten für deine verrückte Sammlung zu kriegen. Ich kann bald nicht mehr dagegen an.«

Wir diskutierten ein wenig hin und her. Ein Wort gab das andere, und plötzlich kochte sie über, warf sich aufs Sofa und schluchzte hysterisch.

»Na, na«, tröstete ich sie, »reg dich nicht auf. Morgen gehst du zum Arzt und bekommst etwas zur Beruhigung. Wenn du die ovalen, lachsroten Anti-Streß-Tabletten bekommen könntest, wäre das gerade . . .«

Sie warf mir einen giftigen Blick zu, stand auf und verschwand. Aber am nächsten Tag ging sie doch zum Arzt.

Ich wartete gespannt, bis sie zurückkam. Vielleicht hatte er ihr eine ganz neue Sorte phantastischer Tabletten verordnet, die ich noch gar nicht in meiner Sammlung hatte.

»Na, hast du was Interessantes bekommen?«

»Ich habe irgendein Rezept gekriegt . . .dreimal täglich nach den Mahlzeiten soll ich etwas einnehmen.«

Sie hielt mir das Rezept hin.

»Pentaefenzinlanimat«, las ich und zitterte vor Spannung.

»Ich komme gerade von der Apotheke«, sagte sie und holte eine Flasche aus ihrer Tasche. Ich nahm ihr die Flasche aus der Hand, riß das Papier ab und betrachtete die Flasche genauer.

»Du willst doch wohl nicht so einen Mist in dich hineingießen?« murmelte ich enttäuscht und warf ihr einen empörten Blick zu. Die Flasche enthielt nur eine langweilige, graue, trübe Mixtur, die wie Hustensaft aussah. Keine einzige vernünftige Tablette.

Was nützt es dann, zum Arzt zu gehen?

Junger Demonstrant

Dies ist eine gute Geschichte. Es muß ganz einfach eine gute Geschichte sein, denn sie hat alles, was man von einer guten Geschichte verlangt: eine Prinzessin – eine zarte und feine und richtige Prinzessin –, einen König und ein Königshaus und einen linksorientierten jungen Mann aus dem Volke. Und damit können Sie sich schon denken, wie Dramatik und Romantik und all das Gute in die Geschichte hineinfließen.

Vater und Mutter der Prinzessin, der König und die Königin, gehörten also noch zur alten Schule. Sie hielten etwas auf sich, und für sie stand fest, daß ein Königshaus ein Königshaus ist und daß sich Prinzessinnen gefälligst mit Prinzen blauen Blutes zu verheiraten haben. Eines Tages also machte die Prinzessin eine Spazierfahrt in der goldenen Kutsche mit dem prächtigen weißen Viergespann – als plötzlich das eine Rad abflog und der alte livrierte Kutscher mit dem ergrauten Backenbart seine steifen Glieder vom Bock herunterquälen mußte und davonstolperte, um von der nächsten Kutschenwerkstatt Hilfe zu holen. Die Prinzessin blieb allein zurück. In der Ferne hörte man das Dröhnen eines Motorrads, das sich schnell näherte. Die Prinzessin verließ die Kutsche, hob mit klopfendem Herzen ihre zarte weiße Hand und zeigte auf Anhalterart mit dem prinzeßlichen Daumen in Richtung Stadt. Der Motorradfahrer bremste scharf ab.

»Tag!« sagte er. »Wenn du in die Stadt willst, Süße, dann spring einfach auf!«

Die Prinzessin stieg vorsichtig auf den Rücksitz, und der Motorradfahrer ließ die Maschine aufheulen – sichtlich zufrieden, so eine kleine Süße wie dieses Mädchen hinter sich aufgefischt zu haben. Erschrocken über die gewaltsame Fahrt, klammerte sich die Prinzessin an den jungen Mann. Als sie jedoch ein Stückchen gefahren waren, fand sie, daß es eigentlich ganz schön war, auf einem lärmenden Motorrad die Straße entlangzusausen – die Arme um den Leib eines jungen Mannes aus dem Volke geschlungen. Als Abwechslung zu den zimperlichen Hofdamen und der dummen, muffigen goldenen Kutsche. Plötzlich bog der junge Mann ab und lenkte seine Maschine vor die Cafeteria einer Tankstelle.

»Jetzt machen wir eine kleine Pause, Schatz«, sagte er. »Ich war den ganzen Tag auf Achse. Ich bin total ausgehungert.«

Er holte eine Unmenge Hamburger und chinesische Frühlingsrollen und zog die Prinzessin mit hinüber zu einer Wiese, wo sie sich vor einem Heuhaufen niederließen.

»Willst du auch eine Rolle haben?« fragte er und wühlte eine für sie hervor.

»Ja, doch!« sagte sie und nahm vorsichtig am Rand des Heus Platz. Dann knabberte sie ein bißchen an der Frühlingsrolle, und dann war sie satt. Und das war genau ein Zeichen dafür, daß sie eine richtige Prinzessin war. Denn richtige Prinzessinnen essen sehr vornehm. Der junge Mann goß eine Cola in sich hinein, mampfte ein paar von den großen Hamburgern, wischte seinen Mund ab und saß einen Augenblick da und sah die Prinzessin bloß an.

»Wenn Sie jetzt versuchen, mich zu küssen . . . dann schreie ich!« sagte sie nervös und sah einen Augenblick so aus, als ob sie es ernst meinte.

»Take it easy, Schwester!« erwiderte der junge Mann lächelnd. »Ich bin den ganzen Tag lang gefahren. Ich bin nicht in Stimmung. Mir ist mehr nach einem kleinen Nickerchen.«

Er lehnte sich ins Heu zurück und machte ein Nicker-

135

chen. Die Prinzessin saß lange daneben und betrachtete ihn neugierig. Schließlich konnte sie es nicht lassen: Sie beugte sich über ihn und gab ihm einen ganz, ganz behutsamen Kuß. Er reagierte nicht. Sie gab ihm noch einen, diesmal vielleicht etwas weniger behutsam. Er fuhr hoch.

»Donnerwetter, Mann!« rief er aus und sah in dem sonst so hübschen Gesicht ganz verdutzt aus. »Ich träumte tatsächlich, daß ich von einer Prinzessin geküßt wurde! Ausgerechnet ich, der auf dem äußersten linken Flügel aktiv ist und Königshäuser nicht ausstehen kann! Denn du veräppelst mich doch wohl nicht, was? Du kleiner hübscher Käfer!«

Der junge Mann zog die Prinzessin an sich und küßte sie, so daß sie ganz vergaß, daß sie eine richtige Prinzessin war. Erst als die Sonne hinter den Bergen unterging, dachte sie daran, und da war es zu spät. Sie vertraute ihm an, wer sie war, und das war wohl der Grund, daß er sie schlagartig losließ.

»Verdammt«, sagte er, »so'n Mist! Wo ich mich doch gerade in dich verknallen wollte . . .«

»Bloß gerade wollte?« fragte die Prinzessin schnell.

»Na ja«, räumte Rudolf ein, »du bist schön, du bist Klasse. Was nützt das aber? Es wird sowieso nichts mit uns beiden.«

»Warum nicht?« griff die Prinzessin schnell den Gedanken auf. »Wir können doch Vater fragen. Es ist schon lange Mode, daß sich Prinzessinnen bürgerlich verheiraten.«

»Aber doch nicht mit einem Typ wie mich«, protestierte Rudolf. »Ich hab' bloß meinen Mechanikerjob.«

»Und ich hab' bloß meine Apanage! Es kann doch nichts schaden, Vater zu fragen. Wir können schlimmstenfalls ein Nein zur Antwort bekommen . . . Und dann heiraten wir trotzdem, nicht?«

Sie küßte ihn heftig, und die Sonne verschwand tiefrot hinter den Bergen.

Am nächsten Tag lotste die Prinzessin Rudolf zu ihrem Vater, dem König, und sagte, wie es um sie beide stand. Er sah nicht allzu begeistert aus.

»Oha«, sagte er, »jetzt bekommen die Zeitungen wieder was zu schnüffeln.«

»Aber auf der anderen Seite, Vater«, kam es schnell von der Prinzessin, »hält uns doch das, was die Presse schreibt, oben, nicht wahr?«

Das mußte der König zugeben.

»Können Sie meine Tochter versorgen, junger Mann?« fragte er Rudolf ordnungshalber.

»Es wird wohl manchmal etwas knapp werden, Herr Majestät«, räumte Rudolf ein. »Wenn wir aber einen Platz zum Wohnen finden könnten . . .«

Der König schnippte seinen Hofchef zu sich.

»Haben wir irgendwo ein freies Lustschloß?« fragte er. Das glaubte der Hofchef wohl.

»Dann nimm das doch«, brummte der König, und die Prinzessin flog ihrem Vater glücklich an den Hals.

»Dann heiraten wir am Sonntag . . . mit Pomp und Pracht!« jubelte sie und wandte sich Rudolf zu, der plötzlich ziemlich bekümmert aussah.

»Was bedrückt Sie, junger Freund?« fragte der König. »Wollen Sie meine Tochter vielleicht nicht haben . . . die letzte, die ich noch habe?«

»O doch, natürlich, Ihre Majestät! Das ist völlig in Ordnung . . . Aber . . . die Sache hat einen kleinen Haken, Herr König . . .: Können wir nicht statt am Sonntag am Samstag oder Montag heiraten? Ich habe nämlich meiner Partei versprochen, bei der großen Protestdemonstration am Sonntag dabeizusein . . ., und mein Makker kann das große Banner nicht allein tragen . . . das mit TOD ALLEN IMPERIALISTEN! NIEDER MIT DEN ROYALISTEN!«

Mausefallen

Ich will kein Hehl daraus machen, daß ich für die Heldenrolle wohl weniger geschaffen bin. Vielleicht liegt das aber auch nur daran, daß ich nie die Gelegenheit zu einer wirklich großen Tat hatte. Da ist es ein Trost zu wissen, daß man selbst im grauesten Alltag plötzlich in eine Situation geraten kann, die einem Höchstleistungen abverlangt und einem die Chance gibt, zu zeigen, was in einem steckt.

Zum Beispiel kann es passieren, daß man eines Tages eine Maus in der Speisekammer hat.

Nun ist, darüber dürften sich die Experten einig sein, für einen richtigen Do-it-yourself-Mann so eine Maus eine Kleinigkeit. Ein richtiger Do-it-yourself-Mann stellt einfach eine Falle auf, und aus ist es mit der Maus, nicht wahr? Ich sehe schon, Sie sind noch nie einer Maus in der Speisekammer nachgegangen.

Bis vor drei Wochen bedeuteten mir Mäuse relativ wenig. Ich hatte sie höchstens als Mitwirkende in umwerfend komischen Zeichentrickfilmen registriert, als putzige kleine Fellkugeln mit hohen Stimmchen, die zum Entzücken der meist jugendlichen Zuschauer immer wieder der Hauskatze ein Schnippchen schlagen. Heute sind Mäuse für mich Wesen, die dem Menschen an Schlauheit und Intelligenz weit überlegen sind. Es ist ein demütigender Gedanke, daß es selbst im Atomzeitalter mit all seiner ausgefeilten Technik keine Macht auf Erden vermag, den vierbeinigen kleinen Teufel zu besiegen, den wir in unserer Speisekammer beherbergen.

Angefangen hatte es damit, daß Marianne mir ein Stück von unserem guten, vollfetten Samsö-Käse zeigte, das eine Delle und etliche lange, schmale Rillen aufwies.

»Siehst du, was das ist?« fragte sie in einem Tonfall, der Dramatisches ahnen ließ.

»Das?« wiederholte ich und sah sehr genau hin. »Ein Stück Käse, stimmt's?«

Sie deutete auf die Delle und die langen Rillen.

»Das da meine ich.«

»Jemand muß mit einer Nagelfeile daran herumgepolkt haben. Vielleicht haben die Kinder damit gespielt. Wenn es Jacob war . . .«

Marianne winkte ab. Dann ließ sie die Bombe platzen.

»Das war eine Maus. Es sind Mausezahnspuren.«

»Dann bringst du den Käse sofort zurück. Eine Unverschämtheit, Käse zu verkaufen, an dem schon eine Maus genagt hat. Wenn ich das dem Gesundheitsamt melde . . .«

Marianne sah aus, als sei sie bereit, jederzeit auf den nächsten besten Stuhl zu springen.

»Die Maus hat in unserer Speisekammer an dem Käse genagt. Du mußt sie fangen.«

Ich überlegte. Gewiß, für so etwas gibt es den Kammerjäger, aber was ein richtiger Heimwerker ist, der wird mit solchen Kleinigkeiten natürlich auch ohne fremde Hilfe fertig. Ich zog los, um eine Mausefalle zu kaufen.

»Ich möchte mir gern Mausefallen ansehen«, sagte ich zu dem Mann in der Eisenwarenhandlung.

Eine ältere Dame, die gerade dabei war, ein Waffeleisen zu erstehen, sah mich aus dem Augenwinkel an und machte ein Gesicht, als sähe sie förmlich die Mauseschwänze aus meinen Taschen baumeln.

»Keine Angst, liebe Dame«, sagte ich leicht gekränkt. »Ich habe sie nicht bei mir.«

Der Eisenwarenhändler drückte mir einen geheimnisvollen Apparat in die Hand.

»So etwas?«

Ich besah mir den komischen Kasten etwas genauer. Er sah aus wie ein Gefängnis der alten Art. An einem Ende war ein Gitter, dahinter war ein roter Kreis aufgemalt, in den mit großen schwarzen Buchstaben eingebrannt war: HIER BROT EINLEGEN. Am anderen Ende befand sich eine Art Wippe, wie man sie auf Spielplätzen hat, nur kleiner. Am Ende der Wippe war ein kleines Loch. Ein schwarzer Pfeil deutete auf das Loch, und daneben stand: HIER KORN STREUEN. Der Pfeil war offenbar als Hinweis für die Maus gedacht, damit sie sich auf dem Weg ins Gefängnis nicht verirrte. »Es kann ja sein, daß die Maus, die ich zu Hause habe, jung und verspielt ist und Freude am Wippen hat«, sagte ich. »Aber eigentlich suche ich kein Spielgerät für das liebe Tierchen, sondern etwas, womit ich sie fangen kann.«

»Das besorgt diese Falle für Sie im Handumdrehen, verlassen Sie sich drauf.«

»Aber wie?«

»Ja, sehen Sie, wenn die Maus an das Gitter kommt, rennt sie an der Seite entlang, um den Eingang zu finden. Und dann sieht sie plötzlich die Wippe mit dem Korn, läuft hoch, um sich die Sache näher anzuschauen, und sobald sie über die Mitte hinaus ist, kippt die Wippe nach unten, die Maus fällt auf ihre vier Buchstaben, rutscht in den Kasten hinein und . . .«

». . . dreht sich um und rennt weg.«

»Keine Spur. Sie sieht das Brot und stürzt sich darauf, um sich vollzufressen, aber sobald sie von der Wippe runter ist, hat sie verloren. Weil nämlich die Wippe zurückwippt und den Ausgang versperrt. Finito, aus, kaputt.«

»Hm . . . Aber sagen Sie mal, kann eine Maus mit durchschnittlicher Intelligenz sich all das merken, was sie machen muß, um sich fangen zu lassen?«

»Die Falle ist in einem Labor für Ungezieferbekämpfung gründlich getestet worden. Sie wird gern von Kunden für ihre Ferienhäuser gekauft. Auf dem Land gibt es immer Mäuse.«

Ich erstand schließlich die Falle und stellte sie in der Speisekammer an einer taktisch günstigen und für die Maus leicht erreichbaren Stelle auf.

Am nächsten Morgen kam ich herunter und sah nach, was sich getan hatte. Brot und Korn waren verschwunden, aber die Falle war leer. Von einer Maus keine Spur. Nach zwei weiteren Nächten war die Lage unverändert. Ich ging wieder in den Eisenwarenladen. »Diese Falle, die Sie mir da verkauft haben, taugt nichts. Die guten Sachen hat sich die Maus schmecken lassen, aber . . .«

»Aber sie ist entwischt? Dann müssen es zwei gewesen sein. Dieses Modell funktioniert am besten bei einer Einzelmaus. Sie haben offenbar zwei von der Sorte. Und da passiert dann folgendes: Maus Nummer zwei läuft die Wippe hinauf und steckt den Kopf in den Kasten, um zu sehen, wo Maus Nummer eins geblieben ist. Während sie dasteht und die Wippe im Gleichgewicht hält, dreht sich Maus Nummer eins um, weil das Brot inzwischen aufgefressen ist, hüpft auf die waagerecht stehende Wippe und enteilt. Und dann verschwinden sie, ein fröhliches Liedchen pfeifend, wieder in ihrem Mause-

141

loch. Aber wir haben hier noch ein anderes Modell, das soll geradezu einzigartig sein. Damit sollten Sie es unbedingt mal versuchen.«

Er hielt mir einen quadratischen Kasten vor die Nase. Eine der Seitenwände war heruntergeklappt wie eine mittelalterliche Zugbrücke.

»Die Gebrauchsanweisung ist in Englisch, Deutsch, Französisch, Spanisch, Finnisch . . .«

»Könnten Sie mir bitte zeigen, wie das Ding funktioniert? Möglichst in Dänisch . . .«

»Aber gern. Sie legen ein Stückchen Käse in den Kasten, dann ziehen Sie die Klappe herunter, bis sie waagerecht steht. Wenn die Maus auf die Klappe tritt, springt durch ihr Gewicht dieser Pflock hier heraus, und die Maus wird in den Kasten geschleudert. Raffiniert, was?«

Der Eisenwarenhändler präparierte die Falle, nahm einen großen Drahtstift, ließ in auf verstohlene Mäuseart anschleichen, der Stift faßte sich ein Herz, wagte sich auf die Klappe, und — wamm! — die Zugbrücke ging hoch, der Stift war gefangen.

Der Eisenwarenhändler hob den Kasten hoch und schüttelte ihn, damit ich hören konnte, wie der Drahtstift in größter Aufregung darin herumklapperte.

»Toll, nicht?«

»Gewiß. Solange es ein Drahtstift mit minimalem Intelligenzquotienten ist.«

Ich nahm die Falle mit. Die Maus machte bereitwillig einen Probelauf, aber sie mußte etwas falsch gemacht haben, denn als ich am nächsten Morgen den Kasten hochhob und schüttelte, hörte ich nichts, nicht mal, wenn ich ihn ganz nah ans Ohr hielt. Ich ließ die Zugbrücke herunter und sah in die Falle hinein. Sie war gähnend leer. Nicht mal der Käse war mehr drin.

Ich ging in das Geschäft zurück.

»Dieses Ding ist Schrott, das können Sie dem Hersteller ausrichten, und zwar auf englisch, französisch, spanisch, finnisch und . . .«

»Wahrscheinlich haben Sie die Klappe zu stramm eingestellt. Wenn Sie den Pflock zu tief in die Nut schieben, reicht das Gewicht einer einzigen Maus nicht, um die Falle zuschnappen zu lassen, da könnten sich bis zu vier oder fünf draufstellen.«

»Ich glaube nicht, daß ich so viele habe. Natürlich könnte es sein, daß sie sich Nachwuchs angeschafft haben, während ich mir hier Ihre faulen Ausreden anhöre.« Der Eisenwarenhändler holte die nächste Falle.

»Probieren Sie's mal mit der. Es ist der einfachste Typ, den wir haben. Idiotensicher! So einfach zu benutzen wie eine Wäscheklammer.«

»Und meine Mäuse kommen damit zurecht? Ohne Gebrauchsanweisung?«

»Garantiert.«

Ich besah mir die Falle. »Made in Denmark«, stand darauf. »Nachbau verboten. Speck hier einlegen.«

»Und dann?«

»Dann spannen Sie die Falle. So! Die Maus kommt an den Speck, die Falle schnappt zu — und Ihre Maus ist eine tote Maus.«

Ich nahm sie mit nach Hause. Die Reaktionszeit der Maus war offenbar um Sekundenbruchteile schneller als die der Mausefalle. Die Maus klaute den Speck, zog den Kopf zurück — und die Falle schnappte zu. Nach einer Woche hatte ich als Beute lediglich ein einziges Mauseschnurrbarthaar zu verzeichnen.

»Als ich ein Junge war«, sagte ich zu dem Eisenwarenhändler, als ich ihn abermals aufsuchte, um mich über die ungenügende Reaktionszeit der Mausefalle zu beschweren, »hatten wir Mausefallen, die hatten vier runde Löcher nebeneinander. In den Löchern waren Drahtschlingen ausgelegt, die man mit einem Faden zusammenband. Die Maus nagte den Faden durch, die Schlinge zog sich zu und erwürgte die Maus. Haben Sie nicht so was am Lager?«

»Die sind schon seit Jahren aus der Mode. Kein Mensch hat heutzutage mehr Lust, stundenlang mit Fäden und Drahtschlingen herumzufummeln, nur um eine Maus zu fangen.«

»Ich wäre zu allen Schandtaten bereit, um meine Maus zu fangen. Seit drei Wochen ist unsere Speisekammer unbenutzbar. Jeden Abend muß ich vor dem Schlafengehen Käse, Mehl, Grütze, Schinken und Brot ins Badezimmer bringen, alles auf einer umgestülpten Schüssel auslegen und in die halbgefüllte Badewanne stellen, damit das Zeug die Nacht über in Sicherheit ist. Und meine Frau schläft bei Freunden am anderen Ende der Stadt, weil sie sich weigert, sich in einem Haus zu Bett zu legen, in dem Mäuse frei herumlaufen.«

Der Eisenwarenhändler griff tief in seinen Vorrat. Ich kaufte sechs verschiedene Mausefalltypen. Unter anderem eine von der Art, wie ich sie aus meiner Kindheit kannte und auf die ich die größten Hoffnungen setzte. Leider scheiterte dieses Modell an seinem Übereifer. Es konnte nicht warten, bis es Nacht geworden war und die Maus auftauchte. Zum Teil mochte es auch daran liegen, daß wir unsere Speisekammer im Keller haben. Der Faden muß im Lauf der Nacht Feuchtigkeit gezogen haben, straffte sich wie das Seil an einer Fahnenstange bei Regenwetter und riß, so daß die Drahtschlingen zuschnappten. Woraufhin sich später die Maus in aller Ruhe am Käse delektieren konnte.

Im Wohnzimmer, das warm und trocken war, funktionierte die Falle tadellos, kein Faden riß von selbst. Andererseits konnte ich der Maus kaum nahelegen, der Falle im Wohnzimmer einen Besuch abzustatten, weil die Chancen, erwischt zu werden, dort größer waren.

Ich machte einen weiteren Besuch bei meinem Freund, dem Eisenwarenhändler, und klagte ihm mein Lied.

»Tja, dann hilft wohl nur noch die natürliche Methode«, meinte er.

»Die natürliche Methode?«

»Ja. Eine Katze muß her.«

»Und wie werde ich sie wieder los, wenn sie die Maus gefangen hat? Führen Sie gute Katzenfallen?«

»Ich habe eine Katze daheim, die können Sie für ein paar Tage haben.«

Ich lieh mir die Katze. In dieser Nacht standen etwa siebzehn Mausefallen, eine Katze und eine Tüte mit Mäusegift in der Speisekammer bereit, um die Maus willkommen zu heißen. Sicherheitshalber schaffte ich alles Eßbare — mit Ausnahme der Köder natürlich — aus der Speisekammer in die Küche. Die ganze Nacht hielt ich dort Wacht. Ich muß dann doch einen Augenblick eingenickt sein, denn als ich mir gegen drei den Käse ansah, fehlte eine Ecke. Die Mausezahnspuren waren deutlich zu sehen. Ich begab mich nach unten in die Speisekammer, um die Lage zu peilen.

Die Mehrzahl der Fallen war intakt. Aus der Falle mit der Aufschrift: »Made in Denmark — Speck hier einlegen«, war der Käse verschwunden. Die Falle mit den vier runden Löchern, die ich noch aus meiner Kinderzeit kannte, war zugeschnappt — wieder war zuviel Spannung in den Fäden gewesen. Auch dort war kein Käse mehr vorhanden. In einer ziemlich großen Falle mit

145

einem System von Einbahnstraßen, die sich angeblich auch gut zum Rattenfangen eignete, saß die Katze. Sie machte ein etwas verlegenes Gesicht, als ich sie an ihrem unglücklichen Katzenheldengenick packte und aus dem Drahtlabyrinth befreite. Kaum hatte ich sie losgelassen, stolperte das unglückselige Wesen rücklings in eine Schnappfalle hinein, die ihr in den Schwanz biß. Aufjaulend vor Schreck, raste sie wie verrückt in der Speisekammer herum, und ich raste hinterher, um sie zu befreien, während rings um uns her sämtliche Fallen zuschnappten. Ich geriet mit dem Fuß in eine Rattenfalle und kam nicht mehr heraus, und die Katze landete in einer großen Steinkruke mit frisch eingelegten roten Beten. Wir brauchten eine halbe Stunde, bis wir uns mit Hilfe eines Biers für mich und einer Schale Milch für die Katze einigermaßen wieder erholt hatten. Erst dann waren wir soweit, daß wir uns in unsere Privatsphäre zurückziehen konnten. Ich begab mich zu Bett, die Katze legte sich zu Hause bei ihrem Eisenwarenhändler aufs Ohr.

Am nächsten Morgen packte ich sämtliche Fallen ein und brachte sie dem Eisenwarenmann zurück.

»Schauen Sie mal«, sagte er und hielt mir eine kleine rote Kugel hin. »Frisch eingetroffen. Das Neueste vom Neuen. Diphterol-Giftkugel zur Vernichtung von Mäusen. Riecht wie scharfer Käse. Ist auch scharfer Käse. Nur kräftig mit Diphterol versetzt.«

»Und die Kugel soll man nach der Maus werfen, damit sie sich das Genick bricht?«

»Nein, nein, man hängt sie an einer Schnur über das Mauseloch. Am besten wirkt das Gift, wenn die Kugel feucht ist. Sie müssen sie also vor dem Aufhängen in eine Tasse Wasser tauchen. Wenn Kinder im Haus sind, muß man allerdings aufpassen, weil . . .«

Ich ließ den Eisenwarenmann stehen und ging von dannen. Ich hatte für seine Fallen genug Geld zum Fenster hinausgeworfen und litt an akutem Vertrauensschwund. Mausefallen sind Glaubenssache, und mir war der Glaube daran verlorengegangen.

Aber ich bin nun ein richtiger Heimwerker oder nicht? Keine Frage!

Und heute abend schnappe ich mir den kleinen Teufel. Heute nacht oder nie!

Während ich dies schreibe, sitze ich in der Speisekammer. Ich habe mir die Schreibmaschine mitgenommen, um mir die Zeit zu vertreiben. Schlau wie ich bin, habe ich eine eigene, garantiert neuartige und originelle Do-it-yourself-Mausefang-Methode ausgetüftelt. Das glauben Sie nicht? Hören Sie zu.

Mitten in der Speisekammer habe ich einen halben vollfetten Gorgonzola aufgestellt, und von dem Käse bis zum Mauseloch habe ich eine breite Bahn saftigen Buchweizen gestreut, bei dessen Anblick jeder Maus das Wasser im Maul zusammenlaufen müßte. Wenn nun in dieser Nacht die Maus herauskommt und anfängt, sich durch den Buchweizen hindurch zum Gorgonzola vorzuarbeiten, ist es aus mit ihr. Ein für allemal.

Die Frage ist nur: Soll man, wenn man eine Maus mit einer Flinte vom Kaliber 22 erschießt, zwischen die Augen zielen, oder schickt man sie mit einem Herzschuß in die ewigen Mäusejagdgründe? Und noch etwas: Hat eine Maus ein Herz — oder ist sie durch und durch aus Käse?

147

Der schönen Solotänzerin

Mademoiselle Cléo de Chaiselongue war Solotänzerin an der Pariser Oper zur Zeit Ludwigs XIV. Ihre fast kriminelle Schönheit führte dazu, daß sie heftig umschwärmt wurde. Ludwigs XIV. prominenteste Adelige standen geradezu Schlange, um Gelegenheit zu finden, sich ihr zu Füßen zu werfen und um ihre Gunst zu betteln.

Ihr tragisches Schicksal aber sollte allen jungen Mädchen zur Warnung dienen, wenn sie ebenso umschwärmt werden wie seinerzeit Mademoiselle Cléo. Unsere kleine Geschichte hat also gewissermaßen eine Mission, und das kann ja nur ein Vorzug sein.

Zu Beginn unserer Erzählung wurden die Klingen um Mademoiselles Gunst gekreuzt. Die eine führte ein berühmter Adliger, der kühne, junge Graf Julian d'Armaniac, die andere der Hauptmann der Garde Ludwigs XIV., der Baron de Camembert. Der Graf war als Meister der edlen Fechtkunst berühmt, geschmeidig und stark. Schnell zwang er seinen älteren Widersacher, einen Schritt zurückzuweichen. Sekundenlang war der Baron unaufmerksam, der Graf machte einen blitzschnellen Ausfall und durchbohrte das Herz des Barons.

»Das wäre geschafft«, rief der junge Graf mit einem beiläufigen Blick auf seinen gestürzten Widersacher, während er in seinen schwarzen Schaftstiefeln selbstbewußt zu Mademoiselle Cléos Kalesche hinüberschritt.

Madame erwartete ihn nahe dem kleinen, offenen Platz im Eau-de-Cologne-Wald, wo das Duell stattgefunden hatte.

Er warf sich in seiner Uniform in die Brust, schwang seinen großen, breitrandigen Hut in einem eleganten

148

Bogen bis zur Erde und küßte höfisch und anbetend die schlanke, lilienweiße Hand von Mademoiselle Cléo.

»Oh! Dieu soit lou!« rief sie und bot ihm mit einem kleinen zufriedenen Lächeln einen Platz an ihrer Seite an, ehe sie gemeinsam fortfuhren.

Jeder Leser wird diese Affäre sicherlich recht romantisch finden, und jede Leserin würde vermutlich gerne mit der schönen, eleganten Mademoiselle Cléo getauscht haben. Man sollte aber bedenken, daß sie gerade mit kaltem Blut einen Menschen in den Tod getrieben hatte, der außer seiner Frau und seinen Kindern mehrere unversorgte Geliebte hinterließ – und daß sich solches Vorgehen meistens rächt.

Wenn die Leserin darüber nachgedacht hat, wünscht sie sich vielleicht nicht länger an die Stelle der jungen, schlanken Ballettänzerin. Wie alle wissen, die sich noch an ihr tragisches Schicksal erinnern, blieb die gerechte Strafe nicht aus.

Als sich das nächste Mal zwei Männer ihretwegen duellierten, taten sie es mit Pistolen. Die beiden, die Rücken an Rücken draußen im Eau-de-Cologne-Wald standen, um im nächsten Augenblick mit tödlichem Ernst 10 Schritte in ihre jeweilige Richtung zu machen, waren beide Leutnants der Bürgerwehr, und daraus wird der scharfsinnige Leser schließen, daß Mademoiselle Cléos Ruf nicht länger ganz makellos war, denn Offiziere der Bürgerwehr haben in Liebesaffären nicht gerade den besten Ruf.

Die beiden Leutnants gingen also schnell 10 Schritte in entgegengesetzte Richtung, drehten sich auf dem Absatz um und zielten.

Mademoiselle Cléo preßte ihre Hände an die Ohren, schloß die Augen und hielt die Luft an.

Päng!

Als sie sich wieder umdrehte und ihre großen blauen Augen öffnete, lag der eine ihrer Verehrer mit einer Schußwunde im Herzen auf der Erde.

»Das wäre geschafft«, murmelte sein Widersacher und reichte die noch rauchende Pistole seinem Sekundanten. Mit festem Schritt näherte er sich sodann Mademoiselle Cléos Kalesche und erwies ihr seine Reverenz, indem er ihre ausgestreckte weiße Hand ausgiebig küßte. »A merveille!« lächelte Mademoiselle Cléo und bat den Leutnant, neben ihr Platz zu nehmen. Gemeinsam fuhren sie von dannen.

Findet der Leser immer noch, daß sich das sehr romantisch anhört? Wünschen Sie sich erneut an Mademoiselle Cléos Stelle? Nun gut, dann sollen Sie jetzt das Schicksal der Protagonistin in seiner vollen Tragik erfahren.

Als sich zwei Männer beim dritten Mal um Cléos Gunst stritten, handelte es sich um den Hosenschneider Johannes Zauberbux und einen Bogenschützen der Bürgerwehr, einen argen Trunkenbold namens Matthieu. Schauplatz der Handlung war Marc Robouss' Kneipe in der Rue de la Rôtisserie, und man entschied den Streit innerhalb weniger Sekunden.

Cléo warf den beiden Männern eine Münze zu — und dann einigten sich die beiden auf Kopf oder Zahl.

Sternschnuppen

Meine liebe Marianne, meine süße Emanze — wie gern teile ich Haus und Heim und Bett mit ihr. Nun ja, sie hat ihre eigenen Ansichten, ihre seltsam abstrakten Vorstellungen, ihre kleinen verwirrenden Eigentümlichkeiten — aber im großen und ganzen läuft es bei uns, ja, ich gestehe es gern, in aller Offenheit: Ich bin . . . jawohl, ich bin glücklich verheiratet.

Das behaupten zu können, ist heutzutage selten, ein Glücksfall — in einer Zeit, in der die Ehe als Institution sich langsam aufzulösen beginnt. Man lebt in Großfamilien, Familien-Kollektiven, in Herden wie die meisten Affenarten. Diese verrückte, von Kolchosen inspirierte Modelaune ergibt ein schreckliches Durcheinander. Männer leben mit Männern zusammen, Frauen heiraten Frauen und man übt sich im Frauentausch, bis man etwas Passendes gefunden hat.

In solchen Zeiten gehört Mut dazu, zu gestehen, daß man in seiner Ehe glücklich ist und überhaupt keine Pläne hegt, seinen Partner auszutauschen. Ich bin mit Marianne vollauf zufrieden. Nennen Sie mich altmodisch, nennen Sie mich reaktionär, nennen Sie mich, wie Sie wollen. Das ändert nichts an der Tatsache, daß meine Ehe niemals Stoff für die Klatschspalten der Frauen-Illustrierten liefern könnte.

Sie dürfen das nicht so verstehen, daß Marianne und ich uns hundertmal am Tag unsere große Liebe beteuern. Die Zeiten sind längst vorbei. Aber ich gebe ihr mal einen aufmunternden Klaps aufs Hinterteil, nur so, im Vorbeigehen, und wenn mir gerade danach ist, nehme ich sie in den Arm, in der Küche, beim Klavierspielen, wie und wo und wann auch immer. Und bis jetzt, habe ich den Eindruck, hat sie das noch nie gestört.

Und dann die Freude, wenn ich nach einem langen anstrengenden Arbeitstag runterkomme. Ich sage nicht »nach Hause komme«, sondern »runterkomme«, denn mein Arbeitsplatz liegt nicht draußen in der Stadt, sondern oben im ersten Stock unserer kleinen Vorstadtvilla. Marianne und ich leben unter demselben Dach, auf- und

neben- und miteinander, vierundzwanzig Stunden lang.
Aber von 10 bis 18 Uhr hat sie in meinem Arbeitszimmer
nichts zu suchen. Punkt 18 Uhr schalte ich meine Schreibmaschine und mein Gehirn ab und schreite den roten
Läufer die Treppe hinunter . . . zu einer lieben, kleinen,
treuen und fürsorglichen Frau, die alles für mich bereit hat.

Vor dem Abendessen bekomme ich meinen Martini Dry
serviert, die Zeitung liegt aufgeschlagen auf dem kleinen
spanischen Medaillontisch. Aus der Küche duftet es
verführerisch, der Tisch ist gedeckt: frisch gepflückte
Blumen aus dem Garten und brennende Kerzen in Bron-
zehaltern schmücken die festliche Tafel. Ein wenig
Gemütlichkeit kostet so wenig. Und Gemütlichkeit . . .
das ist Marianne. Sie verfügt über einen automatischen
Gemütlichkeitsmechanismus, glaube ich. Und natürlich
erweise ich mich erkenntlich: Ein paar lobende Worte zum
Essen, eine interessiert klingende Frage nach ihren Nak-
kenschmerzen, ein neues Nachmittagskleid in passenden
Abständen, acht Tage auf die Kanarischen Inseln, direkt
nach Canteras. Wirklich, Marianne und ich haben die
besten Voraussetzungen, um das übliche Repertoire ehelichen Glücks erfolgreich vorzuexerzieren: Silberhochzeit,
Goldene Hochzeit, Glückwunschtelegramme, »Hoch sollen sie leben« und der ganze Rummel, der dazugehört.

Eben in diesem Augenblick höre ich durch die halboffene Tür zu meinem Arbeitszimmer ihre Stimme:

»Kommst du bald runter zum Essen, oder was?«

Ich fahre von meinem Schreibtischstuhl auf und stürze
hinunter. Ich mag sie nicht gern warten lassen, wenn sie all
die kleinen Extrafinessen für mich vorbereitet hat, all die
hübschen Kleinigkeiten, die den ehelichen Alltag dekorie-
ren. Außerdem wäre es ein Jammer, wenn das Beefsteak
und die gerösteten Zwiebeln kalt würden.

Marianne trifft die letzten Vorbereitungen am hübsch

152

gedeckten Tisch. Ich stimme den gemütlichen, partner-freundlichen Tonfall an: »Na, was macht das Reißen in deinem Nacken? Hat das Beefsteak schon . . . ich meine, die Massage, hat sie schon geholfen? Hör mal, was soll denn das heißen? Ich sehe keinen Martini.«

»Hol ihn dir doch selbst!«

Irgend etwas an ihrer Stimme, an ihrem Tonfall, klingt feindselig. Die übliche Liebe und die Fürsorge sind wie weggeblasen.

»Na ja, selbstverständlich kann ich ihn selbst holen, nur sonst steht er doch bereit, wenn ich runter-komme . . . Das ist am einfachsten, dann kann ich sofort einen Schluck zu mir nehmen. Nach einem lan-gen, harten Arbeitstag hat man das ja nötig. Und die Zeitung hast du auch nicht hingelegt? Du weißt doch genau, daß ich mich gern vor dem Essen ein paar Minuten bei einem Gläschen Martini entspanne und dabei einen Blick in die Zeitung werfe. Was hast du denn den ganzen Tag getan? Kein Drink, keine Zei-tung und . . .«

»Ja, eine richtige Katastrophe, was? Du hättest wohl gern ein Dienstmädchen an jedem Finger? Weißt du, wie du mich allmählich behandelst? Wie niederes Dienstpersonal, wie einen unterdrückten Sklaven!«

Mein Blick fiel auf die Zeitung, und ich holte sie mir selbst. Überschrift *Pornographie-Chef im Bett bekann-ter Schauspielerin erwischt − Rauschgiftdezernat auf heißer Spur*. Interessiert beugte ich mich über den Ar-tikel.

»Aber nun reicht es mir bald!«

Für einen Augenblick unterbrach ich meine Lektüre. »Was hast du gesagt, Liebling? Ich verstehe nicht, was du . . .«

»Nein, du verstehst überhaupt nichts! Du hast nie

153

etwas verstanden. Und wenn eine Frau zu verstehen beginnt, weißt du, was dann passiert? Dann wird sie gefährlich.«

»Also hör mal, Marianne, ich will ja nicht unhöflich sein oder ungesellig, so gut solltest du mich kennen. Aber laß mich eben fünf Minuten in Ruhe und Frieden diesen Artikel lesen, abgemacht? Ein haarsträubender Bericht über Pornographie und Rauschgift . . . Du hast doch sicher noch einiges in der Küche zu erledigen, bevor wir essen, nicht wahr?«

Anstatt sich in die Küche zurückzuziehen, trat Marianne drohend an mich heran: »Einiges in der Küche zu erledigen! Mit dieser smarten Bemerkung hoffst du, mich blitzschnell in die Küche zu treiben. Aber so blitzschnell geht das nicht, Freundchen! Hast du schon mal was von Gleichberechtigung gehört? Gestattest du, daß ich für einen Augenblick meine traurige Rolle als Ehe- und Putzfrau ablege? Nur für eine kurze Bemerkung . . . ich werde die Rolle bald wiederaufnehmen, mit Schürze und allem Zubehör, das verspreche ich dir. Aber heute sind mir so sonderbare Gedanken gekommen. Ich fühle mich wie eine Kolonie, die Kolonie Marianne. Ein unterentwickeltes Land, entdeckt, in Besitz genommen und unterdrückt von einer rücksichtslosen imperialistischen Macht namens Breinholst. Als Kolonie wurde ich dazu erzogen, mich den Bedürfnissen meines Eroberers zu unterwerfen. Es wurde mir eingeimpft, stets die Befehle meines Herrschers zu befolgen und seinen streng merkantilistischen, berechnenden, egoistischen Interessen zu dienen, die keinerlei Gefühle kennen. Ich bin und bleibe für alle Zeiten ein unterentwickeltes Land, in das zu investieren sich nicht lohnt!«

Sie machte eine Pause und holte tief Luft.

»Die Großmacht Breinholst, die Kolonialherrschaft, hart, kalt und zynisch!«

Mir fiel mein Drink ein. Er stand immer noch nicht da. Und das Beefsteak? Das schöne Beefsteak und die gerösteten Zwiebeln, die sie mir versprochen hatte, gab es die auch nicht? Erschütternd.

Wieder holte Marianne tief Luft: »Die Koloniemacht Breinholst hat eine Verordnung erlassen, einen Befehl: ›Verschwinde in die Küche, Weib, zu deinen Kochtöpfen! Raus!‹ Zwar steht mir als Kolonie eine gewisse Form der Selbstverwaltung zu. *Formell* stehe ich heute freier da als vor 25 Jahren, als ich von diesem Usurpator überrannt wurde – aber nur formell. In Wirklichkeit bin ich ein Nichts, bin nie etwas anderes gewesen als ein Anhängsel des allmächtigen Imperiums Breinholst.«

Sie schwieg und verschwand. Ich versuchte, einige lose Fäden aus ihren Tiraden zusammenzufassen, aber es war alles vergebens. Das Essen stand auf dem Tisch. Ich ging ins Eßzimmer und ließ mich auf meinen Stuhl fallen.

»Fischfrikadellen in Tomatensauce, Marianne, das ist doch wohl nicht dein Ernst!« stellte ich mit einem enttäuschten Blick in die Schüssel fest. »Du weißt doch, ich kann Fischfrikadellen nicht ausstehen. Überhaupt verabscheue ich Fisch. Wenn ich ein Aquarium hätte, würde ich nur englische und französische Steaks darin schwimmen lassen. Und wie nachlässig ist das Essen serviert. Nicht mal eine Blume steht auf dem Tisch. Es sieht aus wie in der großen tunesischen Wüste.«

Marianne sah mir geradewegs in die Augen.

»So wird es ab heute jeden Tag. Wenn du dir einbildest, ich würde dich bis ans Ende meiner Tage bedienen und verhätscheln, dann irrst du dich gründlich.

155

Lange genug habe ich deine Tyrannei ertragen. Ich fordere völlige Unabhängigkeit, ich reiße mich los, ich packe meine Sachen und suche etwas Besseres.«

»Aber Marianne, liebes Kind, was ist denn in dich gefahren? Hier kommt man runter in bester Laune, freut sich auf einen Drink, das Beefsteak und die gebratenen Zwiebeln, die du mir doch versprochen hattest, auf Kaffee und Cognac und etwas Gemütlichkeit und so – und dann steht nicht mal eine Kerze auf dem Tisch.«

»Glaubst du, ich hätte Lust, einen Fackelzug oder ein Freudenfeuer für so einen alten Schürzenjäger zu arrangieren?«

»Einen alten was?«

»Schürzenjäger, sagte ich. Schürzen und was man sonst so darunter findet, wenn man lange und gründlich sucht. Glaub ja nicht, ich hätte deine Affäre mit dieser kleinen frechen Rothaarigen vergessen . . .«

»Herrje, Marianne, hör doch auf, damit kannst du doch nicht schon wieder anfangen.«

»Versuch nicht, dich rauszureden! Ich habe genau gesehen, wie du sie begrabscht hast, und du dachtest, ich schütte bloß Sekt in mich hinein und nehme von allem nichts wahr! Du hast dich auf das Weib gestürzt wie ein hungriger Specht auf einen fetten Regenwurm . . .«

»Die Rothaarige? Wenn du an das Mädchen aus Fuengirola denkst, beim Spanferkel-Barbecue . . .«

»Ja, genau, es war eine Ferkelei, der Name trifft den Nagel auf den Kopf.«

Ich nahm mir eine halbe Fischfrikadelle. »Liebe Marianne, das war lange vor unserer Hochzeit. Im übrigen interessierte sie mich nicht ernsthaft. Es lag nur an all dem billigen Wein, den ich getrunken hatte. Du weißt, das ich billigen Alkohol nicht gut vertragen kann.«

»Ja, genau, und ich weiß auch, daß dir billige Mädchen nicht bekommen.«

»Ich habe sie seitdem nie wiedergesehen. Soweit ich mich erinnere, wollte sie nach Australien auswandern, um dort Kinder großzuziehen, oder Känguruhs oder was weiß ich.«

»Ach, wie reizend, immer versuchst du auszuweichen, aber diesmal kommst du nicht weit damit! Ich habe die Nase voll davon, immer nur Kolonie unter deiner selbstherrlichen Diktatur zu spielen.«

Ich setzte die Tomatenschüssel mit einem Ruck auf den Tisch zurück: »Kolonie? Hör doch endlich auf mit dem Quatsch! Mehr kann ich bald nicht verdauen, jedenfalls nicht während einer einzigen Mahlzeit.«

»Das sollst du auch gar nicht versuchen. Du sollst nur endlich kapieren, daß es aus ist mit uns! Heute habe ich das letzte Beefsteak hier im Haus gebraten und die letzte Kerze angezündet. Das Beefsteak ist kalt, das Licht ist aus, gute Nacht, Kaiser Wilhelm! Dein Kolonialreich ist im Eimer, und da kann es bleiben.«

Ich schob meinen Teller zur Seite und sah sie aufmerksam an: »Marianne, mein Liebling, meine eigene Frau! Nun laß uns mal still und friedlich miteinander sprechen. Wenn ich etwas Verkehrtes gesagt oder getan habe, dann wollen wir die Sache wieder ins rechte Gleis bringen, aber ruhig und sachlich.« Ich erhob mich, ging zu ihr rüber und legte meine Hände besänftigend auf ihre Schultern.

»Rühr mich nicht an! Behalt deine gierigen imperialistischen Hände für dich! Verschwinde aus meinem Territorium! Laß mich, verdammt noch mal, einen eigenen persönlichen Entwicklungsprozeß durchlaufen und . . .«

Sie stand auf und warf sich schluchzend an meine Brust. Sanft strich ich ihr das Haar aus der Stirn.

»So, ja, ist ja gut . . . gleich haben wir es überstanden. Wein dich mal richtig aus, und laß uns die Angelegenheit ruhig durchsprechen. Mein Gott, Schatz, du weißt doch, wieviel ich von dir halte. Ich schätze dich höher als . . . ja, als meine ganze Schriftstellerei und alles andere. Nichts kann dir das Wasser reichen. Solche Szenen wie diese kann ich kaum verkraften, wo ich doch den ganzen Tag da oben geschuftet habe. Du regst dich doch sonst nicht so auf . . .«

Auf ihrem verweinten Gesicht lag ein fast verklärter Ausdruck, als sie mich mit einem vorsichtigen, halb verlegenen, halb erleichterten Lächeln ansah.

»Jetzt ist es vorüber . . . ganz vorüber. Ach, ich bin ja so dumm . . .«

Ich drückte sie fest an mich. »Nun laß mich mal hören, was dich gequält hat, habe ich etwas falsch gemacht. Habe ich etwas über deine Mutter gesagt, oder so?«

»Nein, gar nicht . . . es ist bloß . . . nein, weißt du was? Nun trage ich die schrecklichen Fischfrikadellen raus und hole dein Beefsteak . . . mit gerösteten Zwiebeln und leckerer Sahnesauce. Und dann . . . dann gehen wir früh zu Bett und machen es uns richtig kuschelig . . .«

»Ja, ausgesprochen gern, aber könntest du mir nicht irgendeine Erklärung geben?«

»Ja, jetzt hinterher sehe ich genau, wie verrückt ich war. Aber siehst du . . . in meinem Wochenhoroskop stand, es würde mich eine gewaltsame Auseinandersetzung erwarten, mit einer Person männlichen Geschlechts, die mir sehr nahesteht. Und da kam ja niemand anders als du in Frage. Und da dachte ich, ich könnte es lieber gleich überstehen, und nun ist es überstanden. Jetzt kriegst du deinen Martini Dry, und während du ihn genießt, brate ich dein Beefsteak.«

Ich war einverstanden und nickte: »Ist ja gut, Liebling, so soll es in einer harmonischen Ehe sein. Der eine darf nicht den anderen zerdrücken, sonst verdirbt man sich ja seine Bügelfalten . . .«

»Also wollen wir uns wieder vertragen?«

Ich nickte ein wenig abwesend, denn ich dachte gerade darüber nach, was sie zuvor gesagt hatte.

»Du, wart mal eben, sagtest du Horoskop der Woche?«

»Ja, warum?«

»Willst du allen Ernstes behaupten, daß du so einen Blödsinn liest? Bist du keinen Schritt weitergekommen? Hast du nicht wichtigere Dinge zu tun?«

»Na ja, du guckst dir wohl auch mal Witzblätter und Comics an, nicht?«

»Comics, das ist ja ganz was anderes. Peanuts und Phantom und Superman, die wollen nicht mehr bedeuten, als sie vorzeigen. Aber Horoskope, die sind gefährlich. Die manipulieren . . . vor allem das weibliche Geschlecht. Sie führen eure Gedanken auf verbotene Wege, auf verwinkelte Dschungelpfade, wo sie absolut nichts zu suchen haben. Was steht denn schon in Horoskopen? Ja, da steht: ›Sie werden einem leidenschaftlichen dunklen Herrn begegnen‹. Und: ›Ihnen winkt eine romantische Seereise.‹ Aber nichts von alledem, verstanden?«

»Na hör mal, ich lese seit Jahren das Horoskop der Woche und habe noch nie Schaden genommen. Ich glaube doch nicht so direkt daran, bloß . . .«

Plötzlich fühlte ich mich ganz obenauf, phantastisch aufgelegt, die Dinge beim rechten Namen zu nennen. Jetzt hatte ich sie in der Klemme, und ich zog die Schlinge am richtigen Ende zu: »Da haben wir's! Du glaubst nicht direkt daran, aber du hoffst es. In tiefster

Seele wünschst du, die Prophezeiungen mögen sich erfüllen, daß du wirklich eines Tages einem dunklen oder blonden leidenschaftlichen Herrn begegnest. Du träumst von einer romantischen Seereise und Zärtlichkeiten in der Koje. Du denkst doch ständig an so einen Zirkus, und du spielst mit dem Gedanken, so ein gewagtes Abenteuer zu inszenieren. Während ein anderer sich abschuftet und nur daran denkt, wie er die Steuern und Schulden und Raten bezahlen kann, von morgens bis abends nur Sorgen und Probleme im Kopf hat. Und du, was tust du?«

»Reg dich doch nicht so auf, jetzt, wo wir uns gerade wieder vertragen haben . . .«

»Diesen dämlichen Frauenzeitschriften mit ihren verschrobenen Horoskopen und Weissagungen habe ich es zu verdanken, daß deine Gedanken um widerliche außereheliche Experimente kreisen, frivole Eskapaden mit zweifelhaften dunklen und blonden Herren, die nichts anderes im Kopf haben, als sich ihr kleines Vergnügen mit dir zu machen.«

»Halt auf der Stelle . . .«

Ich dachte nicht daran. Dafür hatte ich sie jetzt viel zu sicher im Netz zappeln. Jetzt galt es, sie niederzuboxen, bis sie k. o. war oder ich einen sicheren Sieg nach Punkten hatte . . .

»Während ich da oben an meiner Maschine sitze und mir das Gehirn auswringe, schwimmst du in Gedanken bereits weit draußen auf dem blauen Ozean in einem Luxusdampfer. Und der Kapitän . . . ein leidenschaftlicher dunkler Herr erscheint auf der Kommandobrücke . . . schiebt dich verführerisch an den lauwarmen Schornstein, um dich richtig anzuheizen. Und dabei bleibt es nicht, es gibt auch einen Kapitänstisch, einen Kapitäns-Champagner-Kühler, eine Kapitänskajüte und

160

eine Kapitänskoje. Und wenn er dich erst auf dem Radarschirm angepeilt hat, dann . . .«

»Ach, Unsinn, du kennst mich doch, so weit würde ich es nie kommen lassen.«

»Woher kann ich das wissen? Ich weiß nur, daß diese Frauenzeitschriften mit ihren dummen Horoskopen jede Woche die Phantasie der kleinen Hausfrauen in wilde Bewegung versetzen. Und immer geht es um Dinge, mit denen ihr euch nicht beschäftigen solltet, weil sie eure Phantasie verwirren und euch schaden. Hast du mir nicht gerade selbst ein klassisches Beispiel für die Gefährlichkeit der Horoskope geliefert?«

»Also gut, sagen wir, da steht eine Woche, mir winkt eine kleine Bootsfahrt . . .«

»Nein, das steht da eben nicht. In der Welt der Horoskope kommen die Hausfrauen nur auf riesige Super-Luxus-Seereisen. So eine kleine billige Ein-Tages-Reise mit dem Dampfer nach Helgoland, das ist nichts für die Horoskope. Nee, da handelt es sich immer um großartige, luxuriöse Touren mit Geld und Romantik, draußen auf dem Indischen Ozean. Horoskope setzen die kleinen sensationslüsternen Hausfrauen nicht in ein mickeriges Bananenboot, nee, auf eine pompöse Luxusyacht. Und auf der Kreuzfahrt erscheint der eine blonde oder dunkle, in Smoking gekleidete Gentleman nach dem anderen auf dem Sonnendeck . . . oder in der Dämmerung. Und Madame folgt ihm an die Reling und inhaliert ergriffen den Sonnenuntergang über Hawaii, über den Malediven oder äquatorialen Koralleninseln. Aber jetzt ist Schluß damit, verstanden? Die einzigen Seereisen, die du in Zukunft machen wirst, machst du mit mir . . . und keine Luxus-Kreuzfahrt, sondern höchstens nach Bornholm oder Helgoland, mit Scharnow oder Jaspers Reisen, oder wir nehmen einen billigen Charterflug.

Und wenn du sonst etwas brauchst — und nicht gerade ein Horoskop zur Hand hast, das deine Phantasie befriedigen kann, dann kannst du dich bei mir melden und was Reelles bekommen. Mit anderen Worten: einen kleinen Klaps oder einen Kuß. Ist das klar?«

»Selbstverständlich . . . wenn du sagst, daß Horoskope gefährlich sind, dann stimmt das auch.«

»Frauen sollen ihre Phantasie da einsetzen, wo sie hingehört, und das sind die Suppentöpfe in der Küche.«

»Uije, jetzt hätte ich fast unsere Steaks vergessen. Du mußt ja schrecklichen Hunger haben . . . nach all diesem Gerede. Deine Magensäure reagiert ja schon. Nur fünf Minuten, dann sind die Steaks fertig.«

»Alles in Ordnung, mein Schatz, ich genehmige mir noch einen extra Drink.« Ich warf einen Blick auf die Armbanduhr: »Und dir gebe ich eine halbe Minute für jede Seite des Steaks . . . von jetzt an genau!«

Sie zog sich katzbuckelnd, mit vornübergebeugtem Rücken, in Richtung Küche zurück.

»Yes, Sir . . . bwana, yes, Sirrie . . .«

Frech war sie schon immer.

Michel und die verliebte Melkerin

Michel war Landwirt, er hatte einen kleinen Hof weit draußen auf dem Lande, südlich von Nord-Kirchheim. Er war ein großer, starker Kerl, der schönste und männlichste Bursche im ganzen Umkreis. Sein Rücken war gewaltig breit. Wie ein windzerzaustes Gestrüpp hing ihm seine dunkle Mähne ins Gesicht, und seine schweren, breiten Hände waren rauh und gefurcht, wie ein frisch gepflügter Acker. Er verbreitete einen guten, würzigen Duft von Muttererde.

Michel war überall beliebt und stand bei den Mädchen hoch im Kurs, aber keine schaffte es, ihn zu erobern. Jedesmal, wenn ihn eine einfangen wollte, entwischte er ihr wie ein Schmetterling, der blitzschnell aus der Gefahrenzone herausflattert. Besonders Maren, Käse-Karls Tochter, hatte es auf ihn abgesehen. Sie war ein großes, etwas schwerfälliges Mädchen mit gesunden roten Wangen, wohlgeformten Beinen, kräftigen Schenkeln und einem Körper, wo alles genau da saß, wo es hingehörte, und das in reichlichem Maße.

Maren war allerdings kurzsichtig; ihre Eitelkeit ließ es jedoch nicht zu, eine Brille zu tragen. Also stolperte sie durch die Gegend und fiel über alles, was ihr in den Weg kam. Ihr fehlte jegliches Verständnis dafür, daß eine Brille heutzutage einem Mädchen den Anschein einer gewissen Persönlichkeit — *personality* — verleihen kann. Sie wußte nicht einmal, was das Wort bedeutete. Deshalb konnte sie wohl *personality* haben, und das schien auch so.

Weil Maren aber nun so hartnäckig eine Brille ablehnte, wollte Michel nichts von ihr wissen. Aber sie wollte trotzdem um seine Hand anhalten. Eines Abends beschloß sie, ihn zu fragen, ob er sie heiraten wolle, in Zucht und Ehren natürlich. Sie wollte ihm das ganze Leben treu sein und ihm bei allen Gefahren zur Seite stehen.

Neben dem kleinen Wasserfall stand eine alte Weide, und an diese Weide hängte sie eine Silberbrosche. Dann ging sie über den Feldweg zu Michels Bauernhof und fand ihn hinterm Kuhstall, wo er gerade das Fachwerk teerte.

»Schönes Wetter heute, nicht wahr?« begann sie.

»Wollen wir nicht einen Spaziergang über die Wiesen machen?«

Michel legte den Teerpinsel weg und streckte seinen Rücken.

»Tja, das laß uns man«, antwortete er und wischte seine schmutzigen Hände an einem Bündel Stroh ab.

Und sie gingen los.

Unten auf der Wiese stand Michels Wasserwagen für das Vieh, ungefähr hundert Meter von der alten Weide mit der Silberbrosche entfernt.

»Wollen wir uns nicht hier hinsetzen?« schlug Maren vor. »Hier kann uns keiner sehen.«

Sie setzten sich. Michel nahm einen Grashalm und kaute darauf herum. Maren sah ihn verliebt an. Vom Hof her erklang Harmonikamusik. Maren rückte ein wenig näher, glättete ihr Baumwollkleid und nahm Michels große, schwere Fäuste in ihre Hände. Sie fühlte bei der Berührung Wärme durch ihren Körper strömen − das bißchen Teer störte sie nicht im geringsten.

»Michel«, sagte sie.

»Hm?« machte Michel und knabberte an seinem Grashalm.

»Michel«, begann sie noch einmal.

»Ja, was ist, Maren?« fragte er und strich sich seine schwarze Mähne aus der Stirn.

»Weißt du«, fuhr sie fort, »ich habe schon lange darüber nachgedacht, und heute will ich es dir sagen . . . ganz direkt. Du schuftest mit all deiner Arbeit allein herum. Du bist zuviel allein, Michel. Es ist nicht gut für einen Menschen, allein zu sein. Michel . . . willst du mich haben?«

»Dich haben? Wie dich haben?« Michel vergaß, an seinem Grashalm zu kauen.

164

»Ja, ich meine also . . . in Zucht und Ehren. Willst du mich heiraten, Michel?«

»Ach so, das meinst du«, sagte er gedehnt. Dann zog er plötzlich seine großen Fäuste aus ihren Händen und fügte hinzu: »Nein, Maren, das will ich nicht. Du bist kurzsichtig. Schaff dir eine Brille an, dann können wir uns noch mal darüber unterhalten.«

»Ja, aber ich bin gar nicht mehr so kurzsichtig!« versicherte Maren eifrig. »Ich sehe fast so gut wie alle anderen. Und eine Brille will ich nicht . . . die steht mir nicht.«

»Willst du etwa behaupten, daß du ebensogut siehst wie ich?« fragte Michel skeptisch.

Maren blieb einen Augenblick stumm. Dann fuhr sie plötzlich hoch und zeigte auf die alte Weide.

»Sieh mal«, rief sie begeistert, »da hängt eine Silberbrosche an dem Baum dort unten.«

Michel schaute in die Richtung. Er konnte nichts sehen.

»Wo?« fragte er.

»Dort drüben an der Weide am Wasserfall. Ist doch ganz deutlich zu sehen!«

Michel kniff die Augen zusammen, hielt seine breite Pranke an die Stirn und starrte zur Weide hinunter.

»Doch«, meinte er nach einer Weile, »ich sehe da etwas schimmern. Kannst du die Brosche wirklich genau sehen, Maren? Dann ist es mit deinen Augen tatsächlich nicht so schlimm, wie ich dachte. Dann brauchst du ja keine Brille. Na ja, dann können wir ja Mann und Frau werden.«

»Ich sehe die Brosche ganz deutlich«, log Maren begeistert. »Ich hab' doch gesagt, daß ich gute Augen habe. Jetzt lauf' ich runter und hol' die Brosche.«

Und voller Seligkeit lief Maren über die Wiese zur

165

alten Weide. Doch dann geschah etwas, was Michel bedenklich stimmte. Nein, er wollte Maren doch nicht haben. Zuerst mußte sie sich eine Brille anschaffen. Als Maren nämlich ein paar Schritte gelaufen war, stolperte sie über etwas, das im Wege stand. Sie purzelte ins Gras und wirbelte die Beine hoch in die Luft.

Sie war über Michels Ziege gestolpert.

Atmen Sie ganz ruhig!

Ich habe in einem Ärzteblatt gelesen, daß der Schrecken aller Magenpatienten, die sogenannte »Schlauch-Mahlzeit«, jetzt für alle Zeiten abgeschafft werden soll. In Zukunft wird man die Salzsäureproduktion des Magensaftes untersuchen können, ohne einem diesen meterlangen, fetten Gummischlauch in den Hals zu stopfen. Als man mir neulich in einer medizinischen Abteilung das sogenannte Ventrikelsekret − auf gut deutsch: den Magensaft − hochholte, hielt man sich noch an die gute alte Methode. Nachdem ich einen dünnen Tee und ein trockenes Brötchen ohne Butter zu mir genommen hatte − eine spartanische, aber hoffentlich gutgemeinte Bewirtung −, pflanzte man mich auf einen Hocker, während von rechts zwei Krankenschwestern einzogen, mit folgenden Geräten bewaffnet: 1. einem Gummischlauch, so dick wie ein Gartenschlauch und etwa auch so lang; 2. einer Kanne mit Spülwasser; 3. einer Emailleschüssel und 4. einer großen Gummischürze. Wenn Sie jemals zwei Krankenschwestern begegnen sollten, die sich mit solchen Utensilien listig von rechts heranschleichen, dann rate ich Ihnen, kurzerhand aus dem nächsten Fenster zu springen, egal von welcher Etage.

Man band mir die Gummischürze um, ließ mich die Schüssel vor die Brust halten . . . und näherte sich mit dem Schlauch.

»Haben Sie das schon mal gemacht?« wollte die eine Dame wissen.

Aber auf die Frage fiel ich nicht herein. Nix! Blitzschnell und gescheit, wie ich bin, begriff ich, daß bei der kleinsten Öffnung des Mundes zu einer Antwort der Gummischlauch sofort in meinem Hals sitzen würde, weshalb ich bloß den Kopf schüttelte.

»Haben Sie lockere Zähne?« wollte daraufhin die andere Dame wissen. Ekelhafte Ziegen waren die beiden, so hörten sie sich an, und so sahen sie aus. Wieder schüttelte ich den Kopf, wobei ich trotzig den Blick des Feindes erwiderte. Ich krallte meine Hände um die Wasserschüssel, so daß die Knöchel weiß hervortraten, und beschloß, mich so kostbar wie möglich zu machen. Gegenüber an der Tür hatten ein paar Patienten von der medizinischen Abteilung ihren Rundgang unterbrochen und sich neugierig aufgestellt.

»Na, du, dann mal ran an den Speck, Freundchen«, kicherte der eine. »Der beißt nicht! Einfach zupakken . . . und dann runter damit!«

Der Mann duzte mich ohne weiteres, obwohl ich mich nicht erinnern konnte, ihn jemals gesehen zu haben, und obwohl ich immer noch Haltung bewahrte. Na ja, irgendwie sitzen wir alle im selben Boot. Wenn sich die Helden des Schlachtfeldes vor Flammenwerfern, Handgranaten und anderem schweren Geschütz verkriechen, dann legen Major und einfacher Soldat auch ihre Titel ab.

»Mund auf und ruhig atmen!« kam es tonlos von der einen, besonders groben Dame.

Ich biß die Zähne fest zusammen und holte in kleinen, hastigen, asthmatischen Zügen Luft.

167

»Du feige Memme!« klang es von der anderen Tür herüber. »Sei ein Mann und leg los!«

»Können wir nicht die Tür zumachen?« fragte ich gereizt. Das hätte ich nicht tun sollen, denn in dem Augenblick, als ich den Mund öffnete, saß der Schlauch in meinem Hals. Ich versuchte voller Verzweiflung, ihn durchzubeißen, aber jedesmal, wenn ich meinen Biß lockerte, um besser zuzupacken, stopfte die alte Ziege ihn blitzschnell ein Stück weiter runter. Die Tränen liefen mir über die Backen, und ich fühlte, daß meine letzte Stunde gekommen war.

»Ganz ruhig atmen jetzt . . . ganz ruhig und entspannt atmen!«

Wie kann man einen Mann würgen und ihn gleichzeitig bitten, ruhig zu atmen! So was bringen nur Frauen fertig. Mit einem plötzlichen Ruck stopfte die Schlangenbeschwörerin das Biest 20 cm runter. Da ließ ich die Wasserschüssel fallen, versetzte ihr einen kräftigen, zielsicheren Handkantenschlag auf den Arm und zog den Schlauch 20 cm hoch. Mein Erfolg gab mir Kampfesmut. Um Kräfte für ein erneutes Verteidigungsmanöver zu sammeln, holte ich tief Luft . . . und der Schlauch rutschte wieder 20 cm runter. Da packte ich entschlossen die Hände der Krankenschwester und hielt sie wie in einem Schraubstock fest. Sekundenlang starrten wir einander trotzig in die Augen.

»Kitzel ihn mal ein bißchen«, sagte sie gedämpft zur anderen. Die Ziege Nummer zwei trat hinter mich und kitzelte mich an der untersten Rippe, an meiner allerempfindlichsten Stelle. Ja, die verstanden sich wirklich auf ihr Handwerk!

»Ha . . . ha . . . ha«, lachte ich unbeherrscht, und der Schlauch sackte einen halben Meter tief.

»Ich wette mit euch um 'ne ganze Pulle, daß ihr ihn

168

runterkriegt, Mädchen«, klang es launig von der Tür her.

Aber nein, so ließ ich nicht mit mir spaßen. Durch eine schnelle, plötzliche Kopfbewegung gelang es mir, mich von dem roten Gummimonstrum zu befreien, das auf den Boden flog und sich in gräßlichen Zuckungen schlängelte. Die eine Ziege und ich setzten dem Ungeheuer gleichzeitig nach . . . und kriegten jeder ein Ende zu fassen. Wohl eine Minute lang lagen wir auf dem Fußboden und überwachten genau jede Bewegung des anderen. Meine Feindin wagte nichts zu sagen. Sie wußte offensichtlich genau, daß in dem Augenblick, wo sie es wieder mit ihrem blöden »Atmen Sie ganz ruhig!« versuchen würde, das Gummidings tief in ihrem Hals sitzen würde. Ich sah die Unsicherheit in ihrem Blick und merkte, daß der Kampf halb gewonnen war. Man hatte ihr in der Krankenschwesternschule offenbar nicht beigebracht, wie sie sich in einer so prekären Lage zu verhalten hatte. Plötzlich mischte sich ihre Kollegin in den Streit ein.

»Jetzt ist das Spiel zu Ende«, sagte sie hart und ohne einen Funken versöhnlichen Humors. Mit einem brutalen Griff in den Nacken zog sie mich auf den Stuhl zurück und band meine Hände mit einem Gurt fest.

»Jetzt ist es aus mit ihm . . . der arme Teufel«, klang es drüben von der Tür, wo die anderen Patienten standen. In dem Augenblick wurde die Wasserschüssel hart in meinen Magen gestoßen. Ich sagte: »oooogggg . . .«, und der Gummischlauch saß, ganz nach Vorschrift, die 120 cm tief im Magen drin. Nach fünf Minuten energischer, fachmännischer Arbeit kam schließlich der letzte erschlaffte Krümel des Brötchens ans Tageslicht.

»Sehr schön! Jetzt wollen wir eben noch den Magen spülen, dann ist es geschafft. Ruhig atmen . . .«

169

Ein Liter Spülwasser wurde in den Trichter gegossen und floß durch den Schlauch in meinen Magen. Das Wasser war kalt wie grönländisches Eis, und ich beförderte es sofort wieder nach oben, ohne eine andere Hebewirkung als die meiner Magenmuskeln zu gebrauchen. Schließlich wurde der Gummischlauch mit einem Schwups hochgezogen, und die Aktion »Ventrikelsekret« war durchgeführt.

In Wirklichkeit war das alles ja gar nicht der Rede wert. Wie ich ganz richtig zu Marianne sagte, als ich später am Abend darüber berichtete: »Natürlich ist das etwas unangenehm, aber wenn man nur ganz ruhig atmet, geht es ganz von selbst.«

Ja, es soll sogar Magenpatienten geben, die den Schlauch runterschlingen, ohne um sich zu schlagen!

Konstanzes Träume

Konstanze hatte weder Vater noch Mutter. Sie war von ihrer Tante Agathe in einem Milieu von Plüsch und Troddeln und Papageien erzogen worden. Sie hatte gelernt, Sofakissen mit Dorfkirchen, Königsschlössern und Ritterburgen zu besticken. Und sie konnte Chopins Etüden klimpern, auf dem Spinett, einem alten Erbstück, das zwischen düsteren Mahagonirahmen mit vergilbten Familienportraits zu ersticken drohte. Abends, wenn die anderen jungen Leute aus der Umgebung loszogen, um sich in Diskotheken und auf Clubpartys zu amüsieren, saß Konstanze artig zu Hause und hielt Dämmerstunde mit ihrer Tante Agathe. Und wenn ihre jüngeren Geschwister über ihnen im ersten Stock die Stereoanlage auf voller Lautstärke dröhnen ließen, daß die

Kristallkugeln von Tante Agathes Kronleuchter klirrten, dann beugte sich Konstanze über Ludwig Ganghofers Gesammelte Werke und las daraus vor, bis die Tante sanft in ihrem quastenbehängten Plüschsessel einschlummerte.

Unmöglich, meinen Sie? Was für ein Dasein für ein gesundes und lebenslustiges Mädchen von 18 verlorenen Jahren! Ein Mädchen, das völlig unter dem Einfluß seiner verschrobenen Tante stand.

Konstanze träumte von einem Mann. Ihr größter Wunsch war zu heiraten; einen Mann und Kinder, Haus und Garten zu bekommen. Und es sollte ein richtiges Traumhaus sein, aber ohne Plüsch und ohne Papageien. Und es sollte ein richtiger Mann sein, ein Mann, der das Leben anpackte, der sie hinausführte, damit sie die Welt kennenlernte und sich amüsierte. Sie hatte so viel nachzuholen. Wenn Tante Agathes Kneifer von ihrer Nasenspitze herabrutschte und ihr weißgelockter Kopf schlummernd auf den weißen, gekräuselten Spitzenbesatz ihres feierlichen schwarzen Seidenkleides nickte, dann ließ Konstanze ihren Gedanken freien Lauf, und sie träumte von den schönsten jungen Männern, von Verlobungsringen, von Brautkutschen, von Myrten und Hochzeitskränzen, kurz, von aller Seligkeit der Welt. Wenn man 18 Jahre alt ist und seine Lebenserfahrung allein aus der Lektüre des Gemeindeblattes und Ludwig Ganghofers Gesammelten Werken schöpft . . .

Unten am Ende der Straße befand sich ein kleines Geschäft, das alles für die Brautausstattung führte. Wenn Konstanze für ihre Tante Agathe Perlmuttknöpfe, Nähgarn, Bonbons und Silberhirse für den Papagei besorgen sollte, blieb sie stundenlang vor dem Geschäft stehen und guckte traumverloren auf all die reizenden Dinge im Schaufenster. Sie trat ein paar Schritte zurück und starrte hingerissen auf die großen Buchstaben an der Fassade. ALLES FÜR DIE BRAUT stand dort — die verheißungsvollsten Worte, die Konstanze kannte.

Sie hatte den sehnlichen Wunsch, ins Geschäft hineinzugehen und um ihr Glück zu bitten, aber sobald sie nach der Türklinke griff, verließ sie der Mut. Mit einem tiefen Seufzer und einem letzten sehnsüchtigen Blick auf die verheißungsvollen Worte ALLES FÜR DIE BRAUT ging sie schräg über die Straße zur Samenhandlung, um Silberhirse und Sonnenblumenkerne für den Papagei zu besorgen.

So verging ein Tag wie der andere. Konstanze wurde 19, und sie wurde 20. Sie kannte Ludwig Ganghofers Gesammelte Werke auswendig und wußte nichts vom Leben. Sie war es leid, Chopins Etüden zu klimpern und in Tante Agathes Familienalbum zu blättern, das mit ovalen pastellgrauen Abbildungen strenger, hochhalsiger, schwarzgekleideter Damen und selbstgefälliger Herren mit mächtigen Vollbärten vollgeklebt war. Sie haßte Tantes fransenbehängte Plüschmöbel, ihre Fensterspiegel zur Straße und ihren krächzenden trägen Papagei, dem es sogar an Energie fehlte, um Zucker zu betteln.

Ihre jüngeren Geschwister tanzten immer noch heißen Rock, und die Stereoanlage dröhnte in voller Lautstärke, daß der Gips von der Decke in Tantes feine Kristallschale herabrieselte, in der sie Weihnachtskarten seit dem Jahre 1902 aufbewahrte.

Nein, eines Tages platzte Konstanze der Kragen. Das Leben hier war nicht zu ertragen. Sie wollte heiraten, das war ihr einziger Wunsch. Sie wollte eine Braut sein, mit Myrten und Hochzeitskutsche und allem, was dazugehört. An ihrem 21. Geburtstag stand sie, wie

172

schon so oft, vor dem kleinen Geschäft und starrte hingerissen auf die großen Leuchtbuchstaben ALLES FÜR DIE BRAUT!

Heute wollte sie Ernst machen. Jetzt oder nie! Mit klopfendem Herzen öffnete sie entschlossen die Tür und betrat das Geschäft.

»Womit kann ich dienen?« fragte die Verkäuferin freundlich, als Konstanze zögernd an den Ladentisch trat.

»Ich . . .«, murmelte sie und senkte den Blick. »Sie führen doch alles für die Braut, nicht?«

»Ja, das stimmt. Hatten Sie an etwas Bestimmtes gedacht?«

Konstanze sah einen Augenblick hoch, und in ihrem Blick lag die ganze Hoffnung ihres Lebens.

»Ja«, sagte sie dann fast flehend, »einen Bräutigam!«

Die byzantinische Madonna

Ich warf einen durchdringenden Blick in den Gang hinunter, überzeugte mich davon, daß ich nicht überwacht wurde, und glitt unbemerkt in das Treppenhaus von Compagniestraede 122. Bis hinauf in mein Büro in der zweiten Etage waren es 39 Stufen. Ich nahm jeweils 6—7 Stufen auf einmal.

»Lemmy Däne & Dan Peters, Kopenhagener Detektivbüro. Vertrauliche Beobachtungen, zweimal läuten«, stand auf dem weißen emaillierten Türschild, das 50 cm lang und 15 cm hoch war. Die Namen kamen mir bekannt vor. Das war auch nicht weiter verwunderlich, denn Lemmy Däne war ich selber, und Peters war mein Partner.

Vor einigen Monaten hatte er sich aus unserer Firma zurückgezogen, nachdem er den entscheidenden Beweis in einer Ehebruchsache erbracht hatte. Ganz plötzlich und völlig unerwartet war der Ehemann zur Tür hereingekommen, als Dan gerade mit dem Mädchen arbeitete, um den fehlenden Beweis zu beschaffen. Der Ehemann war dänischer Meister im Mittelgewicht, 1,85 m groß und mit einer 15 cm breiten Faust, die eine Sekunde später den Weg zu Dans Kinnspitze fand. Dan kassierte diesen Aufwärtshaken und sauste mit dem Schädel gegen die Gipsdecke, fiel schwer angeschlagen herunter und kam erst wieder zu sich, als er in der chirurgischen Abteilung des Städtischen Krankenhauses auf dem Operationstisch lag.

Ich läutete zweimal, von drinnen ertönten schlurfende Schritte. Die Sicherheitskette wurde entfernt, ich trat die Tür auf, ging schnell hinein und warf meinen Hut in einem eleganten Bogen in die dunkelste Ecke des Flurs.

»Laß meine Hausschuhe in Ruhe, Baby«, sagte ich grob zu der jungen Dame, die mir geöffnet hatte.

»Meine eigenen Schuhe drücken, Lemmyboy, ich habe in der ›Scharlachroten Blume‹ getanzt, hinterher waren wir bei Lauritz Betjent und in einigen Kneipen von Nyhavn.«

»Und heb meinen Hut auf!« fügte ich hinzu und gab mit einem Fingerschnipsen zu erkennen, daß sie sich ein bißchen beeilen möge. Dann griff ich nach einer Flasche und nahm einen Schluck. Der Pegel sank um sechs Zentimeter. Zufrieden setzte ich die Flasche ab, nachdem ich sorgfältig alle Fingerabdrücke entfernt hatte.

»War irgend etwas los?«

»Ja, drinnen wartet ein Herr auf dich.«

Ich überzeugte mich, daß die Tür zu meinem Privatkontor geschlossen war, dann griff ich das Mädchen um

174

die Taille und zwang ihren Kopf in den Nacken. Ich war in ausgelassener Stimmung und fand schnell ihre großen sinnlich roten Lippen.

Jane hieß sie. Jane Jorgensen. Seit dem 1. dieses Monats war sie meine Privatsekretärin. Ein kurzer Blick auf den Kalender hatte mir gesagt, daß es höchste Zeit war, bei ihr zur Sache zu kommen, denn es war bereits der 3. Sie war ein ziemlich steiler Zahn, 1,72 cm groß, 95 cm Oberweite, Hüftumfang 90 cm, mit einem feurigen Blick, dem ich nicht widerstehen konnte.

»Pfui!« keuchte sie und drehte mir brutal mein Ohr zu einer Tüte. »Du stinkst ja nach Buttermilch! Ich kann es nicht vertragen, von Männern geküßt zu werden, die nach Buttermilch stinken.«

»Laß mein Ohr los!« schrie ich, »oder ich . . .«

Sie ließ mich los, und ich klebte mein Ohr mit einem Stück Tesafilm an den Hinterkopf.

»Nach diesem Überfall müßte ich dich eigentlich in ein Fürsorgeheim bringen«, sagte ich langsam und rieb mir das schmerzende Ohr, während meine Augen dem heftigen Wogen ihres Busens folgten. Sie war stark erregt. Ihr Busen hob und senkte sich in jeder dritten Sekunde um zwölf Zentimeter. »Wie gesagt: Drinnen wartet ein Herr, ein Klient, also keiner mit einer Rechnung«, keuchte sie schwer und brachte ihre Kleidung in Ordnung.

Sie versuchte, ihr Verhalten zu erklären. »Ich bin verlobt, Mr. Däne. Ich möchte nicht, daß Kai entdeckt, daß ich . . . daß wir . . .«

»Okay«, knurrte ich, »forget it!«

Mit einer Ecke meines Taschentuchs tupfte ich das Blut von meinem Ohr und riß die Tür zu meinem Privatkontor auf. Der Besucher saß in dem Ledersessel vor meinem mattpolierten Teakholzschreibtisch, ein kleiner korpulenter Herr von 1,69 m, in einem gutgeschnittenen einreihigen Jackett aus Harris Tweed mit drei Knöpfen und einer tadellos gebügelten grauen Kammgarnhose mit Nadelstreifen.

»Lemmy Däne«, sagte ich und verbeugte mich routinemäßig.

Er warf einen unruhigen Blick auf die halboffene Tür zum Vorzimmer. Ich machte sie zu. Erst dann stellte er sich vor.

»Fabrikant Fred Sörensen von der ›Dänischen Ohrenwärmer-Industrie AG‹. Ich komme in einer ganz privaten Angelegenheit.«

Er erhob sich, trat ans Fenster, schob die Gardine vorsichtig zur Seite und warf einen nervösen Blick hinunter auf die Straße. An der Ecke von Hyskengade und Laedergade stand ein zigarettenrauchender Mann und las Zeitung. Er hob sie schnell vors Gesicht, als Sörensen die Gardine bewegte. Der Kerl trug einen schwarzen Filzhut, ein etwas zu strammsitzendes zweireihiges Jackett aus graublauem handgewebtem Macnab-Tweed, malachitgrüne Gabardinehosen, Bundweite 100 cm, Schrittlänge 90 cm, dazu Wanderschuhe aus beigefarbenem Boxcalfleder mit stark betonten weißen Perforierungen.

»Er steht dort, seit ich zu Ihnen hinaufgegangen bin«, sagte Herr Sörensen heiser und fummelte an der Gardine herum, bis sein Zigarettenstummel mit dem Stoff in Berührung kam.

»Pfft« machte es. Dann stand sie in hellen Flammen, staubig und trocken, wie sie war. Verwirrt riß er die verkohlten Gardinenreste herunter und trampelte auf ihnen herum.

»Es tut mir schrecklich leid . . .«

»Spielt keine Rolle! Ich schreibe sie mit auf die Rechnung.«

176

Ich bot ihm eine neue Zigarette an und lehnte mich im Sessel zurück.

»Nun . . .?«

Er ließ sich in seinem Besucherstuhl zurücksinken und sah mich durchdringend an.

»Sie müssen mir helfen, Mr. Däne, Sie sind meine letzte Rettung.«

Er drückte die Zigarette in dem großen Aschenbecher aus und steckte sich eine neue an. Eine Packung hatte er bereits aufgeraucht, King-Size. Ich erwiderte seinen Blick, sagte aber nichts. Ich wollte zunächst wissen, worauf die ganze Sache hinauslaufen würde.

Als er wieder zu sprechen begann, kamen die Worte stoßweise, abgerissen und verworren.

»Ich möchte sie nicht verlieren, Mr. Däne, egal, was es mich kostet, . . . aber die byzantinische Madonna verrät alles, verstehen Sie? Und erscheint sie wieder am Tatort, ist das Spiel verloren. Es wäre mein Tod, wenn sie die Wahrheit erfährt. Sie bringt mich um, Mr. Däne, wir hätten nicht nach Venedig fahren sollen . . . die Macht der byzantinischen Madonna ist größer als . . .«

Ich unterbrach ihn. »Was halten Sie von meinem Vorschlag, daß wir mit dem Anfang beginnen?« fragte ich mit schlecht verhehltem Sarkasmus. Er atmete schwer.

»Unter dem Pala d'Oro am Hochaltar von San Marco in Venedig steht ein Reliquienschrein, der mit Gold, Silber, Juwelen und 117 byzantinischen Emaillemadonnen geschmückt ist, welche die Christen von Athos symbolisieren, die Kaiserin Eudoxia aus Protest gegen die römisch-katholische Kirchenversammlung in Konstantinopel im Jahre 402 in den Löwenzwinger werfen ließ. Sie haben sicher von diesem kostbaren Schrein gehört?«

Ich schüttelte kurz den Kopf.

»In Wirklichkeit sind es 118 Medaillons, weil der Löwe, der die meisten Christen gefressen hat, später ein eigenes Medaillon auf dem juwelenbesetzten Golddekkel des Schreines bekam. Es geschah auf ausdrücklichen Befehl des Eroberers der Besitzungen des Byzantinischen Reiches in Kleinasien, des Sultans Otchan, dem ungläubigen Bruder des grausamen Suleiman. Das Motiv dieses 118. Medaillons wurde später von dem frommen Pater Bonifatius als ein Zeichen bescheidenen Dankes für seine Wahl zum 20. ökumenischen Konzil im Vatikan ausgewechselt gegen eine Miniatur von Fra Giovanni da Fiesoles Madonnenkopf, volkstümlich und etwas mißverständlich später ›Die byzantinische Madonna‹ genannt. Ein geschäftstüchtiger Andenkenfabrikant ließ diese byzantinische Madonna später als Massenartikel auf Manschettenknöpfen erscheinen, und nun werden sie in venezianischen Andenkengeschäften für 800 Lire das Stück angeboten. Meine Frau kaufte mir zwei Stück, als wir im vergangenen Jahr mit einer Gesellschaftsreise von Jörgensens Reisebüro die Dolomiten und den Gardasee besuchten.«

»Ganztagsausflüge nach Venedig 60 Kronen extra«, unterbrach ich ihn gut informiert.

»Genau«, nickte Herr Sörensen. »Hätten wir bloß nicht teilgenommen! Aber konnte ich denn wissen, daß . . .«

»Weiter!«

Herr Sörensen erhob sich noch einmal, ging ans Fenster und warf einen Blick hinunter auf die Straße. Der Mann an der Ecke der Hysken- und Laedergade stand noch immer dort. Als Herr Sörensen einen Moment lang am Fenster erschien, nahm der Kerl wie zufällig seine Zigarette aus dem rechten in den linken Mundwinkel, und ein junger Bengel in brauner Lederjacke mit Gummizug, strammsitzenden Jeans und karamelfarbenen Schuhen mit superleichter Kreppsohle stieg aus einem kleinen grauen Wagen, ging schräg über die Straße in eine Telefonzelle, die nach meiner Schätzung etwa 2,10 m hoch, 90 cm breit und 85 cm tief war.

»Haben Sie das gesehen?« flüsterte Herr Sörensen heiser. »Jetzt geht er ans Telefon. Jetzt wählt er, und jetzt . . .«

Mein Telefon klingelte laut. Ich nahm den Hörer ab, sagte aber nichts, hielt den Hörer nur hoch und lauschte. Am anderen Ende der Leitung atmete jemand schwer. Ich warf einen schnellen Blick auf meine Uhr. Es vergingen 39 Sekunden, dann hörte man ein kurzes metallisches Klicken, und die Verbindung war abgebrochen.

Herr Sörensen trocknete den Schweiß vom Hals mit einem weißen Taschentuch, das im Quadrat etwa 31 cm groß war.

»Hat sich niemand gemeldet?« fragte er heiser.

Ich zog es vor, mit einem Schulterzucken zu antworten. Dann stellte ich meinem Klienten die erste direkte Frage:

»Sind Sie in einer Lebensversicherung?«

Er nickte.

»Die Versicherungssumme beträgt 100 000 Kronen bei der Versicherungsgesellschaft Hafnia. Der Betrag wird meiner Frau ohne Abzüge ausgezahlt, falls ich . . . falls ich . . .«

»Ich verstehe.«

Ich notierte mir den Betrag. Nun hatte ich wenigstens eine Zahl, an die ich mich halten konnte, wenn ich die Rechnung ausschrieb. »Fahren Sie fort, Herr Sörensen!«

»Am vergangenen Sonntag, als meine Frau und ich

zum Essen wollten, vermißte ich meine Manschettenknöpfe mit der byzantinischen Madonna. Ich suchte sie
sogar unter meinem Bett, konnte sie aber nirgends finden. Plötzlich stieg ein furchtbarer Verdacht in mir auf:
Ich mußte sie irgendwo liegengelassen haben! Die Sache
ist so, Mr. Däne, daß ich . . . darf ich ganz offen sprechen?«

Ich nickte. »Strengste Diskretion und das Vertrauen
unserer Klienten sind unsere Stärke«, sagte ich.

»Also: Ich pflege, wie man so sagt, eine Anzahl
Damenbekanntschaften. Wir haben einen recht
beträchtlichen Bekanntenkreis, meine Frau und ich.
Viele der jüngeren Damen fühlen sich oft etwas einsam,
und da meine Zeit − als Direktor eines Betriebes, der
ausgesprochen saisongebunden ist − es mir erlaubt, im
Sommer . . .«

»Ich verstehe.«

Herr Sörensen zog ein kleines ellipsenförmiges Päckchen aus der Tasche, entfernte ein Gummiband und
entfaltete eine weiße Papierserviette. Darin lagen zwei
Manschettenknöpfe aus Golddoublé mit weißer Perl-
mutterplatte. Er schob sie mir hin, und ich hielt sie mit
einer Ecke meines Taschentuches gegen das Licht und
betrachtete sie abschätzend. Dann ließ ich sie wieder in
das Tuch fallen.

»Von dieser Sorte Manschettenknöpfe gibt es Tausende, Herr Sörensen.«

Er nickte beklommen: »Das weiß ich. Aber diese
haben mir nie gehört. Trotzdem fand ich sie am Sonntag
in meinem Hemd. Sie müssen auf meinem Toilettentisch
an einer Stelle gelegen haben, wo ich . . . wo ich . . .«

»Strengste Diskretion, Herr Sörensen, meine vier
Wände sind verschwiegen.«

»Ich kann also die Möglichkeit nicht ausschließen, daß

meine Manschettenknöpfe vertauscht wurden, und nun liegen die mit der byzantinischen Madonna vermutlich auf einem Nachttisch in einer Wohnung innerhalb meines Bekanntenkreises, der, wie gesagt, recht umfassend ist und . . .«

» . . . alles über Ihren Aufenthalt in jener Nacht verrät.«

»Am Tage, Mr. Däne, immer am Tage. Ich pflege meinem Hobby stets nur innerhalb meiner Bürostunden nachzugehen.«

»Gut, dann liegen sie also noch am . . . am Tatort. Und falls Ihre Gattin zufällig einen Besuch bei der betreffenden Dame macht, beispielsweise zum Tee oder zum Bridge, und sie verirrt sich ins Schlafzimmer, dann findet sie dort auf dem Nachttisch diese ausgefallenen und möglicherweise unersetzlichen, einzigen Manschettenknöpfe mit dem Madonnenmotiv, die es nördlich der Alpen gibt. Ihr Mißtrauen wäre geweckt und . . .«

Herr Sörensen vollendete selber den Satz.

» . . . und dann schlägt sie mich tot. Unsere Ehe besteht auf gegenseitiger Liebe und Loyalität. Vielleicht hat sie die Dinger bereits gefunden, und vielleicht . . .«

Er warf einen ängstlichen Blick zum Fenster.

»Sie denken an den Kerl mit der Lederjacke? Und an den Mann mit den beigefarbenen Boxcalfhandschuhen an der Ecke?«

Er nickte.

Ich beugte mich ein wenig nach vorn und erwiderte seinen Blick.

»Ein sehr ernster Fall. Sehr ernst, Herr Sörensen. Aber sagen Sie mir . . . was soll *ich* dabei tun?«

»Sie sollen meine Manschettenknöpfe wiederfinden!«

Ich stieß einen Pfiff aus, lehnte mich zurück und betupfte mit einem Taschentuch mein Ohr, um festzustellen, ob es noch immer blutete.

»Eine nicht ganz ungefährliche Aufgabe, Herr Sörensen. Sehen Sie sich mein Ohr an. Es ist mir um Haaresbreite abgerissen worden, als ich den letzten Fall bearbeitete, der ganz ähnlich lag.«

Er schob einen Stapel Geldscheine über den Tisch.

»Sie sollen es natürlich nicht gratis tun, Mr. Däne. Hier gebe ich Ihnen erst mal Ihre Spesen, und Sie können mit weiteren zweitausend Kronen rechnen, wenn Sie meine Manschettenknöpfe wiederfinden.«

»Wo haben Sie die Adressen der . . . der Verdächtigen?«

Er reichte mir ein kleines schwarzes Notizbuch.

»Hier haben Sie die meisten. Es sind die Telefonnummern, in der Rubrik ›Einnahmen Krone und Öre‹ aufgeführt. Um sie zu dechiffrieren, brauchen Sie sie nur von rückwärts zu lesen. Sollten die angegebenen Nummern kein befriedigendes Ergebnis zeigen, werde ich Ihnen später weitere Adressen geben.«

»Und nun sagen Sie mir noch, wie ich nach Ihrer Meinung in die Schlafzimmer der betreffenden Damen eindringen und die Suchaktion nach dem Corpus delicti vornehmen soll.«

»Das überlasse ich ganz Ihnen, Mr. Däne. Ich möchte aber annehmen, Ihr männlicher Charme wird Ihnen dabei sehr behilflich sein.«

»Vielen Dank. Sie nehmen es mir also nicht übel, wenn ich . . .?«

»Absolut nicht. Die Manschettenknöpfe muß ich um jeden Preis zurückbekommen. Es ist eine Frage von Leben und Tod . . . oder wenigstens von schwerer Körperverletzung. Sie kennen meine Frau nicht!«

»Sie malen mit sehr düsteren Farben, Herr Sörensen!«

»Aber mit nicht *zu* düsteren.«

Ich erhob mich. »Sie werden sofort von mir hören, falls ich irgend etwas erreicht habe.«

Ich gab ihm meine Hand. Er ergriff sie und drücke sie kräftig.

»Ich verlasse mich ganz auf Sie, Mr. Däne.«

»Tun Sie das nur. Ich habe schon Aufgaben gelöst, die weit komplizierter waren als diese. Vergessen Sie nicht, daß ich eine fünfzehnjährige Erfahrung auf diesem Gebiet habe.«

Ich öffnete ihm die Tür. »Fräulein Jörgensen! Begleiten Sie diesen Herrn bitte bis zur Flurtür, und bringen Sie mir meinen Hut und meine Handschuhe!«

Einen Augenblick später brachte sie mir die gewünschten Sachen. Sie hatte noch immer ihren feurigen Blick, ihre großen sinnlichen Lippen und die Maße, denen ich noch nie widerstehen konnte: Oberweite 95 cm, Taille 60 Zentimeter.

»Ich bekomme immer Angst, wenn deine Nasenlöcher so vibrieren«, sagte sie und wich mit einer Mischung aus Furcht und Erwartung zurück.

»Nur ruhig, Darling«, sagte ich und schob das kleine schwarze Notizbuch in die Tasche.

Die Jagd auf die byzantinische Madonna hatte begonnen. Das war eine Großwildfährte, da konnte ich mich um kleine Fische nicht mehr kümmern.

Ich stieß sie zur Seite und sprang die 39 Stufen mit drei, vier munteren Sprüngen hinunter.

Zwanzig Minuten später, die Uhr zeigte 18.02, klingelte ich an einer Tür der Bakerstraede 124. Eine Sicherheitskette wurde entfernt und die Tür einen Spaltbreit geöffnet. Eine Blondine wurde sichtbar. Schnell setzte ich meinen Fuß in den Türspalt, gerade weit genug, daß sie die Tür nicht wieder zuwerfen konnte.

Sie öffnete weit die Tür, und ich betrat die Wohnung, warf meinen Hut auf einen Garderobenständer und wandte mich der Blondine zu. Sie war 1,72 m groß und hatte jenes Funkeln von Feuer-Aquamarin im Blick, dem ich einfach ausgeliefert bin.

Sie trug eine Bluse aus bügelfreier Popeline mit einem modischen Kragen und dreiviertellangen Ärmeln, einen sonnenplissierten Rock aus Trevira, Größe 40, und Pumps aus bambusfarbenem Kalsbleder mit hohen Absätzen, Größe 38.

»Ich begreife nicht, warum es nötig war, einen Fuß in den Türspalt zu setzen, wenn ich dich hereinlasse«, sagte sie.

»Eine alte Angewohnheit, Liebling. Du vergißt, daß ich mein Geld in einer harten Branche verdiene.«

»Verdienst du denn damit überhaupt Geld? Ich merke davon nicht viel. Im vergangenen Jahr habe ich kein einziges neues Kleid bekommen.«

Ich zog sie an mich, drückte ihren Kopf nach hinten und fand ihre großen, roten, sinnlichen Lippen.

Mit einem kräftigen Ruck ihres hellen, naturgewellten Haares machte sie sich von meiner Umklammerung frei.

»Genug für heute, Spillane! Das Essen steht auf dem Tisch.«

»Seit wann ist es ein Verbrechen, die eigene Frau zu küssen?«

Sie warf einen mißbilligenden Blick auf mein lädiertes Ohr.

»Wenn du dich doch nur an deine eigene Frau halten wolltest!« sagte sie mit kaum verhohlenem Sarkasmus.

»Meinst du mein Ohr? Das hatte ich in einen Fahrstuhl eingeklemmt. Ich war dem Räuber des großen

Coups in Goldsteins Second-Hand-Shop in der Hauptstraße auf der Spur und lief in einen Warenaufzug, schmetterte die Tür hinter mir zu, klemmte mein Ohr ein und . . .«

»Du lügst! Eine faustdicke Lüge! Übrigens stehen die Frikadellen auf dem Tisch, Casanova!«

Ich ging ins Schlafzimmer, um mich umzuziehen.

»Ich stecke mitten in einer dicken Sache. Heute wird es spät. Du brauchst nicht auf mich zu warten.«

Ich öffnete die Tür des Wäscheschrankes und holte ein sauberes weißes Hemd, Größe 41, mit losen Manschettenknöpfen, heraus, bügelfrei, schwedisches Erzeugnis.

»Wo sind meine Manschettenknöpfe?«

Ich suchte sie überall, konnte sie aber nirgends finden. Ich kroch unters Bett und tastete mit der flachen Hand auf dem dunklen Boden herum.

»Vermißt du etwas?«

»Ja, meine Manschettenknöpfe.«

»Auf meinem Nachttisch liegt ein Paar herum, kannst du die nicht brauchen?«

Ich erhob mich und streckte die Hand nach ihnen aus. Dann zuckte ich zusammen.

»Die byzantinische Madonna«, murmelte ich mit einem Blick auf die Emaille-Reliefs auf der runden Fläche der Knöpfe. Für den Bruchteil einer Sekunde stand ich leicht zitternd mitten auf dem Bettvorleger, dann ging ich schnell an die Kommode, öffnete eine Schublade, nahm ein weißes Taschentuch heraus, entfaltete es, legte die Manschettenknöpfe vorsichtig hinein, klappte die vier Ecken des Tuches behutsam nach innen und schob es in die Tasche.

»Das Netz zieht sich zusammen«, murmelte ich vor mich hin. »Der Fall ist klar. Die zweitausend Kohlen sind mir sicher. Aber damit mir der Kerl nicht vorwirft,

185

ich hätte es mir zu leicht gemacht, will ich dennoch einige Verdächtige unter die Lupe nehmen. Entschuldige mich, Liebste, die Pflicht ruft!«

Sie sah mich verständnislos an. Dann zog ich schnell mein Hemd an, eine elegante Hose, eine Wildlederjacke mit eingenähtem Schottenmuster und ein paar handgenähte, spanisch-rote Lamacalf-Mokassins mit dünner Flexiluftsohle und weißen Lackperforierungen, Englisch Gentleman-Style.

»Wir sprechen uns später, Baby«, sagte ich, griff nach meinem Hut und meinen Handschuhen und warf ihr einen durchbohrenden Blick zu. »Ich bekomme es mit der Angst, wenn deine Nasenlöcher so vibrieren«, sagte sie und wich furchtsam in eine Ecke des Flurs zurück.

Dann warf ich die Tür hinter mir zu.

Expreßbrief vom Dorfbürgermeister in Tuxheim

Pelzwarenfabrikant Kildrelunds Witwe, die etwas überspannte Frau Pelwarenfabrikant Hilda Kildrelund, wohnte zusammen mit ihrem bissigen Schäferhund Fylla in einer größeren, säulenverzierten, weißgekalkten Patriziervilla im vornehmsten Viertel am Rande der Stadt. Eines Morgens, als die gnädige Frau noch in ihrem Bett lag, die gesteppte Eiderdaunendecke über die weißen Schultern hochgezogen, klopfte es vorsichtig an der Tür, und das Stubenmädchen Anna kam herein – mit einem Brief auf einem Silbertablett.

»Schlafen gnädige Frau noch?«

Die gnädige Frau schüttelte andeutungsweise den Kopf.

»Was wollen Sie, Anna?« fragte sie schlecht gelaunt, mit einem müden Blick auf die Uhr auf dem Nachttisch.

»Hier ist ein Expreßbrief vom Dorfbürgermeister in Tuxheim«, antwortete Anna.

Die gnädige Frau richtete sich halb im Bett auf. Sie haßte es, so unverschämt früh geweckt zu werden. Die Uhr zeigte erst halb zehn.

»Mach ihn auf!« befahl sie kurz. Anna öffnete ihn und reichte ihn über das Bett. Die gnädige Frau nahm ihn mit einem schläfrigen Gähnen und fing an zu lesen. Da stand:

»Liebe gnädige Frau! Das erste Mal, als ich das Vergnügen hatte, mit Ihnen zu korrespondieren, war damals, als Sie und Ihr Schäferhund Fylla hier oben in Tuxheim in Ihrer großen Sommervilla Urlaub machten. Das mag jetzt wohl fünf bis sechs Jahre her sein. Wie Sie sich vielleicht erinnern, hatte Ihr Schäferhund im Übermut das Pech, sechs meiner Schafe zu zerreißen. Wir wechselten aus diesem Anlaß einige Briefe, da man sich zwischen den Parteien nicht einigen konnte, wer zuerst gebissen hatte, Ihre Fylla oder meine Schafe.

Den folgenden Sommer, wie Sie sich wohl erinnern, brachte Ihr Schäferhund ein paar meiner Puter um. Und da Sie es unverantwortlich fanden, Puter in ein Gebiet zu lassen, in dem ein Schäferhund herumstreunt, und Sie nicht daran interessiert waren, für den genannten Schäferhund einen Maulkorb anzuschaffen, sondern anführten, daß ich, sofern ich Maulkörbe so gern mochte, mir selbst einen anschaffen solle, wechselten wir wieder einige Briefe. Zum Beispiel stand ich später in derselben Saison mit Ihnen wieder in Briefwechsel, als Ihr Hund meiner Frau nachsetzte, die auf dem Rad mit vollen Taschen am Lenker den Großmühlberg runterfuhr, und er sich in dem fleischigsten Teil ihrer unteren Region festbiß, so daß sie mit dem Rad stürzte, sich den Arm verstauchte und mit dem Kopf in eine große Schale rote

Bete fiel, die sie in einem Korb am Lenker gehabt hatte. Während dieses, nennen wir es ›Notenwechsels‹, der darauf folgte, führten Sie an, daß Ihr Hund genauso viel Recht habe, auf Gemeindewegen zu verkehren wie meine Frau, weil er auch Steuern bezahle — und letzten Endes vielleicht mehr als ich, weil man ja von Pfuschereien bei Steuererklärungen auf dem Lande wisse.

Im nächsten Sommer korrespondierte ich mit Ihnen anläßlich Ihres Schäferhundes, der in meinem Hühnerhof Schaden angerichtet hatte, wobei sich ein halbes Dutzend meiner besten Eierleger — der Rasse Wyandotter — flatternd und flügelschlagend zu Tode gequetscht hatten. Sie führten an, daß — sofern es Eier von meinen weißen Wyandottern wären, die Sie letztens beim Kaufmann in Tuxheim bekommen hätten, wo mehrere dazwischen gewesen wären, die alles andere als tagesfrisch gewesen waren — der Verlust meiner Hühner ein Ausgleich für die halbvergammelten Eier sein könnte, die man Ihnen angedreht hatte.

Den folgenden Sommer stand ich nicht schriftlich mit Ihnen in Verbindung, abgesehen davon, daß Sie mich eines Tages anriefen und damit drohten, mich durch alle der Rechtsmaschinerie zur Verfügung stehenden Instanzen zu verfolgen, sofern ich meinem prämierten Stier, Duke Tuxheim, nicht umgehend den Kopf einschlüge. Er hätte Ihren Schäferhund gegen einen elektrischen Zaun gescheucht, als der Hund einigen jungen Hasen auf der Spur war und so von meinem ungezogenen Stier gehindert worden wäre, sein unschuldiges Spiel mit den Hasenjungen weiterzuführen, was bei Ihrer lieben Fylla einen Frustrationskomplex verursacht hätte, der sich so auswirkte, daß sie seitdem einen großen Bogen um Stierställe machte.

Vorigen Sommer hatte ich abermals das Vergnügen,

mit Ihnen einige Noten zu wechseln. Der Anlaß war, daß Ihr Schäferhund während einer selbstveranstalteten Parforcejagd auf meinen dreijährigen Hengst Prinz diesen in einen Moortümpel trieb. Ich veräußerte Prinz später für 25 Mark an eine Abdeckerei. Während der Amtstierbeschauung im Jahre davor hatte dieser hochprämierte Hengst den Pferdezucht-Ehrenpreis des Landes erhalten. Sie hielten mir jedoch Unverantwortlichkeit entgegen, indem ich meine Tiere frei auf den Wiesen herumlaufen ließe, statt sie ordnungsgemäß angepflockt in meinen dafür eingerichteten Ställen zu halten, und bestanden im übrigen darauf, umgehend meine Moortümpel zuschütten zu lassen, da Ihr Hund ja während seiner kombinierten Bewegungs- und Jagdexkursionen in sie hineinfallen könnte.

Schließlich korrespondierte ich nochmals mit Ihnen kurze Zeit später im letzten Herbst, als Sie und Fylla in die Stadt zurückgezogen waren. Der Anlaß war, daß Fylla während eines Abschiedsbesuchs in meinem Hühner- und Entenstall zwölf meiner mit Korn gemästeten Gänse den Hals durchgebissen hatte. Sie entgegneten mir jedoch, daß das Unglück wohl nicht so groß sein könnte, da ja bald Martinstag sei und wir sicher sowieso Gans an diesem Tag essen würden. Gleichzeitig legten Sie eine Tierarztrechnung über 70 Mark bei, da Fylla sich während ihrer Jagd auf meine Gänse an einem Stück rostigen Draht verletzt und sich eine leichte Blutvergiftung zugezogen hatte, wofür Sie mich vor Gericht durch alle Instanzen zur Verantwortung ziehen wollten, sofern ich Ihnen nicht per Expreß und umgehend den Betrag zurückerstatten würde.

Wenn ich heute erneut an Sie schreibe, liebe Frau Pelzwarenfabrikant Kildrelund, dann deshalb, damit mir niemand vorwerfen kann, ich hätte mich aus den obenangeführten Gründen vielleicht veranlaßt gefühlt, mein Wissen über ein bestimmtes Ereignis zurückzuhalten. Es ist nämlich meine Pflicht als guter Nachbar und Dorfbürgermeister, Sie von diesem Ereignis zu unterrichten, damit Sie schnellstens Maßnahmen ergreifen können, falls sie diese für nötig halten sollten.

Liebe gnädige Frau, Ihre strohgedeckte und — soweit ich in Erfahrung gebracht habe — stark unterversicherte, leicht entzündbare Sommervilla hier in Tuxheim steht in hellen Flammen!«

Hören Sie, was machen Sie denn da?

Marianne war verreist. Ich war Strohwitwer. Es war ziemlich spät, genauer gesagt 2 Uhr 15 nachts. Ich stand auf der Treppe und wühlte nach dem Schlüssel. Ich war auf Tante Olgas 70jährigem Geburtstagsfest gewesen und stocknüchtern, da Tante Olga — was natürlich aller Ehre wert ist — keinen Alkohol in ihrem Haus sehen wollte. Wenn Strohwitwer draußen am Haupteingang stehen und die Schlüssel nicht finden können, liegt es gewöhnlich daran, daß sie in einem Zustand ausgelassener Berauschung nicht mehr in der Lage sind, ihre Taschen zu finden. Ich fand ohne die geringsten Schwierigkeiten meine sämtlichen neun Taschen, mit denen mein Jackett ausgestattet war — aber keine Schlüssel.

Es blieb nur noch das Kellerfenster übrig. Seit Jahren fehlte am Fenster des Bügelkellers ein Fensterhaken, und mit ein bißchen Fingerfertigkeit sollte ich es wohl aufmachen können. Ich kniete nieder und machte einen Versuch mit dem Taschenmesser und einem Flacheisen, das ich aus der Garage geholt hatte. Kaum hatte ich das

Fenster berührt, als ich den Schock meines Lebens erhielt.

Ich hatte ganz vergessen, daß ich selbst Dingo in den Bügelkeller eingesperrt hatte, bevor ich das Haus verließ.

»Reg dich ab«, beruhigte ich ihn durch die Ventilationsecke im Fenster, »ich bin es.«

Er bellte lärmend weiter, und ich quälte mich weiter mit dem Fenster ab, um es aufzubekommen. Im selben Augenblick hörte ich eine unfreundliche Männerstimme hinter mir.

»Hören Sie, was machen Sie denn da?«

Ich fuhr hoch.

»Ich«, murmelte ich, »nichts.«

Die Sache ging den Mann ja nichts an. Ich durfte mir schließlich zu meinem eigenen Haus Zutritt verschaffen, wie es mir paßte, und wenn es durch den Schornstein wäre. Ich sah ihn mir etwas genauer an, wie er dort stand und nun auf meinen Gartenweg lossteuerte. Er war groß und kräftig, trug einen steifen schwarzen Hut und hatte einen rötlichen Bart. Sollte ich ihn auf der sozialen Rangleiter einordnen, müßte er wohl zu den Möbelpackern, Schlachtmeistern oder professionellen Ringern gehören.

»Nichts?« fragte er mit einem starken Bierrülpsen. »Das will ich aber doch verdammt meinen! Sie sind dabei, in das Haus einzubrechen, Sie . . .«

»Ja«, gab ich zu und versuchte, Dingo zuzuwinken, damit er mit seinem lauten Kläffen aufhörte. »Es ist sehr freundlich von Ihnen aufzupassen, aber zufällig ist es mein eigenes Haus und . . .«

»Da kann jeder kommen und das behaupten. Wenn es Ihr Haus ist und Sie hier wohnen, dann können Sie wohl den Köter da drinnen im Keller dazu bringen, seine

191

Klappe zu halten? Aber vielleicht ist es nur das Haus, das Ihnen gehört, und nicht der Hund?«

»Selbstverständlich ist das mein Hund.«

»Dann befehlen Sie ihm, die Klappe zu halten.«

Ich klopfte an das Kellerfenster und versuchte, Dingo zu beruhigen.

Er bellte heftiger denn je.

»Wenn der rauskommt, fährt der gleich in Ihren Hintern«, stellte der Schlachter fest.

»Und wenn ich hineinkomme, werde ich Ihnen zeigen, daß er mit dem Schwanz wedelt und mir vor Freude das Gesicht lecken wird.«

Dem Schlachter war eine Idee gekommen. Er entfernte sich ein paar Schritte und warf einen schnellen Blick auf das Messingnamensschild an der Eingangstür des Hauses. »Haben Sie einen Ausweis bei sich?« fragte er dann. »Wenn Sie sich nicht ausweisen können, dann geht es ab zur nächsten Polizeiwache. Ich will doch nicht die ganze Nacht hier stehen und mit einem verfluchten Einbrecher diskutieren.«

Einerseits war es beruhigend zu wissen, daß sich Mitbürger, die zufällig vorbeikamen, für anderer Leute Eigentum interessierten und es bewachten – besonders in schlimmen Zeiten wie den unseren. Aber andererseits war es allerhand, daß man in einer echten Notsituation nicht durch das eigene Kellerfenster ins Haus schlüpfen konnte, ohne zu riskieren, zur Polizei geschleppt zu werden. Aber der Mann hatte recht, wir konnten nicht die ganze Nacht hier stehen. Also durchsuchte ich die Taschen nach meinem Führerschein. Da war er nicht. Er lag im Haus in meiner koksgrauen Jacke zusammen mit dem Schlüssel.

»Mein Führerschein liegt da drinnen«, sagte ich.

»Ja, das soll einer glauben!« schnaubte er und fing an,

mich mit »du« anzureden – eine absolut beunruhigende Wendung.

»Nee, du, jetzt gehn wir rüber zur Polizeiwache. Ich bin selbst Hausbesitzer und möchte nicht gern Kerle von deiner Sorte frei herumlungern sehen.«

Er begann, eine drohende Haltung einzunehmen.

»Ich besitze dieses Haus seit zwanzig Jahren und . . .«

»Wirklich? Wie hoch war denn der Grundsteuerschätzwert bei der letzten Veranschlagung?«

Ich mußte zugeben, daß ich diese Frage nicht stehenden Fußes beantworten konnte. Der Schlachter war immer mehr davon überzeugt, daß er einen echten Fang gemacht hatte. Er ging die Treppe hoch und klingelte an der Tür, um festzustellen, ob jemand zu Hause war. Vermutlich glaubte er, der wirkliche Eigentümer liege im Bett und schliefe.

»Ich kann doch nicht aufmachen, solange ich hier stehe«, protestierte ich. Der Schlachter hatte sich jedoch schon seine eigene todsichere Theorie zurechtgelegt, warum keiner auf sein heftiges Läuten reagierte.

»Der Besitzer ist natürlich auf Urlaub. Das weißt du und fummelst daher am Kellerfenster herum, um hineinzuschlüpfen und alles Silber zu klauen, was? Los, zur Polizeiwache . . . oder möchtest du, daß ich grob werde?«

Er zeigte drohend und unmißverständlich, daß er mit seiner Geduld am Ende war.

»Zum letzten Mal«, sagte ich schnell, »wenn Sie wirklich bezweifeln, daß ich der rechtmäßige Besitzer des Hauses bin, dann helfen Sie mir, das Fenster aufzubekommen, daß ich hineinklettern und meinen Führerschein holen kann. Wenn das Foto auf dem Führerschein mir nicht ähnelt, dann . . . ja, dann können Sie mich mit zur Wache nehmen.«

Er überlegte einen Augenblick. Dann akzeptierte er den Vorschlag, kniete nieder und packte mit seinen riesigen Fäusten das Flacheisen. Einen Augenblick später war das Kellerfenster aufgebrochen. Ich kroch nach innen, während Dingos heftiges Bellen zuerst von einem dumpfen, aggressiven Knurren und dann von einem Freudengewinsel abgelöst wurde. Während ich nach dem Lichtschalter suchte, sprang Dingo an mir hoch und versuchte, mein Gesicht zu lecken.

»Da können Sie selbst sehen!« rief ich rüber zum Kellerfenster, vor dem der Schlachter auf dem Bauch lag und hereinsah. Dann eilte ich nach oben, um die Taschen meiner koksgrauen Jacke nach dem Führerschein durchzuwühlen, während Dingo im Keller blieb und sich jetzt sehr für den Schlachter interessierte. Der Führerschein steckte tatsächlich in der Koksgrauen, aber die Schlüssel zur Haupttür fand ich nicht. Also mußte ich wieder die Kellertreppe runter, um dem Schlachter meinen Führerschein zu zeigen.

Als ich den Kopf aus dem Fenster steckte, durchzuckte es mich. Auf dem kiesbestreuten Gartenweg lag der Schlachter, niedergewalzt von einem rasenden Dingo, der ihn mit einem Biß in den Arm festhielt. Draußen auf der Straße hielt in diesem Augenblick ein Polizeiwagen, offenbar vom Lärm herbeigerufen, und zwei Polizeibeamte taten, was sie konnten, um Dingo zu beruhigen und den Schlachter zu befreien.

»Zum Teufel«, protestierte der Schlachter, »der Mann konnte nicht reinkommen, und da half ich ihm dabei, das Fenster aufzubrechen. Er konnte seinen Schlüssel nicht finden.«

»Und so was sollen wir glauben? Das kennen wir schon! Können Sie sich ausweisen? Haben Sie einen Führerschein?«

194

Der Schlachter suchte mit der freien Hand die Taschen durch, so gut er konnte, während Dingo ihn knurrend auf dem Gartenweg festhielt.

»Ich hab' bloß diese Wirtshausrechnung hier«, murmelte der Schlachter, »ich muß meinen Führerschein zu Hause in der Hintertasche der anderen Hose vergessen haben.«

»Dann ab zur Wache!« Das Auge des Gesetzes machte kurzen Prozeß.

Ich kroch durch das Fenster hinaus und beeilte mich zu erklären, wie das Ganze zusammenhing, zeigte Führerschein, Eigentumspapiere, Hundesteuerquittung, Steuerbescheid und alles, was ich überhaupt finden konnte, um den wahren Zusammenhang glaubhaft zu machen. Endlich zog sich die Polizeipatrouille zurück. Ich brachte Dingo dazu, vom Schlachter abzulassen. Dieser stand auf, säuberte seine Kleidung, hob den steifen Hut auf und steckte mit einer Spur besänftigten Grunzens eine Flasche Jägermeister in die Tasche, die ich in aller Eile als Dank für ihn aus dem Keller geholt hatte. Dann zog er sich mit einem haßerfüllten Blick auf den knurrenden Dingo zurück, den ich mit festem Griff am Halsband im Zaum halten mußte.

»Wenn der Satansbluthund irgendwann einmal Lust bekommen sollte, bei einem Fleischwolf von innen zu erfahren, wie die Schneidemaschine funktioniert, dann ist er jederzeit auf dem Schlachthof willkommen«, brummt er zum Abschied.

Eine merkwürdige Einladung! Dingo hatte doch nur seine Pflicht als Wachhund getan . . . genau nach Vorschrift.

Ich will deine Treue auf eine Probe stellen ...

Als der Herrgott zu Anbeginn der Zeiten die Schönheit auf die kleinen weiblichen Wesen verteilte, entschied er, daß nicht alle gleich viel bekommen sollten. Man sollte Unterschiede feststellen können. Und das konnte man ohne Zweifel bei Tine. Sie hatte eine kleine freche Stupsnase, die Haare sahen aus, als wären sie mit Tusche gefärbt, ihre großen graublauen Augen blickten verwundert in die Welt – ohne jeglichen Zauber, ohne jene Tiefe eines stillen Waldsees, wie sie in graublauen Augen liegen kann – und ihr Gesicht schmückten notdürftig eine Menge Sommersprossen, ein kleiner Schmollmund und eine viel zu kleine Brille mit Drahtgestell. Denk dir dazu spitze Ellenbogen und eine Figur wie ein Plättbrett – dann siehst du Tine vor dir. Aber na ja, man braucht ja nicht gerade wie Brigitte Bardot auszusehen und kann sich trotzdem verlieben.

Und Tine verliebte sich. Er hieß Boris und stellte wirklich etwas dar, mit einem ansehnlichen Posten in einer großen Bank. Ein toller Mann, mit langen Haaren, aber gepflegt, Bügelfalten in der Hose und blankgeputzten Schuhen. Das fällt ja heutzutage bei jungen Männern auf, und Tine registrierte alles als Pluspunkte für Boris. Und es gab schon so viele Pluspunkte bei Boris, daß Tine ihre Bedenken bekam. Konnte man damit rechnen, daß er ernsthafte Absichten hegte? Er war zwar ein Mann mit zahlreichen Qualitäten, aber wenn er sie erst verführt hatte, würde er sie dann nicht schnell überhaben und eine andere, Schönere finden? Konnte man ihm vertrauen? Tine hatte erhebliche Bedenken. Sie ging mit ihm ins Theater, ins Kino, in die Diskothek – aber mehr wagte sie nicht. Aber wenn er nun eines Abends den Preis für seine Investitionen forderte? Die Fragen drängten sich ihr auf, eine nach der anderen, aber hochaktuell wurden sie erst, als die beiden sich ein halbes Jahr kannten und eines Abends zusammen auf ihrem Sofa saßen, wo sie ihm Fotos von ihrem Aufenthalt in der Haushaltungsschule zeigte. Boris erschien ihr den ganzen Abend schon so merkwürdig rastlos, was auch immer der Grund sein mochte.

»Du, Tine«, sagte er plötzlich und ergriff fast feierlich ihre Hände, »findest du nicht, wir sollten uns bald einig werden?«

»Einig werden?«

»Ja, mein Gott, wir kennen uns schon ein halbes Jahr, und ich bin noch keinen Schritt mit dir weitergekommen.«

»Wie meinst du das?«

»Ich meine ganz einfach, ob ich bis morgen früh bleiben darf.«

Ganz unverblümt platzte Boris damit heraus. Tines Herz begann wild und hemmungslos zu klopfen. Sie hatte Mühe, sich zu beherrschen und ihm nicht um den Hals zu fallen, denn sie konnte doch nicht so ohne weiteres ja sagen. Die innere Stimme der Vernunft riet ihr, jetzt nicht den Kopf zu verlieren. Es galt nun mehr als je zuvor, ruhig Blut zu bewahren.

»Wenn du bleiben darfst – welche Garantie habe ich dann, daß du ernsthafte Absichten hast – ich meine – vielleicht hast du mich über, wenn nur acht Tage vergangen sind – und du suchst dir eine andere.«

»Es gibt immer noch Verlobungen«, entgegnete Boris ernsthaft, und Tine hätte vor Freude laut hurra schreien mögen. Sie fühlte sich wie ein Angler, der das Zucken an der Angelschnur spürt, wie ein Jäger, der das Wild auf der Schußlinie sieht.

»Verlobung?«

»Ja, mit Ringen . . . und allem Drum und Dran . . . wir könnten Montag zu einem Goldschmied gehen und . . . na ja, Goldschmiede wollen ja auch leben, nicht?«

Er schenkte ihr ein Lächeln, daß ihr fast die Sinne schwanden. Und um Haaresbreite hätte sie sich in seine Arme geworfen und ja gesagt, aber dann raffte sie unter Aufbietung aller Kräfte ihren letzten Widerstand zusammen und sagte:

»Bevor ich mich entscheide, will ich deine Treue auf eine Probe stellen. Komm bitte morgen abend um acht Uhr wieder.«

Am nächsten Abend kam Boris wieder. Als er die Tür zu Tines Zimmer öffnete, erblickte er drüben im Sofa das entzückendste Mädchen, das er je gesehen hatte. Sie war ein bezauberndes Geschöpf, und er konnte die Augen nicht von ihr abwenden. Der kurze Rock ließ ein Paar phantastisch geformte Beine sehen, unter der Bluse waren wohlgeformte Brüste, und in ihren Augen lag ein Feuer, das Boris in die Knie sinken ließ. Ihm lief das Wasser im Munde zusammen.

»Das ist Anette, meine Kollegin von der Arbeit«, stellte Tine sie vor, »sie ist die Probe, von der ich gestern abend sprach. Ich fahre jetzt ins Kino und bin kurz vor Mitternacht zurück. Ich lasse dich hier mit Anette allein — und wenn du dich dann immer noch mit mir verloben willst, bei meiner Rückkehr, dann hast du die Probe bestanden — und dann will ich nur dir gehören.«

Rasenmähen

Es mag ja sein, daß Grün gut für die Augen ist, aber wenn es um jene Farbschattierungen geht, die man pauschal als Grasgrün zu bezeichnen pflegt, sehe ich Rot, und daß Rot eine Wohltat für entzündete Augen sein soll, habe ich noch nie gehört. Und damit komme ich gleich zum Thema oder besser gesagt zum wunden Punkt, nämlich zum Rasen an unserem Ferienhaus, den ich nicht direkt ins Herz geschlossen habe. Schön, ich habe nichts dagegen, mich an einem warmen Sommertag darauf langzulegen oder mich mit einem kühlen Longdrink in den Schatten unseres Pflaumenbaums zurückzuziehen, aber mein Verhältnis zu Grashalmen jeglicher Art kann nur als ein gestörtes bezeichnet werden. Und zwar deshalb, weil Grashalme die Eigenschaft haben, fleißig zu wachsen, so daß sie stets und ständig geschnitten werden müssen.

Was ein richtiger Selbermacher ist, der mäht natürlich seinen Rasen selber. Nun könnte ich allerdings – aus dem Stegreif, wohlgemerkt! – eine Liste von mindestens 177 Sachen herunterrasseln, die ich sehr viel lieber täte, als über einen langhaarigen Rasen zu stapfen und einen altersschwachen Handmäher vor mir herzuschieben, eine Kollektion schmaler, verrosteter Klingen, die keinen Biß mehr haben. Und neulich war bei mir endgültig der Ofen aus. Keuchend und japsend rollte ich den Rasenmäher zu Marianne herüber und hielt direkt vor ihrer Nase an. Sie lag da und spielte mitten auf dem Rasen die feine Dame. Ich versetzte dem Mäher einen wütenden Tritt.

»Miststück«, erklärte ich in schöner Offenheit. »Da muß man rackern und schuften, als gäbe es nicht längst Motormäher. Es gibt sogar welche, die arbeiten völlig selbständig, da braucht man nur mit den Händen in den Taschen hinterherzugehen und kann sich seines Lebens freuen, während der Rasenmäher brav jeden Grashalm auf der richtigen Höhe abschneidet, so daß der Rasen aussieht wie ein Fußabstreifer. Phantastisch, sage ich dir.«

Marianne schob die Sonnenbrille etwas nach oben und bedachte mich mit einem frostigen Blick.

»Kannst du mit deinem alten Handmäher nicht auch völlig selbständig arbeiten?«

»Ich kaufe einen Motormäher.«

»Bewegung tut dir gut.«

»Alle anderen haben schon einen. In jedem Garten hörst du es knattern. Aber wenn du genau hinhörst, merkst du, daß nach einer Dreiviertelstunde der ganze Zauber vorbei ist. Länger brauchen die nicht, um ihren Rasen zu mähen. Ich dagegen . . .«

»Meinetwegen, kauf dir deinen Motormäher, wenn du meinst, daß es unbedingt sein muß und wenn du dich so alt und tatterig fühlst, daß . . .«

Ich hörte gar nicht mehr hin. Marianne hatte mir grünes Licht für den Erwerb eines Motormähers gegeben, und ich fuhr sofort in die Stadt, um das Geschäft zu tätigen.

Nachmittags ging ich an den Strand, und als ich zurückkam, stand mein neuer Motormäher mitten auf dem Rasen, bildschön und offensichtlich dienstbereit.

»Ich habe mich noch nicht getraut, ihn anzuwerfen«, sagte Marianne. »Wie geht das?«

Ich besah mir das gute Stück genauer. Der Verkäufer hatte irgendwo an einem Griff gezogen. Aber wo? Ja, richtig, da war er. Und irgendwo mußte auch ein Choke oder so was sitzen. Das Ding da drüben, das mußte es sein. Ich schüttete fünf Liter in den Tank, obwohl angeb-

200

lich ein halber Liter für den ganzen Rasen reichte. Dann bückte ich mich, zog den Starter, und das Ding sauste ab wie ein geölter Blitz. Schnell, präzise und ungebremst. Mit voller Kraft voraus raste es los, säbelte mit elegantem Schwung ein Beet voll Astern bis auf die Wurzeln ab und bewegte sich, nachdem es einem Beet mit Schwarzen Susannen und einigen Goldruten den Garaus gemacht hatte, in Richtung Hängematte.

»Ihm nach«, schrie Marianne.

»Meine Blumen. Großer Gott, Mann, er macht ja meine ganzen Blumen kaputt.«

Ich überholte das Biest und bekam es, nachdem es sich zwei unserer neu angepflanzten Zwergfichten einverleibt und in Form von Häcksel wieder von sich gegeben hatte, einigermaßen unter Kontrolle. Es war ein gieriger Teufel, den man wohl nur mit einem niedrigeren Gang in Zaum halten konnte. Vierzig Stundenkilometer dürften doch etwas viel für einen Rasenmäher sein. Nur um mit ihm Schritt zu halten, mußte ich rennen, bis mir die Zunge aus dem Hals hing.

»Geht es nicht langsamer?« schrie mir Marianne zu.

»Natürlich«, schrie ich zurück, um den Motorlärm zu übertönen. »Ich habe nur zu fragen vergessen, wie man die Geschwindigkeit reguliert. Schau mal nach, ob sie mit dem Lieferschein auch eine Gebrauchsanweisung mitgeschickt haben.«

Eine ganze Reihe unserer jungen, neu eingepflanzten Lärchen verschwand. Brrr, sagte der Mäher, und weg waren sie. Er verstand sein Handwerk, das mußte man ihm lassen. Es dauerte eine halbe Ewigkeit, bis Marianne mit dem Lieferschein zurückkam. Eine Gebrauchsanweisung war nicht dabeigewesen. Ich fing mit dem Mähen noch einmal von vorn an, obgleich der Rasen in den letzten fünf oder zehn Minuten eigentlich

201

nicht wesentlich gewachsen sein konnte. Diesmal mußte, weil ich mit der Steuerung noch nicht so recht vertraut war, eine Ecke des Rosenbeets dran glauben, natürlich ausgerechnet die Ecke, auf der unsere neuen, teuren Gracia-von-Monaco-Rosen standen. Aber bei der Raserei waren Ausweichmanöver einfach nicht drin.

»So brems doch, um Himmels willen«, kreischte Marianne hysterisch.

»Wie denn?«

Allmählich ging mir die Puste aus. Mit meinem alten Rasenmäher hatte ich zwei, drei Kilometer in der Stunde gemacht und dabei noch Zeit für Erfrischungspausen im Schatten gefunden. Bei dem aber mußte ich ein Tempo wie auf der Autobahn vorlegen, nur weil ich den dämlichen Hebel nicht finden konnte, der die Geschwindigkeit regelte.

»Irgendwo muß doch eine Bremse sein«, nörgelte Marianne weiter.

»Ich sehe keine. Ruf in dem Geschäft an, und erkundige dich, wie man das Ding anhält, aber mach schnell, ich hab' schon Seitenstiche, und . . .«

Sie verschwand. Mein Nachbar erschien auf der Bildfläche.

»Ist ja'n dolles Ding«, überschrie er das Geratter. »Vorsicht, das waren die Lieblingslupinen Ihrer Frau. Und die Fuchsien . . . Langsamer, Mann, so kriegen Sie ihn nie in den Griff.«

Marianne kam angerannt.

»Er bringt ihn nicht zum Stehen«, jammerte sie. »Bald hat er alles abrasiert.«

Unser Nachbar stieg über die Hecke.

»Bringt ihn nicht zum Stehen?« fragte er interessiert. »Was zum Teu . . .«

»Was sagen die im Geschäft?« rief ich im Vorbeirasen

202

und schaffte es, in letzter Sekunde der Fahnenstange auszuweichen.

»Da hat niemand abgehoben, es ist ja schon nach Ladenschluß.«

Ich machte eine rasche Runde ums Haus und besah mir dabei fieberhaft die Bedienungselemente. Mein Blick fiel auf einen Hebel, den ich mit der Gangschaltung in Verbindung gebracht hatte und von dem ich deshalb wohlweislich die Finger gelassen hatte. Wer garantierte mir, daß das Ungeheuer nicht am Ende mit 120 Sachen den Hügel hinunter zum Strand raste und auf Nimmerwiedersehen im Meer verschwand? Aber wer weiß, vielleicht war es eine Bremse? Ich faßte mir ein Herz, zog daran – und das Teufelsding blieb plötzlich stehen. Ich flog nach vorn, stieß mit dem Kopf gegen den Benzintank und überschlug mich sechsmal auf dem Rasen.

»Haha«, sagte unser Nachbar. »Das war's also!« Ich richtete mich auf. Der Motor lief noch auf vollen Touren.

»Irgendwo muß man doch auch die Benzinzufuhr abstellen können«, dachte unser Nachbar laut. Er sah sich den Rasenmäher an, fummelte hier ein bißchen, da ein bißchen – aber es tat sich nichts. Dann kam er an die Bremse.

»Nicht anfassen«, schrie ich auf, aber es war zu spät. Der Teufelsapparat knatterte über den Rasen und vernichtete die letzte Reihe unserer neu gepflanzten Lärchen sowie ein Beet von Mariannes schönen dunkelroten Crimson-Glory-Rosen. Er verschluckte sie samt Dornen und allem Drum und Dran. Ein Kostverächter war er nicht.

Endlich holte ich das Biest ein und zog die Bremse. Es blieb stehen, aber der Motor lief munter weiter.

203

»Lassen Sie ihn einfach laufen, bis das Benzin alle ist«, meinte unser Nachbar. »Dann hört er schon von selbst auf.«

Das war ein guter Rat. Auf dem Land merkt man eben noch was vom gesunden Menschenverstand. Wir schraubten die Verschlußkappe ab und sahen nach, wieviel noch im Tank war. Etwa vier Liter, genug für den Rest des Abends, vielleicht auch die ganze Nacht. Gegen Mitternacht waren noch zwei Liter drin. Mehrere Nachbarn riefen an und erkundigten sich in wenig nachbarschaftlichem Ton, wann sie endlich wieder ihre Ruhe haben würden.

Gegen zwei schlich ich mich hinaus zu dem knatternden Satansbraten. Da war es nur noch ein halber Liter.

Gegen drei kam der Mann von gegenüber – ein großer, ziemlich unangenehmer Bursche, mit dem ich mich nie besonders gut verstanden habe – und goß einen Eimer Wasser über meinen Rasenmäher. Der Motor verstummte. Eine himmlische Ruhe trat ein.

Aber sollte es nicht noch andere Möglichkeiten als die städtische Wasserversorgung geben, um einen Rasenmäher abzustellen? Es handelt sich hier um eine eher rhetorische Frage, weil ich das Biest nicht noch einmal anstellen werde. Erstens habe ich für den Rest des Sommers genug Bewegung gehabt, und zweitens gibt es ja da noch meinen guten alten Handrasenmäher. Bei dem weiß man doch, woran man ist. Und sollte er mal den Geist aufgeben . . . ja, wahrscheinlich wäre ich mir nicht zu gut, höchstpersönlich auf den Knien herumzurutschen und Hälmchen für Hälmchen abzugrasen.

Bei meinem Tempo hätten Mariannes Crimson-Glory-Rosen, die Fuchsien und alles andere eine gute Chance, ungeschoren davonzukommen.

Verzeihung, wie spät ist es?

Ein Heiratsantrag mit einem riesigen Blumenstrauß spielt vielleicht nicht mehr so eine wichtige Rolle wie in den guten alten Zeiten. Die mehr oder weniger verrückte Jugend unserer heutigen Zeit hat dafür nur ein nachsichtiges Lächeln übrig, was doch früher selbstverständlich zu einem anständigen und wohlüberlegten Heiratsantrag gehörte. Ja, es fragt sich, ob die jungen Leute heute überhaupt noch einen Heiratsantrag machen. Sie ziehen oft einfach zusammen, wenn sie eine Wohnung gefunden haben, ohne Hochzeit, oder nur mit einem Stempel vom Standesamt, der Ordnung halber. Aber für uns Eltern, die Halbverkalkten, spielt der Blumenstrauß beim Heiratsantrag immer noch eine unentbehrliche Rolle. Und zu diesem Thema gibt es eine kleine Geschichte. Sie beginnt in einem Schnellzug der Bundesbahn.

Der junge Herr Hansen, der Held der Geschichte, saß im Abteil der Ersten Klasse und war etwas eingenickt. Als er die Augen aufschlug, waren zwei Reisende hinzugekommen, ein Vater mit seiner erwachsenen Tochter. Der junge Herr Hansen zog seinen breiten Seidenschlips mit dem aufdringlichen abstrakten Muster etwas zurecht und ließ in einem passenden Augenblick seine Augen ein paarmal über die junge Dame gleiten, die über eine Zeitschrift gebeugt saß. Gar nicht so übel, stellte er bei sich fest, ein hübsches Gesicht mit runden, glatten Wangen und einladenden roten Lippen. Auch der Busen saß am rechten Fleck, und die Beine waren wohlgeformt. Süßer kleiner Käfer! Aber was nützte das? Er kannte sie nicht und hatte zu viele Hemmungen, um ein Gespräch mit ihr anzufangen. Außerdem sah ihr Vater ziemlich grimmig aus. Er schnitt gerade die Spitze einer Zigarre ab und kramte in seinen Taschen nach einer Schachtel Streichhölzer. Eilfertig holte der junge Hansen seine Feuerzeug hervor und zündete es an.

»Bitte sehr!«

Der ältere Herr hielt seine Zigarre ins Feuer und tat einige tiefe Züge.

»Vielen Dank«, sagte er freundlich.

Vielleicht ist er gar nicht so grimmig, wie er aussieht, dachte der junge Mann, vielleicht könnte man sich ein bißchen mit ihm unterhalten, um auf diese Weise auch die Tochter ansprechen zu können. Die Gelegenheit bot sich, als der Herr wenig später seine massive Golduhr aus der Westentasche zog und einen Blick darauf warf.

»Verzeihung, wie spät ist es?« fragte der junge Mann, »ich habe leider vergessen, meine Uhr aufzuziehen.«

Der Herr fuhr zusammen und sah ihm starr in die Augen.

»Wie bitte?« fragte er gereizt.

»Ich habe nur gefragt, ob Sie mir freundlicherweise die genaue Uhrzeit sagen könnten.«

Der Herr steckte seine Uhr schnell wieder in die Tasche und sagte: »Nein, kommt gar nicht in Frage.«

Energisch knöpfte er seine Jacke zu, um die goldene Uhr so tief wie möglich zu verstecken. »Das werde ich Ihnen auf keinen Fall sagen«, wiederholte er.

Der junge Hansen rutschte ziemlich verwirrt auf seinem Sitz hin und her. »Dann bitte ich vielmals um Entschuldigung, es war nicht meine Absicht . . .«

»Danke«, unterbrach der andere, »sparen Sie sich Ihre Worte. Ich weiß genau, was Ihre Absicht war. Ich sollte Ihnen die genaue Uhrzeit sagen, und dann wollten Sie fragen, ob ich wohl meinte, wir könnten rechtzeitig in Düsseldorf sein, und das würde ich bezweifeln, weil noch nie ein Zug pünktlich in Düsseldorf angekommen ist,

206

und dann würden Sie mir zustimmen, daß es eine Schande sei, daß die Bundesbahn niemals den Fahrplan einhalten könne, und dann würde ich mich über unsere blödsinnige Regierung und die idiotische Finanzpolitik auslassen, und Sie würden mir recht geben, und ich würde Sie eigentlich für einen ganz sympathischen jungen Mann halten, und meine Tochter würde die Zeitschrift beiseite legen und sich an der Unterhaltung beteiligen, und Sie würden sich immer mehr ihr zuwenden und immer weniger mit mir sprechen, und wenn wir in Düsseldorf ausstiegen, würden Sie mir anbieten, meinen schweren Koffer zum Wagen zu schleppen, und ich würde Sie fragen, wohin Sie fahren wollen, und würde Sie auffordern, mit uns zu fahren, und dann würden Sie hinten auf dem Rücksitz Platz nehmen, zusammen mit Dorte, meiner Tochter da, und dann würden Sie sie fragen, ob sie nicht einen Abend Lust hätte, mit Ihnen ins Kino zu gehen, hinterher vielleicht in eine Diskothek, und sie würde gern zusagen — die ist ja immer nur auf ihr Vergnügen aus —, und dann wären wir allmählich am Ziel angelangt, vor meiner kleinen Villa, draußen am Rande der Stadt, und dann würde Sie eine Bemerkung fallenlassen, wie schön wir da wohnen, und dann würde Dorte Sie mit hereinbitten, um ihre neue Langspielplatte zu hören, und Sie würden den ganzen Abend bei uns bleiben, und meine Frau würde sogleich die Gelegenheit ergreifen und Sie zum Abendessen einladen, in ihrem Übereifer, ihre Tochter an den Mann zu bringen, und nach dem Essen würde Dorte Sie mit auf ihr Zimmer nehmen, und draußen auf dem Balkon würden Sie sie küssen und mit ihr schmusen, und zu Anfang würde sie ein wenig Widerstand leisten, aber ich weiß, das wäre nur gespielt, sie würde all ihren Charme entfalten, sich aufreizend, ganz unwiderstehlich geben, sie würde Ihnen den Kopf verdrehen, und ehe Sie noch wüßten, was Sie tun, lägen Sie vor ihr auf den Knien und fragten sie hingerissen, ob sie Ihnen gehören wolle, in alle Ewigkeiten, und natürlich würde sie sofort voller Begeisterung ja sagen, und dann kämt Ihr beiden die Treppe heruntergestürmt und verkündet uns Eure Verlobung, und bevor ich eine Chance hätte, mich einzumischen und die Wogen zu glätten, hättet Ihr schon zusammen mit der Mutter ein Datum für die Hochzeit festgelegt, und Dorte wollte natürlich als weiße Braut heiraten, und wir würden die Hochzeit ganz groß feiern, und ich bekäme ja einen so netten Schwiegersohn . . . aber hören Sie mal, junger Mann, daraus wird nichts!«

Der ältere Herr machte eine kleine Pause und zog tief an seiner Zigarre. Dann beugte er sich ein wenig vor, starrte dem jungen Mann verbittert ins Gesicht und fauchte: »Glauben Sie, ich will einen Schwiegersohn haben, der nicht einmal einen Strauß rote Rosen mithat, wenn er um die Hand meiner Tochter anhält?«

Ich möchte eine Frau . . .

Diplomingenieur Karl-August Jenkel war nicht mehr ganz jung, ein Mann in den Dreißigern, genauer gesagt, Ende dreißig, aber er sah jünger aus. Er war längst über das Stadium hinaus, wo man jeden zweiten Abend in Jazzclubs oder Diskotheken herumhängt. Er war sehr häuslich. Er hatte seine Bücher, seinen Farbfernseher und seine Angelausrüstung. Karl-August war Junggeselle, und er war es immer gewesen. Aber nun reichte es ihm bald. Allmählich wurde er mürbe, er konnte gut eine Frau gebrauchen.

Allerdings war Karl-August dem anderen Geschlecht gegenüber äußerst zurückhaltend, fast unbeholfen. Und dann kann es schwierig sein, die richtige Frau zu finden, ja, es kann unmöglich erscheinen, überhaupt eine Frau zu finden. Man konnte doch nicht auf das erstbeste Mädchen zugehen und fragen: »Wollen Sie mich heiraten?« Vielleicht war das Mädchen bereits verheiratet, vielleicht war sie geschieden und wieder verheiratet. Nee, das war keine leichte Angelegenheit. Und so wären noch viele Jahre vergangen, wenn der Abwasch in der Küche seines kleinen Reihenhauses nicht die scheußliche Angewohnheit hätte, sich zu Bergen aufzutürmen. Die Gans vom Martinsabend stand immer noch im Ofen, schwarz wie Holzkohle, denn natürlich hatte er den Ofen erst abgeschaltet, als es schon zu spät war. Die Aschenbecher waren seit seinem Geburtstag nicht geleert, und das war jetzt drei Monate her. Er selbst rauchte zwar nicht, aber immerhin, eigentlich sollte man sie mal leeren. Kurz gesagt . . . es war höchste Zeit, daß Diplomingenieur Karl-August Jenkel eine Frau fand.

»Aber wie?« fragte er seine Freunde, »ich kann doch nicht auf irgendeine Frau zugehen, die ich auf der Straße sehe, und . . .«

»Es gibt doch Ehevermittlungsinstitute«, schlug einer vor.

Der Gedanke daran ließ Karl-August erschauern.

»Das ist heutzutage ganz natürlich«, erklärten seine Freunde, »niemand findet etwas dabei. Du gehst in so ein Büro und erklärst, die sollen dir eine Frau beschaffen, und dann suchst du dir eine aus. So einfach ist das.«

Karl-August studierte die Anzeigen der Heiratsvermittlungsinstitute in den Zeitungen und fand schließlich eine, die verläßlich aussah. Er suchte die Adresse auf und wurde von einer lächelnden, reizenden jungen Dame empfangen.

»Herzlich willkommen! Sie sind der erste männliche Kunde«, gestand sie, »ich habe mein Büro nämlich gerade erst eröffnet. Nun, womit kann ich dienen?«

»Ich möchte eine Frau«, murmelte Karl-August und wich ihrem Blick aus.

Sie blätterte in ihrer Kartothek mit einer recht bescheidenen Auswahl an Kandidatinnen. Karl-August setzte sich.

»Sie darf gern häuslich sein«, fuhr er fort.

»Häuslich«, wiederholte die Dame und machte sich Notizen, »und Sie erwarten sicher ein gewisses Vermögen?«

»Ach nein, überhaupt nicht«, versicherte Karl-August schnell, »ich habe ein sicheres Einkommen in einer renommierten Firma.«

»Und wie alt soll sie sein?«

»Ende zwanzig — oder Anfang dreißig.«

»Berufstätig?«

»Ja, das macht nichts, wenn sie nur Zeit hat, ab und zu die Aschenbecher zu leeren und Staub zu wischen . . . und so.«

»Blond oder dunkel?«

»Das spielt keine Rolle — blond, meine ich. Oder dunkel, ganz egal. Am liebsten dunkel.«

Die Dame notierte sich alles.

»Intellektuell, schick, schlank, fraulich, mit vielseitigen und gehobenen Interessen?« fuhr die Dame mechanisch fort.

»Ja, gern«, pflichtete Karl-August ihr bei. Und wieder schrieb die Dame.

»Aber das ist keine Bedingung«, unterbrach er sie

210

sicherheitshalber, »das wichtigste ist, daß sie die häusliche Gemütlichkeit schätzt und . . .«

» . . . und nett und liebevoll ist«, vollendete die Dame den Satz.

»Ja, genau«, nickte Karl-August und begann allmählich, das ganze Unternehmen ein wenig optimistischer zu betrachten. Wenn er wirklich eine Frau finden könnte, die all die erwähnten positiven Eigenschaften besaß, dann wäre er überglücklich.

»Nett und liebevoll«, notierte die Dame. Dann sah sie nochmal ihre Notizen durch, während Karl-August gespannt darauf wartete, was sie aus ihrer Sammlung von freien weiblichen Wesen anzubieten hätte. Ihn überkam plötzlich das dumme Gefühl, daß er zu große Forderungen gestellt hatte, und gerade wollte er betonen, daß es für ihn am meisten bedeute, überhaupt eine Frau zu bekommen . . . weil er es einfach nicht länger ertragen konnte, als Junggeselle zu leben – als die Dame ihre Notizen zur Seite legte. Sie sah ihn mit einem glücklichen Lächeln an.

»Sie haben Glück, mein Herr«, verkündete sie strahlend, »ich selbst entspreche hundertprozentig Ihren Vorstellungen!«

Selbst ist der Mann

Ich bin nicht der Typ Mann, der sich vor der Arbeit drückt, wenn es gilt, in einer Notsituation im Haushalt zu helfen. Wie neulich . . . Als Marianne morgens aufstand, zitterten ihre Knie, Schweißperlen standen auf ihrer Stirn, und sie blickte mich mit fieberheißen Augen an. Sie klagte über Schmerzen an siebenundzwanzig verschiedenen Stellen und sank mit 47,11 Grad Fieber ins Bett zurück. Kein Zweifel, die Grippe hatte sie erwischt.

»Hör mal, liebes Kind«, sagte ich voller Nächstenliebe, »du bleibst heute den ganzen Tag im Bett . . . oder zumindest, bis es Zeit ist zum Essenkochen. Ich werde in die Stadt gehen und einkaufen.«

»Glaubst du, du schaffst das? Ich will dir ja nicht auf den Schlips treten, aber in Haushaltsangelegenheiten warst du schon immer ungeschickt. Wenn du mir eben meinen Morgenmantel reichen würdest und einen Krankenwagen bestellst, dann kann ich wohl selbst von einem Geschäft zum anderen kriechen . . .«

»Quatsch! Dir geht es miserabel, und bis zum Essenkochen bleibst du im Bett. Ich gehe inzwischen einkaufen. Hattest du uns nicht für heute Hühnerfrikassee mit Pilzen und jungen Kartoffeln versprochen und zum Nachtisch Schokoladenpudding mit Vanillesauce?«

Mit fieberheißer Hand wischte Marianne sich den Schweiß von der Stirn, sah mich mit müden Augen an und stammelte: »Nein, kauf ein paar Koteletts beim Schlachter und auf dem Rückweg beim Bäcker ein Schwarzbrot. Ich glaube nicht, daß ich Kräfte habe . . .«

Aus der Traum von Hühnerfrikassee . . . Ich ging in den Flur und überlegte, welchen meiner Hüte ich aufsetzen sollte. Nicht jeden Samstag wurde mir ja so eine ehrenvolle Aufgabe wie Einkaufen anvertraut. Ich wollte standesgemäß aussehen, und so wählte ich meinen französischen Borsalino. Sicherheitshalber guckte ich noch mal ins Schlafzimmer und wiederholte:

»Also zwei Koteletts ohne Fett beim Schlachter?«

»Ja, und Schwarzbrot beim Bäcker.«

Ich machte mich auf den Weg. Auf der Treppe hielt

ich inne. Hatte sie Schwarzbrot oder Weißbrot gesagt? Ich ging zurück und fragte.

»Schwarzbrot«, sagte sie müde, »ohne Fett.«

»Und zwei . . . was, beim Schlachter?«

Der Blick, den sie mir zuwarf, trübte meine blendende Samstagslaune.

»Laß es mit dem Schwarzbrot genug sein«, stöhnte sie, »die Koteletts sind wohl zu kompliziert für dich, bei deinem Einkaufstalent.«

»Natürlich schaffe ich das«, verteidigte ich mich beleidigt. Ich war ja nicht vollkommen schwachsinnig. Einkäufe waren zwar noch nie meine Stärke gewesen, aber deswegen brauchte sie ja nicht gleich zu verletzender Ironie zu greifen.

Der Einkauf beim Schlachter verlief ohne Komplikationen. Eine nette Verkäuferin gab mir zwei feine Koteletts ohne Fett und half mir weiter, den Einkaufszettel zu entziffern. Da stand noch: *6 Eier, Güteklasse B.*

Fünf Minuten später stand ich in der Bäckerei.

»Guten Morgen«, grüßte ich und lüftete meinen Borsalino.

»Was darf es sein?«

»Schwarzbrot.«

»In Scheiben?«

Ha, da stand ich nun. Ich hätte es mir vorher ausrechnen können, daß man nicht einfach zum Bäcker gehen und Schwarzbrot verlangen kann . . . und dann ist die Sache erledigt.

»Tja, das weiß ich eigentlich nicht. Dürfte ich wohl mal Ihr Telefon benutzen und zu Hause anrufen?«

»Ja, bitte.«

»Ich bin's«, sagte ich, als ich Mariannes müde Stimme »Hallo« murmeln hörte. »Sag mal, das Schwarzbrot, soll das in Scheiben sein?«

»Natürlich nicht. Wir kaufen nie Schwarzbrot in Scheiben, das wird doch viel zu schnell trocken.«

»Aber das Schwarzbrot, das du auf den Tisch stellst, ist doch immer in Scheiben geschnitten«, erwiderte ich und legte den Hörer auf.

»Nicht in Scheiben«, sagte ich zur Verkäuferin.

»Und wie groß soll es sein? Ein ganzes Brot, ein halbes oder nur ein viertel?«

Ich fluchte im stillen. Da hatte sie mich wieder in der Zange. Ich warf einen Blick auf die anderen Kunden, die im Laden standen, aber von da war keinerlei Hilfe zu erwarten.

»Darf ich mal sehen, wie groß die Brote sind, ein halbes und ein viertel?«

Die Verkäuferin hielt ein halbes Brot in der einen Hand und ein viertel in der anderen. Abgesehen davon, daß das eine Stück doppelt so groß war wie das andere, war ich nicht schlauer als zuvor.

»Ach, verzeihen Sie, dürfte ich noch mal telefonieren?«

Wieder hörte ich Mariannes Stimme schwach »Hallo« sagen.

»Ja, ich bin's wieder. Hast du gerade geschlafen? Ja, dies Schwarzbrot . . . ein ganzes, ein halbes oder ein viertel?«

»Ein viertel . . . wenn sie nur ein halbes haben, dann laß sie es durchschneiden. Was sollen wir denn mit einem ganzen Schwarzbrot, Mann! Das wird doch so trocken, daß man es weder schneiden noch kaputtschlagen kann.«

Ich legte den Hörer auf und wandte mich an die Verkäuferin: »Ein viertel Brot ist genug.« Dann warf ich einen triumphierenden Blick in die Runde. Ich hatte das Problem gelöst und konnte mit Recht auf mich stolz sein.

»Vollkorn- oder Mischbrot?«

Ich zuckte zusammen, und mein kalter Zigarrenstummel fiel zu Boden.

»Wie bitte?«

»Wollen Sie ein viertel Vollkorn- oder Mischbrot?«

Ich stand einen Augenblick verblüfft da.

»Wenn es für Ihren Hund ist, soll es sicher Vollkornbrot sein«, meinte eine Frau hinter mir.

»Der frißt kein Brot — nur feingehacktes Kalbfleisch, Herz und so.«

»Was für eine Farbe hat denn das Brot, das bei Ihnen auf den Tisch kommt, hell oder dunkel?« michte sich eine andere Kundin ein.

»Wie soll ich das wissen, wenn immer Leberwurst drauf ist? Die Leberwurst liegt oben, das Brot unten.«

»Dann rufen Sie doch zu Hause an und fragen Sie«, meckerte ein großer Mann im Rollkragenpullover. Er schien ungeduldig zu werden.

Ich rief zu Hause an: »Das viertel Schwarzbrot, soll es hell oder dunkel sein?«

»Aber mein Lieber, du weißt doch, daß wir nur Mischbrot essen.«

»Ehrlich gesagt, ich habe noch nie über die Farbnuancen und den Mischgrad unseres Brotes nachgedacht . . . Außerdem stehen hier hundert Kunden hinter mir und warten. Ich kann nicht stundenlang die Verkäuferin aufhalten, nur weil ich ein viertel Schwarzbrot haben will!«

Ich knallte den Hörer auf die Gabel. Allmählich wurde ich nervös. Ich schwor mir, daß ich nie wieder in meinem Leben für jemanden Schwarzbrot kaufen würde, und wenn ich für den Rest des Lebens Aufschnitt ohne Brot essen sollte.

»Es soll Mischbrot sein, ein viertel Mischbrot.« Ich kramte etwas Kleingeld aus der Tache.

»Also hell?«

»Nein, Mischbrot, um Gottes willen Mischbrot! Sonst bin ich in fünf Minuten wieder da, um es umzutauschen!«

Die Verkäuferin sah mir fest in die Augen: »Hell und Mischbrot ist dasselbe.«

»Bestimmt?«

Die Verhandlung entwickelte sich in einer Richtung, die mir wenig behagte. Verwirrt wandte ich mich an die Frau hinter mir.

»Ganz richtig«, nickte sie, »hell und Mischbrot ist dasselbe.«

»Rufen Sie zu Hause an, und lassen Sie sich das erklären«, stichelte der große schwerfällige Mann im Rollkragenpullover. Er ging mir auf die Nerven. Ich hätte ihm eine der Torten aus der Kühlvitrine ins Gesicht werfen können.

»Rugenbergener, Helgoländer oder Lüneburger Brot, mein Herr?«

»Wieder zuckte ich zusammen: »Wie bitte?«

»Soll Ihr viertel helles Schwarzbrot Rugenbergener, Helgoländer oder Lüneburger sein?«

»Rugenbergener«, platzte ich heraus.

Es wurde mucksmäuschenstill im Laden, so still, daß man einen Windbeutel hätte zu Boden fallen hören können. Jetzt wollte ich ein Resultat, koste es, was es wolle.

»Rugenbergener«, wiederholte ich mit heiserer Stimme. Die Leute hinter mir begannen unruhig zu murmeln.

»Woher wollen Sie das denn so genau wissen?« rief jemand.

»Es ist doch völlig schnuppe, wo das Schwarzbrot herkommt. Schwarzbrot ist Schwarzbrot!«

»Wagen Sie das auch zu behaupten, wenn Sie mit einem Rugenbergener vor Ihrer Frau stehen, und es hätte ein Lüneburger sein sollen?«

Wieder war es der schwerfällige Kerl im Rollkragenpullover, der sich einmischte. Ich warf ihm einen verächtlichen Blick zu.

Dann ergriff ich entschlossen das Telefon und rief zu Hause an.

»Rugenbergener«, hörte ich Marianne sagen, noch bevor ich ein Wort geäußert hatte. Verblüfft legte ich den Hörer auf. Ich fühlte mich stärker als je zuvor.

»Das hätte ich mir sparen können, natürlich sollte es Rugenbergener sein.«

Die Leute guckten mich feindselig an.

»Er hat überhaupt nicht gefragt«, bemerkte der Mann im Rollkragenpullover bissig. »Er hat nur den Hörer abgehoben.«

»Er wagt nicht mehr zu fragen«, fügte eine Kundin hinzu. »Jetzt erwartet ihn eine hübsche Szene, wenn er mit dem verkehrten Brot nach Hause kommt!«

»Er wird wieder zurückgeschickt, um es umzutauschen«, sagte eine dritte Kundin. »Hoffentlich werden wir in der Zwischenzeit bedient. Das dauert ja eine Ewigkeit hier.«

Ich wandte mich an die Verkäuferin, schmiß ein Geldstück auf den Ladentisch und sagte kurz: »Ein viertel helles Schwarzbrot, Rugenbergener.«

Doch dann erstarrte ich wie ein frischgebackenes Meterbrot. Ich konnte ihr ansehen, daß sie noch einen Trumpf in der Hand hatte. Schadenfroh lehnte sie sich über den Ladentisch und fragte: »Mit grober oder feiner Kruste?«

Ich ergriff mein Fünfmarkstück und verließ den Laden. Um so schnell wie möglich rauszukommen, stieß ich dem schwerfälligen Kerl im Rollkragenpullover, der mir im Weg stand, den Ellenbogen in die Magengegend.

»Wo ist das Schwarzbrot?« fragte Marianne, als ich nach Hause kam.

»Ausverkauft«, zischte ich. »Außerdem hasse ich Schwarzbrot. Ab heute will ich nie wieder ein Stück Schwarzbrot auf dem Tisch sehen. Lieber sterbe ich vor Hunger. Hast du das begriffen? Weder in Scheiben noch ganzes oder halbes oder viertel Schwarzbrot, weder Vollkorn- noch Mischbrot, weder hell noch dunkel, egal von welcher Mühle, egal mit welcher Kruste.«

Den Rest der Woche, bis Marianne wieder auf den Beinen war, lebte ich von Knäckebrot. Da weiß man, was man hat, und es hat den Vorteil, daß man es liegenlassen kann, solange man will. Es wird nicht trockener, als es von Natur aus sein soll.

Frau Oberst Witherbys Nudistenparty

Wäre es Arthur Mulhooley seinerzeit nicht eingefallen, sich von Kopf bis Fuß mit Mulhooleys Sonnenöl einzureiben, und hätten nicht die kleinen Evastöchter unseres Herrgotts ihre Reize so bereitwillig zur Schau gestellt, wie es der Fall war, so wäre Whitechurch Mold heute eine hübsche kleine Stadt mit sechstausend Einwohnern, und es würde dort noch immer eine Filiale der Leicester-Bank, eine Tankstelle, eine Apotheke und eine Mädchenschule geben.

Whitechurch Mold aber ist heute eine tote Stadt, so verlassen von allen lebenden Wesen, daß nicht einmal Ratten Nahrung finden. McPhees alte Kneipe ist vom Sturm umgeblasen worden, die Tankstelle eine Rost-

Orgie, die Scharniere zur Apothekentür klappern, Pudney & Lanes Eisenwarengeschäft ist eine Ruine, die Mädchenschule verschwindet hinter Spinngeweben, und Oberst Witherbys Palast ist ein unheimliches Quartier für Fledermäuse und anderes Nachtgetier.

Die ganze Geschichte begann vor dem Krieg, kurz nachdem Arthur Mulhooley und seine hübsche Frau Clary in die Stadt gezogen waren. Sie hatten sich ein reizendes kleines Haus genau gegenüber von Fräulein Gutteridges Mädchenschule gekauft, und nachdem sie es eingerichtet hatten, begann sich Arthur in der Stadt nach einem Interessenten umzusehen, der bereit wäre, Kapital in eine neue Erfindung zu investieren.

Arthur Mulhooley war ein etwas phantasievoller, sehr angenehmer junger Mann, dessen Kopf immer voller Ideen steckte. Einmal hatte er einen Dosenöffner erfunden, in dessen Handgriff Verbandsmaterial verstaut war, so daß man im selben Augenblick, da man sich an dem gezackten Dosenrand geschnitten hatte, Pflaster und Mullbinde zur Hand hatte. Damit hatte er viel Geld verdient.

Zu der Zeit, als er nach Whitechurch Mold zog, war es ihm gerade gelungen, ein Sonnenöl herzustellen, daß sich von Konkurrenz-Präparaten dadurch unterschied, daß es beim Auftragen so tief durch die obersten Hautschichten drang, daß die schöne braune Farbe nie mehr verblaßte.

Nun war Arthur damit beschäftigt, seinen ganzen Körper mit diesem Sonnenöl einzureiben. Er stellte sich vor den großen Spiegel im Flur, um sich dadurch besser von der Wirkung seines Präparates überzeugen zu können. Es war ein so schöner, warmer Sommertag, daß er beschloß, sich draußen in den Liegestuhl zu legen und zu

219

dösen, bis Clary von ihren Einkäufen heimkehrte. Seine Badehose hing auf einer Schnur im Garten, und er warf einen Blick hinüber auf die Fenster von Fräulein Gutteridges Mädchenschule im ersten Stock. Dort war niemand zu sehen, und so ging er sonnengebräunt und nackt quer über den Rasen, um seine Badehose zu holen.

Plötzlich hörte er einen gellenden Aufschrei hinter sich. Er fuhr herum und ging hinter dem aufgeschlagenen Liegestuhl in volle Deckung. Dann erst fiel sein Blick auf Frau Oberst Witherby, die aristokratischste Einwohnerin von Whitechurch Mold.

»Allmächtiger!« stöhnte sie, »Sie haben mir einen furchtbaren Schrecken eingejagt.«

Arthur ging etwas in die Knie, um den Sichtschutz des Liegestuhls besser auszunutzen.

»Sind Sie vielleicht der neue Besitzer des Hauses?« fuhr Frau Oberst fort. »Dann möchte ich Sie hier in Whitechurch Mold willkommen heißen. Ich kam zufällig vorbei und dachte mir schon, daß in dieses kleine Haus offenbar neue Mieter eingezogen sind, die vielleicht ein Los für den Wohltätigkeitsbasar am kommenden Sonntag kaufen möchten. Als ich hier hereinkam, ahnte ich ja nicht, daß hier ein Nudist wohnt. Wer konnte denn schon wissen, daß wir jetzt hier in der Stadt einen Nackedei haben? Das ist interessant, muß ich sagen. Wirklich sehr interessant!« Frau Oberst schenkte Arthur ein wohlwollendes Lächeln.

»Und ich bin vielleicht obendrein die erste hier in Whitechurch Mold, die Sie in Ihrer . . . wie soll man es nennen? . . . in Ihrer Uniform sieht! Denn Nudisten betrachten ihre Nacktheit doch offenbar als eine Art Uniform, nicht wahr? Ich glaube bestimmt, daß ich das mal irgendwo gelesen habe. Es hört sich wahnsinnig komisch an, aber ich kann trotz allem sehen, daß es eine gewisse Berechtigung hat.«

Arthur begann in seiner gebeugten Stellung zu ermüden, und er überlegte einen Augenblick, ob er die Frau Oberst bitten sollte, seine Badehose zu holen, gab dann den Gedanken daran aber auf. Sie hob ihre Goldlorgnette vor die Augen und betrachtete ihn aufmerksam.

»Ich sehe an Ihrer Hautfarbe, daß Sie schon lange Nacktkultur betreiben«, nickte sie anerkennend.

Arthur beugte sich noch ein paar Zentimeter tiefer und schnitt mit seinen weißen Zähnen eine Grimasse, die ein Lächeln andeuten sollte, die ihm aber eher eine gewisse Ähnlichkeit mit einem kranken Pferd verlieh.

»Was bringt die Menschen eigentlich dazu, Nacktkultur zu treiben?« fuhr Frau Oberst fort. »Erzählen Sie mir etwas davon! Ich habe heute abend eine kleine Bridgegesellschaft und, wenn ich von meinem Besuch bei Ihnen berichte, wäre es ärgerlich, wenn ich meinen Freundinnen nichts über den Sinn des Nudismus verraten könnte. Das verstehen Sie doch wohl, nicht wahr?«

Arthur nickte und warf einen sehnsüchtigen Blick hinüber auf seine Badehose. Dann erzählte er etwas über die ethischen und ästhetischen Werte des Nudismus. Anfangs redete er den größten Stuß, aber dann fiel ihm ein, was er gelegentlich in Nudistenzeitschriften über die Heilkraft von Sonnenbädern gelesen hatte. Im Laufe der Jahre waren ihm einige dieser Hefte in die Hände geraten. Seine Äußerungen bekamen schließlich dadurch Hand und Fuß, daß er sich an die interessanten Bilder erinnerte. Allmählich kam er immer besser in Fahrt, und als er schließlich über die zerstörerischen Tendenzen in der Lebensführung moderner Menschen sprach und sich zu einer scharfen Verurteilung der unmoralischen und geschmacklosen Angriffe auf die

Freikörperkultur und ihrer Anhänger hinreißen ließ, wurde er so eifrig, daß er mehrfach fast vergessen hätte, in der Hocke zu bleiben. Er besang das körperliche und geistige Wohlbefinden der Nudisten und ihre gesunde und reine Einstellung zur Nacktheit, und er verfluchte die Textilanhänger, die die Sonne daran hindern, ihre heilenden Strahlen auf jene Körperteile einwirken zu lassen, die es am bittersten nötig haben.

»Nur ein durch und durch gesunder Mensch kann sich Hoffnungen machen, kerngesunde Kinder zu bekommen. Wir, die Freunde der Nacktkultur, haben es uns zum Ziel gesetzt, daß . . .«

Arthur verstummte jäh. In der Tür zum Wintergarten stand Clary. In gewisser Weise war Arthur für ihr Erscheinen dankbar, denn er hatte keine Ahnung, worin das eigentliche Ziel bestand, das er und andere Freunde der Freikörperkultur zu erreichen sich bemühten. Clary starrte ihn an, als sei sie gelähmt. In ihren Augen machte er eine klägliche Figur, wie er da hinter dem Liegestuhl kauerte. Sie kam ihm mit einem Frottierhandtuch zu Hilfe und legte es um seine Hüften. Sie wußte nicht, was sie sagen sollte.

»Ich kam gerade vorbei, um für den Wohltätigkeitsbasar am Sonntag ein Los zu verkaufen«, lächelte Frau Oberst, »ich ahnte ja nicht, daß Ihr Mann Nudist ist.«

»Nicht?« sagte Clary. Bis zu diesem Augenblick hatte sie es nämlich selbst nicht gewußt. Die Frau Oberst wandte sich wieder Arthur zu.

»Hätten Sie etwas dagegen, wenn ich meinem Bruder von Ihnen erzähle?« fragte sie. »Er ist Redakteur an den ›Leicester News‹, und ich bin sicher, daß Sie ihm ein sehr interessantes Interview geben könnten.«

Arthur hatte dagegen nichts einzuwenden. Er war mit allem einverstanden, wenn nur dieses fürchterliche Frau-

enzimmer endlich verschwände. Schließlich ging sie tatsächlich.

»Darf ich jetzt um eine Erklärung bitten?« fragte
Clary erbarmungslos, als sie allein waren.

»Da gibt es nicht viel zu erklären. Ich wollte gerade
meine Badehose von der Leine holen, als sie plötzlich
hinter mir stand. Wenn ich nicht ihren Nudisten-Quatsch
aufgegriffen hätte, würde ja die ganze Stadt darüber
reden, daß ich öffentliches Ärgernis erregt hätte. Dann
wären wir in Whitechurch Mold unmöglich geworden,
noch ehe wir uns richtig eingelebt haben.«

»Aber du bist doch gar kein Nudist!«

»Wie man's nimmt! Damals in Swansea Bay, als wir
völlig sicher waren, den Strand für uns allein zu haben,
trieben wir ja faktisch beide Freikörperkultur, nicht
wahr?«

»Sei nicht so albern!«

»Und außerdem«, fuhr Arthur fort, »wenn ich dem
Kerl von dem ›Leicester News‹ ein Interview gebe, bin
ich auf einen Schlag bekannt wie ein bunter Hund. Dann
finde ich viel eher jemanden, der bereit ist, sein Geld in
mein Sonnenölprojekt zu investieren.«

»Du denkst doch wohl nicht im Ernst daran, weiter als
Nackedei durch die Gegend zu laufen, um als Nudist zu
gelten?«

»Warum nicht?« Arthur streifte sich das Hemd über
den Kopf und band sich seine Krawatte. Er empfand es
als durchaus angenehm, wieder etwas Zeug auf dem
Körper zu haben. Dann zog er sich seine Hose und das
Jackett an und ging hinaus auf die Terrasse.

»Frau Oberst hat hoffentlich nicht drüben auf der
Lauer gelegen, seit sie uns verlassen hat«, sagte er,
während er auf die Fenster im ersten Stock der Mädchenschule blickte. Halb verborgen hinter einer Gardine

stand dort Fräulein Gutteridge und spähte unbeirrt mit ihrem Fernglas in Arthur Mulhooleys Garten.

Einige Tage später veröffentliche Redakteur Claverhouse ein fabelhaftes Interview mit Arthur. Dazu gehörte ein zweispaltiges Foto, auf dem man Arthur in lächelnder Nacktheit hinter einem schirmenden Zierbusch in seinem Garten sah. Der Text unter dem Foto lautete: »Arthur Mulhooley, Whitechurch Molds erster Nudist. Wer wird der zweite sein?«

Eine Stunde nach Erscheinen des Blattes begannen die Leute, wie zufällig an Arthurs Haus vorbeizugehen, und alle blickten ebenso zufällig, aber sehr aufmerksam über die Hecke. Am Abend rief Whitechurch Molds alter, exzentrischer Donnergott, Oberst Whitherby, persönlich bei Arthur an.

»Meine Frau und ich wollen am kommenden Sonnabend eine kleine Gartenparty arrangieren«, sagte er, »es kommen etwa fünfzig lauter reizende Leute. Hätten Sie und Ihre Gattin nicht Lust zu erscheinen?«

»Mit Vergnügen, mit großem Vergnügen! Es wird uns eine Ehre sein.«

»Wir dachten, daß es eine Nudistenparty werden soll.«

»Eine was?« Fast wäre der Hörer aus Arthurs Hand geglitten.

»Eine Nudistenparty. Meine Frau ist von der Idee sehr angetan, nachdem Sie ihr so warm das Gesunde und Edle der Nacktheit klargemacht haben, daß sie unbedingt für die weitere Verbreitung dieses Gedankens arbeiten will. Unter uns gesagt, ich glaube, sie ist allmählich ihrer ständigen Wohltätigkeitsbasararbeit überdrüssig geworden, und dies ist ja mal etwas ganz Neues. Ich für mein Teil habe übrigens auch nichts dagegen, mich davon zu überzeugen, wie Fräulein Muriel, die hübsche

Tochter des Apothekers, im Evakostüm aussieht. Hahaha! Können wir also mit Ihnen rechnen?«

»Ja, ja, gewiß«, murmelte Arthur beklommen.

»Wer war denn das?« fragte Clary, die im selben Augenblick ins Zimmer kam, als Arthur den Hörer auflegte.

»Ach, nichts Besonderes. Rechtsanwalt Monkhouse mahnte sein Honorar an, weiter nichts.«

Arthur hatte das Gefühl, daß Clary an der Nudistenparty von Frau Oberst Witherby kaum Interesse zeigen würde, und er hielt es deshalb für besser, sie erst im letzten Augenblick über die Einladung zu informieren.

Es gab in diesem Fall ja keine Kleider- oder Kostümfrage, die vor dem Fest zu erörtern gewesen wäre.

Arthur brachte Pudney & Lane dahin, daß sie Geld in sein Sonnenölprojekt investierten, und am Freitag war ihr Schaufenster voll von Mulhooleys Supersonnenöl, wasserbeständig, ideal für Amateurnudisten, die Flasche für 6 Shilling. Jede Flasche kostete Arthur weniger als einen Shilling, und ehe es Abend wurde, hatten Pudney & Lane rund 50 Flaschen verkauft.

»Wenn wir alle Einwohner von Whitechurch Mold dahin bringen könnten, Nudisten zu werden, könnten wir nicht nur die verflixten Hypotheken auf unserem Haus abzahlen, sondern könnten auch die Waschmaschine kaufen, die du dir so brennend wünschst«, sagte Arthur am Sonnabend vormittag eifrig, als er seiner Frau von dem großen Erfolg des Sonnenöls berichtete. Dann fügte er hinzu:

»Übrigens, Clary-Darling, fast hätte ich vergessen, dir zu sagen, daß wir heute abend zu einer Party bei Oberst Witherby eingeladen sind.«

»Allmächtiger! Und das sagst du erst jetzt? Ich kann

mich unmöglich mit meinem alten Duchesse-Abendkleid irgendwo blicken lassen! Ich habe überhaupt nichts anzuziehen! Du kannst doch nicht von mir verlangen, daß ich da nackend hingehe!«

Arthur blickte verlegen zur Seite. »Doch«, murmelte er.

»Was soll das heißen?«

»Es . . . handelt sich . . . es ist eine Nudistenparty!«

Clary weigerte sich kategorisch, mitzukommen. Sie wollte nicht einmal darüber reden, kein Wort mehr wollte sie von der Sache hören. Erst später am Nachmittag wagte Arthur, wieder davon anzufangen.

»Die Tochter des Apothekers soll eine unerhört gute Figur haben, hörte ich. Sie ist ebenfalls zu der Party bei Oberst Witherby eingeladen, von der ich dir heute morgen erzählte. Angeblich ist sie das hübscheste Mädchen in ganz Whitechurch Mold. Oberst Witherby sagte . . .«

»Gibt es an meinen Formen etwas auszusetzen?« fragte Clary scharf.

»Durchaus nicht«, beeilte sich Arthur zu versichern. »Aber Muriel, die Apothekertochter, sagt man, sei mit Abstand das hübscheste Mädchen von ganz . . .«

Wieder wurde er von Clary unterbrochen. Sie machte jede Wette, daß ihre Figur mit der aller anderen Mädchen der Stadt konkurrieren könne. Sie hätte die dumme, affektierte Apothekertochter bereits gesehen, und an dieser Ziege sei nun wirklich nichts Besonderes dran.

»Soll das heißen, daß du mitkommst?«

»Ja, selbstverständlich komme ich mit! Warum sollte ich denn nicht mitkommen? Ich habe nichts, dessen ich mich zu schämen hätte! Bin ich vielleicht nicht bei der Schönheitskonkurrenz im vergangenen Sommer in Brighton Zweite geworden?«

Ein Stein fiel von Arthurs Herzen.

»Dann beeile dich jetzt!« sagte er eifrig. »Es ist nicht zu früh, daß wir uns umziehen . . . ausziehen, wollte ich natürlich sagen.«

Alle Eingeladenen kamen. Anfangs hatten die Frauen sich mit großer Entschiedenheit geweigert, aber als es hart auf hart ging, mochte keine ihren Mann allein gehen lassen. Die Folge war, daß an diesem Nachmittag in jedem Haus in Whitechurch Mold, das etwas auf sich hielt, Mulhooleys Sonnenöl eifrig verwendet wurde. Nie zuvor hatte man eine solche Anzahl sonnengebräunter Menschen gesehen. Wenn man über die Mainroad, die Hauptstraße der kleinen Stadt, schlenderte, konnte man schnell sehen, wer zu dem Fest eingeladen war und wer nicht.

Arthur und Clary waren unter den letzten, die das alte vornehme Palais des Obersten erreichten. Noch waren alle Gäste bekleidet. Die Stimmung schien ein wenig bedrückt zu sein, als der erste Drink herumgereicht wurde. Der Oberst zog Arthur etwas auf die Seite.

»Man erwartet von Ihnen und Ihrer Gattin, daß Sie das Fest eröffnen.«

»Das Fest eröffnen?«

»Ja, daß Sie sich als erste entkleiden. Sie sind ja, wenn ich so sagen darf, Berufsnudist, und deshalb ist es doch nur natürlich, daß Sie sich als erster ausziehen!«

»Da haben Sie allerdings recht«, murmelte Arthur und folgte dem Oberst widerstrebend in ein angrenzendes Zimmer. Einen Augenblick später war er mit Clary allein. Schweigend zogen sie sich aus. »Komm jetzt!« sagte Clary, als sie fertig waren. Arthur bot einen kläglichen Anblick. Er wagte sich nur bis an die Tür, die zum Garten hinausführte, und warf einen ängstlichen Blick

227

hinaus. Dann drehte er sich um, griff nach seiner Hose und begann sie wieder anzuziehen.

»Ich gehe nach Hause«, sagte er, »ich pfeife auf diesen schwachsinnigen Nudismus. Ich will mich nicht lächerlich machen. Nebenan drücken sie sich die Nase an den Scheiben platt und starren in den Garten. Vielleicht ist das Ganze nur ein Jux, und die anderen kommen dann überhaupt nicht.«

Clary trat mit einem Fuß auf Arthurs Hosenbein, so daß er nicht weiter hineinschlüpfen konnte.

»Du mußt doch einsehen, daß du dich erst recht lächerlich machst, wenn du nicht hinausgehst!« sagte sie.

»Ich tue es aber nicht!« sagte Arthur schroff. »Nimm deinen Fuß weg, damit ich in meine Klamotten komme und von hier verschwinden kann!«

»Wie du willst«, sagte Clary und nahm ihren Fuß zur Seite, »dann gehe ich eben allein in den Garten hinaus.«

»Niemals! Gib mir die Zeitung!«

Clary reichte ihm ein Exemplar der »Leicester News«, und Arthur zog es schirmend um sich herum oder, genauer gesagt, wickelte sich unten darin ein.

»Also gut, meinetwegen«, sagte er. »Da liegt noch eine Zeitung, falls du . . .«

»Danke, nicht nötig. Ich habe nichts, dessen ich mich schämen müßte.«

Dann gingen sie hinaus in den großen parkartigen Garten.

Arthur richtete seinen Blick zielbewußt auf einen weißgestrichenen Gartensessel, der am Rande der Rasenfläche stand, und ließ sich darin nieder, wobei er die Zeitung auf dem Schoß hielt. Dann begann er in der Zeitung zu blättern und tat, als lese er interessiert. Schließlich warf er einen schnellen Blick auf Clary, die sich ungeniert in einen zweiten Sessel gesetzt hatte.

Er wagte keinen Blick auf das Palais zu werfen.

»Sind sie noch da?« fragte er neugierig.

»Ja«, sagte Clary, »einige sind noch da, aber jetzt scheinen sie alle nach oben zu gehen und sich auszuziehen. Dort kommt Dr. Partridge als erster.«

Arthur atmete erleichtert auf, als er den Doktor mit schweren Schritten über den Rasen auf sich zukommen sah, groß, dick und von Kopf bis Fuß mit Arthurs Sonnenöl eingerieben.

»Das einzige, was ich gegen den Nudismus einzuwenden habe«, sagte er ungeniert und setzte sich, »ist die Tatsache, daß man nicht weiß, wohin mit dem Tabaksbeutel.«

»Oder mit der Puderdose«, lächelte Clary.

»Aber abgesehen davon«, fuhr der Arzt fort, »ist es doch ein sehr angenehmes Gefühl, wenn man den strammen Gürtel und das Hemd abgelegt hat, das am Hals sowieso immer zu eng ist. Wenn der Abend so warm ist wie heute, muß ich ehrlicherweise einräumen, daß die Freikörperkultur sehr vernünftig ist. Wirklich nicht übel, junger Freund. Ich bewundere Ihren Mut. Ich selbst hätte es nicht gewagt, den Nudismus hier in Whitechurch Mold einzuführen, aber es ist vollkommen richtig, gegen diese Prüderie anzugehen. Der puritanischen Bigotterie die Faust in den Nacken setzen und sie in die Knie zwingen, ehe sie sich zur Wehr setzen und um sich beißen kann. Sie machen es genau richtig, Mr. Mulhooley.«

Nach und nach begannen nun auch die anderen sonnenölgebräunten Gäste zu erscheinen. Sie hatten den Einfall mit der Zeitung so gut gefunden, daß sie ihn samt und sonders sklavisch nachäfften. Schließlich fehlte nur noch Redakteur Claverhouse mit Frau, aber endlich kamen auch sie. Claverhouse hatte offenbar keine Zeitung mehr finden können. Er hatte sich deshalb mit einem Taschenbuch begnügt »Der Tod schießt scharf«, das jedoch völlig ausreichte, wie die anwesenden Damen mit einem mitleidigen Gedanken an die junge Redakteursfrau schnell herausfanden.

Es wurde eine amüsante Party. Später am Abend konnte Butler Reeves herumgehen, die Zeitungen einsammeln und ins Haus bringen. Arthur hielt eine Rede, in welcher er das geistige und körperliche Wohlbefinden der Nudisten pries, die Reinheit ihrer Gedanken, die gesunde und natürliche Einstellung zur Nacktheit, und er schloß mit einer scharfen Verurteilung aller unmoralischen Angriffe auf die vortrefflichen Anhänger der Freikörperkultur. Er bat sie, ein Hoch auf die Damen auszubringen, die so mutig und verständnisvoll ihren Männern bei der Pionierarbeit zur Ausbreitung des Nudismus in Whitechurch Mold gefolgt waren.

»Hurra! Hurra! Hurra!«

Keiner der anwesenden Männer hatte sich geweigert, bei den Hochrufen auf die Damen aufzustehen, und wenn man berücksichtigt, wie niedrig Oberst Whitherbys Gartentische waren, so beweist das, wieviel schon am ersten Abend erreicht worden war. Im Verlauf der Party kam es zu keinen Zwischenfällen irgendwelcher Art, obgleich die Stimmung allmählich ausgelassen wurde. Nur der alte Vater der Frau Oberst, ein wahrer Teufelskerl, der trotz seines vorgeschrittenen Alters in der Nähe von Frauen zu Unbeherrschtheit neigte und den man deshalb zeitig zu Bett gebracht hatte, um ihm Versuchungen zu ersparen, brachte etwas Unruhe in die Reihe der anwesenden Damen, als er mitten in der Nacht wieder aufstand und das Fenster seines Schlafzimmers öffnete. Er sah die vielen bunten Lampen im Park, und sein Blick fiel plötzlich auf Muriel, die hübsche Tochter des Apothekers mit der blendenden Figur. Er zwinkerte verwirrt mit den Augen und lief dann, so schnell ihn seine alten Beine tragen konnten, mit flatterndem Nachthemd in den Park hinaus, um das Mädchen zu fangen. Zum Glück gelang es, ihn zu beruhigen und zurück ins Bett zu bugsieren, ehe er Unheil anrichten konnte. Er war jedoch im Bett nicht zu halten, und der Arzt mußte ihm eine kräftige Spritze geben, ehe er ruhig wurde. Sicherheitshalber nahm man ihm seine Brille weg und schloß ihn im Schlafzimmer ein.

McPhee, der Gastwirt, der für die Party Oberst Witherbys seine Serviererinnen zur Verfügung gestellt hatte, führte in dieser Nacht eine Reform ein. Die jungen dienstbaren Geister, die ebenso wie die Gäste den ganzen Abend nackt gewesen waren, durften sich eine weiße Haube aufsetzen, denn es hatte sich herausgestellt, daß die Herren sich fortwährend irrten und mit ihnen über Probleme und Themen sprechen wollten, über die diese jungen Damen nicht mitzureden vermochten.

In der Folgezeit gewann die Freikörperkultur in Whitechurch Mold immer größere Verbreitung. Der Umsatz von Mulhooleys Sonnenöl stieg und stieg, bis sich alle Einwohner mit seinem Produkt eingedeckt hatten. Arthur verdiente in der ersten Zeit viel Geld. In jedem Garten in Whitechurch Mold trieb man Freikörperkultur. Das ging so weit, daß Fräulein Gutteridge ihre Mädchenschule schließen und die Stadt verlassen mußte. Sie beharrte darauf, der Nudismus sei eine Erfindung des Satans, so daß es für sie zum Schluß nur noch den Ausweg gegeben hatte, zu verschwinden. Der Gastwirt McPhee dankte jeden Abend den himmlischen Mächten dafür, daß sie die Freikörperkultur nach Whitechurch Mold gebracht hatten, denn nie zuvor war es in seinem Lokal so voll gewesen wie jetzt. Die Leute kamen von weither in der Hoffnung, ein wenig von all der Nacktheit sehen zu können. Nachgerade konnte die Stadt von den Touristen leben, und als es den Einwohnern richtig klar wurde, daß durch den Nudismus viel Geld zu verdienen war, brachte man in die ganze Sache System.

Muriel, die schöne Tochter des Apothekers, wurde überredet, jeden Tag ein paarmal quer über die Hauptstraße von der Apotheke zur Leicester-Bank zu laufen, natürlich in ihrer entwaffnenden und bezaubernden Nacktheit. Diese Idee stammte von der Frau Oberst, und zweifellos wurde der Touristenstrom dadurch verstärkt. Dieser Zustrom verstärkte sich abermals, als Dr. Partridge, den man zum Vorsitzenden des neu gegründeten Fremdenverkehrsvereins gewählt hatte, den Vorschlag gemacht hatte, alle Gartenhecken bis auf Brusthöhe herunterzuschneiden, damit die Passanten eine Chance erhielten, das interessante Leben der Nudisten in den kleinen Gärten von Whitechurch Mold zu studieren.

Whitechurch Mold wurde eine reiche Stadt. Mehrere Sommer hindurch lebte sie nur vom Nudismus, aber nach einigen Jahren begann der Touristenstrom abzuebben und zu versiegen. Muriel, die Apothekertochter, kam allmählich in die Jahre. Sie war jetzt verheiratet und hatte mehrere Kinder, und um die Wahrheit zu sagen, war es nicht mehr sonderlich spannend, sie über die Straße laufen zu sehen. Sie weigerte sich jedoch, auch jüngere Damen zum Zuge kommen zu lassen, und die Damen der Stadt, deren Aufgabe es gewesen war, sich hinter den kurzgeschnittenen Hecken in ihren Gärten zu zeigen, sobald sich Touristen näherten, erklärten sich dank ihrer Eitelkeit mit Muriel solidarisch. Keine von ihnen wollte jüngeren Damen eine Chance geben. So kam es, daß der Touristenstrom immer mehr nachließ. Die Einnahmen gingen stark zurück. Die Männer, die sich körperlicher Arbeit entwöhnt hatten, begannen von ihren Ersparnissen zu leben, bis kein Penny mehr übrigblieb. Alles verfiel, nach und nach starb die Stadt aus, denn die jungen Leute ließen sich anderswo nieder, und die Alten siedelten nach und nach auf den Friedhof über.

Arthur und Clary verkauften ihr Haus und zogen nach London, wo Arthur Produktion und Versand einer zwar lukrativen, aber besonders langweiligen Spray-Schuhcreme auf der Basis seines Sonnenölpatentes betrieb.

Muriel, die Apothekertochter, blieb als letzte in Whitechurch Mold übrig. Durch den Verlust ihrer Schönheit war sie etwas wunderlich geworden, aber sie blieb dabei, jeden Tag mehrere Male splitternackt zwischen der Apotheke und der menschenleeren Filiale der Leicester-Bank hin- und herzulaufen. Zu diesem Zeitpunkt wagte sich schon niemand mehr zur Nachtzeit nach Whitechurch Mold. Man sagte, daß es dort spuke, und die wenigen Fremden, die bei Tage einen Schimmer von Muriel sahen, reisten Hals über Kopf ab.

Unser alter Opa

Mann, riecht's in einem solchen Krankenhaus nach Äther! Ich war gerade dort, um den alten Theodor zu besuchen. Er gehört eigentlich auf die Pflegestation. Vorläufig steht er aber noch auf der Warteliste. Gegenwärtig liegt er als überflüssiger Patient im städtischen Krankenhaus. Und wartet. Wir haben vorhin mit dem

Pflegeheim telefoniert und erfahren, daß jetzt nur noch 117 Patienten den Löffel aus der Hand legen müssen, ehe Theodor an die Reihe kommt.

Heute ist er neunzig geworden, aber wir haben ihn schon einmal im Krankenhaus besucht. Damals, als er achtzig wurde.

Alte Leute soll man nicht vergessen. Darum haben wir vier — Gerda, Gustav, Polly und ich — ihn kürzlich mal wieder besucht. Wir brachten ihm Vanillekränze, Konfetti und Apfelsinen mit. Die Apfelsinen waren hauptsächlich als Gegenmittel zur Ätherluft gedacht.

Tante Elfriede, Onkel Karl, Vetter Anton, dessen Frau und ihre Kinder waren ebenfalls erschienen.

Onkel Theodor lag zwar im Bett, aber aus Anlaß seines Geburtstags hatte man es in ein Zimmer geschoben.

Sonst steht sein Bett nämlich im Lebensmittelfahrstuhl, und die Schwester versicherte, er leide dort keine Not.

Anfangs hatte sein Bett auf dem Gang gestanden, aber dort war es für den Durchgangsverkehr ein ziemliches Hindernis gewesen. »Über Langeweile konnte ich mich wirklich nicht beklagen«, versicherte Onkel Theodor hinterher. An einem Sonntag hatte er über 700 Besucher gezählt, aber das waren nur welche gewesen, die gegen sein Bett stießen und riefen:

»Na, Opa, du liegst hier ja bequem und gemütlich!«

Heute war der Chefarzt höchstpersönlich erschienen und hatte ihm zum neunzigsten Geburtstag gratuliert. Wegen des festlichen Anlasses hatte er ihm eine Sonderzuteilung Abführpillen überreicht, denn mit Onkels Verdauung war kein Staat mehr zu machen.

Pollys selbstgebackene Vanillekränze erwiesen sich

als ein glänzender Einfall. Schon in den ersten fünf Minuten hatten Vetter Antons Kinder sie samt und sonders aufgefressen. Tante Elfriede verteilte die Apfelsinen und schüttete anschließend der Oberschwester eine Tüte Konfetti auf den Kopf, die ein ziemlich dämliches Gesicht dabei machte.

Onkel Karl hatte eine halbe Flasche Kirschlikör mitgebracht, die er und Anton aus Onkel Theodors Zahnputzglas tranken.

»Durch die Ätherluft kriegt man einen trockenen Hals«, flüsterte Onkel Karl. Dann prosteten sie Onkel Theodor zu.

Tante Elfriede hatte ein großes Marzipanbrot mitgebracht. Es fiel ihr leider erst wieder ein, als sie sich von ihrem Stuhl erhob. Sie reichte es Onkel Theodor hinüber ans Bett.

»Iß es jetzt, solange es noch warm ist«, meinte sie treuherzig, aber er wollte es gar nicht mehr haben.

»Es setzt sich nur zwischen den Zähnen fest«, behauptete er. Das stimmte nicht ganz, denn er pflegte Marzipan stets unten im Nachtschrank aufzubewahren.

Mit irgend etwas mußte man sich natürlich die Zeit vertreiben. Onkel Karl begann deshalb mit Vetter Anton ein Gespräch über Politik. Er trat dafür ein, alle Schwarzen aus Afrika zu vertreiben, damit es endlich Frieden in der Welt gäbe.

Gustav dagegen hält sich die Politik vom Leibe. Er stand am Fußrand des Bettes und studierte die Fotos einer Pornozeitschrift. Die Zeitschrift hatte Tante Elfriede mitgebracht. Sie habe sie im Bus gefunden. Hinten im Heft fände man immer sehr ordentliche Strickmustervorschläge.

Vetter Antons Kinder fragten ständig nach der Uhrzeit. Dann zog Anton seine goldene Uhr hervor und schüttelte sie jedesmal. Offenbar fürchtete er, sie könne stehengeblieben sein.

Nachdem die Dose mit Camillas Nußplätzchen mehrfach die Runde gemacht hatte, bot sie auch Onkel Theodor welche an. Er fummelte mit seiner zittrigen Hand in der Dose herum.

»Ich kriege sie nicht zu fassen«, murmelte er. Das war auch nicht weiter verwunderlich. Die Dose war so leer wie ein Starenkasten am Nordpol.

Elfriede hatte die kleine Birgit ihrer Schwester mitgebracht. Die Kleine heulte die ganze Zeit still vor sich hin, weil sie um ihren Mittagsschlaf gebracht worden war.

»Leg sie doch zu Theodor ins Bett«, sagte Gerda.

Dann wurde Birgit zu Uropa ins Bett gelegt, nachdem man ihr eingeschärft hatte, die Beine stillzuhalten und den alten Mann nicht zu treten. Theodor lag nämlich über einem Becken. Dann wußten die jungen Schwesternschülerinnen wenigstens, wo sie ihn zu fassen kriegten. Sonst wäre er nur auf dem Gang hinter ihnen hergestolpert. Auch wenn er nicht mehr wußte, weshalb er da rumstolperte und was er eigentlich von ihnen wollte.

»Verzeihung«, sagte ein bleichwangiger junger Mann, der an Opa Theodors Bett gestanden hatte, seit wir ins Zimmer gekommen waren. »Sagte nicht jemand etwas von Onkel Theodor?«

»Ja«, erklärte ich. »So heißt unser Uropa nämlich!«

»Dann muß ich mich verlaufen haben«, stammelte er. »Ich wollte meinen Opa besuchen. Ist dies denn nicht Zimmer 47?«

»Nein, dies ist Zimmer 46.«

»Dann geben Sie mir bitte meine Weintrauben zurück.«

Wir begannen mit der Suche nach Weintrauben, fanden sie aber nicht. Ich schüttelte Opa Theodor an der Schulter, denn er war eingenickt.

»Theodor«, rief ich, »hast du dich auf die Weintrauben gelegt?«

Er schüttelte müde den Kopf. »Nein, ich liege auf dem Becken.«

Dann stellte sich heraus, daß Onkel Karl die Weintrauben verzehrt hatte. Er sei guten Glaubens gewesen, die Trauben würden für Besucher auf Kosten der Krankenkasse geliefert.

»Für die alten Leute könnte die Krankenkasse ruhig etwas mehr tun«, sagte er.

Theodor richtete sich im Bett auf.

»Hatte nicht jemand Vanilleplätzchen mitgebracht?« fragte er.

»Ja, aber Tante Elfriede hat vorhin die letzten gegessen!«

Theodor wandte sich der Tante zu.

»Haben sie gut geschmeckt?« fragte er interessiert.

Gustav begann einen Konsalik zu lesen, der auf dem Nachtschränkchen lag, während wir anderen auf das Ende der Besuchszeit warteten.

Vetter Anton und Onkel Karl waren mit einem Streichhölzchen beschäftigt.

Tante Elfriede schlief ein, den Rücken einem elektrischen Warmluftventilator zugewandt.

Der junge, bleichwangige Mann kam zurück und nahm wieder am Fußende von Onkel Theodors Bett Aufstellung. Sein Opa lag nicht mehr auf Stube 47.

Man hatte ihn bereits in der Kapelle aufgebahrt.

Endlich steckte die Krankenschwester ihren Kopf in die Tür.

»Die Besuchszeit ist zu Ende«, sagte sie.

»Hurra!« schrien die Kinder.

Gustav beeilte sich, das erste Kapitel des Konsalik-Romans zu Ende zu lesen.

»Na, Onkel Theodor, laß es dir gutgehen! Wir kommen wieder, wenn du 100 wirst!« versprachen wir.

»Danke für den Besuch!« murmelte Theodor. »Und Dank für die Vanilleplätzchen und die anderen Sachen.«

Dann weckten wir Tante Elfriede und machten, daß wir ins Freie kamen. Gerda, Camilla und ich erreichten noch einen Bus, der gerade abfahren wollte.

Gerda zuckte zusammen, als sie plötzlich entdeckte, daß sie die kleine Birgit in Opas Bett vergessen hatte. Ich mußte wieder aussteigen und zurücklaufen.

Birgit saß mitten im Bett und thronte auf Opas Becken.

»Wo ist Onkel Theodor?« fragte ich die Oberschwester. Sie musterte mich streng.

»Der humpelt wohl schon wieder hinter den Lernschwestern her!« sagte sie vorwurfsvoll.

»Das geht doch wirklich zu weit«, lenkte ich betreten ein.

»Na, wenn schon!« meinte sie plötzlich versöhnt und sah ganz menschlich dabei aus. »Schließlich hat er ja heute Geburtstag!«

Kann ich einen Bescheid hinterlassen?

Der Direktor der großen Handelsgesellschaft »Fußschemel, Im- und Export«, Kornelius K. Köhler, war ein vielbeschäftigter Mann. Ständig war er auf Achse, zu Aufsichtsratssitzungen, Konferenzen, zum Verband der Großhändler, zum Wirtschaftsministerium, zur Verbraucherzentrale et cetera et cetera. Und ständig mußte seine kleine reizende Sekretärin, Fräulein Leip, Telefonate entgegennehmen und sagen: »Leider ist der Chef nicht im Hause« und »Herr Köhler hat gerade eine wichtige Besprechung« und »Kann ich einen Bescheid hinterlassen?«

Wenn der Herr Doktor dann von seinen wichtigen Sitzungen zurückkkam, ließ er sich auf seinen Sessel fallen, zog noch mal an seiner dicken Zigarre, bevor er den Stummel auf den Aschenbecher warf, und fragte automatisch:

»Wer hat angerufen, Fräulein Leip?«

Und mechanisch las sie alle Notizen von ihrem Zettel ab:

»Sie möchten bitte den Generalkonsul, Herrn Troddelberg, und den Direktor der Belgischen Hocker-Gesellschaft, Herrn Timmermann, anrufen. Dann hat der Ministerialrat, Herr Heine, angerufen, daß die Sitzung der Fußschemel-Innung auf Mittwoch, 14.20 Uhr verschoben ist, wenn es Ihnen paßt. Und Großhändler Mumme hätte Sie gern zur Wahl in den Aufsichtsrat der Bayrischen Milchschemel AG vorgeschlagen, er ruft morgen nach 10 Uhr wieder an. Außerdem rief die gnädige Frau ein paarmal an, aber sie sagte, es sei nicht so wichtig, sie will es später noch mal versuchen. Und dann hat jemand von der Kundenwerbung angerufen, der Ihnen eine ganzseitige Annonce im Monatsblatt der Vereinigten Fußschemel-Importeure vorschlagen wollte, im Jahresabonnement. Börsenmakler Martens wollte mit Ihnen wegen der Hypotheken sprechen, und Schiffsmakler Reinfeld muß leider das Golfspiel am Samstag absagen und . . .«

So ging es am laufenden Band, wenn der Herr Direktor nur ein oder zwei Stunden unterwegs gewesen war.

Nun macht es ja wenig Spaß, all die Notizen runterzuleiern, die sich so im Laufe der Zeit ansammeln. Daher wollen wir uns auf den Tag konzentrieren, als die reizende Sabine Leip, die seit langem verlobt war und bald heiraten wollte, ihrem Verlobten versprochen hatte, mit ihm zusammen in der Stadt nach Schlafzimmermöbeln zu gucken. Sie hatten sich um 14 Uhr in der Stadt verabredet. Daher hielt sie sich um 13.15 Uhr die Backe und stöhnte:

»Au, mein Zahn! Au, wie tut das weh!«

Direktor Köhler sah von seinen wichtigen Dokumenten auf.

»Was ist denn los, Fräulein Leip?«

»Mein Backenzahn, Herr Direktor. Jetzt fangen die Schmerzen wieder an.«

»Sie gehen sofort zum Zahnarzt, Fräulein Leip, hören Sie!«

»Ja, aber Sie müssen doch um 14 Uhr zur Sitzung an der Börse. Wer soll denn auf das Telefon aufpassen?«

»Ach, zum Teufel mit der Sitzung! War sowieso nicht wichtig. Ich bleibe hier und passe auf das Telefon auf. Laufen Sie los!«

»Vielen Dank, Herr Direktor.«

Und Fräulein Leip verschwand. Wie verabredet traf sie sich mit ihrem Verlobten, und sie guckten nach umweltfreundlichen, zweckdienlichen Schlafzimmergarnituren. Sie fanden nicht sofort das Richtige, deshalb dauerte es fast zwei Stunden, bis Fräulein Leip wieder in der Firma auftauchte.

»War etwas Wichtiges, Herr Direktor?« fragte sie.

Der Direktor nickte. Dann klopfte er die Asche seiner Zigarre ab, holte seine Lesebrille aus dem goldenen Etui und suchte nach einem Zettel zwischen all seinen wichtigen Dokumenten. Er fand ihn, hielt ihn in Augenhöhe und begann zu lesen:

»Ihre Freundin Elisabeth hat angerufen, sie erwartet schnellstens Ihren Bescheid, ob Sie am Samstag mit zur Fete, zu diesem Affentheater, bei Bernd und Gudrun kommen. Ihre Friseuse rief an, daß Sie doch am Freitag um 16.30 Uhr kommen könnten, wie zuerst abgesprochen. Dann war Ihre Mutter am Apparat, sie wollte nur ein bißchen klönen, sonst war nichts Wichtiges. Ihre Schwester rief an und wollte wissen, was Sie für einen verdammten Fleck auf ihr rotes Kleid gemacht hätten, das sie letzten Samstag für das Clubfest geliehen hatten. Sie will nicht daran rühren, bevor sie weiß, was das für ein Fleck ist. Eine Dame, die sich als Irmela vorstellte, läßt ausrichten, daß sie am Donnerstag nicht zum Federballspielen kommen kann, da sie Firmenfest hat. Dann möchten Sie bitte sofort Ihre Schneiderin, Frau Michaelis, anrufen, wegen des bestellten Hosenanzugs, und ich soll vielmals von Ihrer Tante Klara grüßen und bestellen, daß sie Sie und Ihren Verlobten am Mittwochnachmittag zu Kakao und Kuchen erwartet, um 15 Uhr, wenn Sie so früh frei bekommen können, es wäre ja ihr Geburtstag. Und schließlich hat ein junger Mann angerufen, seinen Namen hat er nicht genannt, ich sollte nur von ›Brummerchen‹ grüßen, dann wüßten Sie schon Bescheid, er hat für morgen abend zwei Karten für die ›Verlobung in Venedig‹, um 19.30 Uhr, wenn Sie Lust und Zeit haben . . .«

Liebe auf den ersten Blick

Fabrikant Fixenberg sah den jungen Mann einen Augenblick lang scharf an, der ihm gegenüber in dem rindslederbezogenen Konferenzstuhl saß. Dann klopfte

er die Asche seiner Amontilado auf den riesigen Kristall-
aschenbecher ab, der auf seinem pompösen Direktions-
schreibtisch prangte, erhob sich und drückte auf einen
Knopf: Lautlos glitt eine eingebaute Bar aus dem
Schrank. Er nahm Gläser, Flasche und Siphon und
schenkte zwei Gläser Chivas Regal ein.

»Aha«, sagte er langsam und erhob sein Glas, »Sie
wollen also Constanze, meine einzige Tochter, heiraten?«

Der junge Mann nickte, und wiederum sah ihm der
alte Fixenberg scharf in die Augen.

»Constanze ist, wie gesagt, meine einzige Tochter und
Alleinerbin der Fabrik Fixenberg, Dampflokomotiven-
Industrie, 1887 gegründet, der ältesten Fabrik dieser Art
in Europa. Sie haben sicher von den Fixenberg-Millionen gehört, unserem Familienvermögen, das mein seli-
ger Großvater erarbeitet und mein Vater weitergeführt
hat?«

Der junge Mann nickte. »Ich habe aber nur Interesse
an Ihrer Tochter Constanze«, wagte er zu unterbrechen,
»und nicht an den Fixenberg-Millionen. Ich liebe sie,
und sie liebt mich. Gewiß, wir kennen uns seit kurzer
Zeit, aber es war Liebe auf den ersten Blick – und
deshalb sitze ich jetzt hier. Wir hoffen und glauben, Ihre
Einwilligung zu erhalten.«

Fabrikant Fixenberg kaute ein wenig an seiner Amon-
tillado.

»Wie war doch gleich Ihr Name?«

»Stabelstein, Felix Stabelstein junior.«

»Stabelstein? Doch nicht ein Sohn des alten Joachim
Stabelstein von Stabelsteins Eisentopf-Industrie, dem
Millionenunternehmen?«

Eilfertig schob Fabrikant Fixenberg dem jungen Mann
die Whiskyflasche und den Zigarrenkasten hin. Donner-

wetter! Da hätte er sich fast in die Nesseln gesetzt. Selbstverständlich sollte der junge Felix seine Tochter bekommen. Das war ja die Rettung! Hier auf dem Stuhl saß sie, ihm direkt gegenüber! Die Fixenberg-Dampflokomotiven-Industrie war am Ende, die Millionen existierten nicht mehr, es gab nur noch Schulden und Gläubiger. Die Zeiten für Dampflokomotiven waren vorbei, und der Versuch, die Fabrik auf Pfeifkessel umzustellen, war fehlgeschlagen. Seine teure Villa am Stadtpark war bis über den Schornstein mit Hypotheken belastet, und es war nur eine Frage der Zeit, wann er seine Gemäldesammlung und die kostbaren Meißner Antiquitäten verkaufen mußte. Und was geschah dann? Ein Wunder? Felix Stabelstein höchstpersönlich, der Alleinerbe der Stabelstein-Millionen, tritt durch die Tür und hält um die Hand seiner Tochter Constanze an! Ob er sie heiraten dürfte? Ja, lieber heute als morgen! Hübsch war das Mädchen nie gewesen, auch nicht besonders intelligent, und die jungen Leute waren ihr nicht gerade nachgelaufen. Und dann kommt ein reicher, dazu noch netter junger Mann wie Felix Stabelstein junior. Besser konnte es sich gar nicht treffen!

Fabrikant Fixenberg hätte am liebsten laut »Hurra!« gerufen, aber er wußte sich zu beherrschen. Würdig erhob er sich und streckte dem jungen Mann beide Hände entgegen.

»Meinen Segen haben Sie«, sagte er warm und herzlich, »ich bin sicher, daß Constanze bei Ihnen in guten Händen ist. Sie werden sie so behandeln, wie es sich für einen jungen Stabelstein ziemt. Die näheren Einzelheiten, Hochzeitstermin et cetera, will ich ganz Ihnen und meiner Tochter überlassen. Aber wenn Sie sie wirklich lieben, wie Sie sagen, haben Sie meine Einwilligung, so

243

schnell wie möglich zu heiraten. Mehr können Sie sich doch nicht wünschen?«

Um alles in der Welt mußte er den jungen Mann einfangen. Der Goldfisch zappelte im Netz, und es galt, ihn ohne Umschweife an Land zu ziehen.

Der junge Felix Stabelstein lächelte dankbar.

»Und Ihr Vater weiß von unserem Gespräch?« erkundigte sich Fabrikant Fixenberg sicherheitshalber.

»Selbstverständlich.«

»Und er ist einverstanden, hat keine Bedenken?«

»Absolut!«

Fabrikant Fixenberg rieb sich insgeheim die Hände. Plötzlich zeigte sich ein Silberstreif am Horizont, die Rettung für die Fixenberg-Industrie und seine Familie. Wie sehr sich auch die Fabrik am Rande des Abgrunds bewegte, so war jetzt zumindest die Zukunft seiner Tochter gesichert. Und wer weiß, vielleicht konnte man Constanzes zukünftigen Schwiegervater für eine Zusammenarbeit der beiden Fabriken gewinnen.

»Na also«, beendete Fabrikant Fixenberg das Gespräch, »gehen Sie ruhig nach Hause und erzählen Sie Ihrem Vater, daß alles in bester Ordnung ist.«

Und das tat der junge Felix.

»Er ist darauf reingefallen, Vater«, berichtete er kurz darauf daheim, »das Mädchen gehört mir! Sie ist nicht gerade eine Schönheit, aber was tut man nicht alles für seinen Vater und seine notleidende Fabrik! Mit dem Konkurs können wir warten, Vater — die Fixenberg-Millionen liegen zum Greifen nahe!«

Du bist ein Gewohnheitstier, Henry!

Drei- oder viermal im Jahr reiste die junge Frau des EDV-Operators Henry Holm heim zu ihren Eltern, und während ihrer Abwesenheit aß er zu Mittag in einem kleinen Restaurant in der Nähe seiner Firma, wo er seinen EDV-Job hatte. Nun war Emilie, seine reizende kleine Frau, wieder einmal abgereist, und Henry Holm lenkte seine Schritte gegen Mittag auf das Restaurant zu. Er betrat das Lokal und setzte sich an seinen gewohnten Tisch, der gerade frei wurde.

Plötzlich durchzuckte ihn der Gedanke, daß er ein richtiger Gewohnheitsmensch wurde. Warum, zum Teufel, aß er immer in demselben blödsinnigen kleinen Restaurant? Er erhob sich, verließ das Lokal und suchte ein anderes Restaurant in einer weit entfernten Gegend auf. Als der Ober mit der Speisekarte kam, fegte er sie vom Tisch und sagte:

»Bitte Gemüsesuppe, Kotelett mit Bohnen und Pfirsich-Melba-Eis, aber ich möchte zuerst das Eis, dann das Hauptgericht und zum Schluß die Suppe.«

Solange er sich erinnern konnte, hatte er gewohnheitsmäßig mit der Suppe angefangen, dann das Kotelett gegessen und zum Schluß das Eis. Ab jetzt sollte das anders werden. Basta! Er brauchte Abwechslung. Denn Abwechslung gab es höchst selten für einen EDV-Operator. Also wollte er heute versuchsweise mit dem Eis beginnen.

»Bitte sehr«, sagte der Ober wenig später und stellte ihm den Eisbecher auf den Tisch.

»Und bitte eine Flasche Beaujoulais dazu.«

»Zum Eis?«

Holm sah ihm fest in die Augen: »Ja bitte, zum Eis. Eine Flasche Rotwein. Wenn Sie nichts dagegen haben.«

Eine dumme Angewohnheit, immer Portwein oder Madeira zum Dessert zu trinken. Heute wollte er einen Rotwein dazu probieren. Zum Kotelett könnte er dann Madeira trinken.

Ihm gefiel die Veränderung. Ein Schluck angenehm temperierter Rotwein schmeckte gar nicht übel zum eiskalten Melba. Die folgenden Tage trank er also Rotwein zum Dessert und Madeira zum Kotelett. Bis ihm eines Tages vor Schreck das Eis fast im Halse steckenblieb, als er es mit Rotwein nachspülen wollte.

»Du bist ein Gewohnheitstier, Henry«, murmelte er, »jeden Tag trinkst du Rotwein zum Eis.«

Er rief nach dem Ober.

»Bitte, seien Sie so freundlich und bringen Sie mir jetzt die Suppe. Ich möchte heute gern die Suppe zum Eis, zur Abwechslung.«

Am nächsten Tag begann er mit dem Kotelett. Er goß sich den Rotwein übers Eis und mischte die Soße mit der Suppe, in die er eine Portion Pommes frites schüttete. Es schmeckte einigermaßen.

Auch als er am folgenden Tag das Kotelett in die Suppe legte und Madeira drübergoß, rutschte es ohne Unbehagen runter. Jedenfalls war es mal was anderes, und sein Magen schien es gut zu vertragen.

Täglich wechselte er nun das Restaurant. Eines Tages, als er in einem Restaurant der Stadtmitte gelandet war, hielt er jäh inne, als er den Stuhl unterm Tisch hervorziehen wollte, um Platz zu nehmen.

»Du wirst ein Gewohnheitstier, Henry«, sagte er bei sich, »du ziehst den Stuhl heraus, nimmst Platz, rufst nach dem Ober und bestellst Suppe, Kotelett und Eis. Und das machst du jeden Tag: Stuhl herausziehen, sich an einen weißgedeckten Tisch setzen, Suppe, Kotelett und Eis bestellen. Ab heute wird das ganz anders.«

246

Er rief nach dem Ober.

»Könnte ich bitte Makkaroni, sechs belegte Brote mit geräuchertem Lachs, ein Stück Baumkuchen mit Schlagsahne und ein Dortmunder bekommen?«

»Ich will sehen, was sich machen läßt, mein Herr«, murmelte der Kellner und zog sich rückwärts zur Theke zurück, ohne auch nur eine Sekunde seinen Blick von Holms Tisch abzuwenden. Einen Augenblick später stand der Oberkellner des Restaurants vor Holms Tisch und verbeugte sich höflich.

»Entschuldigen Sie bitte«, begann er mit einem matten Lächeln, »aber ist es richtig, daß Sie Makkaroni, belegte Brote mit geräuchertem Lachs, Baumkuchen mit Schlagsahne und ein Dortmunder bestellt haben?«

»Ja, und«, entgegnete Holm, »was ist dabei? Es ist doch eine dumme Angewohnheit, im Restaurant immer Suppe, Kotelett und Eis zu bestellen. Und übrigens, wo Sie gerade hier sind, würden Sie bitte die Makkaroni mit petit fours garnieren? Und etwas spanischen Pfeffer darüber streuen? Ist doch mal interessant, diese Kombination zu probieren. Zur Abwechslung. Man sollte sich nicht scheuen, etwas Neues zu probieren. Bloß um nicht in der Gewohnheit zu ersticken . . .«

Der Oberkellner entfernte sich schweigend. Als der Ober einige Zeit später mit dem Makkaroni-Menü erschien, hob Holm das Tischtuch hoch und krabbelte unter den Tisch.

»Ich möchte heute hier unten essen«, verkündete er, »zur Abwechslung.«

Am nächsten Tag fiel ihm ein, daß es eigentlich eine dumme Gewohnheit war, täglich ins Speiserestaurant zu gehen und zu essen. Er entschied daher, daß er heute mal gar nichts essen wollte. Statt dessen ging er in die nächstbeste Konditorei und überredete die Garderobendame — gegen ein ansehnliches Trinkgeld —, ihn an einen Garderobenhaken zu hängen. Dort hing er etwa eine halbe Stunde am Aufhänger seines Mantels und blätterte in den Tageszeitungen. Dann ließ er sich herunternehmen und verließ das Lokal.

Emilie, seine reizende junge Frau, war an diesem Tag gerade nach Hause gekommen. Er gab ihr einen Kuß, wie er es zu tun pflegte, wenn sie längere Zeit weggewesen war.

»Nimm es mir bitte nicht übel, mein Schatz«, erklärte er dann, »aber das war der letzte Kuß, den du von mir bekommen hast. Eine blöde Angewohnheit, daß man sich immer küßt.«

Emilie sah ihn verständnislos an.

»Heißt das, daß du mich nie mehr küssen willst? Sag mal, was ist eigentlich los mit dir? Du bist so komisch. Keinen Kuß, und ich, die . . .«

»Nein, Liebling, kein Grund, mißtrauisch zu werden«, beruhigte er sie, »wie gesagt, das Küssen ist nur eine blöde Angewohnheit — aber meinetwegen, ab und zu können wir unsere Nasen aneinanderreiben, wie die Eskimos.«

Emilie war beleidigt und ging zu Bett. Holm wollte sich ebenfalls ins Schlafzimmer begeben, aber plötzlich kehrte er um. Eine dumme Angewohnheit, immer im Bett zu schlafen. Er legte sich auf den Balkon und wickelte sich ins Rollo ein.

»Man handelt wie eine Schablone«, murmelte er vor sich hin, als er sich am nächsten Morgen ankleidete, »zuerst zieht man das Hemd an, dann die Socken und schließlich die Hose. Nicht auszuhalten, jeden Morgen die gleichen trägen, mechanischen Bewegungen. Auch das gehört ab jetzt der Vergangenheit an.«

Zuerst band er seinen Schlips um, dann zog er die

Hose an und zum Schluß das Hemd. Er zog es umgekehrt an und knöpfte es im Rücken zu. Die Socken zog er über die Hosenbeine, und sein Jackett trug er mit dem Futter nach außen. Dann stellte er sich unter die eiskalte Dusche und machte eine Viertelstunde Morgengymnastik im Takt zum Wetterbericht im Radio. Hierauf begab er sich in die Küche, um zu frühstücken und dann zum Büro zu fahren. Auf der Türschwelle blieb er plötzlich stehen.

»Du Narr«, bemerkte er, »auf der Uhr ist es halb neun, und aus purer Gewohnheit gehst du in die Küche, um deinen Tee zu trinken und ein Brötchen mit Marmelade zu essen. Ab heute wird das anders.«

Er kehrte um und legte sich wieder ins Bett. Er stopfte das Kopfkissen ans Fußende, zur Abwechslung.

Gegen Nachmittag wachte er auf. Mechanisch griff er nach seinem Hemd und wollte es anziehen.

»Unverbesserlicher Automat«, fluchte er, als er in den einen Arm geschlüpft war. Er warf das Hemd auf den Fußboden und zog nur die Jacke und die Unterhose an, nichts weiter. Doch, seinen Slip band er um das eine Bein, unterhalb des Knies. Er entschied, daß er heute ohne Überhose gehen wollte. Und wie wär's mit Opas altem Zylinder? Nur so, zum Spaß! Er holte ihn aus dem Schrank, setzte ihn auf und lächelte zufrieden seinem Spiegelbild im Flur zu.

Dann fuhr er zum Büro, aber nicht ganz. Einen halben Kilometer davor hielt er an und parkte seinen Wagen mitten auf dem Rathausplatz unter einem Halteverbotschild! Den Rest des Weges wollte er zu Fuß gehen.

Eine Polizeistreife tauchte auf. Holm nahm höflich seinen Zylinder ab.

»Sie dürfen sich in der Öffentlichkeit nicht ohne Hose zeigen«, erklärte der Polizist, packte ihn am Arm und schleppte ihn zur nächsten Polizeiwache. Wegen seines Verhaltens zur Rede gestellt, erklärte er der Polizei, daß er alles verabscheue, was wie eine Gewohnheit wirke.

»Ich sitze seit 17 Jahren in demselben verdammten EDV-Büro, tagein tagaus dieselben blödsinnigen Apparate, dieselben Codes, dieselben geisttötenden Operationen. Man wird verrückt dabei.«

»Aha«, nickte der Beamte, der das Protokoll aufnahm.

»Ich esse jetzt den Nachtisch vorm Hauptgericht . . .«

»Ach so . . .«.

»Aber nicht immer. Verfluchte Regelmäßigkeit, immer mit dem Dessert anzufangen. Manchmal esse ich Makkaroni statt dessen, mit petit fours und spanischem Pfeffer. Oder eine Dose portugiesische Sardinen mit Schokoladensoße. Auch meine Frau küsse ich nicht mehr. Seit 17 Jahren haben wir uns dauernd geküßt, 17 mal am Tag. Wie die Automaten. Ich habe meiner Frau gesagt, daß damit jetzt Schluß ist . . . Wir reiben unsere Nasen aneinander, wie die Eskimos. Zur Abwechslung!«

»Hm, hm.«

»Ich hatte es mir auch zur Gewohnheit gemacht, jeden Abend Schlag 11 Uhr zu Bett zu gehen. Das tue ich nicht mehr. Manchmal lege ich mich nicht zu Bett, sondern auf den Balkon, auf den Billardtisch im Keller, oder ich krieche unter den Perserteppich im Eßzimmer. Es ist nur eine dumme Angewohnheit, immer . . .«

»Ja, danke, danke«, unterbrach der Polizist und hob abwehrend die Hand, »bleiben wir doch bei der Sache. Man hat Sie in der Öffentlichkeit ohne Hose angetroffen.«

»Ja, das stimmt. Aus purer Routine zieht man immer eine Hose an, sobald man aus den Federn gekrochen ist.«

250

»Hm, ja, richtig.«

Der EDV-Operator Henry Holm wurde zur Beobachtung in die psychiatrische Klinik eingeliefert. Der Professor führte stundenlange Gespräche mit ihm, und nach ein paar Monaten wurde er entlassen. Das Gutachten des Professors bestätigte, daß sein ganzer Organismus gegen die eintönige EDV-Arbeit rebellierte, daß er sich innerlich so sehr dagegen aufbäumte, daß er sein Verhalten radikal änderte, bevor es zu spät war und er unrettbar, wie ungezählte andere, in einem Schablonentum hängenblieb, das die Persönlichkeit auszulöschen drohte. Im übrigen sei der Patient vollkommen normal, mit einem Intelligenzquotienten, der seinem Alter und seiner Ausbildung gemäß weit über dem Durchschnitt liege. Dem Professor persönlich gefiel der EDV-Operator so gut, daß er ihn am Abend vor der Entlassung zu einem Essen in ein vornehmes Restaurant in der Nähe einlud.

»Wenn es Ihnen nichts ausmacht«, sagte der Professor, als der Ober mit der Speisekarte kam, »möchte ich gern mit dem Dessert beginnen. Ich selbst bin nämlich ebenfalls auf dem besten Wege, ein Gewohnheitstier zu werden.«

»Ja, genau«, pflichtete Holm bei, »ich zum Beispiel will heute mal mit der Gabel in der rechten und dem Messer in der linken Hand essen. Umgekehrt ist es doch nur eine idiotische Routine.«

Der Professor und Henry Holm waren Freunde fürs Leben geworden, noch ehe sie zur Suppe gelangten.

»Im Grunde ist es auch ein törichter Brauch, die Suppe immer mit einem Löffel zu verzehren«, bemerkte der Professor und winkte nach dem Ober.

»Bitte, bringen Sie uns zwei Strohhalme!«

Der Professor und Henry Holm trafen sich in der folgenden Zeit häufig. Drei Wochen später nahm Henry

Holm auch am Begräbnis des Professors teil. Der Professor hatte sich überlegt, daß es eine dumme Angewohnheit sei, stets den Fahrstuhl zu benutzen. Er wohnte in einem Hochhaus, in der 15. Etage.

Statt dessen sprang er vom 15. Stock herunter. Zur Abwechslung!

Das Mädchen vom FKK-Strand

Das Nacktlager lag, wie es sich gehört, in dem öffentlich anerkannten FKK-Bereich. Nudist Henry Petersen machte sich gerade in Fräulein Hansens großem Campingzelt zu schaffen. Jetzt standen beide am Eingang des Zeltes, rauchten eine Zigarette und genossen den wunderschönen Sonnenuntergang.

»Ein herrlicher Abend«, bemerkte Henry Petersen.

»Ja, wirklich herrlich.«

»Dieser Sonnenuntergang, phantastisch!«

»Hinreißend!«

Nach diesem inhaltsreichen Wortwechsel über die Schönheiten der Natur entstand eine kleine Pause. Nudist Petersen konnte sich nur schwer davon losreißen und den Weg zurück in sein eigenes Zelt finden. Er versuchte, Fräulein Hansens Blick festzuhalten.

»Darf ich Ihnen etwas anvertrauen«, begann er dann vorsichtig, »ich habe heute nacht von Ihnen geträumt. Ich träume jede Nacht von Ihnen. Und wissen Sie was? Sie stehen vor mir wie eine wunderschöne Offenbarung . . . nicht, wie Sie jetzt vor mir stehen . . ., nackt, alltäglich . . . nein, angezogen. Splitter-angezogen. Eine berauschende Vision . . . Sie in Kleidern in meinen Träumen zu genießen.«

»Aber Herr Petersen, was reden Sie denn da?«

»Ich heiße Henry . . . Nennen Sie mich doch nicht immer Herr Petersen . . . Wir beide sind doch schon vier Wochen hier zusammen im Nacktlager. Nennen Sie mich doch bitte Henry, ja?«

»Also gut . . . Ich heiße Anna. Was hatten Sie eben gesagt?«

»Ich träume von Ihnen . . . in Kleidern. Ich vergesse nie den Tag, als Sie hier im Nacktlager ankamen. Sie hatten all Ihr Zeug an . . . ach, wie das saß! Diese Figur! Diese Formen!«

»Jetzt hören Sie bitte mit Ihren Frivolitäten auf, Herr . . . Henry . . . oder Sie verlassen mein Zelt.«

Henry warf seine Zigarettenkippe in den Sand.

»Ja, aber Sie hatten wirklich all Ihr Zeug an, Anna. Ihre verwaschenen Jeans, die schicke weiße Seidenbluse und alles andere. Todschick! Ich habe den ganzen Sommer kein einziges Mädchen in Kleidern gesehen . . . Bald kriege ich einen Koller von all den nackten Frauenkörpern, die hier in dem blödsinnigen Nacktlager herumschwirren. Mir hängen diese Weiber zum Hals heraus, die nur so auftreten, wie der liebe Gott sie erschaffen hat. Aber sagen Sie mir, Anna, warum liegt denn Ihr Zeug dort auf dem Stuhl?«

Anna warf schnell einen Blick ins Zelt.

»Ach, das habe ich nur mal ausgelüftet, damit nicht die Motten reinkommen. Lange Zeit, wenn man das Zeug vier Wochen nicht benutzt.«

Plötzlich kam Henry eine glänzende Idee.

»Anna«, sagte er mit eindringlicher Stimme, »ich möchte Sie um etwas bitten . . . Ziehen Sie doch Ihr Zeug an. Nur etwas . . . nur den Unterrock!«

Die Nudistin Anna wich einige Schritte in ihrem Zelt zurück. Sie sah schreckensbleich aus.

253

»Ausgeschlossen«, erwiderte sie voller Überzeugung. »Dazu kriegen Sie mich nie . . . nie im Leben. Glauben Sie ja nicht, Sie wären der erste Mann hier im Nacktlager, der mich darum gebeten hat. Aber ein Nacktlager ist ein Nacktlager, und solche Sachen mache ich nicht mit. Ich bin ein anständiges Mädchen.«

Aber Henry ließ sich nicht so leicht abweisen.

»Mein Gott, Anna, wenn Sie einen kleinen dünnen Unterrock anziehen, das kann doch nicht schaden. Wir sind doch erwachsene Leute, nicht wahr? Und im übrigen . . . wir leben in der Zeit der Frauenemanzipation. Die moderne Frau tut genau das, was ihr in den Sinn kommt, sie macht das, wozu sie Lust hat . . . ohne andere zu fragen. Es lebe die Gleichberechtigung der Frau, Fräulein Hansen . . . Anna!«

Anna zögerte, schwankte, wollte und wollte doch wieder nicht. »Wenn ich es tue, wenn ich den Unterrock anziehe, was werden Sie dann von mir denken?«

»Das Beste, liebe Anna, nur das Allerbeste, ich schwöre es!«

Schließlich gab Anna nach, aber sie stieß einen kleinen Notschrei aus, oder — was sich wie ein Notschrei hätte anhören sollen. Fast unhörbar kam es von ihren roten hübschen Lippen!

»Hilfe! Ich werde emanzipiert!«

Sie langte nach ihrem Unterrock und meinte: »Gut, aber nur für einen Augenblick. Und wenn der Aufseher vom Lager kommt und mich halb angezogen sieht?«

»Der wird schon nicht kommen, Anna, nicht zu dieser Zeit. Hier kommt überhaupt keiner. Wir sind ganz allein. Oh . . . wie bezaubernd sehen Sie in Ihrem Unterrock aus . . . Wie die Formen hindurchschimmern. Anna . . . bitte, tun Sie mir noch einen großen Gefallen . . . ziehen Sie auch Ihre Strumpfhose an!«

254

Anna wurde schreckensbleich.

»Nein«, sagte sie energisch, »dazu kriegen Sie mich nicht. Ich weiß, wie weit ich gehen darf. Wenn ich meine Strumpfhose anziehe, was kommt dann als nächstes? Dann verlangen Sie wohl auch, daß ich meine hautengen Jeans anziehe?«

»Nein, so bin ich auch wieder nicht, Anna«, versicherte Henry und sah fast aus, als glaubte er seinen eigenen Worten, »ich will Sie nicht zu etwas verlocken, was Sie nicht vor sich selbst verantworten können. Verzeihen Sie mir, Anna, wenn ich zu weit gegangen bin.«

Er sah so zerknirscht aus, daß sie ihre Worte bereute.

»Also meinetwegen«, sagte sie und zog ihre Strumpfhose an. Dabei jammerte sie: »Ach, wenn meine arme Mutter mich jetzt sehen würde!«

»Ihre Mutter ist auch mal jung gewesen. Sie hat sich auch angezogen — viele Male. Etwas anderes ist einfach undenkbar. Ach, Anna, Sie sehen phantastisch aus — bezaubernd in Ihrer Strumpfhose. Bitte, Anna, ziehen Sie auch Ihre Jeans an!«

»Ich wußte, daß Sie das sagen würden. Aber das tue ich nicht. Ich wage es nicht.«

Der junge Nudist Henry Petersen lief zu seinem Zelt hinüber und kam einen Augenblick später mit seiner hellen Sommerhose zurück.

»Dann sehen Sie mal, was ich wage, Anna«, sagte er kühn und zog sich ohne weiteres seine Hose an, ich habe sie mir einfach aus dem Depot geholt.«

Anna konnte ihre Augen nicht von dem jungen Mann abwenden, wie er dort halb angezogen vor ihr stand.

»Ach, nein, was machen wir nur! Stellen Sie sich vor, es kommt jemand und sieht uns so. Dann werden wir beide aus dem Lager rausgeworfen.«

»Na und? Ist mir doch völlig schnuppe. Ich pfeife auf

255

alle Regeln vom FKK-Strand. Mir hängt diese ewige Nacktheit zum Hals heraus. Und jetzt ziehe ich auch mein Hemd an, Anna, so, basta!«

»Wenn es Ihnen egal ist, okay, dann ist es auch mir egal.«

Schnell nahm Anna ihre dünne weiße Bluse und begann sie zuzuknöpfen.

Er strahlte vor Begeisterung und stammelte mit fast heiserer Stimme: »So soll es sein, Anna, wir leben doch nur einmal.«

»Sehen Sie«, sagte Anna und stellte sich vor Henry, »jetzt habe ich alles angezogen . . . jeden kleinen Fetzen. Halten Sie mich jetzt für ein schrecklich unanständiges Mädchen?«

»Selbstverständlich nicht, Anna, mein liebes Mädchen, nie im Leben. Ach, Anna, darf ich Sie richtig angucken? Sie sehen phantastisch aus mit all Ihren Kleidern . . . Was für eine Frau . . . ein Traum! Anna, weißt du was . . . Ich liebe dich. Laß uns abhauen von diesem blödsinnigen Nacktlager . . . und laß uns heiraten. Und wenn wir verheiratet sind, weißt du, was wir dann tun? Wir schlafen jede Nacht splitter-angezogen.«

Ameiseninvasion

Der einzige Nachteil bei einem Ferienhaus ist der Umgang mit den vielen Insekten, die einen Tag und Nacht in Atem halten. Mit Brummern, Taufliegen, Mükken, Wespen, Weberknechten und Krabbelkäfern aller Art. Und mit Ameisen! Gehen Sie mir weg mit Ameisen! Neulich machten sie sich daran, unsere Küche zu erobern. Es waren Millionen. Ihren ständigen Wohnsitz haben Sie unter den Fliesen auf der Terrasse, aber eines Tages hatten sie es sich offenbar in den Kopf gesetzt, ihren Einflußbereich auszudehnen. Und deshalb begannen sie, in Mariannes kleiner Landhaus-Traumküche herumzukriechen und ihr den Aufenthalt darin gründlich zu vergällen. Aber zum Glück gibt es heute haufenweise hochwirksame Insektizide, mit denen man jeder nur denkbaren Art von Ungeziefer den Garaus machen kann. Heute braucht man sich die Tyrannei dieses kribbelnden Kroppzeugs nicht mehr gefallen zu lassen, das wäre ja noch schöner. Und wenn man soweit in seinen Überlegungen gediehen ist, kauft man — sofern es sich um Ameisen handelt — eine Dose Ameisentod. Und damit dürfte es für jeden tatkräftigen Do-it-yourself-Ungeziefer-Vernichter ein Kinderspiel sein, in Null Komma nichts auch die letzte Ameise ins Jenseits zu befördern.

Nun war unglücklicherweise der Tag, an dem ich mich mit den Ameisen herumschlagen mußte, ein Sonntag. Die Geschäfte hatten geschlossen, und ich mußte mit dem vorliebnehmen, was wir im Haus hatten. Ich stöberte eine Sprühdose auf, die, soweit ich das auf dem abgegriffenen und vergilbten Etikett entziffern konnte, ein Pulver von erheblicher Giftigkeit enthielt, worauf überdies noch ein grinsender Totenkopf neben dem Text hinwies. Ich sprühte die Küche mit dem Zeug voll, sprühte an den Scheuerleisten entlang, besprühte die Spüle, den Gasherd, den Fußboden vor dem Kühlschrank und den Käse, den Marianne wegzuräumen vergessen hatte. Alles war in einen dichten Giftnebel gehüllt. Die Ameisen gerieten in Panik, krabbelten wie verrückt herum und rannten sich in ihrer Hektik gegenseitig über den Haufen, genau wie auf einer großen Demo, wenn die Bullen ihre Gummiknüppel schwingen.

257

Eins der schlauen Tierchen machte als rettenden Hort eine Puddingschüssel aus und winkte die anderen herbei. Ich tat, als hätte ich diesen miesen Trick nicht bemerkt, und machte mich daran, das Fensterbrett zu besprühen. Als ich mich umdrehte, sah ich, daß jeder Quadratmillimeter Puddingoberfläche von Ameisen besetzt war. Geistesgegenwärtig zückte ich meine Sprühdose und nebelte die Schüssel ein. Die Ameisen machten schleunigst, daß sie wegkamen.

»Herzlichen Dank«, ließ sich Marianne von der Küchentür her vernehmen. »Jetzt ist aber Schluß. Mein schöner selbstgemachter Pudding! Als ob wir mit dem Essen nicht schon genug Gift schlucken . . .«

Die Ameisen waren in ihren Ritzen und Spalten in Deckung gegangen und warteten gespannt auf meinen nächsten Schritt. Der bestand darin, daß ich Marianne aus der Küche scheuchte. Dann setzte ich mich demonstrativ hin und aß Pudding, nachdem ich die oberste Schicht abgekratzt hatte. Danach versuchte ich, die Anweisungen auf meiner Sprühdose zu entziffern.

»Die volle Wirkung tritt erst nach zwölf bis vierundzwanzig Stunden ein«, hieß es da. Das hörte sich durchaus vernünftig an. Ich stand auf, verließ die Küche und schloß sorgsam hinter mir ab.

»Morgen früh findest du da drin Tausende von toten Ameisen«, sagte ich zu Marianne. »Denen habe ich's gründlich besorgt. Wenn sie sich aus ihren Ritzen herauswagen, kriegen sie das Gift in die Kehle, ersticken und strecken alle Glieder von sich. Dann kehren wir sie zusammen, schütten sie hinter dem Haus auf einen Haufen und verbrennen sie mit Petroleum. Und dann hat der Spuk ein für allemal ein Ende.«

Am nächsten Morgen fanden wir in der Küche *eine* tote Ameise.

»Kehr sie zusammen und verbrenn sie«, sagte Marianne mit einer Ironie, die ich unter diesen Umständen nur als billig und unangebracht bezeichnen konnte. Ich machte unseren Vorratsschrank auf.

Die Ameisen waren dabei, sich einen breiten Pfad durch das dort reichlich ausgelegte Rattengift zu bahnen. Emsig sind sie, das muß man den Biesterchen lassen. Offenbar hatten sie sich im Augenblick voll auf den Schrank konzentriert. Ich holte meine Sprühdose, um ihnen eine gezielte Ladung zu verpassen. Direkt zwischen die Augen. Als ich mit der Dose in der Hand zurückkam, war kein einziges Ameisenbein mehr in Sicht.

»Kommt und holt euch eure Leckereien, ihr Feiglinge«, versuchte ich sie zu locken. Aber die Ameisen schienen von akuter Appetitlosigkeit befallen zu sein. Ich sprühte das Zeug auf sämtliche Bretter des Vorratsschranks, und zwar so dick, daß die Ameisen bis zum Hals drin steckenbleiben mußten, wenn sie es wagten, sich noch einmal dort umzusehen.

Am nächsten Morgen war ich früh auf den Beinen, weil ich wissen wollte, was sich inzwischen in unserem Vorratsschrank getan hatte. Es hatte sich einiges getan. Fleißig, wie Ameisen sind, hatten sie die ganze Nacht geschuftet, um das Sprühpulver zu einem ordentlichen Haufen in einer Ecke zusammenzutragen. Zur Zeit waren sie damit beschäftigt, mit Hilfe von Streichhölzern eine Brücke zu dem Honigtopf zu schlagen, den ich auf eine umgestülpte Tasse in eine Schüssel mit Wasser gestellt hatte. Als sie mich erblickten, verzogen sie sich in ihre Ritzen und Spalten. Einen Rest von Respekt vor mir hatten sie sich wenigstens noch bewahrt.

»Na schön«, knirschte ich. »Ihr habt es nicht anders gewollt! Mir kann es ja egal sein, aber vergeßt bitte nicht, daß ihr euch die Konsequenzen selbst zuzuschreiben habt. Da kommt einer, der euch nur aus dem Haus haben will, der bereit ist, euch das Leben zu schenken — und wie reagiert ihr? Mit Verweigerung. Na gut, das bedeutet den totalen Krieg. Bis zum bitteren Ende. Ist das klar?«

Ich wandte mich an Marianne und scheuchte die Enkel aus dem Haus, weil sie nicht mitbekommen sollten, was jetzt geschah.

»Diese elenden Ameisen zwingen mich, sie zu vergasen«, sagte ich entschlossen.

»Zu vergasen? Nein, das darfst du nicht. Hör mal, das ist nicht fair. Ameisen hin, Ameisen her — du mußt ihnen eine Chance geben.«

»Raus«, sagte ich freundlich, aber unbeirrt.

Marianne zog sich leicht verängstigt zurück. Ich machte das Küchenfenster zu, dichtete die Ritzen und Spalten mit Zeitungspapier und Klebeband ab. Dann drehte ich das Gas auf und machte mich schleunigst davon. Ich schloß die Küchentür hinter mir zu, zog den Schlüssel ab und stopfte Watte in das Schlüsselloch, damit auch nicht eine einzige Ameise auf diesem Weg entfliehen konnte.

Am späten Abend wagte ich mich, mit einem Taschentuch vor Mund und Nase, wieder in die Küche, taumelte durch die Gasschwaden hindurch zum Herd und drehte die Hähne ab. Dann stürzte ich zum Fenster, riß es auf und zog mich in den Garten zurück.

»Siehst du, nun haben sie doch klein beigeben müssen«, sagte ich. »So einer Radikalkur waren offenbar selbst diese zählebigen Biester nicht gewachsen.«

Mitten auf dem Herd lagen zwei Ameisen. Sie lagen auf dem Rücken, hatten die Beine in die Luft gestreckt und waren so tot wie ein geräucherter Bückling. Denen tat, wie man so zu sagen pflegt, kein Zahn mehr weh.

Gegen Mitternacht, kurz vor dem Schlafengehen,

machte ich noch einen kleinen Abstecher in die Küche, um zu sehen, ob es etwas Neues gab.

Das gab es in der Tat.

Über den Küchentisch pilgerte gemessenen Schrittes ein Zug von mehreren Hundert Ameisen, angeführt von zwei Teams von Arbeitsameisen zu je sechs Mann. Der Trauerzug verschwand durch einen Spalt unter der Tür und begab sich ins Freie.

Die Ameisenbevölkerung bettete ihre beiden toten Kameraden unter den Terrassenfliesen zur ewigen Ruhe.

Die Vormittagshochzeit

Ich habe mir gerade Gebäck heraufgeholt. Während der Hochzeitsfeier hatte ich nicht genug auf die Seite geschafft, obgleich wir alle gewaltig zugelangt haben.

Ja, die Hochzeit! Am späten Vormittag hatte sie angefangen, und morgens um vier kamen wir wieder nach Hause. Allerdings erst am dritten Tag.

Lisbeth als Braut ganz in Weiß. Karl hatte ihr ausdrücklich untersagt, in ihren verwaschenen Cowboyhosen zu erscheinen.

»Das soll eine Hochzeit werden, wie sie im Buche steht«, hatte er gesagt. »Kein Bahnwärterschrankenfest auf Fahrrädern. Die Leute sollen doch nicht glauben, ich hätte dich um Mitternacht aus einem Stift für vertrottelte Adlige entführt!«

Wie gesagt, Lisbeth erschien in Weiß als Zeichen von Reinheit und Unschuld.

Dazu paßte es sehr gut, daß Karl ganz in Schwarz kam.

Aber scharf auf sie ist er bestimmt. Er meint, sie sei genauso hübsch, wie sie sich selbst findet.

Ich persönlich habe an Lisbeth nie etwas Besonderes entdecken können, vielleicht von den Grübchen abgesehen.

Aber selbst wenn man sich in zwei Grübchen verliebt, so halte ich es für übertrieben, deswegen gleich das ganze Mädchen zu nehmen. Aber wie Karl so treffend sagte:

»Eine gute, zärtliche Ehefrau – davon kann man nie genug haben!«

Lisbeths Eltern hatten sich geweigert, an der Hochzeit teilzunehmen, aus Ärger darüber, daß sie vorher zur Taufe auch nicht eingeladen waren.

Das junge Paar hatte sozusagen einen Frühstart erwischt. Und dann war eine Bauchlandung gefolgt.

Ach, es gibt merkwürdige Sitten und Gebräuche. Man braucht doch nur an die mohammedanischen Länder zu denken.

Da sieht die Braut ihren Mann nicht vor der Hochzeit.

Bei uns ist es eher umgekehrt. Da sieht sie meistens nach der Hochzeit nicht mehr viel von ihm.

Als ich gleich hinter dem Brautpaar die Kirche betrat, hörte ich, wie Lisbeth zu ihrem Karl sagte:

»Wenn wir nun erst verheiratet sind, Karl, willst du mir dann auch durch Feuer und Wasser folgen?«

»Aber sicher«, knurrte Karl, »solange es sich nicht um Abwaschwasser handelt!«

Da drückte sie zärtlich die Hand ihres Zukünftigen und flüsterte:

»Ich freue mich darauf, von nun all deine Kümmernisse zu teilen!«

»Kümmernisse?« erwiderte Karl. »Ich habe keine Kümmernisse!«

»Nein, nein«, sagte Lisbeth und schmiegte sich enger an ihn, »wir sind auch noch nicht verheiratet!«

Der kleine Oliver, mein Neffe, war auch mit in der Kirche. Und als Lisbeth »ja« gesagt und Karl ebenfalls »ja« gesagt hatte, umarmte sich das junge Paar. Da rief Oliver mit seiner hellen Kinderstimme so laut, daß man es bis auf die letzten Plätze hören konnte: »Mutti! Hat er sie jetzt bestäubt?« Aber Mutti schüttelte nur den Kopf und zeigte auf das Schild am Pfeiler in der Kirche, auf der die Nummern der Lieder angezeigt waren, die gesungen werden sollten.

»Mutti, Mutti«, jubelte Oliver plötzlich, »jetzt singen wir gleich meine Garderobennummer aus dem Kindergarten!«

Ich bin übrigens selbst nie verheiratet gewesen. Und ich werde auch nicht mehr heiraten, selbst dann nicht, wenn man einen Lippenstift erfindet, der nach Aquavit oder Whisky schmeckt.

Als wir dann nach Hause kamen und zu Tisch gingen, intonierte die Kapelle den Hochzeitsmarsch von Mendelssohn-Bartholdy. Nicht gerade neu oder originell, muß man sagen; ich wäre mehr für einen rassigen Scheidungswalzer gewesen.

Während des Festessens fragte ein Gast, wo sich das Brautpaar kennengelernt habe.

»Darüber sprechen wir nicht«, erwiderte Karl leise, »aber auf jeden Fall bin ich davon kuriert, nach einem Taxi zu pfeifen, wenn ich gerade aus einer berüchtigten Straße komme!«

Die Rede auf das Brautpaar hielt Karls reicher Onkel aus Amerika. Gerade als das Kalbsfilet zum zweiten Male herumgereicht wurde, erhob er sich:

»Solltest du jemals eine helfende Hand benötigen«, sagte er tief gerührt zu Karl, dem Bräutigam, »so denke dran, mein Junge, daß an den Enden meiner Arme jeweils eine sitzt!«

Aber dann war plötzlich der Gurkensalat alle, und das Brautpaar hatte seinen obligaten Walzer absolviert, als Karl seine Auserwählte in eine dunkle, verlassene Saalecke zog.

»Mir fehlen einfach die Worte dafür, wie sehr ich dich liebe«, sagte er.

Aber er suchte wenigstens danach und fummelte an seiner Braut herum, als hätte sie die fehlenden Worte auf ihre Schenkel tätowiert.

Gegen Morgen herrschte dann Aufbruchsstimmung. Karl reiste für eine Woche nach Mallorca.

Lisbeth war schon einmal dort gewesen, so daß sie lieber zu Hause blieb und auf die Kinder aufpassen konnte.

Ja, eine Ehe ist schon etwas Seltsames. Im Grunde ist es wie in einem Restaurant. Dort wählt man auch irgend etwas, was gerade auf der Speisekarte steht. Und wenn man dann das Bestellte bekommen hat und sieht, wofür sich andere Gäste entschieden haben, so bereut man, daß man nicht doch etwas anderes genommen hat.

Ich finde, es ist manchmal ganz amüsant, dabeizusein, wenn sonst völlig unbekannte Leute heiraten.

Und nicht nur erfährt, wenn sich die Prominenten scheiden lassen.

Unsere fabelhafte Anpassungsfähigkeit ...

Will man etwas vom Duft der großen, weiten Welt da draußen mitkriegen, hat man die Hausmannskost einigermaßen satt und kommt bedenkenlos ein, zwei

Wochen ohne Hamburger aus, drängt es einen, unter Palmen zu wandeln, ist man sonnenhungrig und braucht einen Klimawechsel — dann ist unter Umständen ein Charterflug die Lösung des Problems. Gegen Chartermaschinen als solche habe ich absolut nichts. Aber ich werde nie lernen, wie man sich anschnallt. Das eine Ende des Sicherheitsgurtes ist immer unauffindbar. Ich habe schon mehr als einmal daran gedacht, an die Fluggesellschaft zu schreiben und dieses fehlende Ende zu monieren, aber irgendwie kam es nie soweit, weil mir jedesmal eine Stewardeß sagte, ich säße darauf.

Und noch etwas ist mir aufgefallen! Die Piloten, mit denen ich gewöhnlich fliege, haben etwas gegen mein Rauchen. Kaum habe ich mich bequem hingesetzt, denke »Jetzt würde mir eine Zigarre schmecken« und angle mir eine aus der Brusttasche, da läßt der Flugkapitän das NO SMOKING aufleuchten. Sie können darauf wetten, daß er das Ding erlöschen läßt, sobald ich meine Brasil pflichtschuldigst ausgedrückt habe. Es vergehen ein paar Stunden, ich versuche wieder, heimlich einen Glimmstengel aus der Tasche zu ziehen . . . was geschieht? Genau dann, wenn ich ihn anzünde und fröhlich paffe, kommt der Flugkapitän wieder mit seinem NO SMOKING. Es klappt jedesmal.

Außerdem geben die mir immer den schlechtesten Platz im ganzen Flugzeug. Entweder ich kriege den am Mitteleingang, wo man sich bei dem Versuch, aus dem Fenster zu schauen, beinahe den Hals ausrenkt, oder ich kriege den direkt am Fenster, wo man sich beinahe den Hals ausrenkt, wenn man schaut, ob die Stewardeß wieder mit einem kleinen Imbiß unterwegs ist.

Und noch etwas: Der mir zugedachte Sitz ist immer fast 20 cm schmaler als alle anderen. Das kann nicht stimmen, meinen Sie? O doch. Wie sonst soll man sich erklären, daß ich nie die Ellbogen unterbringe, ohne gleichzeitig die Hälfte der Nachbarsitze zu okkupieren.

Die verstellbaren Rückenlehnen sind auch so eine Albernheit, über die ich mich gerne bei den Luftverkehrsbehörden beklagen würde. Sie sind einfach falsch konstruiert. Sie sollten so funktionieren, daß die Rückenlehne immer, wenn man den Aschenbecher rauszieht, nach hinten kippt. Es macht nichts, wenn mir die Asche in den Cocktail oder auf den Nebenmann fliegt, sobald ich den Aschenbecher herausziehe, aber es ist doch einfach idiotisch, daß nicht gleichzeitig auch die Rückenlehne ein paar Kerben weiter nach rückwärts rutscht. Das Ding, mit dem man die Rückenlehne betätigt, ist ohnehin falsch angebracht. Ich bekomme es jedes Mal zu fassen, wenn ich nach dem Aschenbecher suche. Man traut sich ja nicht, richtig hinzuschauen, womit man da herummurkst, schließlich will man sich keine Blöße geben. Die Mitreisenden sollen nicht glauben, daß man zum ersten Mal fliegt. Also saust meine Rückenlehne über alle Kerben hinweg und knallt dem hinter mir Sitzenden ins Gesicht.

Aus irgendeinem unerfindlichen Grunde ist der hinter mir Sitzende in dem Moment, in dem meine Rückenlehne ihn anspringt, immer gerade dabei, einen Schluck zu sich zu nehmen und – patsch! – der ganze Drei-Sterne-Kognak spritzt ihm ins Gesicht. Zwar ist der Stoff an Bord nicht so teuer wie unten auf der Erde, doch ist es auch über den Wolken nur für die wenigsten von uns erschwinglich, sich damit das Gesicht zu waschen.

Ein weiteres typisches Beispiel dafür, wie unfair man mich behandelt: Immer werde ich so gesetzt, daß ich beim Servieren des Lunchs oder Dinners zuletzt drankomme. Oder so, daß ich zuerst drankomme. Dann bin ich schon wieder hungrig, wenn die Stewardeß dem letzten Gast serviert. Auch bekam ich schon mal einen Sitz ganz in der Mitte, so daß mein Tablett genau in dem Moment an der Reihe war, als die eine Hälfte schon bedient war und die andere noch wartete. Auch das war ärgerlich, denn bis zu mir war das Huhn so lange unterwegs, daß mir verborgen blieb, ob es sich um ein warmes oder ein kaltes Huhn handelte. Warum können die Fluglinien nicht ein flexibleres System einführen? Warum sind nicht 104 Stewardessen an Bord jeder Maschine? Verstehen Sie: Auf diese Art würden alle 104 Passagiere gleichzeitig bedient, und wir brauchten uns nicht diese elende Diskriminierung gefallen zu lassen, die mich persönlich hart trifft. Selbst wenn so ein Flug spottbillig ist − ein Minimum an Service wird man ja wohl noch verlangen dürfen, oder?

Auch bin ich der festen Überzeugung, daß alle Stewardessen zu langsam servieren. Ich habe mal eine Stoppuhr mitgenommen, in der Absicht, eine diesbezügliche Klage an die zuständige Aufsichtsbehörde zu richten. Wir waren 102 Passagiere an Bord, und man geht davon aus, daß jedem Passagier in 20 Sekunden sein Essen hingestellt werden kann − das muß ungefähr stimmen, weil ja der Olympiasieger Bob Hayes 100 Meter in 9,9 Sek. gelaufen ist − dann müßte die Serviererei in 34 Minuten erledigt sein. Im fraglichen Fall dauerte es aber 35,5 Minuten. Darf ich mal fragen: Was taten die Stewardessen in den restlichen 1,5 Minuten? Mit dem Kopiloten schäkern? Hat ein Kopilot etwa mehr Recht auf Service als all die anderen, die ihr Flugbillett gekauft und bar bezahlt haben? Wo doch der Kopilot höchstwahrscheinlich sowieso gratis fliegt?

Weiter habe ich die Erfahrung gemacht, daß die Passagiere auf dem Hinflug immer eine Mischung aus langweilig, uninteressant und verdreht sind.

Ich will beileibe niemanden schlecht machen. Aber sicherheitshalber mache ich mir vorher immer die Mühe, in der Abflughalle herumzuschlendern und mir die Mitreisenden genauer anzusehen. Und ich muß schon sagen: Bereits lange vor dem Start bin ich mir klar, daß ich mit denen nichts zu tun haben, geschweige denn sie unterwegs näher kennenlernen will. Jedesmal komme ich zu dem Schluß, daß es wohl das beste sein dürfte, ganz für sich zu bleiben, nicht zuletzt, weil ich der bin, der ich bin, wenn Sie verstehen, was ich meine.

Eines aber muß ich den Reiseunternehmen und Chartergesellschaften lassen: Auf dem Heimflug haben sie stets fröhliche, freundliche, amüsante und braungebrannte Leutchen zu bieten. Und immer so viele! Man kann mit ihnen schwatzen und amüsiert sich köstlich. Man kann die Plätze mit ihnen tauschen. »So, Frau Petersen, jetzt sind Sie an der Reihe mit dem Fensterplatz.« − »John, wir wollen noch einen zwitschern, aber diesmal bin ich dran, es geht nicht, daß Sie mich jedesmal einladen.« − »Haben Sie den ulkigen Hut gesehen, den Bullig sich gekauft hat? Was der wohl gekostet hat?« − »Ja, Mrs. Robinson, es war himmlisch da unten, und ich möchte wirklich gern nächstes Jahr wieder hin. Und wieviel nette Menschen man dabei kennenlernt . . .« − Hoppla, das war wieder die Rückenlehne, und − peng! − Herrn Schmidt genau ins Gesicht. − »Um Gottes willen, haben Sie was verschüttet, Schmidt? Alter Junge! Na ja, Kognak macht ohnehin keine Flecken.« − »Die Toilette ist besetzt? Nein, nein, Frau Plümpe, nach Ihnen − hab' ich zwei Wochen gewartet, kann ich auch noch 5 Minuten länger warten.« − »Sie haben eine Zeitung aus der Heimat, Gnädigste? Weiß Gott, was zu Hause alles passiert ist! Soso, der Herr Präsident ist noch im Amt. Von mir aus soll er ruhig noch eine Weile in seinem Büro bleiben, schließlich geht es uns ja nicht schlecht!« – »Jetzt bringen die Stewardessen heiße Hühnerbeinchen. Man muß sie wirklich bewundern, sie werden nur gehetzt und müssen nach diesem und jenem rennen, aber für ein Lächeln haben sie immer noch Zeit. Haben Sie diese Kurven gesehen? Prächtig, nicht wahr!« – »Wieviel Hochprozentigen kann man eigentlich einführen, Petersen? Sind Sie wahnsinnig? Das kriegen Sie nie durch.« – »Was sehe ich denn da, John? Wir dürfen doch nicht mehr rauchen. NO SMOKING. Was, wir landen gleich? Ich sag's ja, die Zeit rast, wenn man in netter Gesellschaft ist!« – »Warten Sie, Fräulein Hennemann, ich helfe Ihnen beim Anschnallen. Das andere Ende . . . Welches andere Ende, Fräulein Hennemann? Aber Sie sitzen ja drauf . . . hahaha, also das andere Ende vom Gurt, da ist es ja . . . so, lassen Sie mich das Ganze etwas enger stellen. Sie sind doch nicht etwa kitzlig, kleines Fräulein? Das ist mir aber gänzlich neu! Haha.« – »Hoppla, jetzt haben wir aufgesetzt. Gut gemacht. Was ich immer sage, diese Piloten verstehen ihr Handwerk. Alles in allem war es eine wunderbare Reise, soviel ist sicher!« Jetzt brauchen wir nur noch mit eisernem Gesicht durch den Zoll. Aber das schaffe ich immer. Man braucht denen nur direkt in die Pupille zu schauen und auf die Frage, ob man was zu verzollen hat, NICHTS zu sagen.

»Wie ist es, Ed, sehen meine Taschen *sehr* ausgebeult aus?«

Die Zittergrasmänner aus den wilden Dornenbüschen

Ein warmer Tag in der Steinzeit.

Über dem sonnenbeschienenen Fichtenwald lag ein sanftes und gleichmäßiges Summen, als ob der ganze Wald schliefe und nur seine Atemzüge zu hören seien. Die Sonne brannte, die Luft war still, und unter der Glocke des Himmels hingen weiße zottige Wattewölkchen so unbeweglich, als seien sie dort angenagelt.

Nur in der Nähe des Siedlungsplatzes an den wilden Dornenbüschen wurde die Stille vom gleichmäßigen Geräusch der Steine unterbrochen, mit denen auf andere Steine geschlagen wurde. Dort arbeitete der rotbärtige, behaarte Zittergrasmensch Snaremule, der Waffenmeister der Siedlung, am fliegenumsummten Strand des blanken, stillen Sees an seinen Haublöcken. Schweigend und verbissen hämmerte er auf die Stellen des Steinblockes, den er ausgewählt hatte, bis der Stein an der bezeichneten Stelle zersprang.

Blut rieselte von seinen Schenkeln, die Brust und die muskulösen Arme waren von Steinsplittern geritzt, aber er achtete nicht darauf. Dort, wo er arbeitete, lagen Bohrer, Meißel, Längs- und Schrägfeilen und stapelweise Feuersteine.

Neben ihm auf einem Boot, das aus einem schweren Fichtenstamm gezimmert war, saß der Häuptling der Siedlung, der Zittergras-Urmensch Lubbe und beobachtete mit schweigendem Mißvergnügen Snaremules abschließende Feinarbeiten an einem langen, zweigeteilten und etwas gebogenen Flitzbogen.

»Ich Lubbe glaube, ich Lubbe gehe auf Jagd«, sagte er und griff nach seinem Hirschhornbeil und der schweren Knochenkeule.

Snaremule legte den Meißel auf den Haublock und richtete den breiten behaarten Rücken auf.

»Ich Snaremule glaube, ich Snaremule werde dich begleiten«, sagte er. Dann machten sich die beiden Urmenschen auf und verließen die Siedlung.

Am Feuerplatz, vor Snaremules enger Erdhöhle, saß seine Frau Yrsamynte, emsig damit beschäftigt, Felle zu bearbeiten.

»Ich Snaremule und er Lubbe, wir schlagen uns jetzt in den Wald, große Jagd«, erklärte Snaremule und griff nach der Beinkeule, die am Eingang der Höhle lag.

Yrsamynte nickte zustimmend, und die beiden Urmenschen verschwanden prustend und gebückt in dem dichten, kühlen Fichtenwald. Wo sie hinkamen, wühlten schwarze, langhaarige Wildschweine grunzend in Mulden. Ein Auerochse mit seinen gefährlichen, schwankenden Hörnern kam dicht an ihnen vorüber, dampfend vor Wärme. Hirsche, Wildkatzen, Eichhörnchen und anderes Getier wimmelte zwischen den Bäumen, aber die beiden Urmenschen achteten nicht darauf. Mehrere Male hätte Snaremule einen Dachs mit seinem schweren Wurfbeil erschlagen können, aber er ließ ihn laufen. Es war klar, daß er es auf eine Beute ganz anderer Art abgesehen hatte.

»Er Knurrekvabbe, er kommen«, flüsterte Lubbe plötzlich und deutete mit seinem Hirschhornbeil auf einen breitschultrigen, fellbekleideten, stark behaarten Urmenschen, der zwischen den Bäumen in einer kleinen Lichtung vor ihnen auftauchte. Snaremule stieß ein paar sonderbar lockende Laute aus, und Knurrekvabbe blieb stehen, wachsam und bereit, dem ersten, der sich zeigen würde, die Keule über den Kopf zu schlagen.

Snaremule ging mutig näher, während er die Hände abwehrend ausstreckte.

»Bin nur ich, Snaremule Waffenmeister. Er nur er, Lubbe Zittergrasmann. Wir auf großer Jagd, du gefangen feine Gemse?« Knurrekvabbe grinste stolz. »Sehen!« rief er und schleuderte ein junges hübsches Steinzeitmädchen, das er an ihren langen, blonden Locken hinter sich hergezerrt hatte, vor Snaremules Füße. Ihre Brüste waren rund und fest, eine gute Handvoll, ihre Schenkel lang und schlank, ohne deshalb dünn zu sein, und ihr Körper fein und glatt wie der Bauch eines neugeborenen Bärenbabys, golden und stramm.

»Sie Frau«, nickte Snaremule anerkennend, »atmet?«

Knurrekvabbe nickte mit einem etwas unsicheren Blick auf das Mädchen.

»Ja«, sagte er, »Ich Knurrekvabbe glaube, sie Frau wird bald wieder zu sich kommen. Ich Knurrekvabbe haute mit Keule Frau über Nacken. Sie Frau schwer zu kriegen. Ich Knurrekvabbe geschafft!«

»Wenn Loch im Nacken heil und Loch nicht mehr da und Frau wieder atmet, wird frisch wie Hirschkuh springen im Wald«, sagte Lubbe und piekte das Mädchen mit seiner Knochenkeule. »So du Knurrekvabbe hast gemacht gute Griff mit Frau. Ich Lubbe früher gehabt Frau wie sie, aber widerspenstig. Kleine Strampelfrau, gut auf Bärenhaut, wenn man richtig macht.«

Knurrekvabbe zog mit seiner Beute zufrieden weiter.

Einige Tage später führte Knurrekvabbes Weg wieder an der kleinen Lichtung vorbei, wo er mit den beiden Zittergras-Urmenschen geredet hatte. Er hörte Geräusche im Unterholz, griff seine Knochenkeule fester und machte sich bereit zum Kampf. Snaremule steckte seinen feuerroten Bart aus dem Gebüsch und rief, wer dort sei.

»Ihr Zittergrasmänner noch nicht bekommen Frau?«

erkundigte sich Knurrekvabbe. Snaremule deutete mit seinem Wurfbeil auf Lubbe.

»Er Lubbe hinter Frau her, als Sonne stieg aus dem Meer. Sie Frau feine Sache, gutes Fleisch vorne, gutes Fleisch hinten, lange Beine, aber sie Frau entkam. Weg. Sie Frau lief zur Siedlung bei Ulveholme. Ich Snaremule Waffenmeister, und er Lubbe nicht gefolgt. Ulveholme bekriegen uns, spalten mit Streitaxt Hirnkästen. Hirnschale kaputt wie Lehmschüssel, nein danke!«

»Wie geht mit Frau, du Knurrekvabbe erwischt vor Handvoll Sonnentage?«

»Habe sie Frau vor Wölfe geworfen. Sie tot«, antwortete Knurrekvabbe. »Ich Knurrekvabbe glaube, ich Knurrekvabbe schlage zu hart darauf, wenn ich Frau erwische.«

»Jetzt du Knurrekvabbe, Auerochsentöter, kein Weib?«

»Ich Knurrekvabbe keine Frau gehabt ganze Sommer. Ich Knurrekvabbe stelle nach, haue zu, peng! Sie krepiert zwischen Auerochsentöters Händen, tot. Frauen heute vertragen nichts. Früher Knurrekvabbe jung, lange her. Damals hinnahmen Frauen Keulenschläge über Nacken wie Mundkuß. Damals lange her, wenn ich Knurrekvabbe Frau haben wollte, was weiter? Ich Knurrekvabbe schnell Beine in Hände und schlage Frau nieder. Großer Keulenschlag, großes Pech, Frau sieht nur Sterne. Nächste Sonnentag Frau frisch und folgsam wie junges Füllen. Du Snaremule Waffenmeister dich erinnern, wie leicht damals Spaß mit Mädchen auf Moos und Heu?«

»Er Snaremule kann nicht erinnern so was«, sagte Lubbe. »Er Snaremule nur gelebt so viele Sommer wie Finger an meiner Hand und einer an deiner. Ich Lubbe sein Großvater.«

Knurrekvabbe murmelte, es sei schwer zu sehen, wer von ihnen wer eigentlich sei.

»Freuden auf Bärenfell«, behauptete Snaremule, »machen Männer schnell ebenso viele Sommer alt.«

Plötzlich zog Lubbe die beiden Urmenschen ins Gebüsch. Er hatte unten am Strand etwas Interessantes entdeckt. Unten am Strand ging ein junges Mädchen mit einem Lehmkrug.

»Hübsche Gemse«, murmelte Knurrekvabbe lüstern.

»Ich Lubbe springe wie Schnelläufer, fange sie Frau«, sagte der alte Lubbe und hob die Fellhose hoch, die er hinter sich herschleppte.

»Ich Lubbe fing zu meiner Zeit ebenso viele Frauen wie Steine auf Versammlungshaus liegen. Ich Lubbe . . .«

Aber ehe er fertig war, hatte Snaremule längst die Verfolgung aufgenommen. Es gelang ihm, sich ganz nah an das Mädchen heranzuschleichen, ehe sie ihn entdeckte und zu laufen begann. Als er nur wenige Schritte hinter ihr war, blieb sie plötzlich jäh stehen, drehte sich um und schmetterte ihm mit voller Kraft den großen schweren Lehmkrug über den Kopf. Der Krug zersprang in tausend Stücke, und Snaremule stand einen Augenblick da und wackelte verwirrt mit dem Kopf. Dann nahm er die Verfolgung wieder auf.

»Er Snaremule guter, dicker Schädel«, sagte Lubbe stolz. »Mann einmal Snaremule mit Steinbeil über Kopf geschlagen. Er Snaremule gab keinen Laut von sich.«

Snaremule war nur noch einen Schritt hinter dem Mädchen, als er seine Keule hob und ihr einen Schlag versetzte, so daß sie wie leblos zu Boden stürzte.

»Klatsch!« brummte Lubbe. »Er Snaremule schlägt immer zu hart. Er Waffenmann nie einsieht Unterschied zwischen kleiner Frau und großem, wilden Bär.«

Snaremule kehrte verstimmt zurück. Er warf die Keule weg und sank auf einen umgestürzten Fichtenstamm.

Im selben Augenblick bewegte sich etwas im Unterholz neben ihnen. Instinktiv griffen die Urmenschen nach ihren Beilen und Keulen und machten sich bereit zum Kampf. Das Gebüsch des dichten Unterholzes teilte sich und ein Mann steckte vorsichtig den Kopf heraus.

Knurrekvabbe, der am nächsten stand, schwang seine Keule und versuchte, den Kopf des Mannes mit fürchterlicher Wucht zu treffen. Der Ankömmling hatte Glück, daß es ihm gelang, gerade noch rechtzeitig einen Schritt zurückzuweichen, so daß Knurrekvabbes Keule eine Wildkatze mit solcher Gewalt traf, daß von dem Tier nur noch ein roter Fleck übrigblieb.

»Aufhören!« rief der Fremde ärgerlich. »Doch nur Lodde Muldsnaebel aus Oldensvinnaes!«

»Lodde Muldsnaebel aus Oldensvinnaes?« riefen die Urmenschen mißtrauisch.

Der ungewohnte Anblick eines glattrasierten Urmenschen überraschte sichtlich die Zittergrasmänner. Lubbe als der älteste überlegte angestrengt. Dann sagte er:

»Oldensvinn-Männer tragen Vollbart!«

Dann überlegte er wieder etwas und strengte sich noch mehr dabei an.

»Zittergrasmänner wachsen Vollbärte.«

Snaremules junges Gehirn reagierte frisch und schnell:

»Allen Männern wachsen Vollbärte«, konstatierte er.

Knurrekvabbe trat vorsichtig einen Schritt näher und musterte den Fremden sehr eingehend, dann sagte er:

»Du erster Mann, ich Knurrekvabbe sehe mit Hintern oben und unten.«

Lubbe fuhr mit seinen Überlegungen fort:

»Auch Lodde Muldsnaebel aus Oldensvinaes wächst Vollbart.«

Und nach weiteren Augenblicken harten, angestrengten Nachdenkens hatten sie das Problem gelöst:

»Also du nicht Lodde Muldsnaebel!«

Das war einfache Steinzeitlogik, und die Männer erhoben erneut ihre Keulen.

»Ich Lodde Muldsnaebel habe Vollbart mit Steinbeil abgeschabt«, beeilte sich Lodde zu versichern. »Ihr Männer nicht glaubt, ich bin es? Dann hersehen! Ich, Lodde, keinen Daumen an dieser Hand. Diesen Daumen Noekkerose Knurgylts Weib abgebissen! Lange her, ich Lodde holte sie von Askemoos-Männern.«

Die Urmenschen waren beruhigt, aber schon meldete sich das nächste Problem.

»Warum du abgenommen Vollbart?« fragte Lubbe.

»Ich Lodde Muldsnaebel großer Grübler«, erklärte Lodde langsam und bedächtig. »Ich Lodde sitze lange Mondnächte auf großem Stein und grüble. Ich Lodde sehe Loddes Vollbart in klarem Wasser. Ich Lodde rieche Ochsenfleisch, getrocknetes Blut von Wildkatze, schwerer Geruch von vergrabenem Trockenfisch. Vollbart stank. Dann aus Gehirn kommt Gedanke: Frauen vielleicht mögen Lodde ohne Vollbart lieber?«

»Du Lodde, Hinterngesicht, scharf auf Frau?«

Lodde nickte eifrig und entblößte seine starken weißen Urmenschenzähne zu einem breiten Grinsen, stolz darauf, sich verständlich zu machen. Knurrekvabbe konnte die Augen nicht von Loddes Gesicht lassen. Plötzlich erinnerte er sich, wo er schon einmal etwas Ähnliches gesehen hatte.

»Lodde Muldsnaebels Gesicht wie Arsch im Mondschein«, sagte er.

Snaremule deutete auf einige Waldblumen, die Lodde
in der Hand hielt.

»Frißt du Blumen?« fragte er.

Lodde kniff seine buschigen Urmenschenbrauen
zusammen und strich sich über die Stirn. Offenbar hatte
er von seiner langen Rede Kopfschmerzen bekommen,
und es wurde dadurch nicht besser, daß er schon wieder
etwas sagen sollte.

»Ich Lodde zerbreche noch mehr Kopf bei Mondschein. Ich Lodde reiße große Hände voll Veilchen aus
Waldboden. Ich Lodde jage Frauen. Frau sieht, daß ich
Lodde Blumenstrauß habe. Sie Frau weiß, daß mit Blumenstrauß nicht hart geschlagen. Deshalb Frau läuft
nicht so schnell wie Frau läuft, wenn sie sieht schwere
Keule.«

Die Urmenschen konnten Loddes Gedanken kaum
folgen. Sie traten dicht an ihn heran und betrachteten
ihn genau.

»Er Lodde viele blaue Brummer im Hirnkasten, viele
blaue Brummer summen, machen dumm. Wir tun Lodde
großen Freundesdienst: Wir hauen Lodde tot und begraben ihn.«

Snaremule schnupperte in die Luft wie ein Hund, der
ein Stück Wild gewittert hat.

»Merkwürdiger Geruch«, sagte er, »du Lodde Oldensvinn-Mann?«

Lodde nickte und strich seine breiten, behaarten Fäu-
ste durch das dichte Haar, das glatt und fest auf dem
Kopf lag und nicht wild und ungepflegt wuchs, wie es der
Brauch verlangte.

»Ich Lodde Muldsnaebel grüble noch weiter. Ich
Lodde schmelze Saft von Waldpflanzen, damit Frauen

277

riechen können Waldmeister. Lodde Muldsnaebel reibt in Kopfhaare. Ich Lodde denke, wenn Frau kommt und riecht Waldmeister, happs, ich Lodde schnappe hübsche Frau.«

Knurrekvabbe hob seine schwere Keule, um dem Unfug ein Ende zu machen.

»Er Lodde Muldsnaebel Sonnenstich im Kopf«, sagte er, »jetzt ich Knurrekvabbe zerschmettere seinen Kopf. Großes Peng! Kleine Stücke! Lodde tot!«

»Nein!« protestierte Lubbe. »Er Lodde Muldsnaebel guter Freund. Wir jagen Frau zusammen viele Sommer. Ich Lubbe Schädelöffner lüfte Muldsnaebels Hirn durch.«

Die Urmenschen fanden den Vorschlag akzeptabel und warfen sich über Lodde, banden ihm Hände und Füße mit kleinen Lederriemen zusammen, worauf Snaremule ihn auf die Schulter nahm und in Richtung Siedlung bei den Wilddornbüschen trug . . .

Die Zittergras-Urmenschen strömten von allen Seiten herbei, als die drei Urmenschen mit Lodde Muldsnaebel erschienen.

»Er Lodde Muldsnaebel Oldensvinn-Mann großer Gehirnklaps. Wir bohren Loch und lüften aus«, erklärte Lubbe, der besonders geschickt und fingerfertig war, wenn es sich um solche Eingriffe handelte.

»Holt Trym!« kommandierte Snaremule, und ein Urmensch ging auf die Suche nach Trym. Kurz darauf kehrte er zur Siedlung mit dem stärksten Mann zurück, einem untersetzten, breitschultrigen, kräftig behaarten Urmenschen mit etwas zu langen Armen und etwas zu kurzen Beinen. Lubbe und Knurrekvabbe bugsierten den gefesselten Oldensvinn-Mann auf einen großen flachen Findling, und Yrsamynte, Snaremules Frau verschwand, um für kochendes Wasser zu sorgen, damit die

278

Feuersteingeräte zur Operation gesäubert werden konnten.

Wenn noch die Reste fetter Speisen an den Instrumenten klebten, konnten sie leicht durch ihre Glätte an der Schädelwölbung abprallen und die Operation erschweren.

»Ihn Lodde Muldsnaebel betäuben?« fragte Trym erwartungsvoll und wog seine gewaltige Auerochsenkeule in den Händen.

»Du betäuben?« erkundigte sich Lubbe und schabte Loddes Kopfhaare mit einem zweischneidigen Feuersteinmesser ab, das so scharf war wie ein Rasiermesser.

»Nicht weh tun! Betäuben!« bettelte Lodde.

»Du zählen Finger, du zählen Zehen. Wenn du gezählt, Trym knallt dir kleinen Peng, du dann merken keine Spur, ehe Operation vorbei, und großer Schädelvogel ausgeflogen.«

Lodde Muldsnaebel begann, seine Finger und Zehen zu zählen, die einzige Form des Zählens, die die Urmenschen beherrschten.

»Das ist der Daumen, der schüttelt die Pflaumen . . . der hebt sie auf . . . der trägt sie nach Haus . . . und der ißt sie alle, alle auf . . .«

Loddes Stimme wurde langsamer und schwächer, als er an die Finger der anderen Hand kam, die scharfe, anspruchsvolle Konzentration, die er benötigte, um sich zu erinnern, wie jeder einzelne Finger hieß, zehrte an seinen Kräften. Genau das wollte man bezwecken.

»Mach nur weiter, Lodde Muldsnaebel!«

Lodde begann, die Zehen aufzuzählen: »Großer August, langer Wilhelm, mittlerer Franz . . .«

Trym hob die Keule, nahm sorgfältig Maß und versetzte Lodde einen heftigen Schlag vor die Stirn.

Drüben am Waldrand erhob sich ein Geier kreischend

von einem Ast, als er den Knall gehört hatte. Lodde war vorzüglich getroffen worden. Trym warf einen triumphierenden Blick in die Runde und lehnte sich dann zufrieden an seine Keule. Lubbe beugte sich über den gefesselten Urmenschen.

»Du schlafen, Lodde?«

»Nee«, brummte Lodde Muldsnaebel und öffnete ärgerlich die Augen. Lubbe und Trym warfen sich einen schnellen Blick zu. Zwar hatte man damit gerechnet, daß die Oldensvinn-Männer eine dicke und solide Hirnschale haben, aber daß sie so dick sein konnte, damit hatte man denn doch nicht gerechnet.

»Zähl!« kommandierte Lubbe.

Lodde Muldsnaebel begann wieder seine Finger und Zehen zu zählen, und dann schmetterte Trym ihm ein weiteres Mal die Keule vor die Stirn.

»Das hat gesessen!« sagte Snaremule mit einem schiefen Lächeln.

»Du schlafen, Lodde Muldsnaebel?« fragte Lubbe.

Lodde Muldsnaebel schlief.

Nun trocknete Lubbe seine schmutzigen Hände an einem Grasbüschel ab und begann mit der Operation. Schnell und geschickt schnitt er die Haut in der passenden Größe aus der Schädeldecke und hämmerte ein hübsches, schräges Loch ins Gehirn. Den herausgeschnittenen Teil der Schädeldecke legte er neben sich auf einen Stein. Mit der anderen Hand verscheuchte er ein paar aufdringliche Fliegen von dem Loch und pustete kräftig in Loddes Gehirn, um das Übel herauszublasen. Nachdem alle gesehen hatten, wie Lodde Muldsnaebels Schädel von innen aussah, klebte Lubbe den herausgeschnittenen Teil mit etwas Lehm, den er mit Speichel anfeuchtete, an Ort und Stelle wieder an und entfernte die Fesseln.

»Er Lodde Muldsnaebel schüttelt unsere Dankhand, wenn er wieder kräftig Luft in der Brust hat«, sagte er und erläuterte vor einem Kreis Neugieriger, welche sich vor dem Operationstisch versammelt hatten, die medizinischen Hintergründe des erfolgten Eingriffs.

»Eingeklemmter Hirnvogel jetzt heraus«, sagte er. »Wenn Lodde Muldsnaebel klug ist, so kommen zu mir Lubbe, ehe er Lodde bekommt Klaps durch Grübelei in Mondnächten. Nun soll Lodde Muldsnaebel liegen, bis Sonne steigt aus dem Meer. Dann du Yrsamynte Snaremulefrau bringst ihm starken Kräutertee.«

Als die Urmenschen am nächsten Morgen nachsehen wollten, wie es um den operierten Oldensvinn-Mann stand, war der Operationstisch leer und Lodde Muldsnaebel verschwunden.

Im Spätsommer jenes Jahres schlenderten nahe dem Siedlungsplatz bei den Wilddornbüschen drei junge Mädchen vorüber. Sie scherzten, lachten und alberten, während sie flache Feuersteine über den glatten Wasserspiegel springen ließen.

»Fangen wir Mädchen?« fragte Lubbe eifrig. Er saß auf seiner Lagerstatt mit Snaremule und Knurrekvabbe und kaute an etwas rohem Bärenfleisch.

Einen Augenblick später stürmten die drei Urmenschen mit lautem Gebrüll den Strand entlang und schwangen ihre Keulen in großen Kreisen durch die Luft. Es gelang ihnen, die Mädchen niederzustrecken, die von einer neuen Ansiedlung an der Adlernestbucht kamen und jung und hübsch waren.

Snaremule hatte jedoch nicht viel Freude an seiner Beute, da er wie gewöhnlich zuviel Kraft in seinen Schlag gelegt hatte, als er das Mädchen erwischte. Darauf kam es zu einer großen Zankerei mit Knurrekvabbe um seine Beute, aber Knurrekvabbe ließ ihn abblitzen, indem er darauf hinwies, daß er fast den ganzen Sommer keine Frau gehabt habe, während Snaremule noch jung war, so daß er ohnehin an einem Mädchen nicht viel Freude habe.

Während sich die beiden Urmenschen noch zankten, lief das Mädchen weg. Jetzt war nur noch Lubbe Schädelöffners Mädchen übriggeblieben, aber weder sie noch Lubbe waren irgendwo zu sehen. Er hatte sie an den Haaren tief in den Fichtenwald gezogen und tauchte erst wieder auf, als die Sonne hinter den Wilddornbüschen unterging. Er war sehr verbissen und sah sehr mitgenommen aus, hinkte stark, blutete aus einem tiefen Biß in der Schulter und hatte ein geschwollenes, blaues Auge. Große Büschel seines Haars und seines Bartes waren ihm ausgerissen worden.

»Du sie nicht geschafft?« fragte Knurrekvabbe. Der alte Lubbe schüttelte mißmutig den Kopf und sank erschöpft auf einen Stein.

Die zwei Urmenschen blieben lange schweigend bei ihm sitzen. Es begann schon zu dämmern, als Snaremule aufsprang.

»Seht! Seht!« rief er und deutete mit seiner Keule hinunter zum Strand, wo Lodde Muldsnaebel von Oldensvinnaes mit einem jungen schönen Mädchen über der Schulter aufgetaucht war.

Sie schmiegte sich zärtlich an ihn, und er blieb einen Augenblick stehen, um sie zu betatschen. In einer Hand hielt er ein großes Bukett Sumpfdotterblumen.

»Die Frau brennt Lodde Muldsnaebel nicht durch!« seufzte Lubbe.

»Die Frau streicht ihm Lodde Muldsnaebel über Kopfhaar und schnuppert daran«, sagte Knurrekvabbe.

Die Urmenschen sperrten ihre Augen glotzend auf, als

sie sahen, wie Lodde seinem Mädchen galant über einen kalten, rieselnden Bach half, indem er sie einfach hinübertrug.

»Donnerwetter!« murmelte Lubbe. »Er Lodde Muldsnaebel mächtig schlau!«

Die drei Urmenschen ließen Lodde und sein Mädchen nicht aus den Augen, bis sie schließlich im Walde verschwanden.

Der folgende Tag war sehr warm. Auerochsen und Wildschweine stampften erschöpft von der Hitze über den Waldboden, und Adler und Geier ließen sich von Füchsen und Wildkatzen nicht aus der Ruhe bringen. Die Urmenschen Lubbe, Snaremule und Knurrekvabbe kamen im schnellen, entschlossenen Gänsemarsch durch den Urwald, während sie sich ihren Weg zu der neuen Ansiedlung an der Adlernestbucht bahnten. Ihre langen, behaarten Arme ruderten durch das Unterholz, und sie achteten sehr darauf, daß ihre Akeleisträuße von niederhängenden Zweigen und vom Dornengebüsch nicht beschädigt wurden. Alle drei hatten sich mit Feuersteinmessern sorgfältig rasiert und eine Mixtur aus Lavendel, Waldmeister und Maiglöckchen ins Haar gerieben, so daß es glatt und glänzend auf ihren Köpfen lag.

Knurrekvabbe murmelte, daß er schon seit dem letzten Mondwechsel keine Frau gehabt habe und daß Kiddike Knavefrau ihm durchgebrannt sei, als er sie einen Augenblick unbewacht gelassen habe. Kiddike hatte er den Kogelmoos-Männern geraubt, aber er hatte mit ihr nur Scherereien gehabt. Aber das war nun glücklicherweise vorbei, jetzt wollte er es den Mädchen schon recht machen.

Die drei Urmenschen blieben jäh stehen. Vor ihnen aus dem dichten Unterholz tauchte ein großer, behaarter

283

Urmensch auf, ein richtiger Waldschrat. Seine Haare standen widerspenstig und unordentlich wie Wildschweinborsten um ihn herum, er war schmutzig, zerkratzt und trug eine Riesenkeule von einem Auerochsenknochen über der Schulter.

»Hau drauf, Snaremule!« kommandierte Lubbe. »Ich Lubbe halte deinen Akeleistrauß. Gib ihm großen Peng.«

Der Neuankömmling steckte abwehrend die Arme aus.

»Das nur ich Lodde Muldsnaebel, Oldensvinn-Mann!«

Lodde erklärte ihnen, daß er seine neue Methode aufgegeben habe, es sei zwecklos, den Mädchen gegenüber galant zu sein, man würde sie nicht wieder los, sie klammerten sich an einen und wollten dauernd aufs Bärenfell, wo man ihnen so oft zu Willen sein müsse, daß man ihrer überdrüssig würde.

»Ich Lodde Muldsnaebel habe selbe Frau gehabt, seit ich wieder gesund bin, als du Lubbe Schädelöffner großen Vogel aus Lodes Hirnkasten fliegen ließest.«

»Aber sie jetzt weg?«

»Mann von Siedlung bei Snogebucht sie geraubt. Sie ganz weg. Jetzt ich Lodde Muldsnaebel jage neue Frau und ich Lodde fange Frau auf gute alte . . . gute alte . . .«

Lodde suchte nach dem richtigen Ausdruck, kam aber nicht darauf.

Er hatte sagen wollen, daß er sein neues Mädchen auf die gute alte Art fangen wollte, nach der Naturmethode.

Er deutete hinüber auf eine Lichtung in der Nähe vom Strand. Von dort näherte sich gerade eine Gruppe junger Mädchen.

»Da! Da! Hübsche Mädchen!«

»Ich Snaremule Waffenmeister werfe Akeleien weg!«

Kurrekvabbe warf seine Blumen ins Gebüsch und hob seine Fellkleidung, die nur notdürftig seinen behaarten Körper bedeckte. Lubbe folgte seinem Beispiel.

»Kommt!« rief Lodde aufmunternd, und schon stürzten sich die vier Urmenschen brüllend auf die Mädchen.

»Ich Lodde Muldsnaebel mich nicht einmischen!« rief Lodde plötzlich, »ihr nicht auch glaubt, lieber Haare etwas bürsten?«

Die Urmenschen strichen sich über ihre lehmigen Köpfe, dann liefen sie weiter mit ihren Keulen und holten zu großen, beuteträchtigen Schlägen aus, während Geier und Adler mit schrillen Schreien davonflogen und die kleineren Tiere des Waldes erschreckt nach allen Seiten auseinanderstoben . . .

Der Umtausch

Ja, hallo, hier spricht Hansen, Parkstraße. Ich war kürzlich bei Ihnen im Geschäft und kaufte ein Strandkleid. Mit langen Ärmeln. Und darunter ein eingenähter Bikini. Hundertvierundfünfzigeinhalb. Ja, einschließlich Bikini . . . Nein, nein. Für meine Frau.

Sie macht gerade Ferien an der See; wir vereinbarten beim Kauf, daß ich das Kleid notfalls umtauschen könne, wenn es ihr nicht gefallen sollte. Und gefallen hat es ihr leider überhaupt nicht. Und der Bikini auch nicht. Sie hat mir die Klamotten postwendend zurückgeschickt, ja.

Nun ist es leider so, äh . . . Ja, hier ist Hansen, Parkstraße. Ja, also . . . verstehen Sie? . . . auf der Rechnung wurde auch ein Luxus-Nachthemd mit einer Schmuckschleife aufgeführt. Dreihundertvierzig Mark, ja. Wenn meine Frau nun nächste Woche zurückkommt, will sie das Sommerkleid umtauschen, verstehen Sie? Und dazu braucht sie dann die Rechnung.

Und das Luxus-Nachthemd . . . Tja, sehen Sie, das hatte ich für meine alte Tante gekauft, die freut sich ja auch, wenn sie mal etwas Hübsches geschenkt bekommt, nicht wahr? Nur — meine Frau kennt die alte Dame nicht so gut wie ich, falls Sie verstehen, was ich meine? . . . Ja, ja, gewiß . . . Wie bitte? . . . Gut, dann verbinden Sie mich bitte weiter.

Hallo? Ja, hier spricht Hansen, Parkstraße, Strohwitwer. Sehen Sie, meine Frau möchte nun das Strandkleid umtauschen, das ich kürzlich bei Ihnen kaufte. Es gefällt ihr nicht so richtig, es paßt auch nicht ganz. Die Größe . . . Es paßt ihr aber vor allem auch vom Preis her nicht. Hundertvierundfünfzigeinhalb. Das ist, wenn ich so sagen darf, eine schöne Stange Geld . . . Reklamationsabteilung? . . . Gut, dann geben Sie mir die Reklamationsabteilung!

Hier ist Hansen, Parkstraße . . . Also um eine lange Sache kurz zu machen, nächste Woche erscheint meine Frau bei Ihnen mit einem völlig schwachsinnigen Sommerkleid, das ich kürzlich bei Ihnen kaufte. Dazu brauche ich eine andere Rechnung. Ohne diesen kessen Luxus-Nachtfetzen, den Sie da auf die Rechnung geknallt haben. Die Rechnung soll auf hundertvierundfünfzigeinhalb lauten, weg mit den dreihundertvierundsechzig Mark inklusive Mehrwertsteuer und ohne Bar-Rabatt, zum Donnerwetter! Es würde mich meine Gesundheit und meine heilen Knochen kosten, falls meine Frau . . . Was sagen Sie? Bar-Rabatt geben Sie ohnehin nicht? Na schön, dann nicht. Mir geht's ja auch nicht um den Rabatt, streichen Sie sich die paar Mark getrost ans Schienbein . . .

Hören Sie zu: Wie war Ihr Name? Mortensen? Gut, Herr Mortensen, mein Name ist Hansen. Kann ich mit Ihnen von Mann zu Mann ein offenes Wort reden? Sind Sie jemals Strohwitwer gewesen? Naja, dann wissen Sie Bescheid. Da geht eben manchmal etwas durcheinander und drüber und drunter und so weiter und so weiter. Hab' ich recht? Na also! Man lebt ja nur einmal. Genau! Sage ich ja! Genau! Also, man wirft doch auch in meinem Alter einen Blick auf das junge Gemüse auf zwei Beinen, stimmt's? Und hinterher? Naja, da ist dann eben etwas fällig. Zum Beispiel ein Luxus-Nachthemd mit Schleifen und Spitzen, klar?

Dreihundertvierundsechzig, ganz recht.

Und der Betrag steht auf der Rechnung, aber das soll er eben nicht, verflixt noch mal. Überhaupt nicht. Keine schlaffe Mark soll darauf stehen von einem Nachthemd.

Bar-Rabatt? Nein, nein, nein! Ich weiß, daß Sie den nicht einräumen! Will ich auch gar nicht haben, behalten Sie die paar Mäuse. Was . . . was sagen Sie da? Buchhaltung? Was soll ich denn in Ihrer Buchhaltung?

Hören Sie zu, Herr Mortensen, ich möchte nun wahrhaftig nicht noch mit Ihrer Buchha . . . Hallo? Buchhaltung? Nein, nein! Mir geht es nicht um den Bar-Rabatt! Will ich ja gar nicht haben. Gerade habe ich Ihrem Geschäftsführer, Herrn Mortensen, ganz klipp und klar und deutlich gesagt, daß ich . . .

Hören Sie zu, mein Fräulein: Ich habe bei Ihrer elenden Schwindelfirma angerufen, weil meine Frau . . . I wo, ich rege mich nicht auf! Kein bißchen rege ich mich auf! Ich sage doch nur . . . Was? Sache der Direktion? Sagen Sie Ihrem Direktor, er soll mich am Ah . . . ah . . . ah . . . Ich möchte doch nur mit einem vernünftigen Wesen reden, das mich endlich einmal

287

ausreden läßt und mich nicht weiterverbindet . . . bleiben Sie ganz ruhig, mein Fräulein! Ich bin es ja auch . . .

Sie sprechen mit Hansen, Parkstraße. Ich habe da ein ernstes Problem mit einer Rechnung, die versehentlich zwei Beträge . . . Nein, nein! sage ich. Da läuft einem doch die Galle übers Hemd! Wer ist denn da? Direktion? Direktor Schulz persönlich? Gut, daß ich Sie endlich zu fassen kriege!

Hören Sie jetzt gut zu, und wenn Sie mich unterbrechen sollten, bin ich morgen früh bei Ihnen und sprenge Ihren ganzen Saftladen kreuzweise in die Luft!

Die Sache ist folgende: Kürzlich kaufte ich bei Ihnen ein Strandkleid. Ein Strandkleid für hundertvierundfünfzigeinhalb inklusive Brüsseler Spitzen.

Was sagen Sie da? Sie führen überhaupt keine Strandkleider? Unsinn! Hier steht klar und deutlich auf der Rechnung: 1. Ein Strandkleid. 2. Luxus-Nachthemd, macht zusammen genau . . . BEZAHLT! Betrag dankend erhalten. Riesig & Plemm. Wieso? Was? Ich bin gar nicht mit Riesig & Plemm verbunden? Ja, mit wem denn, verflucht und zugenäht! Mit Porzellan-Lattinski? So ein Malheur! Ja, ja, die Post! Nicht einmal die Telefonleitungen verlegt sie vernünftig, diese Deppen!

Auf wen kann man sich heutzutage eigentlich noch verlassen?

Ja, damals gab es noch Romantik . . .

Ja wirklich, früher war die Jugend ganz anders als heute. Erschreckend, wie träge und unromantisch die jungen Leute von heute sind. Schon genug damit, daß es einem jungen Mann nie einfallen würde, einem Mädchen gegenüber galant aufzutreten. Aber daß sie überhaupt keinen Sinn für Romantik im Leben haben, das erscheint mir ein ebenso bedauernswertes wie höchst beunruhigendes Phänomen der heutigen Zeit. Wir fordern . . . wir fordern . . . das ist das einzige, was sie ständig rufen. Nur Romantik fordern sie nie.

Bei uns damals war das ganz anders. Neulich hatte ich Gelegenheit, mich an meine eigene gehaltvolle und, ich darf wohl sagen, tief romantische Jugendzeit zu erinnern, sie nochmals nachzuvollziehen. Meine Eltern und ich wohnten in den Ferien für ein paar Wochen in einer Sommerpension in einem kleinen Fischerdorf in der Nähe des Hafens. Das kleine Fischerdorf hieß Neubrück und war nach wenigen Bahnstunden zu erreichen. Es existiert noch heute, nur mit dem Unterschied, daß der Ort jetzt von Touristen und Badegästen überrannt ist. Und wo damals die Pension Sonnenschein lag, liegt heute eine riesige Bowlingbahn, eingequetscht zwischen mehreren pompösen Hotels, eins komfortabler, kälter und aufdringlicher als das andere.

»Wie wär's mit einem kleinen Ausflug zum Neubrükker Strand?« schlug ich eines Tages vor, als wir in unserem Sommerhaus saßen und uns langweilten, weil es nichts Spannendes im Fernsehen gab.

»Als junger Mann verlebte ich oft meine Ferien in Neubrück«, erklärte ich Benny, unserem hoffnungsvollen Sohn. »Das ist jetzt eine Ewigkeit her, daß ich da war. Ich würde gern mal sehen, ob da noch etwas von der alten Stimmung geblieben ist.«

Marianne war sofort hell begeistert von dem Vorschlag. Benny war es ganz egal.

»Jedenfalls habe ich keine Lust, den ganzen Abend mit euch über einer Tasse Kaffee und einem Stück trockenen Sandkuchen irgendwo herumzuhängen«, meinte er gelangweilt, »aber vielleicht ist ja was los in der Bowlinghalle, oder ich treffe Bekannte in der Diskothek, also gut.«

Er fuhr mit. Wir erreichten Neubrück mit seinem Touristengewimmel und machten gleich einen Abstecher zum Hafengelände, hielten eine Zeit an der Mole und genossen die Aussicht aufs Meer. Marianne entdeckte eine Eisbude, wo man groß für »Eiswaffeln wie in der guten alten Zeit« Reklame machte. Wir schickten Benny hin nach ein paar riesigen Eiswaffeln mit Sahne und Kirschen und Schokoladenstreuseln. An der Bude hantierte unser Bengel so lange und ungeschickt mit den Riesenwaffeln herum, daß er gegen ein junges Mädchen rannte und ihr eine Eiswaffel mit Schwung auf die Brust klatschte. Dieser Trampel, ungelenk war er schon immer! Seine Mutter kriegte einen Schock. Schnell öffnete sie die Autotür und lief mit einem sauberen Taschentuch rüber, um dem armen Mädchen den kalten, fettigen Brei abzuwischen.

»Hättest du nicht besser aufpassen können?« hörte ich sie auf Benny schimpfen, »und dann stehst du einfach da, anstatt nach ein paar sauberen Papierservietten zu laufen!«

»Na ja, Mensch . . . man braucht doch eine Reaktionszeit.« Benny schlurfte zur Eisbude und holte einen Stapel Papierservietten, um die Brust des Mädchens wieder rein und hübsch zu machen. Der Anblick ließ nichts zu wünschen übrig, abgesehen von den Schokoladenstreuseln.

»Natürlich kommt es dir nicht in den Sinn, dich bei dem süßen Mädchen zu entschuldigen«, bemerkte ich nebenbei, als der Junge zum Wagen zurückkam.

»Aber da ist doch gar nichts passiert . . .«

»Zumindest könntest du der jungen Dame eine neue Eiswaffel kaufen.«

»Mann, das war doch gar nicht ihr Eis!«

»Ein wenig gute Manieren könntest du doch zeigen . . .«

»Mein Gott noch mal . . .«

Er bewegte sich schwerfällig auf die Eisbude zu und kaufte dem Mädchen ein Eis. Marianne ging kopfschüttelnd zum Wagen zurück. Fünf Minuten später sahen wir Benny und das Mädchen grinsend und herumalbernd in Richtung Bowlinghalle verschwinden.

Wenn das in meiner Jugend passiert wäre; wenn ich mein Eis auf den Busen einer schönen Jungfrau geklatscht hätte . . . na, da hätte ich mir aber ein paar kräftige Ohrfeigen geholt. Das Mädchen hätte sich in tiefster Verachtung von mir abgewandt, und ich hätte mich über meine Ungeschicklichkeit zu Tode geschämt. Aber heutzutage . . . man kann über die heutige Jugend nur den Kopf schütteln.

Wir parkten den Wagen und ließen uns im nächsten besten Restaurant auf der Terrasse nieder, um unseren Nachmittagskaffee zu trinken. Mit Sandkuchen. Und Kognak. Und ein kleiner Aprikosenlikör für die Dame. Von der Terrasse hatten wir eine herrliche Aussicht über den kleinen Hafen und die Mole mit dem Leuchtfeuer. Ich erinnerte mich, wie ich in meiner frühen Jugend die lauen Sommerabende auf einer Bank weit hinten auf der Mole verbracht hatte. Ich sah Constanze vor mir, ein süßes, blondes Geschöpf. Hand in Hand hockten wir dort, während die schmachtenden Töne des Trios vom Strandpavillon den mondhellen Abend durchzogen, uns einlullten und der Szene den romantischen Hauch verliehen, wie es sich für eine späte Sommernacht gehört. Und ich flüsterte zärtliche Worte in ihre Ohren, die andächtig lauschten: »Niemals, Constanze . . . niemals habe ich ein Mädchen wie dich gesehen, meine Geliebte.« Oder so ähnlich. Worte, die wirklich zu Herzen gingen, Worte, die tief in die Gefühle der schönen Jungfrau eindrangen und sie ganz schwach werden ließen. Und mir fielen andere, ebenso herrliche Sommerabende im Mondschein ein, wo ich auf derselben Bank saß, schmuste und tief ergriffen hauchte: »Charlotte, mein Engel. Niemals . . . niemals habe ich ein Mädchen wie dich gesehen.« Oder etwas in der Art. Und ich dachte an einen anderen Abend, im Stadtpark, im August, wo ich mich flüsternd der jungen Schönheit an meiner Seite zuwandte: »Marianne, meine süße Marianne. Niemals . . . niemals habe ich ein Mädchen wie dich gesehen.«

Oder was man so flüsterte, um seinem Ziel näher zu kommen. Ja, es war eine wunderschöne Zeit damals.

»Du guckst so abwesend, Mutti. Woran denkst du gerade? Und du, Vati . . . Herrje, wie komisch sitzt du denn da? Kriegst du keine Luft?«

Benny und das junge Mädchen von der Eisbude waren aufgetaucht. Sie setzten sich an unseren Tisch.

»Na, was habt ihr denn gemacht?« erkundigte ich mich.

»Wer? Ich und Gabi? Wir waren eben in der Bowling-halle und haben uns die Arme ausgekugelt. Jetzt wollen wir zum LOVE IN, zur Diskothek, you know. Kannst du mir nicht ein bißchen Kleingeld rausrücken? So als Vor-schuß aufs Erbteil?«

»Du hast bereits mehrmals Vorschuß bekommen . . .«

»Okay, dann lädt Gabi mich ein, nicht, Gabi?«

Das Mädchen nickte einverstanden.

»Die junge Dame soll doch nicht bezahlen, davon kann keine Rede sein«, sagte ich empört und legte Benny einen ansehnlichen Betrag hin. Er warf einen Blick auf seine Armbanduhr. Für die Diskothek war es wohl noch zu früh. Also saßen die beiden stumm da und stierten vor sich hin. Typisch die heutige Jugend.

»Was hast du eigentlich hier am Abend gemacht, als du jung warst?« wollte Benny plötzlich wissen. »Hast du im Zimmer gehockt und auf die Mattscheibe geglotzt, oder was?«

»Was du dir vorstellst, mein Junge! Fernsehen war damals kaum erfunden. Gott sei Dank. Nee, damals hatten wir Kapellmeister Lachner drüben im Strandpavillon. Er dirigierte ein erstklassiges Trio, Flügel, Violine und Cello, und sie spielten all die schönen alten Melodien, Mozarts Serenade, das Ave Maria, die Walzer von Strauß und Smetanas Moldau . . . all die wundervollen Stücke mit wirklicher Musik. Vor der Musiktribüne standen weißgestrichene Tische und Klappstühle auf den Kieselsteinen der Promenade, und da saßen wir bei Kaffee oder Brause und lauschten den Klängen, ganz berauscht von der Atmosphäre, der zauberhaften Stimmung. Und jeden Sonntag trat eine berühmte Konzertsängerin auf . . .«

»Ach du Schreck!« Benny erschauerte geradezu.

»Hat man damals nicht getanzt?« fragte Gabi.

»Doch, am Sonntagabend spielte die Kapelle drinnen im großen Saal. Dann gab es ein Saxophon statt des Cellos und Schlagzeuginstrumente statt der Violine, und sie spielten den neuesten Foxtrott und all die schönen Melodien vom Radio-Wunschkonzert, ›Es war im Grunewald‹, und ›Veronika, der Lenz ist da‹ und viele andere beliebte Stücke, die . . .«

»Und das Kino?« unterbrach mich Benny, »haben sie da auch nichts Vernünftiges gegeben?«

Er hatte eine merkwürdige Art, seine Kommentare zu formulieren.

»Wir gingen ins GRAND oder ROXY. Holzsitze

natürlich, 1,— DM im ganzen Saal, aber die Filme waren erste Qualität. Curt Goetz vergesse ich nie, mit Valérie von Martens, in ›Hokuspokus‹. Oder ›Ben Hur‹, das war ein phantastisches Erlebnis, als Nero die Christen den Löwen vorwarf . . .«

»Ja, klingt toll. Aber Holzsitze . . . ach du ahnst es nicht!«

»War das wirklich alles, was man Ihnen damals geboten hat?« fragte Gabi, »konnten Sie nichts anderes unternehmen?«

»Doch«, entgegnete ich, »natürlich spazierten wir an den langen Sommerabenden am Hafen entlang. Man hatte ein nettes Mädchen eingehakt, ließ sich vom Mond bescheinen und guckte den Fischern zu, die die Netze trockneten. Aber die Zeiten sind entschwunden. Alle Romantik ist gestorben. Jetzt gibt es nur noch Diskotheken, Lärm, Krawalle, Motorboote, Bowlinghallen, Surf-Riding, Papphähnchen, Chips, Frühlingsrollen, Drive-in-Kinos und Spielautomaten. Mir tut die heutige Jugend leid, die in ihren Ferien nicht weiß, was sie mit sich anfangen soll, und die nicht ahnt, was ihr alles entgeht.«

»Ja, ganz richtig«, nickte Marianne voller Mitgefühl.

Gabi hatte offensichtlich keine Lust mehr, ihre Zeit mit Mumien wie Marianne und mir zu verschwenden.

»Komm«, wandte sie sich an Benny, »jetzt können wir rüber. Ich glaube, die ›Crazy Gorillas‹ haben mit ihrer Show losgelegt.«

Benny erhob sich, und die beiden verschwanden in Richtung Diskothek. Wir blieben noch eine Stunde sitzen und beobachteten das Leben und Treiben am Hafen. Dann machte Marianne einen Vorschlag.

»Wollen wir mal wieder zur Mole spazieren?«

Wir spazierten hinaus. Die Dämmerung war herabgesunken, und draußen an der Mole begegneten wir kaum einem Menschen. Als wir jedoch weiter hinaus zum Leuchtfeuer kamen, erblickte ich plötzlich Benny. Er saß auf meiner alten Bank, Hand in Hand mit Gabi, der kleinen von der Eisbude. Bevor wir umdrehen und uns diskret zurückziehen konnten, hörte ich ihn mit eindringlicher Stimme sagen:

»Nun kennen wir uns schon ein bißchen, Gabi, da kann ich ja zugeben, daß ich die Eiswaffel mit Absicht auf dich geklatscht habe . . . wegen Kontakt und so, weißt du . . . Ehrlich, ich hab' noch nie so 'ne leckere Larve wie dich gesehen . . . und guck mal, der Mond. Einsame Spitze, Mensch!«

Die Kunst, sich durchzusetzen

Man kann von Maine bis Montana in jedes Herrenbekleidungsgeschäft gehen und ein Sportsakko ohne Hose kaufen. Man kann ein Unterhemd käuflich erwerben, ohne unbedingt auch eine Unterhose dazunehmen zu müssen, und man kann ein Paar Schuhe kaufen, ohne gezwungen zu werden, sich ein Paar Socken zu leisten. Was man nicht kann, ist, sich ein ganz normales Schlafanzugoberteil zu besorgen, ohne daß einem auch eine Schlafanzughose aufgenötigt wird. In diesem Land sind wir vermutlich rund 50 Millionen Männer, die es nicht ertragen können, genauso angezogen zu Bett zu gehen, wie wir vor dem Ausziehen gekleidet waren. Wir sind, grob gesprochen, 50 Millionen Männer, die 250 Millionen Schlafanzughosen herumliegen haben, ohne sie je zu benützen. Sie liegen einfach herum und werden von den Motten aufgefressen. In all den wunderschönen Frauenzeitschriften bekommen die Hausfrauen allwöchentlich Tips vorgesetzt, wie man Heringe zubereitet, Rotweinflecken aus dem weißen Tischtuch entfernt, Topflappen häkelt und Hüte in andere Hüte umnäht — aber kein einziges Wort darüber, was man aus Schlafanzughosen machen könnte. Wenn man versucht, ein Pyjamaoberteil daraus zu machen, wird man rasch feststellen, daß der Stoff nur zu einer Jacke für ein fünfjähriges Kind reicht. Bei der Einkommenspolitik und der Regierung, die wir haben, wird man es sich aber zweimal überlegen, ob man um einer Schlafanzughose willen Kinder in die Welt setzt.

In unserem Haushalt haben wir einen Ausweg gefunden. Wir nähen uns die Schlafanzugjacken selbst und werden das auch künftig tun, solange Männerschlafanzüge ohne Hose nicht zu kaufen sind. Mal sehen, ob die Schlafanzughersteller dann ihren Lebensunterhalt noch verdienen können! Das heißt, natürlich näht Marian sie. Ich stelle nur meinen Brustkorb für die Maße und mich als Ganzes für zwei oder drei Anproben zur Verfügung.

Neulich hatte sie so viel Stoff übrig, daß er tatsächlich noch für eine zweite Jacke gereicht hätte. Es fehlten lumpige zwei Meter. Ich versprach, sie auf dem Heimweg zu besorgen.

»Zwei Meter Popelin perlgrau«, sagte sie und steckte mir ein Muster in die Tasche. »Kannst du dir das merken? Popelin perlgrau.«

Auf dem Heimweg betrat ich ein Geschäft, das genau den von mir gewünschten Stoff zu führen schien. Ein gepflegter, leicht ergrauter Herr näherte sich mir, als ich nach zwei Schritten unentschlossen im Verkaufsraum stehenblieb.

»Kann ich Ihnen behilflich sein?«

»Zwei Meter Popcorn . . . Unsinn, zwei Meter Pop . . . Pap . . . zwei Meter von dem hier.«

Ich grub das Stoffmuster aus der Tasche und überreichte es dem gepflegten Herrn. Er befühlte es gewandt mit Daumen und Zeigefinger.

»Popelin«, entschied er, »Abteilung Meterware. Erster Stock links, Sir!«

Im ersten Stock links stand eine junge Dame und beschäftigte sich mit ihren Stoffballen.

»Zwei Meter hiervon«, sagte ich und zeigte ihr das Muster. Sie betrachtete es kurz.

»Zwei Meter Baumwollsatin?«

»Popelin«, verbesserte ich.

Sie griff nach dem Stoffmuster und prüfte es mit Daumen und Zeigefinger.

»Fühlt sich an wie Baumwollsatin.«

»Ist aber Popelin.«

»Nicht ganz die Qualität, die wir verkaufen.«

»Darf ich mal sehen? Nur zwei Meter.«

Die junge Dame hob einen Stoffballen aus dem Regal und rollte ein Stück Stoff ab.

»So, Sir?«

Ich hielt mein Muster an den Stoff.

»Ist nicht der richtige Ton«, sagte ich.

»Das ist ein sehr schöner und kräftiger Popelin, mausgrau, Sir. Eine viel bessere Qualtität als Ihr Muster. Fühlen Sie!«

»Er soll nicht mausgrau sein, sondern . . . äh, üh . . . was für ein Farbton ist das?«

»Mausgrau«, entschied sie, »aber natürlich nicht genau das wunderschöne Mausgrau von uns.«

Einen Augenblick war ich unentschlossen. Ich wußte: Wenn ich nicht mit dem richtigen Farbton nach Hause kam, würde man mich zurückschicken, damit ich den richtigen besorgte. Zum Glück kam in diesem Augenblick der gepflegte, leicht ergraute Abteilungsleiter vorbei.

297

»Entschuldigen Sie«, sagte ich und gab ihm mein Muster. »Was für ein Farbton ist das?«

Er befühlte den Stoff leicht mit Daumen und Zeigefinger.

»Perlgrau«, entschied er. »Popelin perlgrau.«

Ein Mann, der sich in seinem Fach auskannte. Ich bedankte mich und wandte mich wieder der Verkäuferin zu.

»Also, zwei Meter Popelin perlgrau«, sagte ich überlegen und fügte der Sicherheit halber hinzu: »Wie das Muster!«

Die Verkäuferin nahm einen neuen Ballen aus dem Regal.

»Sehen Sie sich das an — das ist ein wirklich strapazierfähiges und dichtgewebtes Material.«

Ich befühlte es. Wie eine Markise.

»Sehr dauerhaft, Sir.«

»Zu schwer und zu steif. Es soll für einen Schlafanzug sein, nicht für ein Zelt.«

Die Verkäuferin legte auf der Stelle einen neuen Ballen vor.

»Dann werden Sie etwas in dieser Art wollen, Sir. Ein wunderschöner Schlafanzugstoff.«

»Er ist gestreift«, stellte ich fest.

»Schlafanzüge sind gestreift, Sir.«

»Nicht die meinen! Die meinen sind aus Popelin perlgrau. Zwei Meter.«

»Das wird nicht reichen, Sir!«

»Zwei Meter haben wir schon zu Hause.«

»Dann brauchen Sie noch einmal dreieinhalb Meter. Die Hose allein erfordert mindestens eineinhalb Meter.«

»Ich trage keine Hose. Nicht im Bett, meine ich.«

»Oh . . .«

Die Verkäuferin errötete zierlich. Eine Dame mit dunkler Weste, die in der Nähe stand und den ersten Ballen Popelin mausgrau befühlte, sandte mir einen durchdringenden Blick zu. Ich griff nach meinem kleinen Muster.

»Also gut, zwei Meter von diesem Popelin perlgrau . . . ohne Streifen . . . wie das Muster.«

Die Verkäuferin stand eine Weile da und blickte von einem Ballen zum anderen.

»Wird hier nicht bedient?« fragte die Dame mit der dunklen Weste.

»Einen Augenblick, gnädige Frau! Ich muß eben noch diesem Herrn behilflich sein.«

Ein neuer Ballen wurde heruntergehoben, der Stoff ausgerollt.

»Was halten Sie davon, Sir? Ausgesuchte Importware mit sehr seidiger Oberfläche. Fühlen Sie einmal!«

»Welcher Farbton?« fragte ich.

»Perlgrau«, sagte die Verkäuferin rasch.

»Sandgrau«, sagte die Dame mit der dunklen Weste.

Ich suchte mein kleines Stoffmuster. Es war nirgends zu entdecken.

Ohne dieses Stoffmuster war ich zweifellos ein geschlagener Mann.

»Haben Sie es versteckt?« fragte ich erbost die Verkäuferin, während ich alle meine Taschen durchwühlte.

»Was versteckt, Sir?«

»Mein Muster.«

Die Dame mit der dunklen Weste fischte es unter einem der Stoffballen hervor. Sie hielt es vor mir in die Höhe und befühlte es mit Daumen und Zeigefinger.

»Trikoline hellgrau«, sagte sie.

»Popelin perlgrau«, sagte ich. Das hätte ich nicht sagen sollen. Der Blick, den die Dame mir zuwarf,

299

verriet, daß dies der erste Widerspruch gewesen sein mußte, den sie in ihrem ganzen Leben gehört hatte. Sie wandte sich an eine Dame mit kleinem, gelben Hut, die danebenstand und die ausgesuchte Importware mit der seidigen Oberfläche befühlte.

»Ist das nicht Trikoline hellgrau?« fragte sie.

»Das?« sagte die Dame mit dem gelben Hut und griff nach dem Muster. »Das ist billiger Baumwollsatin! Als Futterstoff oder Kellervorhang und dergleichen aber durchaus verwendbar.«

»Verzeihen Sie«, sagte ich, »aber das ist mein Muster.«

»Gewiß doch!«

Ich hielt das Muster an die Importware und verglich die Farbtöne.

»Das geht nicht«, sagte ich. »Das ist kein Popelin perlgrau. Es ist mausgrau oder sandgrau oder irgendein anderer Grauton, aber nicht perlgrau. Ich brauche zwei Meter perlgrau, wie das Muster. Wenn Sie das nicht haben, muß ich mich anderswo umsehen.«

Die Dame mit dem gelben Hut hatte sich zu der Dame mit der dunklen Weste umgedreht.

»Solche Umstände wegen ein bißchen Stoff für armselige Kellervorhänge«, sagte sie leise – aber nicht leise genug. Die Verkäuferin holte einen neuen Ballen aus dem Regal.

»Kann es nicht taubengrau sein?« fragte sie.

»Nein, kann es nicht«, sagte ich.

»Wollen Sie sich nicht einmal das hier ansehen, Sir? Perlgrau und taubengrau sind ja wirklich sehr ähnlich. In dem Kunstlicht hier können Sie das gar nicht richtig beurteilen. Man muß es bei Tageslicht sehen.«

»Es ist für ein Schlafanzugoberteil«, wischte ich ihre Bemerkung beiseite. »Bis ich im Schlafzimmer das Licht

300

ausmache, bin ich vorwiegend in Licht wie diesem hier zu sehen. Ich will nicht herumlaufen und auf der einen Seite perl-, auf der anderen taubengrau sein.«

»Dann nehmen Sie doch eine perlgraue Jacke und eine taubengraue Hose«, schlug die Dame mit dem gelben Hut vor.

»Ich trage keine Hose.«

»Oh . . .«

Die Dame mit dem gelben Hut errötete, aber mir war das gleichgültig. Ihr Ehemann trug vermutlich auch keine Schlafanzughose, also durfte ich ihr Erröten als Affektiertheit auffassen.

»Wird hier nicht bedient?« fragte die neue Dame, die eben hereingekommen war. Sie wirkte jünger und einfühlsamer als die beiden anderen.

»Ich bediene diesen Herrn, gnädige Frau!«

»Er möchte zwei Meter Popelin für einen Schlafanzug«, sagte die Dame mit der dunklen Weste. »Es dauert mindestens schon eine Dreiviertelstunde! Er kann und kann sich nicht entschließen.«

»Zwei Meter?« flötete die neue Dame. Das reicht bei weitem nicht für einen so großen und schweren Mann! Allein für die Hose braucht man . . .«

»Er trägt keine Hose!«

»Oh . . .«

Ich weiß nicht, was in dem Blick lag, den mir die neue Dame zusandte, aber einen Augenblick lang fühlte ich mich von den Hüften abwärts auf sonderbare Weise entkleidet. Ich mußte mich ermannen. So nahm ich die Sache selbst in die Hände und zog einen Stoffballen aus dem Regal.

»Was ist das, Miß?«, fragte ich. »Popelin perlgrau, nicht wahr?«

»Nein, schiefergrau! Ich wußte schon, was ich tat, als

301

ich eben diesen Ballen nicht herausgenommen habe. Schiefergrau geht mehr ins Dunkelgraue, während Perlgrau . . .«

»Für mich sehen sie gleich aus.«

Ich hielt eine Stoffecke ans Licht und verglich sie mit meinem Muster. Die Dame mit der dunklen Weste, die den Fall gewissermaßen von Anfang an verfolgt hatte, steckte ihre Nase in mein Muster, so daß ich nichts sehen konnte.

»Sie müssen mich entschuldigen«, sagte sie, »aber ich begreife einfach nicht, wie Sie das als perlgrau ansehen können. Wer hat Ihnen denn das eingeredet?«

Bevor ich antworten konnte, sah ich den gepflegten, leicht ergrauten Abteilungsleiter mit langen, eiligen Schritten vorbeikommen. Er war wohl auf dem Weg zur Mittagspause.

»Entschuldigen Sie«, sagte ich und drückte ihm das Muster in die Hand. »Was ist das wohl?«

»Köpersatin stahlgrau«, sagte er und verschwand durch den Personalausgang.

Ich hatte seine Fachkenntnisse überschätzt. Enttäuscht steckte ich mein Muster ein und schickte mich zum Heimgehen an. Als ich durch die ganze Abteilung wanderte, entdeckte ich plötzlich einen Stoffballen, der wirklich perlgrau aussah. Ich zog ihn auf den nächsten Verkaufstisch herunter und winkte eine Verkäuferin heran.

»Welche Farbe ist das?« fragte ich.

»Perlgrau, Sir!«

»Ausgezeichnet, geben Sie mir davon zwei Meter, aber rasch − bevor er verblaßt und zu Sandgrau oder Taubengrau oder Ähnlichem wird!«

»Er ist garantiert sonnenecht, Sir!«

Die Verkäuferin schnitt zwei Meter ab, verpackte den

Stoff und teilte mir den Preis mit. Ich bezahlte und fuhr nach Hause.

»Da!« sagte ich und warf Marian das Päckchen hin. Sie kniete mitten im Wohnzimmer auf dem Boden und rang mit dem Schnittmuster des Vorderteils für mein Schlafanzugoberteil. »Hier ist dein Popelin perlgrau.«

Sie packte aus.

»Also weiß du!« sagte sie und machte ein ganz närrisches Gesicht. »Das ist nicht Popelin perlgrau. Niemals gewesen!«

»O nein«, sagte ich resigniert und sank erschöpft in einen Sessel. »Ist ja klar . . . ich hätte es wissen müssen! Wenn du einen Ballen aus dem Regal ziehst, weil du glaubst, er sähe aus wie Popelin perlgrau, darfst du sicher sein, daß es nicht Popelin perlgrau ist! Kein menschliches Wesen kann vom Glück derart begünstigt sein!«

»Aber Himmel noch mal, wofür soll ich denn das verwenden?«

Ich sprang auf. Jetzt war ich wütend. Ich wollte nichts mehr von Popelin hören, ob perlgrau oder mausgrau oder sandgrau oder silbergrau oder stahlgrau oder taubengrau oder schiefergrau oder schmutziggrau.

»Für meinen Schlafanzug!« schrie ich und warf Marian die zwei Meter hin. »Es kann nicht rasch genug gehen!«

Ich trage jetzt eine neue Schlafanzugjacke mit Vorderteil und Ärmeln aus Popelin perlgrau – Rücken und Kragen sind aus Segeltuch. Irgendein verflixter perlgrauer, rauher Stoff für Möbelschutzbezüge, der so juckt, daß man davon fast wahnsinnig wird und überhaupt nur schlafen kann, wenn man auf dem Bauch liegt.

Mein nächster Schlafanzug wird im Laden gekauft. Er wird rot-blau gestreift und aus Flanell sein, und ich bin bereit, drei Hosen zu nehmen. Wenn es nur schnell geht!

Das von dem Wolf...

Das sogenannte *Märchenalter* des Kindes beginnt meistens mit drei bis vier Jahren. Nach und nach geht ihm auf, daß noch etwas jenseits von Kinderzimmer und Reihenhaus existiert. Sobald es herausfindet – meistens durch Bilderbücher und ähnliches –, daß es eine ganze Welt voller Kobolde, Hexen, Drachen, Prinzen und Prinzessinnen auf stolzen Rossen, Könige in Hermelinmänteln und eine Menge halber und ganzer Königreiche gibt, will es immer wieder von dieser Abenteuerwelt, der besten aller Welten, hören. Wenn die langen, dunklen Winterabende ihre kalten Schatten über Stadt und Land legen, wenn die Bäume sich im Sturm biegen, dann ist die richtige Zeit zum Erzählen. Das Kind wird früh ins Bett gebracht, und der Vater kommt in gemütlicher Hausjacke und warmen Kamelhaarschuhen ans Bettchen, in dem das süße Kleine mit artig gefalteten Händchen auf der Bettdecke und mit großen, erwartungsvollen Augen darauf wartet, daß der Vater frei aus dem Gedächtnis eines der spannenden alten Abenteuer neu erzählt.

»Na, mein Kind, was möchtest du heute abend hören?«

»Das von dem Wolf, der die Großmutter aß.«

»Aber das ist so grausam. Soll ich nicht lieber ›Des Kaisers neue Kleider‹ erzählen? Es ist viel lustiger und nicht so lang!«

»Das von dem Wolf!«

»Aber . . .«

»Das von dem Wolf, sonst schlaf' ich nicht. Dann stehe ich auf und knipse das Licht wieder an, wenn du es ausgemacht hast. Oder ich schleiche mich ins Badezimmer und plansche mit Wasser.«

Im Blick des Kindes ist Trotz und Willensstärke, aber in meinem ebenfalls. Der vernünftige Vater läßt sich nie von seinen Nachkommen drohen, lieber läßt er es hart auf hart kommen.

»›Des Kaisers neue Kleider‹ oder gar nichts.«

»Das vom Wolf!«

»›Des Kaisers neue‹ . . .«

»Das von dem Wolf, sonst sage ich Mutti, daß du an ihrer Haushaltskasse warst.«

»Also meinetwegen . . . Es war einmal ein Mädchen, das hieß Rotkäppchen. Es hatte eine alte, kranke Großmutter, die wohnte tief im Walde. Eines Tages sagte die Mutter zu Rotkäppchen: ›Großmutter!‹ sagte sie, Quatsch: ›Rotkäppchen‹, sagte sie, ›geh mit einer Torte und zwei Flaschen Coca-Cola im Korb zu deiner alten, kranken Großmutter, aber du darfst mit niemandem unterwegs sprechen!‹ Und dann ging Großmutter, Quatsch: Rotkäppchen, in den Wald. Unterwegs begegnete sie einem großen Wolf . . .«

»Was ist ein Wolf, Papi?«

»Ein Wolf? Ja, das ist ein Raubtier, das in Lappland lebt und in Sibirien, glaube ich. Eine Art von Hund, der Schafe, Ziegen und auch Menschen frißt, die weit draußen mit Schlitten durch die Steppen fahren.«

»Aber du machst ihm ja Angst«, unterbrach Marianne, die mit ihrem Strickzeug hereinkam, um mitzuhören. Der gute und unterhaltende Erzähler zieht stets Publikum an.

»Hör mal her«, umgehe ich das Problem, »Rotkäppchen begegnete keinem Wolf, sondern einem Hund. Einem riesigen Hund mit Augen wie Teetassen.«

»Das ist ja aus einem Märchen von Andersen«, unterbricht Marianne wieder, »du wirfst ja alles durcheinander.«

»Die Hauptsache ist doch, wenn das Kind weiß, daß kein Schoßhund oder Bastard gemeint ist, sondern ein ordentlicher, großer und starker Hund. − Na, hör weiter zu. Dann sagte Großmu . . . Quatsch, dann sagte der Hund zu Rotkäppchen, das im Wald umherging und Primeln und Anemonen pflückte: ›Guten Tag, kleines Rotkäppchen!‹ sagte er, ›wohin willst du mit der großen Flasche Wein?«

»Eben hast du erzählt, daß es Torte und Coca-Cola ist.«

»Ja, ja, es ist auch besser, daß sie Torte und Coca-Cola kriegt, weil sie sonst einen Schwips bekommt. Also Torte und Coca-Cola. Und bleib du bei deinem Stricken und laß mich auf *meine* Art erzählen.«

»Wenn du die Rotkäppchengeschichte nicht mehr richtig kennst, erzähl ihm was anderes.«

»Ich kenne sie besser als du, aber ich muß sie so erzählen, daß er sie versteht − begreifst du das nicht?«

»Aber du machst doch alles falsch. Neulich kam bei dir Hans im Glück ›Hu-hei, hier bin ich!‹ auf einem Dreirad angefahren, und vorigen Sonntag wurde Schneewittchen von einem Feuerwehrauto überfahren, statt daß sie den vergifteten Apfel aß.«

»Soll ich vielleicht den Jungen ängstlich machen, daß er nie mehr Äpfel ißt? Schneewittchen brach ein Bein und kam ins Krankenhaus . . .«

Marianne schnaubte verächtlich.

»Ja, und der gute Onkel Doktor küßte sie. Einen kitschigen Arztroman hast du aus dem Märchen gemacht.«

»Aber Peter ist wenigstens eingeschlafen. Also, Junge, hör weiter zu. Der Wolf . . . der Hund also . . . der Hund nickte freundlich und sagte: ›Guten Tag, kleines Rotkäppchen, wohin willst du mit der wunderschönen Torte?‹ Und dann sagte Rotkäppchen: ›Ich gehe in den Wald zu meiner alten kranken Großmutter.‹ Als der Hund das hörte, lief er so schnell er konnte in den Wald. Da lag ein hübsches kleines Reihenhaus, ganz wie unseres. Da wohnte die alte Großmutter ganz allein. Der Hund sprang durch das Fenster und rief: ›Wauwau!‹ Die Großmutter bekam Angst und schloß sich ins Badezimmer ein; da legte sich der Hund in ihr Bett und zog die Federdecke gut über sich . . .«

»Was erzählst du da?« Marianne warf mir einen bestürzten Blick zu. »Der Wolf aß doch die Großmutter!«

»Erstens waren wir uns darüber einig, daß es ein Hund war, ein ganz gewöhnlicher, großer, aber harmloser Hund. Und zweitens soll er doch der armen, alten, kranken Großmutter kein einziges Haar krümmen. Ist es nicht schon schlimm genug, daß sie von solch einem verdammten Köter aus dem warmen Bett gejagt wird und im eiskalten Badezimmer frieren muß? Wenn ich die Geschichte erzähle, wird Oma nicht Stück für Stück aufgefressen. Wenn wir Peter sein reines Kindergemüt bewahren wollen, müssen wir die Geschichte zensieren. Der Junge soll doch nicht sein Leben lang Angst vor Hunden haben.«

»Hättest du dich von Anfang an daran gehalten, daß es ein Wolf war, dann würde er nie Angst vor Hunden bekommen. Du kannst in der Geschichte keinen Hund unterbringen. Und du mußt auch unbedingt das Leben der Großmutter opfern.«

»Ihr Leben opfern? So ein elender Quatsch. Sie ist alt und gebrechlich, und ich tue alles, um sie am Leben zu erhalten. Verlaß dich darauf! Laß jetzt das Spielen, Peter, und hör zu: Der Wolf . . . der Hund legte sich also in das Bett der Großmutter, zog die Federdecke über den Kopf und tat, als ob er schnarche. Etwas später klopfte Rotkäppchen an die Tür, und er rief: ›Herein!‹ Rotkäppchen trat ein. ›Großmutter, warum hast du so große Ohren?‹ fragte es, ›und so . . .‹ äh . . . jetzt habe ich das . . . dann sagte der Hund: ›Weil ich ein Cocker Spaniel bin, wir haben immer Hängeohren!‹, und dann sprang er aus dem Bett heraus, fraß die Torte und trank Coca-Cola, und Rotkäppchen bekam gar nichts. Ja, nun ist die Geschichte aus . . .«

»Was ist mit dem Jäger? Willst du ihm gar nicht erzählen, wie sie den Magen des Wolfs . . . des Hundes mit großen Pflastersteinen gefüllt und ihn in einen tiefen Brunnen geworfen haben?«

»Ja, ja, Papi, weiter erzählen!«

Ich überlege eine Weile, wie ich diese grauenhafte Tiermißhandlung so erzählen könnte, daß der Knirps nicht einen Komplex oder ein Trauma bekäme, aus denen dann schwere Neurosen entstehen könnten.

»Also«, sagte ich, »gerade als der Hund das letzte Stück Kuchen verschluckt hatte, tauchte ein Jäger auf . . .«

»Ist das ein Cowboy mit dem Schießgewehr wie auf dem Bild da?«

»All right, es tauchte also ein Cowboy auf, und als er Rotkäppchen weinen sah, fragte er: ›Warum weinst du denn, liebes Kind?‹, ›Der böse Hund‹, schluchzte sie, ›hat meine ganze Torte gefressen!‹ Der Cowboy sah den Hund finster an. ›Du böser Hund‹, sagte er, nahm einen Knochen und warf ihn in den tiefen Brunnen hinein. Der Hund sprang in den Brunnen, um den Knochen zu holen, und der Cowboy sagte: ›So, du verflixtes Biest, jetzt haben wir dich.‹ Sie legten einige Bretter über den Brunnen und beschwerten sie mit Feldsteinen; nun konnte der Hund nicht herauskommen, und das hatte er

308

verdient, denn er war ja pampig gewesen und hatte die ganze Torte mit Makronenbelag und Konfitüre gefressen. Und erst nach drei Tagen kamen Leute vom Tierschutzverein und holten ihn heraus. Die alte, kranke Großmutter wurde wieder gesund und kam ins Altersheim.«

»Warum wurde sie gesund, Papi?«

Ich war jetzt als Erzieher in meinem Element: »Weil die Großmutter die Torte nicht bekommen hatte! Hätte sie die ganze Torte gegessen, wäre ihr das schlecht bekommen. Merk dir's, Peter, man soll nie mehr als ein Stück Torte essen! Jetzt leg dich schön hin und schlaf.«

»Aber ich möchte noch . . .«

»Wenn du nicht sofort schläfst, setze ich das Jetzt-wird-Papi-böse-Gesicht auf, und dann kommt der schwarze Mann und nimmt dich mit.«

Ich erklärte ihm nicht, was ein schwarzer Mann ist. Ein Kind muß rechtzeitig lernen, seine eigene Phantasie zu gebrauchen.

Ich bin kein ausgeprägt gesellschaftlicher Typ . . .

Also gut, ich gebe es ohne Umschweife zu: ich bin kein ausgeprägt gesellschaftlicher Typ. Die Kunst, sich in einer Gesellschaft gut aufzuführen, besteht für mich darin, mit geschlossenem Mund gähnen zu können. Neulich konnten wir aber nicht länger mit einer Einladung warten, wir schuldeten unserem Bekanntenkreis eine Party. Es blieb uns also nichts anderes übrig, als eine kleine Gesellschaft zu geben.

»Aber versuch bitte, dich ein wenig gesellschaftlich

aufzuführen«, ermahnte Marianne mich im voraus, »wenn ich noch daran denke, wie unmöglich du dich letztes Mal vor unseren Gästen benommen hast!«

Das muß man Marianne zugestehen: sie hat ein Gedächtnis wie ein Elefant. Ich wage zu behaupten, daß sie sich sogar noch besser als jene Elefanten erinnern kann, von denen man unglaubliche Geschichten gehört hat. Daß ich im letzten Winter auf einer Gesellschaft mal lange und ausgiebig gegähnt habe, hätte ein Elefant doch längst vergessen.

»Der Whisky oder der dünne Kaffee hat mich eingeschläfert«, verteidigte ich mich, »und dann das Gequassel über die verworrene politische Lage in Nahen Osten, das Thomsen über uns ergoß, oder war es China? Der Mann ist ein ganzer Supermarkt von idiotischen politischen Anschauungen, und er preist sie wie Sonderangebote zu Rabattpreisen an.«

Marianne hörte nicht zu. Plötzlich schien sie eine Idee zu kriegen.

»Ich denke an die Gesellschaft am Sonnabend«, begann sie, »jetzt hör mal zu . . . jedesmal, wenn du etwas verkehrt machst oder etwas vergißt, dann fasse ich an meine Halskette und fummle so lange an den Perlen, bis du entdeckst, was für einen Schnitzer du gemacht hast.«

»Du scheinst meine Qualitäten als Gastgeber nicht sehr hoch einzuschätzen«, erwiderte ich leicht verdrossen, »aber, wenn du kein größeres Vertrauen in mich setzt, bitte schön!«

»Ich will dich nicht ärgern, aber um ehrlich zu sein, du bist . . . nicht gerade geistig . . . äh, ich meine, irgendwie geistesabwesend, das hängt sicher mit deiner hohen Intelligenz zusammen.«

Ein hartes, offenes Urteil, wenn auch mit rosa Schleife

drum. Denn ich habe gehört, daß viele Persönlichkeiten des kulturellen Lebens, beispielsweise berühmte Schriftsteller, es geradezu als Kompliment betrachten, wenn sie in Anwesenheit anderer zerstreut und geistesabwesend wirken. Also fühlte ich mich geschmeichelt.

Ich hätte gern gewußt, wie Einstein oder Bernard Shaw die Rolle des Gastgebers überstanden, aber leider kannte sich Marianne in diesen Eigenschaften jener beider Herren nicht aus.

Na, der Sonnabend kam, und die Gäste erschienen, darunter mein Verleger mit seiner jungen hübschen, gutgebauten Frau. Wir plauderten über Wind und Wetter und nippten am Cocktail. Dann bat Marianne zu Tisch. Wir hatten die Suppe überstanden und waren schon beim Rehbraten angelangt, als Marianne plötzlich fieberhaft an ihrer Kette zu fummeln begann und dabei starr mein Glas fixierte. Blitzschnell hob ich es in Augenhöhe.

»Lassen Sie uns das Trinken nicht vergessen«, wandte ich mich allen Gästen zu, »auf Ihr Wohl! Wir danken für Ihr Kommen. Zum Wohl, Herr Martens und . . . äh, Moment mal, ich meine . . . zum Wohl, gnädige Frau . . . äh . . .«

Im letzten Moment fiel mir ein, daß man niemals versäumen darf, seiner Tischdame zuzuprosten. Ich ließ also Martens fallen und trank statt dessen meiner Tischdame zu, der hübschen jungen Verlegerfrau.

Der Rehbraten wurde zum zweiten Mal herumgereicht, und alles verlief nach Plan. Als ich keinen Bissen des erlesenen Mahles mehr runterkriegen konnte, lehnte ich mich satt und zufrieden auf meinem Stuhl zurück, um ein wenig zu dösen. In dem Moment sah ich Marianne eifrig an ihrer Kette hantieren. Was war nun los? Sollte ich aufstehen und die Tafel aufheben? Sollten wir denn keinen Nachtisch kriegen?

Schnell hielt Marianne zwei Finger an den Mund und pustete verstohlen. Natürlich, etwas zu rauchen! Das war deutlich. Wie der Blitz schnellte ich hoch und gebot dem Serviermädchen, das silberne Tablett mit den Rauchwaren herumzureichen. Dann sank ich wieder auf meinen Platz, holte mein Feuerzeug hervor und zündete mir ein leichtes holländisches Zigarillo an. Wieder fingerte Marianne nervös an ihrer Halskette, dabei ließ sie ihren Blick zwischen mir und der Verlegerfrau hin- und hergleiten.

»Entschuldigung«, murmelte ich verlegen, »ich vergaß, Ihnen Feuer zu geben.«

Die Rumspeise wurde serviert, und schließlich waren wir bei Kaffee und Kognac angelangt. Marianne berührte ihre Kette nur einmal, als nämlich die kleine Kristallschale mit den selbstgebackenen Vanillekeksen und Schokoladenkringeln die Tischrunde machte und bei mir stehenblieb, weil ich das Zeug nicht ausstehen kann.

»Zum Wohl, liebe Freunde und vielen Dank, daß . . . äh, oh bitte, Frau Lund, möchten Sie nicht die Vanillekekse probieren?«

Sie probierte. Der Abend schleppte sich dahin. Für meinen Verleger und ein paar Herren arrangierte ich eine Partie Bridge in der Bibliothek, und im Wohnzimmer stellte ich einige Tischchen und Nippes beiseite, damit die jüngeren Leute ein Tänzchen wagen konnten. Und währenddessen erzählte mir die Verlegerfrau von ihrer letzten aufregenden Reise nach Barbados. Dann forderte jemand sie zum Tanzen auf, und ich ließ mich in einer Ecke des Salons nieder, um mich ein wenig auszuruhen.

Ich glaube, ich war einen Moment eingenickt. Jedenfalls zuckte ich plötzlich zusammen, weil ich meinen Zigarrenstummel fallenließ. Zum Glück war der Stum-

312

mel längst ausgegangen, aber was schlimmer war: Marianne fummelte so heftig an ihrer Kette, daß diese jeden Augenblick zu zerreißen drohte. Offenbar fand sie es unpassend, daß ich ein kleines Nickerchen machte – wo ich es doch so bitter nötig hatte nach all den anstrengenden Vorbereitungen, dem guten reichen Essen und den erlesenen Weinen.

»Versorgst du die Damen mit Wein?« lächelte sie angestrengt, »und haben die Herren genug Whisky?«

Ich hatte vollauf zu tun. Die ständige Rennerei nach Getränken, Gläsern, Eiswürfeln, nach Erdnüssen und Salzstangen, nach Oliven, Zigaretten, Streichhölzern, nach Aschenbechern und Konfektschalen und tausend anderen Kleinigkeiten, die bei so einer kleinen lächerlichen Gesellschaft erforderlich sind, hielt mich die ganze nächste Stunde in Trab. Wozu Marianne eigentlich ein Serviermädchen bestellt hatte, war mir nicht klar.

Aber endlich – die Gesellschaft brach ja auch mal auf. Ich holte schnell die Mäntel von der Garderobe und beeilte mich, die Gäste an die Tür zu geleiten. Als ich die Tür hinter den letzten Gästen geschlossen hatte, fiel ich erschöpft in die Sofaecke, streifte meine Schuhe ab und ließ die Zehen in den seidenen Socken spielen. Dann warf ich das Jackett und den Schlips zur Seite und öffnete den obersten Knopf meines weißen Hemdes.

»Puha«, rief ich Marianne im Eßzimmer zu, »was für ein Abend! Muß man stundenlang da sitzen und sich geschwollene Geschichten von Barbados anhören, die diese dumme Gans sich ausgedacht hat. Um ehrlich zu sein, ich weiß nicht mal, wo Barbados liegt, und es kümmert mich auch nicht die Bohne.«

Ich blickte durch die Eßzimmertür und sah Marianne an ihrer Halskette reißen, daß ungefähr 217 Perlen wie Hagelschauer in alle Ecken flogen.

313

»Was habe ich denn jetzt gemacht?« murmelte ich verwirrt und erhob mich. Da erblickte ich meinen Verleger und seine hübsche junge Frau. Sie waren noch nicht gegangen.

Kurz gesagt, Miss Claverhouse ... werden Sie mein?

Mit einem Kranz rosenroter Oleanderblüten um den weißen Tropenhelm und einer Kette feinster Schneckenhäuser und winziger gelber Perlen um den Hals saß der weiße Mann am Strand und starrte voller Sehnsucht über den unendlichen blauen Ozean, während die Wellen mit ewig wiederkehrendem Brausen gegen das Riff schlugen. Der Blick des weißen Mannes belebte sich, als eine schöne junge Frau aus der kleinen primitiven Hütte trat, die aus Pandangzweigen geflochten war. Die Frau ging barfuß. Ein anmutiges schwarzes Kleid reichte von ihrem schlanken weißen Hals bis hinunter zu den nackten Füßen und bedeckte ihre Arme bis zu den Handgelenken, wo weiße Marmorknöpfe als einziger Schmuck das Kleid zierten. Es lag etwas Reines, Jungfräuliches über ihrer ganzen Erscheinung. Im Sand nahm sie vor dem weißen Mann Platz und reichte ihm eine aufgeschnittene Kokosschale mit warmer Schildkrötensuppe.

»Vielen Dank, Miss Claverhouse«, lächelte er dankbar, »Sie sind so freundlich und aufmerksam.«

Der weiße Mann hielt die Kokosschale an den Mund und trank. Vielleicht klingt es verwunderlich, daß wir den Helden dieser Geschichte den »weißen Mann« nennen. Wir müssen das, denn wir wissen nicht, wie er heißt

314

oder wer er ist. Er weiß es selber nicht. Nach einem Schiffbruch wurde er auf einer Planke an Land getrieben, an die kleine Koralleninsel, und in der gewaltsamen Brandung stieß er mit dem Kopf gegen einen Felsen und verlor das Gedächtnis. Die schöne junge, schwarzgekleidete Frau fand ihn am Ufer und nahm sich voller Nächstenliebe seiner an. Die beiden sind die einzigen Menschen auf der Insel. Sie ist Engländerin und leitete eine Missionsstation auf einer der größeren benachbarten Koralleninseln. Aber die Eingeborenen waren keineswegs geneigt, ihren Feuergott aufzugeben, und setzten daher eines Tages die junge Dame in eine Piroge und ließen sie von den Wellen davontragen. Halbverhungert und zu Tode erschöpft trieb sie an Land der kleinen, fruchtbaren Koralleninsel.

Und nun, wo unsere Geschichte wirklich beginnt, saß sie still vor dem weißen Mann, der seine Schildkrötensuppe trank.

»Sie können sich noch immer nicht daran erinnern, wer Sie sind?« fragte sie eindringlich.

Der weiße Mann schüttelte den Kopf. Dann ergriff er Miss Claverhouses schlanke weiße Hand.

»Miss Claverhouse«, begann er und versuchte, ihren Blick festzuhalten, »es sind nun schon fast drei Monate her, daß wir hier unser nacktes Leben fristen, und mit jedem Tag, der gekommen ist, habe ich sie liebergewonnen. Wenn Sie wollten, könnten wir das Leben hier zu einem Paradies machen. Kurz gesagt, Miss Claverhouse . . . werden Sie mein! Ich liebe Sie.«

Miss Claverhouse entzog ihm mit einem Ruck ihre schlanke lilienweiße Hand. »Ich bin eine anständige Frau«, beteuerte sie ihm, »in den sieben Jahren, die ich hier auf den Südseeinseln gelebt und gewirkt habe, hat kein Mann mir nahekommen dürfen. Auch Sie dürfen es

315

nicht. Außerdem kann ich mich doch nicht einem Mann hingeben, von dem ich nicht einmal weiß, wer er ist. Und der es selbst nicht weiß! Vielleicht sind Sie ein Deserteur, ein Verbrecher, ein Mörder, ein entlaufener Sträfling?«

»Sehe ich so aus?«

Miss Claverhouse nahm die Hand des weißen Mannes.

»Entschuldigung«, sagte sie schuldbewußt, »so habe ich es nicht gemeint. Wer Sie auch sein mögen — ein Verbrechen haben Sie bestimmt nicht begangen. Ich finde Sie nett und angenehm, und ich muß zugeben, Sie gefallen mir außerordentlich gut, aber . . . nein, für so etwas bin ich nicht zu haben. Man liest so viel Schlimmes, was passieren kann, wenn ein Mann und eine Frau auf einer einsamen Insel landen. Ich finde, wir sind beide zu schade dafür, einer dieser zwielichtigen Südseegeschichten zu verfallen . . . jedenfalls nicht, solange wir nicht wissen, wer Sie sind. Möchten Sie noch ein wenig Schildkrötensuppe?«

Der weiße Mann schüttelte den Kopf. Dann spazierte er langsam über die Insel und dachte angestrengt darüber nach, wer er sein könnte, aber es hatte keinen Sinn.

Acht Tage später. Die Sonne versank in einer Orgie flammenden Goldes im Meer. Die schlanken Palmen der Koralleninsel reckten sich sehnsüchtig dem Himmel zu, als wollten sie den phantastischen Anblick so lange wie möglich festhalten. Dann umhüllte die Dunkelheit der Tropen die Koralleninsel, und der Himmel entzündete sein leuchtendes Sternenmeer. Still glitt der Mond hervor und tauchte die Schaumkronen der Wellen am Riff in silbernen Glanz. Unter der Kokospalme saß still und in sich gekehrt der weiße Mann. Er hatte es endgültig aufgegeben, er konnte sich an nichts erinnern, er wußte nicht, wer er war, woher er kam. Die Minuten schlichen wie in einer Verwünschung dahin. Unten am Strand wandelte Miss Claverhouse. Jetzt näherte sie sich seinem Platz.

»Bitte, für Sie!« Sie legte ihm einen duftenden Oleanderkranz um den Hals.

Er zog sie an sich.

»Du wunderbare Frau, ich kann es nicht mehr ertragen«, flüsterte er eindringlich, »ich liebe dich − ich liebe dich bis zum Wahnsinn. Du mußt mein werden, für immer und ewig.«

Sie ergriff seine Hand.

»Auch ich liebe dich«, antwortete sie still, »aber ich kann nicht dein werden, bevor wir einmal von hier loskommen und richtig heiraten können. Bevor ein Priester uns heilig verbunden hat, will ich nicht . . .«

Der weiße Mann fuhr hoch. Miss Claverhouses letzte Worte hatten wieder seine Erinnerung geweckt. Wild vor Glück sprang er ein paarmal um die Kokospalme, dann umfaßte er Miss Claverhouse und bedeckte sie mit heißen Küssen.

»Ich bin der glücklichste Mann der Welt«, jubelte er, »als du das Wort ›Priester‹ aussprachst, konnte ich mich plötzlich daran erinnern, wer ich bin. Wir können sofort heiraten. Ich bin der Schiffspriester!«

Darf ich Ihre Karten sehen, mein Herr?

Eins lassen Sie mich gleich klarstellen: Ich gehöre nicht zu dem Typ Ehemann, der eine Menge Geld für Vergnügungen zum Fenster rauswirft. Ich überlege es mir immer ganz genau, wenn Marianne die Bemerkung fallenläßt, nun sei es mal wieder an der Zeit für

317

einen interessanten Theaterabend. Dann erwäge ich das noch ein halbes Jahr, bevor ich Ernst mache. Einerseits verliert man doch überhaupt die Lust, eins von diesen modernen, mehr oder weniger absurden, lärmenden, politisch gefärbten und plump provozierenden Stücken anzugucken.

Andererseits sind für die Stücke, die man wirklich sehen möchte, keine Karten zu bekommen, wenn man nicht gerade Mitglied dieser komischen Einrichtung ›Volksbühne‹ ist − oder wie noch dieser kulturelle Zirkus heißt −, wo man nachmittags um 15 Uhr ins Theater muß oder nur die Generalprobe zu sehen kriegt.

Aber neulich hatten wir Freikarten bekommen, also zogen wir los. Es begann sehr feierlich, wir ergingen uns im Foyer, ich in meinem neuen mitternachtsblauen Smoking und Marianne in ihrer Nerzstola und dem ganzen Ausgehplunder. Wir fanden schon immer, ein Theaterabend ist ein so feierliches Ereignis im Leben, daß man es nicht durch dieselben Klamotten entwerten sollte, die man sonst beim Kegeln oder in der Kneipe anhat. Nachdem wir die obligatorischen Dinge besorgt hatten wie Programm, Pfefferminz und Schokolinsen, schritten wir in den großen, festlich erleuchteten Theatersaal mit den goldenen Ornamenten und den gediegenen dunkelroten Seidentapeten.

»Ich zeige Ihnen Ihre Plätze«, klang es hilfreich vom Platzanweiser.

»Danke«, erwiderte ich, »das machen wir schon selbst.«

Mit der Bemerkung ließ ich durchblicken, daß wir das Theater bereits kannten und daher als Stammgäste zu betrachten seien.

»Ja, hier müßte es sein«, sagte ich zu Marianne und steckte die Karte in meine Westentasche. Galant schlug ich den Sitz für Marianne runter, und wir nahmen Platz. Leider waren es zwei Seitenplätze. Wir hatten gerade begonnen, in angemessenem, gedämpftem Tonfall das verruchte Privatleben der beteiligten Schauspieler zu erörtern — das wir bis in alle Einzelheiten aus den Illustrierten kannten —, als ein junger Kerl in offenem Hemd, verwaschenen hautengen Jeans und Jesuslatschen mir auf die Schulter klopfte.

»Ich muß hier rein«, sagte er.

Wir erhoben uns, und der Jüngling quetschte sich mit seiner Begleiterin in unsere Reihe. Sie blieben genau vor uns stehen und starrten uns feindselig an. Ich starrte ebenso frech zurück.

Ich hasse Leute, die im offenen Hemd oder schmutzigen Rollkragenpulli in einem feinen Theater erscheinen, bloß um ihre politische Einstellung zu bekunden. Marianne begnügte sich damit, verwirrt auszusehen.

»Wollen Sie nicht weiter?« fragte ich gereizt.

»Weiter?« bemerkte der junge Schnösel, »das sind unsere Plätze.«

Er hielt mir seine Karte hin. Nummer 22 und 24, betonte er. Ich winkte den Platzanweiser zu uns und wühlte in meiner Westentasche.

»Der junge Herr hier behauptet . . .«, begann ich. Dann fiel mein Blick auf unsere Karte. Da stand 21 und 23.

»Wir müssen auf die andere Seite«, flüsterte ich Marianne zu und zog sie diskret aus der Reihe. Als wir an der Orchesterversenkung vorbeizogen, folgte uns das junge Paar mit einem Blick, als seien wir geistesgestört.

»Mein Gott«, beruhigte ich Marianne, als wir unsere Plätze Nummer 21 und 23 auf der anderen Seite der Reihe eingenommen hatten, »jeder kann sich mal irren. Komisch, aber eins der größten Verbrechen, die man auf

319

dieser Welt begehen kann — fast so schlimm, als wenn man in einem öffentlichen Verkehrsmittel mit einer Fahrkarte vom vorigen Tag erwischt wird —, ist offenbar, die verkehrten Plätze im Theatersaal zu besetzen.« Ich kramte eine Rolle Pfefferminz aus meiner Jackentasche.

»Möchtest du ein Pfeffer . . .«

Ich schwieg. Ein nettes älteres Ehepaar schlich so eigentümlich obdachlos auf dem Gang vor unseren Plätzen herum. Sie guckten abwechselnd auf ihre Karte, auf uns und auf einander.

»Siehst du, Marianne, wir sind nicht die einzigen. Es gibt auch andere, die sich nicht zurechtfinden können. Wenn die nicht innerhalb einer Minute auf ihren Plätzen sitzen, wird der ganze Saal sie in Grund und Boden starren und sie als Abschaum der Menschheit betrachten.«

Komisch, wie die Menschen reagieren. Wenn man erst selbst auf dem trockenen sitzt, kümmert man sich einen Dreck um die anderen in Not. Man genießt die Situation geradezu.

Das ältere Paar flüsterte sich irgend etwas zu, guckte noch mal auf die Karten und dann auf mich. Ich tat, als ginge mich das überhaupt nichts an, aber insgeheim fischte ich unsere Karten aus meiner Westentasche und warf schnell einen Blick auf die Nummern, 21 und 23. Kein Zweifel, einwandfrei. Wie zufällig drehte ich mich auf meinem Sitz um und registrierte blitzschnell, daß 21 und 23 auf den Rücklehnen standen.

Diesmal saßen wir richtig, daran gab es nichts zu rütteln. Als die älteren Herrschaften nach einer Weile mit dem Platzanweiser vor uns erschienen, begegnete ich selbstbewußt ihrem Blick.

»Was ist denn nun schon wieder?« warf ich ihnen mit entsprechend gereizter Stimme entgegen.

»Darf ich Ihre Karten sehen, mein Herr?«

»Wieso?«

»Ich fürchte, Sie sitzen auf den verkehrten Plätzen.«

»Nanu? Ist das vielleicht nicht die 3. Reihe, Platz 21 und 23?«

»Doch, aber . . .«

»Aber was?«

Diesmal war ich zum Äußersten entschlossen. Ich konnte Marianne ansehen, daß sie meinen Standpunkt teilte – unsere Plätze so teuer wie möglich zu verkaufen.

»Lassen Sie mich doch Ihre Karte sehen, mein Herr.«

»Okay«, zischelte ich, »wenn man nicht mal zwei Minuten Ruhe in diesem Theater kriegen kann, also bitte . . .«

Ich hielt ihm unsere Karten hin.

»Hier steht 3. Reihe Parkett, aber Sie sitzen 3. Reihe Sperrsitz. Sie müssen weiter nach hinten.«

Wir erhoben uns, und das ältere Ehepaar nahm unsere Plätze ein.

»Jetzt können Sie uns vielleicht mal die richtigen Plätze zeigen« wandte ich mich gereizt an den Platzanweiser.

»Das hatte ich Ihnen ja angeboten, als Sie kamen«, entgegnete er und schlug die Sitze 21 und 23 im Parkett für uns runter. Er gab uns die Karten wieder.

»Und jetzt sitzen wir auf den richtigen Plätzen?« wollte Marianne wissen.

»Ja, gnädige Frau . . . todsicher.«

Wir setzten uns. Das vornehme ältere Ehepaar vorn in der 3. Reihe Sperrsitz wandte sich alle Augenblicke um und starrte uns an, als erwarteten sie, wir müßten vor Scham in den Boden sinken. Der junge linksorientierte Lümmel mit den Jeans stand sogar auf, um zu sehen, wo wir abgeblieben waren.

»Duck dich«, raunte ich Marianne zu. Wir versteckten

uns so gut wie möglich hinterm Programm. Der junge Schnösel sollte nicht den Triumph erleben, daß wir auf Plätze zu 12,50 DM degradiert waren.

Plötzlich beugten sich zwei verwirrte junge Damen zu uns runter.

»Verzeihung«, sagte die eine, »aber wir können unsere Plätze nicht finden. Sie können uns wohl nicht sagen, wo die Nummern 21 und 23 Parkett 3. Reihe sind? Doch wohl nicht hier?«

Mir fiel die Tüte mit den Schokolinsen aus der Hand, so daß sie in alle Richtungen auf den Boden rollten. Das ältere Ehepaar und mehrere andere Zuschauer hatten sich im Gang versammelt, um dem Drama aus der Nähe zu folgen.

Auch der junge Provo hatte uns erblickt. Sein Gesicht leuchtete in unverschämtem Grinsen auf, als unsere Blicke sich trafen.

»Was . . . haben Sie gesagt?« reagierte ich leicht nervös und versuchte Haltung zu bewahren.

»3. Reihe Parkett, Nummer 21 und 23. Wissen Sie, wo das ist?«

»Ja«, gab ich zu, »das ist hier.«

»Meinen Sie die Reihe, in der Sie sitzen?«

»Ja, und zwar die Plätze, auf denen wir sitzen, meine Frau und ich.«

»Ach du Schreck«, rief das eine junge Mädchen nervös und schlug die Hände vors Gesicht, »wie peinlich, Ingrid, jetzt guckt der ganze Saal auf uns, wo ich doch bloß meinen alten Hosenanzug anhabe.«

»Setzen Sie sich doch auf die freien Plätze vor uns«, reagierte ich blitzschnell, »dann will ich versuchen, das Problem zu lösen. Kein Grund zur Panik, geht alles in Ordnung.«

Die beiden jungen Mädchen fielen wie erlöst auf die

freien Plätze vor uns, und ich winkte den Platzanweiser heran.

»Jetzt hapert es schon wieder«, klagte ich und zeigte ihm unsere Karten. Ich zog einen Zehnmarkschein hervor und steckte ihn diskret in seine Hand.

»Besorgen Sie uns bitte zwei andere Plätze im Rang, wo keiner uns kennt«, erklärte ich mit gedämpfter Stimme, »aber schnell!«

»Das ist leider unmöglich, mein Herr, es ist alles ausverkauft. Aber bitte nicht die Ruhe verlieren. Wir schaffen das schon . . . zeigen Sie noch mal, 21 und 23 . . . ganz korrekt . . . und 3. Reihe, Parkett, stimmt auch. Soweit ich sehen kann, gibt es . . . doch, Moment mal. Ja natürlich! Ihre Karten gelten für heute abend um 21 Uhr und nicht für die erste Vorstellung um 18 Uhr. Sie müssen leider zur Spätvorstellung wiederkommen.«

Schnell griff ich nach den Karten und schleifte Marianne hinter mir her. Erst als wir zu Hause angekommen waren, atmete ich erleichtert auf.

»Puh«, stöhnte ich, »da gehen wir nicht wieder hin. Das kann ich dir versprechen.«

»Natürlich gehen wir hin. Wäre doch Blödsinn, wo wir die Karten, das Programm und alles haben, und angezogen sind wir auch schon. Außerdem dürfte es uns heute abend nicht schwerfallen, unsere Plätze zu finden. Jetzt wissen wir genau Bescheid.«

Um 21 Uhr standen wir also wieder im Theatersaal.

»Na«, nickte uns der Platzanweiser mit einem vertraulichen Lächeln zu, »da sind Sie ja wieder. Nun werde ich . . .«

»Ja, danke, wenn Sie so freundlich sein würden«, fügte ich schnell hinzu.

Er wies uns die Plätze an, und wir kontrollierten alle drei, daß Nummern, Reihe und Parkett stimmten.

»Diesmal dürfte es wohl keinen Zweifel geben«, bemerkte Marianne, »das war ja eine peinliche Geschichte vorhin.«

»Nehmen Sie's nicht so schwer, gnädige Frau«, tröstete der Platzanweiser, »das kennen wir schon. Die Leute werden immer so nervös, wenn sie all die Nummern und Reihen sehen. Aus Angst, die verkehrten zu wählen, ergreift sie Panik . . . und dann erwischen sie gerade die verkehrten. Wie gesagt, das erleben wir häufig.«

Der Platzanweiser entfernte sich. Der Saal hatte sich eben verdunkelt, als der grelle Lichtkegel einer Taschenlampe vom Seitengang auf uns flackerte.

»Darf ich noch mal Ihre Karte sehen, mein Herr?«, klang es gedämpft vom Platzanweiser.

Ich hatte nicht mehr die Kraft, die Karten aus meiner Westentasche zu fummeln. Marianne mußte mir helfen. Sie reichte die Karten in Richtung Taschenlampe hin. Es vergingen einige Sekunden, dann ließ sich wiederum eine gedämpfte Stimme vernehmen:

»Die Plätze sind richtig, meine Herrschaften, aber Sie haben sich im Datum geirrt. Die Karten gelten erst für nächsten Sonnabend.«

Ich brauche wohl nicht hervorzuheben, daß ich mich nur unter lautem Protest am nächsten Wochenende von Marianne ins Theater schleppen ließ.

Am Eingang bestand ich darauf, in Anwesenheit des obersten Platzanweisers und des Intendanten persönlich auf unsere Plätze geführt zu werden. Alle behandelten uns äußerst liebenswürdig, unser Platzanweiser vom letzten Samstag hatte sowohl seinen direkten Vorgesetzten als auch den Intendanten informiert.

»Wenn jemand Ihnen diese Plätze streitig machen will«, versicherte der Intendant, »dann werde ich per-

sönlich einschreiten. Sollten irgendwelche Probleme auftauchen, dann verlassen Sie bitte nicht eher Ihre Plätze,
bis ich den Fall untersucht habe.«

Das Licht im Saal erlosch, die Vorstellung begann.
Der erste Akt lief seit vier, fünf Minuten, als ich von
flüsternden Stimmen im Seitengang abgelenkt wurde.
Leider war es zu dunkel, um erkennen zu können, was
da los war. Nach einigen weiteren Sekunden traf das ein,
was Marianne und ich jeden Augenblick voller Verzweif-
lung gefürchtet hatten . . . der flackernde Schein einer
Taschenlampe leuchtete über uns, und eine flüsternde
Stimme ließ sich hören: »Ich bin es, der Intendant.
Leider muß ich Ihre Karten noch mal überprüfen. Irgend
etwas stimmt hier nicht. Hier stehen zwei Herren mit
Karten für die Nummern 21 und 23, Parkett, 3. Reihe,
Samstag, den 12., um 21. Uhr. Das ist jetzt . . .«

Ich kann mich nicht mehr daran erinnern, wie wir aus
dem Saal kamen, aber noch heute verfolgt mich die
flüsternde Stimme des Intendanten bis in den Schlaf:
»Die Plätze sind richtig, mein Herr, die Nummern, die
Reihe, das Datum, auch die Uhrzeit . . . aber die Karten
gelten für unsere Experimentalszene, drüben im
Anbau!«

Ja, hallo, ist dort die Polizei?

Frau Schiffsreeder Beverholm war verzweifelt. Was
sollte sie bloß machen? Ihr Mann, der Schiffsreeder,
war verschwunden − einfach weg! Montagabend hatte
sie ihn hinuntergeschickt, er sollte den Hund ausführen,
und jetzt war Freitag, und er war immer noch nicht
zurückgekommen. So lange kann man doch nicht einen

Hund ausführen? Sie vertraute sich einer Freundin an, die ihr den vernünftigen und ausgezeichneten Rat gab, nach ihrem Karlemann suchen zu lassen. Und so wählte Frau Beverholm auf dem hellroten Telefon ihres Nachttisches die Nummer der Polizei.

»Ja, hallo, ist dort die Polizei? Es handelt sich um meinen Mann. Schiffsreeder Beverholm. Montag schickte ich ihn raus, um mit Sirra . . ., meinem Hund, einen Spaziergang zu machen. Und jetzt ist Freitag, und weder er noch mein süßer, kleiner . . .«

»Wollen Sie nach Ihrem Mann suchen lassen?«

»Ja.«

»Dann werde ich Sie zur Suchdienstabteilung durchstellen.«

»Ja, hallo, ist dort der Suchdienst? Es handelt sich um meinen Mann. Montagabend schickte ich ihn raus, um mit dem Hund einen Spaziergang zu machen . . . meine kleine Sirra . . . und jetzt ist es Freitag und . . .«

»Er ist nicht zurückgekehrt?«

»Nein, und das fürchterliche ist, verstehen Sie, daß wir heute abend zum Essen in der Botschaft eingeladen sind. Das ist eine fürchterlich unangenehme Sache, daß . . .«

»Wenn Sie Ihren Mann suchen lassen wollen, müssen wir eine Personenbeschreibung haben, gnädige Frau.«

»Können Sie ihn beschreiben?«

»Karlemann? Ich denke doch!«

»Alter?«

»Nein, mein Lieber, jetzt glaub ich doch, Sie werden etwas zu neugierig! Es reicht wohl zu sagen, daß ich in meinen besten . . .«

»Das Alter Ihres Mannes!«

»Oh, seines — ja, natürlich! Nein, warten Sie mal, wie ist das . . . 47 ist wohl seine Kragenweite! Kann es

326

sein, daß er Kragenweite 47 braucht? Oder bei seinen Schuhen?«

»In welchem Jahr ist er geboren?«

»1817!«

»Wie bitte?«

»1718 meine ich! Himmel, nein — was sage ich? Ich bin fürchterlich tolpatschig bei solchen Sachen. Es soll selbstverständlich 1918 sein! In jedem Fall neunzehnhundert und noch was. Neunzehnhundert und ein kleines bißchen, glaub' ich. Er sagt jedenfalls immer, daß er auf der richtigen Seite des zwanzigsten Jahrhunderts geboren ist! Gooott, nein, des neunzehnten natürlich . . .«

»Größe?«

»Karlemanns? Er hat volles Gardemaß, sagt er.«

»Können Sie das in Zentimetern angeben?«

»Ja, er ist . . . eine Sekunde. Er kann die Bücher auf dem obersten Brett des Regals in der Bibliothek erreichen. Kann ich eben hinlaufen und ausmessen, wie hoch das ist? Einen Augenblick!«

»So, jetzt bin ich wieder da! Er ist 232 Zentimeter groß, wenn er auf den Zehenspitzen steht und den Arm so hoch streckt, wie er kann.«

»Augenfarbe?«

»Blau! Ja, also nicht gerade irrsinnig blau, vielleicht so etwas — nein, du liebe Zeit — Sie glauben doch nicht etwa, daß ich mich nicht daran erinnern kann? Ich sagte doch grau, nicht? Fast mausgrau. Mehr ein Mittelding von Blaugrau . . . und Graublau . . . glaub' ich. Ist es notwendig, ausgerechnet die Augenfarbe zu wissen? Ist es nicht genug, wenn ich Ihnen zum Beispiel die Anzahl der Haare angebe?«

»Haarfarbe?«

»Nein, jetzt fragen Sie mehr, als zehn Weise beant-

327

worten können! Man merkt sich doch nicht alle Einzelheiten bei einem Mann . . . und erst recht nicht bei einem, mit dem man so viele Jahre verheiratet ist! Im übrigen ist er dunkelblond. Natürlich nicht wahnsinnig dunkelblond . . .«

»Besondere Kennzeichen?«

»Ansatz zu Doppelkinn und etwas zuviel Bauch.«

»Ich meine . . . Narben oder Muttermale?«

»Aha! Nein, hören Sie . . . glauben Sie wirklich, Karlemann würde sich für mich duellieren?!«

»Womit war er beim Weggehen bekleidet?«

»Ich wußte, Sie würden danach fragen! Jetzt hören Sie aber mal, ich kann doch nicht alles wissen! Ich plauderte gerade mit ein paar Freundinnen, und dann rief ich: ›Du denkst daran, mit Sirra rauszugehen, nicht, Karlemann?‹ Mir ist wirklich nicht aufgefallen, ob er . . . doch warten Sie! Er trug seinen neuen kamelfarbenen Dufflecoat und zwei große, helle Schweinslederkoffer. Ja, davon schwebt mir etwas vor — daß ich ein paar Koffer gesehen habe. Ich begreife bloß nicht, was er mit den Koffern wollte, bloß um einen Spaziergang . . . Jetzt dürfen Sie mich nicht wegen des Dufflecoats festnageln! Bei näherem Nachdenken bin ich nicht sicher, ob er überhaupt einen kamelfarbenen Dufflecoat besitzt . . .«

»Und jetzt wegen des Hundes, den er bei sich hatte, gnädige Frau. Können Sie ihn beschreiben?«

»Meine liebe, geliebte kleine Sirra? Das ist ein reizender Pekinese mit einem kleinen weißen Fleck über dem linken Auge. Sie wiegt fünf Pfund und einhundertundfünfzig Gramm, mißt siebenunddreißig Zentimeter von der Schnauze bis zum Schwanz. Ist schwarz mit Goldbraun, hat dunkelbraune, glänzende Augen. Die Ohrenfransen auf der rechten Seite sind einen halben Zentimeter länger als auf der linken Seite. Wird am 27. November zwei Jahre alt. Besonderes Kennzeichen ist eine ganz kleine Warze auf der linken Vorderpfote. Hatte beim Weggehen ein olivgrünes Alligatorlederhalsband um, mit Silberspange, einer Miniatursilberuhr mit eingravierten Initialen S. B. in Mönchsschrift und eine karmesinrote Seidenschleife. Die Ohren haben Herzform, die Augenschlitze sind schräg und . . . wenn Sie noch fünf bis zehn Minuten Zeit haben, Herr Inspektor, dann werde ich von vorn anfangen und sie ganz genau beschreiben . . .«

Große Wäsche

Es ist Zeit für einen kleinen nostalgischen Rückblick. In unserer geschäftigen Welt muß man auch der Nostalgie ein Plätzchen gönnen. Gewiß, in der guten alten Zeit — und damit meine ich jene längst vergangenen Tage, als ein Kurzer 17 Öre kostete und man im Palmengarten, einem der feinsten Restaurants der Stadt, ein Fünf-Gänge-Diner mit verschiedenen Hausweinen, einem Brandy und bestem kolumbianischen Kaffee für sage und schreibe vier Kronen achtunddreißig bekam, alles inklusive — in der guten alten Zeit also gab es den Waschtag. Das war der Tag, an dem die Hausfrauen ihre handgewebten Unterröcke schürzten und mit einem Korb voll schmutziger Kleider und Wäsche in den Dorfbach hinauswateten. Da standen sie dann zwölf Stunden hintereinander an ihren Waschbrettern, schlugen ihr Leinen und schlotterten vor Kälte, denn in Urgroßmutters Jugend war der Waschtag stets eine bitterkalte Angelegenheit.

Bis vor zehn, zwanzig Jahren lief der Waschtag bei uns

zu Hause praktisch nach dem gleichen Muster ab, wenn man davon absieht, daß er nicht am Dorfbach stattfand. Früh um halb sieben stellte Marianne sich ans Waschbrett, und dort blieb sie den ganzen Tag und schrubbte und rubbelte, während der Waschkessel kochte und blubberte. Feuchter Dampf verbreitete sich im ganzen Haus und erzeugte eine bedrückende Atmosphäre von Frust und Auflehnung. Nach ein paar Stunden am Waschbrett wirkte Marianne sichtlich aufgelöst, der Nagellack begann abzublättern, ihre Hände wurden rot und rissig, sie glühte wie ein überhitzter Hochofen, aus den niedlichen Ringellöckchen wurden traurige Rattenschwänze, sie alterte zusehends, und ihre Laune sank weit unter den Nullpunkt. Wenn man sich in die Hölle von Rauch und Dampf hineinwagte, um in ihre Hörweite zu kommen, und freundlich-wohlmeinend bemerkte: »Wie ich sehe, ist wieder Waschtag, Liebling . . .«, handelte man sich damit nur bissige Bemerkungen ein. Tagelang hielt die gespannte Stimmung an. Erst wenn der letzte Kopfkissenbezug gebügelt und im Schrank verstaut war und die Ondulierschere des Friseurs die kessen Löckchen wieder herbeigezaubert hatte, war die Plage des Waschtags vergessen, und Marianne war wieder Daddys liebes Schmusekätzchen, der gute Geist des Hauses.

Doch eines Abends sagte sie, als sie den Wecker auf sechs Uhr gestellt hatte — ein Zeichen, daß ein neuer Waschtag am Horizont heraufzog — mit leichter Bitterkeit in der Stimme:

»Ich gehe jetzt schlafen. Morgen muß ich früh raus, die Wäsche dauert den ganzen Tag. Sofern du nicht endlich über deinen Schatten springst und eine Waschmaschine anschaffst. Alle anderen Frauen haben schon eine. Vollautomatische Waschmaschinen kriegt man heute bereits für . . .«

»Schon gut«, fuhr ich eilig dazwischen. »Ich habe zwar im Augenblick kein Geld für eine Waschmaschine. Aber ich mache dir einen anderen Vorschlag. Den morgigen Waschtag übernehme ich. Für einen gestandenen Do-it-yourself-Mann wie mich dürfte das eine Kleinigkeit sein. Und wenn Mortensen sich nicht zu gut ist, für seine Frau zu waschen, werde ich das ja wohl auch fertigbringen. Überlaß nur alles mir.«

Ganz in der Nähe hatte ein Selbstbedienungs-Waschsalon eröffnet. (An Münzwäschereien und andere Waschtempel von noch weit fortschrittlicherem Gepräge war damals noch nicht zu denken.)

»Morgen gehe ich zu dem Waschsalon, und im Handumdrehen ist alles erledigt«, sagte ich zuversichtlich. »Mortensen hat mir erzählt, wie das läuft. Du steckst die schmutzige Wäsche in einen Sack, gehst zu diesem Waschdingsbums, stopfst die Wäsche in eine Maschine, rauchst in aller Ruhe eine kleine Zigarre, holst die Wäsche heraus und machst dich auf den Heimweg. So einfach ist das. Und die große Wäsche ist in einer halben Stunde erledigt. Komm, Liebling, wir gehen ins Kino. Die Wäsche macht dein Do-it-yourself-Superman morgen auf dem Weg in die Stadt.«

Am nächsten Morgen war für mich Waschtag. Ich leerte den Korb mit der Schmutzwäsche auf ein ausgebreitetes Laken, band die Ecken zusammen, schwang mir das Bündel über die Schulter und fuhr zu dem neueröffneten Waschsalon um die Ecke. Leicht befremdet stellte ich fest, daß sich dort nur weibliche Wesen befanden. Mortensen, unser Nachbar hatte mir erzählt, daß nicht nur Hausfrauen, sondern ebenso viele Hausmänner sich dieser fortschrittlichen Einrichtung bedienten. Entschlossen warf ich mein Lumpenbündel auf die Waage. Was ich einmal angefangen habe, das ziehe ich auch durch. Ich würde die Zähne zusammenbeißen und tapfer ausharren, bis sämtliche Wäschestücke blütenweiß und frisch gebügelt im Wäscheschrank lagen und nach Sauberkeit nur so stanken.

»Nummer 13«, sagte eine Selbstbedienungsdame in weißem Kittel.

»Wie bitte?«

»Sie haben Maschine Nummer dreizehn. Hier ist Ihr Quicko.«

Ich bekam zwei Becher mit Pulver in die Hand gedrückt und suchte Maschine Nummer dreizehn. Sie sah aus wie ein ganz gewöhnlicher Kühlschrank. In der Mitte der emaillierten Frontplatte war eine Tür mit einem Glasfenster, das wie ein Bullauge aussah. Ich schielte zu Nummer 14 hinüber, um zu sehen, wie die Dame dort mit dem komplizierten Verschlußmechanismus fertig wurde. Nachdem ich der Maschine ein paarmal kräftig auf den Kopf geschlagen und mit dem Knie an der Frontplatte nachgeholfen hatte, kriegte ich schließlich das Bullauge auf. Ein fröhliches Liedchen summend, stopfte ich der Maschine munter die Schmutzwäsche in den Bauch, streute das Pulver über zwei von Mariannes rosa Nachthemden, knallte das Bullauge zu, ließ mich auf der Wartebank nieder, zündete mir eine Zigarre an und griff nach einer der Frauenzeitschriften, die dort herumlagen. Nach ein paar Minuten schaute ich durch das Bullauge. Die Nachthemden mit dem blauweißen Pulver darüber rückten und rührten sich nicht. In der Maschine nebenan wirbelten Windeln und Slips und niedliche intime Sächelchen herum, daß einem fast schwindlig werden konnte. Ich gab meiner Nummer 13 einen herzhaften Schlag auf die Birne und einen tüchtigen Tritt vors Schienbein.

»Was machen Sie denn da?«

»Sie startet nicht.«

»Sie haben die Tür nicht richtig zugemacht. Wenn Sie den Griff herumdrehen . . . so, sehen Sie . . ., startet sie automatisch.«

Die Nachthemden gerieten in Bewegung.

»Wo ist denn Ihr Quicko?«

»Mein was bitte?«

»Ihr Waschpulver.«

»Das habe ich über die Nachth . . . die Wäsche gestreut . . . die Wäsche von Mar . . . von meiner Frau, meine ich . . . die Schmutzwäsche . . .«

Die Weißbekittelte brachte zwei neue Becher.

»Nach eineinhalb Minuten geht diese rote Lampe an. Dann machen Sie die kleine Luke hier auf und schütten das blaue Pulver hinein. Nach achteinhalb Minuten geht die rote Lampe wieder an, dann füllen Sie das weiße Pulver ein, schließen die Luke und warten fünfundzwanzig Minuten.«

»Alles klar.«

Ich holte Großpapas goldene Uhr aus der Westentasche und peilte den Sekundenzeiger an. Fünfzehn Sekunden. Dreißig. Nichts geschah. Ich schlug der Maschine auf den Kopf und auf die Handgelenke.

»Was machen Sie denn jetzt?«

»Das blöde Ding will sich nicht drehen.«

»Eineinhalb Minuten, habe ich gesagt.«

»Ach so . . . na schön.«

Ich setzte mich hin und wartete. In diesem Augenblick glühte die Lampe auf. Wie der Blitz war ich zur Stelle und schüttete das weiße Pulver in die Luke. Puff . . . sagte es, die Tür sprang auf, und Pulver, Nachthemden, Schlüpfer und alles fiel auf den Boden. Ich beeilte mich, zwei meiner dicken, reinwollenen Unterhosen wieder in die Maschine zu stopfen. Schließlich ging es die umstehenden Damen überhaupt nichts an, was ich bei kaltem Wetter unter dem Anzug trug.

»Sie müssen sich genau an die Anweisungen halten«, ließ sich eine vorwurfsvolle Stimme hinter mir vernehmen. »Bitte merken Sie sich: Erst das blaue, dann das weiße Pulver. Wenn Sie alles falsch machen, können Sie nicht verlangen, daß die Maschine mitspielt.«

Die Weißbekittelte schüttete einen Meßbecher blaues Pulver in die Luke. Ich wich ein paar Schritte zurück, aber es war alles ganz harmlos. Widerspruchslos schluckte die Maschine das mehlige Zeug. Dann drückte die Weißbekittelte mir einen Becher mit weißem Pulver in die Hand.

»Das füllen Sie nach achteinhalb Minuten ein, wenn die rote Lampe angeht.«

»Jawohl.«

Geduldig setzte ich mich zwischen die wartenden Damen und vertiefte mich in eine Zeitschrift. Ich verschlang gerade eine romantische Räuberpistole über den Handel mit weißen Sklavinnen und Liebe in den Tropen, als mir plötzlich das Licht einfiel. Ich sah hin. Es leuchtete so kräftig, daß es geradezu Funken sprühte. Ich sauste hin und füllte mein weißes Pulver ein. Puff, sagte die Maschine. Mit einem Knall flog die Tür auf und spuckte Wäsche, Waschpulver und feuchten Dampf in die Gegend.

»Was machen Sie denn jetzt schon wieder?« fragte eine zornige Stimme hinter mir. Sie gehörte einer Frau von beträchtlicher Körperfülle, die ein kleines Kind auf dem Arm hatte.

»Ich habe das weiße Pulver reingetan.«

»Das sehe ich. Aber das war meine Maschine, Sie Trottel. Jetzt kann ich noch mal von vorn anfangen. Wenn Sie glauben, Sie können uns hier zum Narren halten . . .«

Ich zog mich, gefolgt von den mißbilligenden Blicken der umstehenden Damen, zu meiner Maschine zurück.

Beschämt ließ ich den Kopf hängen und fixierte die rote Lampe. Plötzlich leuchtete sie auf. In meiner Verwirrung fiel mir nichts Besseres ein, als die Hand darüberzulegen, damit niemand es sah. Ich griff nach dem Becher. Er war leer. Ich nahm einen Augenblick meine Hand weg. Die Lampe wurde rot und röter, und hinter dem Bullauge wirbelte die Wäsche herum wie im Taifun Maren, Windstärke 4711.

»Schnell«, brüllte ich. »Ich brauche Waschpulver.«

»Er wird's noch so weit bringen, daß ihm das Ding um die Ohren fliegt«, bemerkte die Dame mit dem kleinen Kind sarkastisch. Verbissen schlug ich der Maschine ein paarmal auf den Kopf, in der Hoffnung, daß sie stehenbleiben würde. Sie protestierte gegen meine unfreundliche Behandlung, indem sie plötzlich anfing zu heulen wie ein Nebelhorn.

»Waschpulver her«, schrie ich verzweifelt.

Die Weißbekittelte kam mit einem Becher angerannt, schüttete den Inhalt in die Kammer, und das Ungeheuer beruhigte sich.

»Das hätten Sie schon vor mindestens zehn Minuten machen müssen«, sagte sie. »Bitte achten Sie genau auf die Zeit. Jetzt warten Sie genau fünfundzwanzig Minuten, dann nehmen Sie die Wäsche heraus und geben sie in den Trockner.«

Ich sah aus dem Fenster. Draußen standen zwei Männer und grinsten sich eins. Ich stürzte zur Tür und riß sie auf.

»Hört mal, ihr trüben Tassen«, schrie ich sie an. »Habt ihr nicht genug Mumm in den Knochen, um reinzukommen und eure eigenen Windeln zu waschen? Nein, da läßt man lieber die arme, abgearbeitete Frau den ganzen Tag am Waschtrog schuften, schlägt die Zeit tot und macht sich über fleißige, anständige Leute lustig.«

»Nicht doch, nicht doch«, sagten sie und sahen sich leicht verstört um. »Regen Sie sich bloß wieder ab, es war ja nicht so gemeint. Uns hat man auch zum Waschen geschickt, aber wir sitzen nicht gern da drin zwischen den Weibern, die haben nämlich Haare auf den Zähnen. Wir warten lieber draußen, bis die Wäsche fertig ist, und das würden wir Ihnen auch raten. Wenn man zuviel da drin rummacht, stellt man bloß irgendwelchen Blödsinn an. Und wird obendrein noch ausgelacht, wenn jemand vorbeikommt und einen an der Waschmaschine sieht. Okay, wir Männer machen heutzutage drei Viertel der Arbeiten, die früher die Frauen gemacht haben, aber es gibt nicht viele, die den Mut haben, das zuzugeben.«

Ich blieb fünfundzwanzig Minuten draußen vor der Tür, dann begab ich mich wieder zur Maschine Nummer 13. Ich stieß einen erleichterten Seufzer aus. Sie hatte sich automatisch abgeschaltet. Die Wäsche lag brav und friedlich in der Trommel und leuchtete weiß hinter dem Bullauge hervor. Aber wie bekam ich sie jetzt da raus? Ich hob die Faust, um gegen die Frontplatte zu schlagen.

»Drehen Sie den Dingsda dort drüben, und drücken Sie auf den Knopf, dann geht die Tür auf, und Sie können Ihre Sachen rausnehmen.«

»Alles klar!«

Ich bückte mich und begann die Wäsche herauszuklauben. Plötzlich lief ich rot an. Ich hielt einen weichen, frischgewaschenen Filzhut in der Hand. Hatte ich wieder die Maschinen verwechselt? Nein, es war Maschine Nummer 13. Das mußte mein eigener Hut sein, er war mir wohl aus Versehen unter die Wäsche geraten. Ich setzte ihn auf. Er war eingelaufen.

»Guck mal, Mami«, sagte das Kind der dicken Frau. »Hast du schon mal so'n ulkigen kleinen Hut gesehen?«

336

Ich riß mir schleunigst den Hut vom Kopf, stopfte meine Wäsche in einen zweirädrigen Karren und rollte zu den Schleudern hinüber. Dort blieb ich stehen und versuchte den anderen die Technik abzugucken. Es sah ganz unkompliziert aus. Erst mußte man die Wäsche in die Schleuder packen. Ich packte. GLEICHMÄSSIG VERTEILEN – HERUNTERDRÜCKEN – DEKKEL FEST SCHLIESSEN, las ich.

Brav hielt ich mich an die Anweisungen. Ich steckte sogar mein Bein in die Schleuder, um die Wäsche besser festtreten zu können. Leider kriegte ich dann das Bein – oder vielmehr den Schuh – nicht mehr heraus. Die herumstehenden Damen musterten mich mit eigenartigen Blicken. Ich zog und zerrte an meinem Bein und lächelte gequält. Es half nichts – ich mußte die Schnürsenkel aufmachen und den Schuh opfern. Vielleicht lockerte er sich, wenn die Schleuder startete. Nachdem ich das Bein herausgezogen und den Fuß samt Socke wieder auf festen Boden gestellt hatte, sah ich mich nach dem Starterknopf um. VOR STARTEN MÜNZE EINWERFEN, las ich. Ich angelte eine Münze aus der Tasche und warf sie in den Schlitz. Mit dem durchdringenden Jaulen einer ausgewachsenen Luftschutzsirene legte die Maschine mit 30 000 Umdrehungen pro Sekunde los. Die Weißbekittelte stürzte herbei.

»Was haben Sie denn jetzt wieder angestellt?«

»Ich habe eine Münze eingeworfen. Es war ein Fünf-Kronen-Stück. Offenbar reichen auch 25 Öre.«

»Man wirft kein richtiges Geld ein, sondern eine Trocknermarke. Eine runde, gelochte Zinkscheibe. Sehen Sie, so sieht das aus! Die gibt es an der Kasse.«

»Alles klar.«

Ich holte mir eine Trocknermarke, beugte mich über die Schleuder, die zum Glück angehalten hatte, stopfte

337

die Wäsche wieder fest, schlug den Deckel zu, warf die Zinkscheibe in den Schlitz und legte ein Ohr an den Deckel, um zu hören, ob sich in dem Bauch der Schleuder schon etwas tat. Zwanzig Minuten stand ich so da, während die Damen an den anderen Schleudern mich anstarrten wie jemanden, der sich soeben mit Gewalt aus einer Zwangsjacke befreit hat. Mein Schlips hatte sich beim Zuschlagen der Schleuder im Deckel festgeklemmt, und ich kriegte den Kopf nicht hoch, bis ich auf die Idee kam, mein Taschenmesser herauszuholen und ihn kurz über dem Knoten abzuschneiden. Ich überlegte ernsthaft, ob ich der Schleuder einen kräftigen Schlag unter die Gürtellinie versetzen sollte, um sie zum Anhalten zu bewegen, aber erfreulicherweise stoppte sie schließlich von selber. Ich machte den Deckel auf. Wäsche und Schuh waren trockengeschleudert .und bügelfertig. Der Schuh war so gründlich geschleudert, daß die Sohle sich unlösbar in einer meiner langen Unterhosen verheddert hatte.

Hastig raffte ich den ganzen Klumpatsch zusammen, wickelte ihn in das mitgebrachte Laken und schleppte mein Bündel zum Wagen.

Als ich in unsere Einfahrt einbog, stellte ich fest, daß ein Damasttischtuch, ein Tagesdeckenbezug und eine meiner langen Unterhosen – die mit der eingebauten Schuhsohle – hinter dem Wagen herschleiften. In der Eile hatte ich die Sachen nicht sorgfältig genug im Kofferraum verstaut. Ich hielt die lange Unterhose hoch. Sie war so eingelaufen, daß man sie glatt als Minislip hätte tragen können.

Der Beweis, daß ich – trotz meiner beachtlichen Do-it-yourself-Talente – seither nie wieder einen Waschsalon betreten habe, erübrigt sich wohl. Noch heute gehe ich, wenn ich irgendwo das Schild WASCHSALON sehe, schnell auf die andere Straßenseite. Selbstredend hat Marianne inzwischen bereits mehrere vollautomatische Superwaschmaschinen verbraucht, Wunderdinger mit mehr Programmen, als wir je an Wäsche haben werden, kleine Schlauberger, die auf Knopfdruck einen ganzen Waschtag selbsttätig erledigen. Aber ich werde mich hüten, in unserem häuslichen Waschsalon irgendwelche Knöpfe zu drücken. Zugegeben, wir leben im Zeitalter der emanzipierten Frau, aber der Waschtag fällt nun einmal nicht in meine Zuständigkeit. Da hört bei mir der Drang zum Do-it-yourself auf.

Haben Sie Scherereien mit Ihrem Blinddarm?

Es begann damit, daß ich plötzlich in der rechten Magengegend fürchterliche Schmerzen hatte, genau am sogenannten »Mac Burneys Punkt«, wenn Sie wissen, wo der sitzt. Ich schrie gequält auf, warf Messer und Gabel auf den Tisch, preßte meine Hand auf die wunde Stelle, erhob mich mühsam vom gedeckten Tisch und humpelte zusammengekrümmt ein paarmal im Zimmer herum.

»Laß uns lieber einen Arzt rufen«, meinte Marianne. »Das ist sicher der Blinddarm. Wenn ja, kannst du ihn ja gleich rausnehmen lassen.«

Der Blinddarm! Die Diagnose jagte mir einen Schrekken ein. Ich habe von jeher einen mörderischen Respekt vor Krankenhäusern, Chirurgen, Messern und Scheren gehabt.

»Den Arzt?« protestierte ich und richtete mich tapfer auf. »Ich brauche keinen Arzt. Das sind nur Seitenstiche. Mir geht es schon viel besser. Gib mir noch ein Beefsteak, ein paar geschmorte Zwiebeln und . . .«

Ich setzte mich zu Tisch. Plötzlich meldete sich der kleine Teufel in Mac Burneys Punkt wieder, und ich brach stöhnend zusammen. Der Schweiß stand mir auf der Stirn, wie die Fettperlen im Hühnersuppentopf.

»Schnell«, kapitulierte ich, »einen Feuerwehrwagen, einen Krankenwagen oder irgendwas anderes, was schnell fährt! Die Schmerzen sind nicht zum Aushalten!«

Ich griff nach dem Telefon, um das Überfallkommando anzurufen, aber so weit kam ich nicht, denn Marianne wandte sarkastisch ein, daß so ein Aufwand wohl nicht nötig wäre. Statt dessen schob sie mich ins Bett ab und rief unseren Hausarzt an. Er drückte auf die rechte Magenseite, schräg unter die Rippen.

»Auuu . . .!« brüllte ich und ging in die Luft vor Schmerzen.

»War es die Stelle?«

»Allerdings!«

Der Arzt blickte mich teilnahmslos an.

»Wir müssen wohl den Blinddarm rausnehmen«, stellte er fest und schrieb einen Einweisungsschein. Es dauerte eine Weile, bis ich den Schock überwunden hatte und fragen konnte, ob das weh täte.

»Weh? Das tut überhaupt nicht weh, so ein kleines Stück Blinddarm rauszupulen! In der Chirurgie sind solche kleinen Eingriffe nicht der Rede wert. Abgesehen vom Risiko, von Komplikationen, mit denen man bei jedem chirurgischen Eingriff rechnen muß. Acht Stunden nach der Operation werden Sie im Krankenhaus auf den Flur gejagt, am folgenden Tag in den Garten, und am dritten Tag nach Haus, und dann müssen Sie bloß noch kommen, um die Fäden ziehen zu lassen . . .«

»Entschuldigung, Herr Doktor«, unterbrach ich ihn zaghaft, »aber darf man während der Operation liegen?«

Er antwortete nicht. Er war mit dem Einweisungsschein beschäftigt. Marianne und er entschieden, daß ein Krankenwagen überflüssig wäre. Ich könnte zu Fuß zum Krankenhaus gehen oder ein Taxi nehmen. Ich nahm ein Taxi. Schwerfällig schob ich mich auf den freien Platz neben dem Fahrer und preßte meine Hand fest auf die rechte Seite.

»Zum Allgemeinen Krankenhaus«, stöhnte ich.

»Blinddarm«, stellte der Fahrer mit einem Blick auf meine rechte Seite fest. »Klarer Fall! Mir haben Sie ihn auch gerade rausgeholt. Ein paar Stunden im Bett, dann in vollem Trab den Krankenhausflur auf und ab . . . und ab die Post! Das sind kleine Fische für die. Jeder Hilfschirurg mit einigermaßen geschickten Fingern kann so ein Ding sogar durch ein Schlüsselloch rausholen, wenn der Patient nur nah genug an der Tür steht.«

»Immerhin finde ich es beruhigend, daß man während der Operation liegen darf«, bemerkte ich. »Das tut man wohl immer noch . . . trotz allem. Und die Narkose, kriegt man Evipan oder . . .«

»Narkose? Ja, möglich, daß sie einem ein bißchen Äther unter die Nase halten. Ehrlich gesagt, das habe ich ganz vergessen. Das ging alles so schnell, wissen Sie.«

Wir fuhren beim Krankenhaus vor. Ich zahlte und humpelte gequält und schweißtriefend ins Portal. Ich fragte den Pförtner nach der Chirurgischen Abteilung.

»Ich soll eingewiesen werden, Blinddarm.«

»Das Gesicht des Pförtners hellte sich auf.

»Aha, eine Appendicitis«, nickte er, »eine Kleinigkeit. Mir haben sie ihn erst gestern rausgeholt — in der Mittagspause. Ich kenne den dritten Assistenzarzt persönlich. Er hat mich selbst operiert . . .

Sonst überlassen sie das ja einfach den Medizinalassistenten, die dürfen dann an so 'nem Kleinkram rumfummeln. Irgendwo müssen die ja anfangen zu schneiden, um Übung zu kriegen, und dann wühlen sie nach dem Blinddarm, obwohl die wenigsten ahnen, ob sie in die rechte oder in die linke Seite schneiden sollen. Ein Tip unter Freunden: Lassen Sie sich keine Narkose geben! Dann können Sie ihnen selbst zeigen, wo sie schneiden sollen. Das Ganze ist, wie gesagt, nicht der Rede wert. Na ja, während der Operation tut es natürlich etwas weh, besonders wenn man lacht, aber das ist auch alles. Man kann sagen, was man will, über Krankenhausärzte — die haben Schwung heutzutage. Meiner Frau haben sie gestern im Handumdrehen die Mandeln rausgezogen als sie mich zum Nachmittagskaffee besuchte. Kaum hatte sie sich auf den Stuhl gesetzt und eine Spritze gekriegt, da waren die Mandeln schon draußen, und sie konnte noch auf ihrer Umsteigekarte rüber zum Einkaufen fahren. Und Ihr Blinddarm . . . ja, den könnte sogar ich rausholen, bloß, dann kriegt man verdammten Ärger mit der Gewerkschaft . . .«

»Na«, erkundigte sich der Fahrer später voller Interesse, »hat es weh getan?«

»Weh getan?«

»Ja, hat man ihn nicht rausgeholt? Den Blinddarm. Ich dachte, sie hätten das ambulant gemacht?«

»Der soll überhaupt nicht raus«, fauchte ich und rückte mich auf meinem Sitz zurecht. »Ich behalte ihn so, wie er ist.«

Fünf Minuten später stand ich zu Hause in der Tür.

»Na, da bist du ja schon«, rief Marianne. »Alle Achtung! Die Medizin ist wirklich weit gekommen. Wann kriegst du die Fäden gezogen?«

»Überhaupt nicht«, murmelte ich und wich ihrem Blick aus. »Die Schmerzen ließen etwas nach, bevor ich eingewiesen wurde. Ich glaube, mit ein bißchen Diät geht das schon in Ordnung.«

Dann legte ich mich mit einem Heizkissen zu Bett. Das half, und bald ging es mir wieder ausgezeichnet. Beim Liegen kam mir die Idee zu einem ganz neuen Apothekenartikel: eine praktische Garnitur, die sich jeder im Handkauf anschaffen könnte. Wenn sich die Chirugie weiterhin in dem Tempo entwickelte, müßte meine Idee schleunigst in die Produktion umgesetzt werden. Ich sah schon die fertigen Schachteln vor mir, in die meine Erfindung gepackt werden sollte, und auf dem Deckel sollte stehen: *Die kleine Chirurgen-Garnitur für Do-it-yourself-Patienten.* Ein kompletter Satz chirurgischer Instrumente, mit Kugelsonde, Nahtklammern, Tampons, Arterienpinzetten, Wundhaken und Zystoskop sowie einer ausführlichen Gebrauchsanweisung, wie jeder mit Leichtigkeit und ohne Schmerzen seinen Blinddarm rausholen kann. Richtpreis: DM 98,50.

Der Gartenwettstreit

Es begann damit, daß ich morgens in meinem Garten den Rasen sprengte und einen Blick über die Hecke zu meinem Nachbarn Mortensen warf. Mitten auf seiner Rasenfläche stand ein Storch auf einem Bein, wie Störche es zu tun pflegen.

Niemand weiß, wozu sie überhaupt ein zweites Bein haben.

Der seltene Augenblick ist einen Schnappschuß wert, dachte ich. Ich holte meinen Fotoapparat und machte ein paar Aufnahmen. Da tauchte plötzlich Mortensen auf.

»Der Storch ist aus Plastik«, erklärte er. »Unglaublich naturgetreu und dekorativ, nicht wahr?«

343

Tja, das mußte ich zugeben.

Einige Tage vergingen. Dann stellte Mortensen eine knallrote Schubkarre auf seinen Rasen, in die er schneeweiße Margeriten pflanzte. Anschließend trat er drei Schritte zurück.

»Phantastisch dekorativ«, murmelte er, und im stillen mußte ich ihm auch diesmal recht geben.

Am folgenden Tag erschien er mit einem weißlackierten Wagenrad und lehnte es gegen die Fahnenstange, und dann schlangen sich ein paar Kletterrosen um die Speichen.

Es wirkte äußerst anheimelnd, daran bestand kein Zweifel. Das Wagenrad sah aus, als sei es direkt aus der Erde gewachsen.

Aber nun war die Reihe an mir, ihm Paroli zu bieten. Ich baute auf meinem Rasen einen Gartenbrunnen aus handgestrichenen feuerroten Mauersteinen aus echtem Hartplastik. Als Ziehgestell befestigte ich darüber einen himmelblauen Plastikeimer mit roten und weißen Stiefmütterchen, natürlich aus feinstem Kunststoff. So konnten sie sich den ganzen Sommer hindurch halten.

»Na, mein Lieber«, sagte ich stolz, als Mortensen auftauchte, »was sagst du jetzt? Dekorativ, nicht wahr, Meister?«

»Ja, gewiß, gewiß«, sagte er beiläufig, »aber jetzt fehlt dir noch . . .«

Er verstummte. Mortensen gehört nicht zu den Leuten, die gute Tips preisgeben.

Einige Tage später hatte er selbst einen Gartenbrunnen aus wetterfesten, antik wirkenden, selbstklebenden Plastik-Mauersteinen errichtet.

Um den Brunnen herum gruppiert er zwölf große naturgetreue Kunstfrösche mit eingebauten Wasserspeichern. Echte Keramikfrösche! Und ganz ohne Plastikwasser, sondern fröhlich sprudelndes, mit Chlor angereichertes Wasserwerkwasser direkt aus der Leitung.

Oben auf dem Ziehwerk stand ein Plastikstorch und blickte auf den anderen Plastikstorch hinunter, und zwei weitere Störche aus demselben Material brüteten mit ineinander verflochtenen Hälsen in einem Nest auf dem Hausschornstein. Es handelte sich um ein wetterfestes textilbehandeltes Plastiknetz mit Nylonverstärkung.

»Findest du nicht, daß er des Guten zuviel tut?« fragte Polly.

»Tja, ich weiß nicht recht . . . Heutzutage braucht man sich ja nicht mit ein paar langweiligen Stauden und einer Handvoll Radieschen in der Gartenecke zu begnügen.«

Am folgenden Tag kaufte ich hundert sechseckige Betongartenfliesen und legte sie als schmale, dekorative Fußpfade zum Brunnen. Hier und da stellte ich beiderseits der Pfade zwei Hängesofas aus bestem Bornholmer Sandstein auf und mehrere Sonnenuhren. Nur ein gutes halbes Dutzend, mit behutsamer und geschickter Hand überall im Garten verstreut.

Egal, wo man sich im Garten aufhielt, überall konnte man sich vergewissern, ob die Sonne schien. Und das alles sah so dekorativ und stimmungsvoll aus, wie man es sich nur erträumen konnte.

Am nächsten Tag erschien Mortensen mit einem ganzen Stapel schmiedeeiserner Gartenleuchten und stellte sie auf. Gut, ich muß zugeben, daß es einen tiefen Eindruck auf mich machte, als er am Abend das Flutlicht einschaltete, einige Scheinwerfer auf den Plastikbrunnen richtete, sich hinter einen Busch setzte und zu quaken begann, wie ein Frosch während der Paarungszeit. Und das Paarungsgequake ließ er von ein paar Hochleistungslautsprechern mit Preßluft-Verstärkeranlagen aus den vier Ecken seines Gartens hervordröhnen.

Unglaublich stimmungsvoll, fast wie an richtigen Sommerabenden draußen im Moor.

Polly schien das ziemlich unbeeindruckt zu lassen.

»Wenn du noch etwas unternehmen willst«, sagte sie, »so leg doch eine Vogeltränke an.«

Am nächsten Tag beförderte ich alle unsere Stauden auf den Komposthaufen.

Gegen Abend war dann die Vogeltränke fertig.

Sie mißt drei Meter und siebenundachtzig Zentimeter im Durchmesser, wird durch indirekte Beleuchtung erhellt und von zwölf funkgesteuerten Plastikenten bevölkert.

Die Enten machten jedesmal »Rap-rap-rap«, wenn ich auf einen Knopf meines Kontrolltisches in der Garage drücke.

Mortensens Gesichtsfarbe spielte vor Neid ins Plastikgelbe, als er sah, was ich mir zugelegt hatte.

Als Antwort planierte er seine Rasenfläche und entfernte alle Gewächse ringsum. Dann baute er einen Gartengrill im andalusischen Bauernstil mit Infrarotheizung, um Antonius-Ferkel im ganzen Stück grillen zu können. Und selbstverständlich hatte er einen vollautomatischen Drehspieß für halbe Rinder und andere Leckereien nicht vergessen.

Das alles gab mir zu denken.

Dann entfernte ich Pollys letzte Blumenbeete und grub ein Loch für ein imposantes Goldfischbassin. Ich ließ es an nichts fehlen: Stockenten, Haubentaucher, Flamingos und Wasserorchideen aus antistatisch behandeltem Acryl und zwanzig Prozent reinem Polyester.

Am eindrucksvollsten aber war meine eingebaute

elektronische Wasserorgel, die in Abständen von zwanzig Minuten den River-Kwai-Marsch zu röhren begann; auf der Wasserfontäne tanzten synthetische goldene Äpfel und seltene japanische Goldfische, direkt vom Ufer des Fudschijamasees importiert.

In der Ligusterhecke, die mein Grundstück von den Mortensens abgrenzt, versteckte ich zwölf ferngesteuerte schaumgummigefütterte Eichhörnchen aus Kunstfiber. Ich brauchte nur auf einen Knopf zu drücken, dann warfen sie Mortensen Haselnüsse in den Nacken.

Na, er glotzte natürlich ziemlich verwundert auf die Goldäpfel und die Haselnüsse, während meine Wasserorgel losdröhnte wie bei einem Weltuntergang.

Dann trat er zum Gegenangriff an.

Ein Schaufelbagger sorgte für ein riesiges Loch von zweieinhalb Meter Tiefe. Anschließend erschienen die Beauftragten einer Spezialfirma und versenkten einen vorfabrizierten Swimmingpool im Erdreich.

Das Becken hielt sich in seiner Größenordnung streng an die Maße der Olympischen Spiele. Natürlich sollte das alles wirklich vornehm wirken, deshalb besorgte er sich das sauberste Mittelmeerwasser von der Südseite des Mallorca-Sockels, wo es von armen Eingeborenentauchern aus großer Tiefe mit Eimern an die Oberfläche gebracht worden war.

Der kleine Spaß allein muß ein Vermögen gekostet haben. Dann, ganz zum Schluß, füllte er das Becken mit Gummitieren, Luftmatratzen und Wassertreträdern, und an den Beckenrand stellte er Behälter mit grönländischem Inlandeis für die kalten Getränke.

Also gut, ich will ganz ehrlich sein: Ich war verflucht neidisch. Mein einziger Trost war, daß er keinen Turm mit einem Zehnmetersprungbrett bauen konnte.

Ich ließ ihn glatt abblitzen, als er bei mir vorsprach

347

und um Erlaubnis bat, den Turm auf meinem Grundstück errichten zu dürfen.

»Ausgeschlossen«, sagte ich, »mach dir keine Hoffnung!« Höflich, aber bestimmt.

Naja, um eine lange Sache kurz zu machen: Ich habe meine gesamten Gartendekorationen wieder abmontieren lassen.

Das Vogelbad, die Sonnenuhren, den Gartenbrunnen, alles und jedes.

Ich traf meine Entscheidung gestern morgen, als ich die Gardinen meines Schlafzimmers zur Seite zog und hinausblickte.

Da kniete Polly auf meinen Betonfliesen und beschäftigte sich intensiv mit einem Gänseblümchen.

»Sieh doch nur«, rief sie, »ein echtes Gänseblümchen!«

Da bin ich gleich zu meinem Supermarkt gefahren und habe eine Gießkanne gekauft.

Ich will versuchen, daß wir Gänseblümchen am Leben erhalten.

Gelingt es, baue ich ein Treibhaus darum herum.

Es gibt schöne vorgefertigte Treibhäuser als Baukastenmodelle für wenig Geld.

Alles aus Sonnenreflektorenplastikteilen mit Substral angereichertem Kunststoff.

Mein Gott, wie bin ich müde, Herr Direktor!

Die Fliegen summten in der Sonne an den Fenstern, sonst herrschte Grabesstille in dem großen, modernen Industriebüro. Der Buchhalter saß schlaftrunken vor seinen Bilanzen, der Bürovorsteher hielt seinen

Kopf in die Hände gestützt und schnarchte laut, der Werbefachmann starrte geistesabwesend auf das Layout einer ganzseitigen Annonce für den Stadtanzeiger, und die jungen Büromädchen dösten über ihren elektrischen Schreib- und Rechenmaschinen. Ab und zu schlugen sie einen Buchstaben oder eine Zahl an. Plötzlich summte beim Bürovorsteher die Sprechanlage. Erschrocken fuhr er hoch, blinzelte verwirrt mit den Augen, schob seine Metallbrille zurecht und drückte auf die Taste.

»Hallo?« murmelte er matt und unterdrückte ein Gähnen. Die Stimme des Herrn Direktors höchstpersönlich ertönte: »Ist Fräulein Meier da? Schicken Sie sie bitte herein.«

Der Bürovorsteher konnte sein Gähnen nicht mehr unterdrücken. Schlapp streckte er die Beine aus und gähnte, als ob er ein ganzes Flußpferd verschlingen wollte.

»Mein Gott, wie bin ich müde, Herr Direktor«, stöhnte er, »ich habe tief und fest geschlafen, als . . . Was wollten Sie übrigens? Wollten Sie Fräulein Meier sprechen?«

»Ja, aber ich habe versehentlich die verkehrte Taste gedrückt. Entschuldigen Sie, Herr Manthey, ich wollte Sie nicht wecken. Ich war ebenfalls ein wenig eingenickt.«

Herr Manthey unterbrach die Sprechanlage. Sein Kopf nickte schwer auf die Brust. Dann nahm er sich zusammen, stand auf, streckte sich, gähnte noch einmal aus voller Brust und schleppte sich durchs Büro. Vorsichtig tippte er Fräulein Meier auf die Schulter.

»Sie möchten bitte rein zum Direktor, Fräulein Meier, zum Diktat.«

Fräulein Meier reagierte nicht. Sie schlief. Zusammengesunken saß sie auf ihrem Drehstuhl und schlief so fest, als wollte sie die nächsten hundert Jahre nicht aufwachen. Herr Manthey schüttelte sie vorsichtig.

»Oh«, murmelte sie verwirrt und fuhr sich in die blonden Locken, »wo bin ich? Ach, Sie sind es, Herr Manthey. Oh, ich habe fest geschlafen und wunderschön geträumt.«

Schlaftrunken griff sie nach Lippenstift und Puderdose und hübschte sich an. Dann wandte sie sich an den Bürovorsteher: »Jetzt kann man nicht mehr sehen, daß ich geschlafen habe, was?«

Herr Manthey reagierte nicht. Mit geschlossenen Augen stand er da und schwankte wie eine Ähre im Sommerwind.

»Aber hören Sie mal, Herr Manthey, Sie können doch nicht im Stehen schlafen . . . Das sieht so schlampig aus.«

Fräulein Meier drückte ihn auf den nächstbesten Bürostuhl, schob seine Metallbrille hoch, die auf die Nasenspitze geglitten war, und rückte den Stuhl zur Seite, damit er nicht im Wege saß. Einen Augenblick später schnarchte er wie ein Bär.

Fräulein Meier nahm ihren Stenoblock und begab sich träge zum Direktor. Der saß reglos an seinem Schreibtisch und hielt die Hände auf seinem umfangreichen Direktorenmagen gefaltet.

»Rork puhhh . . . rork puhhh . . .«

Fräulein Meier legte den Stenoblock hin und schüttelte vorsichtig den Direktor.

»Ach, Sie sind's«, murmelte er gähnend, »wollen Sie bitte . . . äh . . . wollen Sie bitte ein Diktat aufnehmen?«

Fräulein Meier setzte sich bereit.

Der Direktor erhob sich, schenkte sich ein Glas Eiswasser ein und machte ein paar müde Schritte durchs

Büro. Er nannte eine Adresse und begann mit schleppender Stimme zu diktieren:

»Unter Bezugnahme auf unser heutiges Telefongespräch teilen wir Ihnen hierdurch mit, daß — schlafen Sie, Fräulein Meier?«

Fräulein Meier fuhr verstört hoch. Für den Bruchteil einer Sekunde hatte sie wieder ihren Traumprinzen vor sich gesehen.

»Aber nein, Herr Direktor, ich bin hellwach. Ich habe alles notiert. Diktieren Sie doch bitte weiter.«

». . . teilen wir Ihnen hierdurch mit, daß wir Ihre Reklamation . . .«

Der Direktor sank auf seinen Stuhl, der Kopf fiel ihm schwer auf die Brust, und einen Augenblick später verriet ein lautes Schnarchen, daß er eingeschlafen war.

»Sie können ruhig weiterdiktieren, Herr Direktor.«

Der Direktor schreckte hoch.

»Verzeihung«, murmelte er benommen, »aber ich wäre fast eingeschlafen. Wie weit waren wir gekommen?«

Fräulein Meier las von ihrem Stenoblock ab: »Unter Bezugnahme auf unser heutiges Telefongespräch teilen wir Ihnen hierdurch mit, daß wir Ihre Reklamation . . .«

Der Direktor nahm einen kräftigen Schluck Eiswasser, dann richtete er sich auf und nahm all seine Kräfte zusammen, um den Brief zu Ende zu diktieren: ». . . teilen wir Ihnen hierdurch mit, daß wir Ihre Reklamation für unbegründet halten, da wir nach genauer Überprüfung feststellen konnten, daß die betreffende Warensendung Fenacioval absolut keine Mängel aufweist. Hochachtungsvoll, HESSISCHE SCHLAFTABLETTEN AG.«

Beginnt der Kalk zu rieseln?

Man bleibt nicht ewig so jung, wie man war, und man behält nicht ewig so ein gutes Gedächtnis wie früher. Das ist ein Naturgesetz. Die jungen Jahre kommen nie zurück, und man darf nicht erwarten, daß das Gedächtnis mit dem Alter besser würde. Aber es ist eine verdammt unangenehme Sache, wenn man entdeckt, daß man langsam zu verkalken beginnt. Ich habe schon seit einiger Zeit das unbestimmte Gefühl, daß mein einst so messerscharf denkendes Gehirn nicht mehr ganz so scharf reagiert, und daß ich ab und zu etwas vergesse. Aber erst jetzt in der allerletzten Zeit beginnt das Problem mich zu bedrücken. Marianne hat mich schon mehr als einmal mit einem so bedeutungsvollen und bekümmerten Blick angesehen, wenn sie mich auf irgend etwas aufmerksam machte, das ich vergessen hatte. Als wir neulich am Frühstückstisch saßen, griff sie plötzlich nach dem Brotkorb und stellte ihn demonstrativ auf die Zeitung, die ich aufgeschlagen vor mir liegen hatte, so daß alle Witze verdeckt wurden.

»Du vergißt zu essen«, sagte sie ruhig.

Ich langte nach einem halben Mohnbrötchen.

»Aber du hast wohl auch noch etwas anderes vergessen«, fuhr sie fort, »nicht wahr?«

»Ist heute Sonntag? Brauche ich nicht zur Arbeit? Oder habe ich vergessen, mich zu rasieren?«

Schnell ließ ich meine Hand übers Kinn gleiten.

»Heute ist nicht Sonntag. Und du mußt zur Arbeit. Und du hast dich rasiert. Aber du hast mir nicht gratuliert. Ich habe nämlich heute Geburtstag!«

Ich kann noch viele andere Beispiele nennen, wie mein Gedächtnis nachläßt. Hier einige aus der letzten Zeit:

»Hast du die Katze rausgelassen?«
Ich hatte es vergessen.
»Hast du den Rasen gemäht, wie du versprochen hast?«
Ich hatte es vergessen.
»Hast du die Bratwurst vom Metzger mitgebracht?«
Ich hatte es vergessen.
»Hast du dich beim Zahnarzt angemeldet?«
Ich hatte es vergessen.

Würde ich alle Dinge aufschreiben, die ich im Laufe einer Woche vergesse, hätte ich eine bedenklich lange Liste. Aber es macht mir nicht so viel aus, daß ich verschiedene Kleinigkeiten vergesse, vielmehr gibt es mir jedesmal einen kleinen Stich ins Herz, wenn ich selbst merke oder darauf aufmerksam gemacht werde, daß ich wieder etwas vergessen habe. Hinterher grüble ich dann lange darüber nach. Das verdirbt mir meine ganze gute Laune. Das ist zweifellos die unangenehmste Entdeckung, die man hier im Leben machen kann, festzustellen, daß man alt wird. Aber auch mit diesem Gedanken könnte man fertig werden, wenn die Umgebung es nicht so schwer nähme. Jedesmal, wenn Marianne mich dabei erwischt, daß ich etwas vergessen habe, wirft sie mir einen so sonderbaren Blick zu. Sie sagt es nicht direkt, aber ich kann ihr ansehen, was sie denkt. Und bei verschiedenen Gelegenheiten hat sie den Altersunterschied zwischen uns erwähnt und sich gewundert, daß sechs Monate wirklich so viel bedeuten können. Und das läßt sich ja nicht mißverstehen. Auch Benny, der junge Sohn des Hauses, hat entdeckt, daß irgendeine Stelle da oben im Schädel einzurosten beginnt.

»Hast du mir die Fußballstiefel mitgebracht?« fragte er neulich, als ich einen Abstecher nach Malmö gemacht hatte.

»Nein, verflixt, die habe ich vergessen. Sind denn die

schwedischen Fußballstiefel wirklich so viel besser als die deutschen?«

»Und noch etwas anderes . . . die Schülerzeitung, die du für mich vervielfältigen wolltest — hast du das gemacht?«

»O nein, du, das . . .«

»Und die Telefonnummer, die beim Telefon lag? Yvonnes. Sollte ich sie anrufen, oder was?«

»Ach ja, richtig. Ich habe vergessen, daß . . .«

»Sag mal, deine Glühbirne ist wohl bald ausgebrannt?«

Auf diese respektlose Bemerkung hin drehte ich mich abrupt um und verließ den Raum. Die Glühbirne ausgebrannt! Wen wundert es da, daß man bedrückt umherschleicht? Ich habe alle unseren medizinischen Bücher gewälzt, die über Verkalkung und Gedächtnisschwund Auskunft geben, aber da kann man auch keinen Trost finden.

Natürlich könnte man mit einem Arzt darüber sprechen. Ich erwähnte es gestern gegenüber Marianne, als sie fragte, ob ich mein Arbeitszimmer — wie versprochen — aufgeräumt hätte.

»Nein«, murmelte ich, »das habe ich total vergessen. Ich weiß nicht, was mit mir los ist, aber mir fällt auf, daß ich in der letzten Zeit so viel vergesse. Irgendwie scheint mein Gedächtnis nachzulassen. Ich weiß nicht, ob das mit der Verkalkung zusammenhängt . . . oder was . . . Vielleicht sollte man einen Spezialisten aufsuchen.«

Marianne sah mich überrascht an.

»Verkalkung«, kicherte sie. »Stell dich nicht an, Mensch! Du vergißt heute nicht mehr als früher. Du vergißt, abends die Katze rauszulassen, aber du vergißt nie, kaltes Bier aus dem Keller zu holen. Du vergißt, Bratwurst vom Metzger mitzubringen, aber du vergißt nie, Zigarren oder Schnaps zu kaufen. Du vergißt, wenn wir mal bei Tante Olga eingeladen sind, aber nie vergißt du deinen Bowling-Abend. Du vergißt, wenn wir Mutti abends auf eine Tasse Kaffee besuchen wollen, aber du vergißt niemals, daß du mit Herrn Thomas Karten spielen willst. Du vergißt, dich zu rasieren, wenn ich mit dir allein bin, aber du denkst todsicher dran, wenn wir junge Damen im Hause haben. Du vergißt meinen Geburtstag — aber du vergißt niemals deinen eigenen! Nee, junger Mann, komm mir nicht mit Gedächtnisschwund!«

Das Mädchen von Sherburn Hall

Der Eigentümer von Sherburn Hall — einer dunklen, mit Türmen verzierten Steinmasse aus der Zeit der Llewellyns —, der etwas exzentrische walisische Multimillionär Edward Henry Cotterill, hatte einst mit ganz geringen Mitteln angefangen. Dank seiner ausgezeichneten Fähigkeiten, seines intelligenten Kopfes und seiner kräftigen Ellbogen hatte er sich zu einem der bedeutendsten Musikverleger Londons hochgearbeitet — und zu einem der reichsten Männer von Südwales. Edward Henry Cotterill war zwar nicht mehr ganz jung, aber er war noch immer eine stattliche Erscheinung, schlank und rank und agil, ehemaliger Offizier in der walisischen Garde. Sein leicht ergrautes Haar begann sich am Scheitel zu lichten, und es kostete ihn einige Mühe, diese Tatsache zu verbergen. Dafür wuchs sein Schnurrbart um so üppiger. Er galt als ausgezeichneter Schütze, spielte immer noch zweimal die Woche Golf, obwohl er die Fünfundfünfzig überschritten hatte, und in der Jagdsaison ritt er zweimal täglich aus.

Edward Henry Cotterill, der Einfachheit halber im folgenden nur Edward genannt, hatte sein Geld an Beethoven, Mozart, Händel und all den anderen großen Meistern verdient. Selbstverständlich ließen ihn Worte wie Rock, Pop und Topschlager vor Ekel erschauern. Er selbst war ein großer Musikliebhaber. Er spielte Oboe, nicht in einem Symphonieorchester, sondern solo zu seinem eigenen Vergnügen. Um die Wahrheit zu sagen: er spielte Oboe, daß man es in der gesamten Grafschaft hören konnte.

Und es klang schauderhaft, nicht in Edwards eigenen Ohren, aber in Lady Bracknells, seiner hübschen Ehefrau. Es lag etwas kühl Aristokratisches über Lady Bracknell.

Ihr bronzefarbenes Haar, dessen Spitzen im Lichtschein golden schimmerten, war sorgfältig vom feinen Oval ihres Gesichtes zurückgekämmt und umrahmte es in edlen Schwingungen. Ihre dunkelblauen Augen waren von langen, weichen, kunstvoll bearbeiteten Wimpern überschattet und ihr Blick ruhte auf einem mit einer fein balancierten Mischung aus Interesse und Gleichgültigkeit, was als besonderes Kennzeichen hoher Bildung gilt. Ein leichtes hektisches Erröten auf den marmorweißen Wangen deutete auf ein ständiges Fieber hin, war aber in Wirklichkeit in sorgfältiger Arbeit vor dem Spiegel entstanden. Der Mund trug harte, launische, ja fast dämonische Züge, die jedoch durch eine klassisch schöne, vornehm geschwungene Nase gemildert wurden, deren Beugung das edle blaue Blut ahnen ließ, das in dieser hübschen, nicht mehr ganz jungen, aber immer noch attraktiven, äußerst willensstarken und selbstbewußten Frau rieselte.

Lady Bracknell war schon einige Male verheiratet gewesen. Zuerst mit Lord Clifford Bracknell zu Clare

Hall, einem sehr gebildeten und noblen Adeligen, der am königlichen Hof verkehrte.

Das zweite Mal mit dem aristokratischen Sir Algernon Cecil, einem jungen, ebenfalls sehr gebildeten und noblen Sproß aus einem der besten walisischen Landadelsgeschlechter. Und dann hatte es noch ein drittes Mal gegeben, aber diese Ehe mit einem indischen Prinzen von blauem Geblüt war so kurz gewesen, daß Lady Bracknell sie gar nicht zählte.

An dem Tag ihrer Hochzeit mit Edward war sie nicht übermäßig glücklich gewesen. Letzten Endes war er, trotz seiner Millionen, nur ein ordinärer Geschäftsmann, der zudem mit ganz bescheidenen Mitteln angefangen hatte. Es galt fast als ein Verbrechen, ihn mit Lord Clifford zu vergleichen — oder gar mit dem jungen Sir Algernon Cecil.

Die folgende Geschichte beginnt an einem frostklaren Wintertag. Lady Bracknell saß an ihrem zarten Palisandersekretär und schrieb Einladungen für den alljährlichen Kostümball in Sherburn Hall, als ein lauter Ruf durch das Schloß drang. Dann zog jemand die schwere Messingglocke an der Haupttür. Lady Bracknell ging ans Fenster, um zu sehen, wen der Diener einließ. Unter Edwards Leitung schleppten der Chauffeur und der Gärtner einen mysteriösen Gegenstand die breite Steintreppe hoch. Sie eilte hinunter. Dort hatte Perkins, der Hausverwalter, eben die Haupttür geöffnet.

»Um Gottes willen, liebster Edward, was schleppst du denn da an?« rief sie voller Entsetzen.

»Wie du siehst, eine Drehorgel, meine Liebe, einen Leierkasten. Du weißt, eines dieser komischen alten Instrumente, auf denen man spielen kann, indem man eine Kurbel dreht.«

357

»Du willst mir doch nicht erzählen, daß dieses Monstrum deine Oboe ersetzen soll?«

»Nein, liebe Gwendolen, das will ich nicht.«

Edwards Stimme ließ vermuten, daß er am liebsten sähe, wenn seine Frau sich zurückzöge, aber sie blieb stehen.

»Ich habe ein Recht zu wissen, was dies Monstrum hier in unserem Hause soll. Wenn du es hier aufstellst, wird die ganze Halle ruiniert. Und was werden unsere Gäste am Sonnabend sagen! Um Himmels willen!«

»Beruhige dich, meine Liebe. Die Drehorgel wird nicht hier aufgestellt. Sie soll eine Überraschung sein.«

Lady Bracknell schüttelte verständnislos den Kopf.

»Im übrigen handelt es sich um ein ganz vortreffliches Instrument, wenn man den primitiven Aufbau bedenkt. Hör doch mal!«

Edward drehte die Handkurbel, und der Leierkasten hustete sich asthmatisch durch die erste Strophe von *My Irish Molly*.

Lady Bracknell stopfte sich demonstrativ die Finger in die Ohren und sah sehr leidend aus.

»Das klingt schlimmer als deine Oboe, zehnmal schlimmer.«

»Na ja«, gab Edward zu, wobei er sich schnell so hinstellte, daß er ihrem Blick ausweichen konnte, »sehr gut klingt das nicht, aber die Melodien sollen auch mit ein paar Präludien und Fugen von Bach ausgewechselt werden. Dann klingt es besser.«

»Ich will wissen, was dieses häßliche Instrument in unserem Hause soll. Ich habe das Recht, eine Erklärung zu verlangen.«

Edward legte beruhigend seine Hände auf Lady Bracknells Schultern: »Liebste Gwendolen, wie du weißt, habe ich meine Karriere mit ganz bescheidenen

Mitteln angefangen. Mein Vater war ein Gaukler, das habe ich dir längst anvertraut, auch daß er sich zu Tode trank und daß meine Mutter später mit ein paar Zigeunern davonlief und ein wildes, ausschweifendes Leben führte. Mit zwölf Jahren stand ich ganz allein auf der Welt – ohne einen einzigen Penny. Dann wurde mein Onkel Wilbur krank, und ich durfte mir seinen Leierkasten borgen. Mein allererstes Geld verdiente ich als Drehorgelspieler in den Hinterhöfen von Eastend.«

»Perkins, Sie können gehen!«

Wenn Lady Bracknell nicht auf dem Parkettfußboden gestanden hätte, wäre sie vor Scham in die Erde versunken. Perkins hatte jedes Wort gehört, was ihr Mann früher gewesen war . . . ein . . . nein, allein schon das Wort! Sie wagte kaum, es in Gedanken zu formulieren. Es war abscheulich.

Perkins stand da wie am Boden festgenagelt, mit halb offenem Mund. Zum ersten Mal in den dreißig Jahren, die er sich lautlos und demütig in Sherburn Hall umherbewegt hatte, überhörte er einen Befehl.

»Ich sagte, Sie können gehen, Perkins!«

Perkins zuckte zusammen, verbeugte sich steif, stammelte eine Entschuldigung und zog sich verwirrt zurück. Lady Bracknell wandte sich wieder an ihren Mann.

»Weißt du, was man unter einem Pionier versteht?« fragte er plötzlich, ehe sie die Sprache wiedergefunden hatte.

Sie schüttelte den Kopf.

»Ein Pionier«, fuhr Edward dozierend fort, »ein Pionier ist ein starker und zielstrebiger Mann, der mit Spaten, Säge und Axt, mit Frau und Kindern über die Prärie zieht, bis er eine Stelle findet, wo die Bäume ganz dicht stehen, das Unkraut mannshoch, und wo die Erde voller schwerer Feldsteine ist. Wenn er so eine Stelle findet, hält er an, spuckt in die Fäuste, fällt die Bäume, reißt das Unkraut aus und rodet die Erde. Er sägt die Baumstämme durch und baut sich ein Blockhaus, im Schweiße seines Angesichts schleppt er die Riesensteine weg, er sät Getreide und Mais. Im Laufe der Jahre mehren sich die Erträge, er beginnt, Geld zu verdienen, er kann sich einen Brunnen graben, bekommt eine Pumpe und baut sich ein größeres Blockhaus. Er kann sich Vieh anschaffen. Aus der undurchdringlichen Wildnis ist eine Farm und der Pionier zu einem wohlhabenden Mann geworden. Vielleicht zeigt er dann eines Tages seinen Freunden eine Axt, die an der Wand hängt, und erzählt, nicht ohne Stolz: ›Mit dieser Axt habe ich einst die Bäume gefällt, die dort standen, wo jetzt die Maisfelder im Winde rauschen.‹ Und die Freunde denken voller Respekt: Dieser Mann ist tüchtig, er hat mit nichts angefangen, nur mit seinen nackten Fäusten.«

Edward drehte einige Male die Kurbel an der Drehorgel, und Lady Bracknell hörte die folgenden Strophen von *My Irish Molly*.

Edward fuhr fort: »Siehst du, liebe Gwendolen, ich bin kein Pionier in dem Sinne, kein Farmer, ich habe keine Axt, die ich meinen Freunden zeigen kann. Aber ich kann etwas anderes tun. Ich kann mich am Samstag zum Kostümball als Leierkastenmann verkleiden, und wenn die Masken fallen, werde ich hervortreten und sagen: »Ihr glaubt mir vielleicht nicht, aber mit dieser Drehorgel verdiente ich meinen ersten Penny in den Hinterhöfen von Eastend, nachdem mein Vater sich zu Tode getrunken hatte und meine Mutter mit einigen herumschweifenden Zigeunern davongelaufen war und ich ganz allein in der Welt stand.‹ Dann können unsere Freunde sehen, daß ich meine heutige Position nicht im

Schlaf erreicht habe, daß ich das Vermögen, über das ich heute verfüge, durch jahrelange Arbeit erworben habe.«

Edward schwieg. Die Wirkung seiner Worte blieb nicht aus. Mit einem Schrei stürzte Lady Bracknell die breite Marmortreppe hinauf und warf sich schluchzend auf ihr Bett. Sie war einem hysterischen Zusammenbruch nahe. Der Gedanke war unerträglich, daß die gesamte Grafschaft erfahren würde, daß sie verheiratet war mit einem —o nein, mit einem . . ., sie wagte kaum, das häßliche Wort auszusprechen.

Den ganzen folgenden Tag waren Edward und Perkins damit beschäftigt, den Leierkasten aufzupolieren. Er bekam einen neuen Bronzehandgriff, neue Pfeifen, einen neuen Balg, und das Repertoire wurde ausgewechselt. Lady Bracknell verbrachte den Tag in ihrem Bett, sie weinte heftig und ausdauernd, sie schluchzte herzzerreißend, als das Kammermädchen am nächsten Morgen den Tee brachte, auch nach dem Tee weinte sie weiter und reagierte mit heftigen Krämpfen, als Edward einen Augenblick später den Kopf zur Tür hereinsteckte und ihr ein paar aufmunternde Worte zurief. Am Nachmittag nahm sie ein Beruhigungsmittel und ein Stück Konfekt, und beim Nachmittagstee schluchzte sie nur noch leise. Eine Stunde später stand sie auf und probierte ihr Kostüm an, das gerade von einem der exklusivsten Salons aus London eingetroffen war.

Sonnabend fand der große Kostümball in Sherburn Hall statt. Alles, was in Carnantenshire und den umliegenden Grafschaften Rang und Namen hatte, nahm an diesem Fest teil. Überall in den Salons wimmelte es von französischen Musketieren, stolzen Scheichs, verführerischen Maharadschas, feurigen Toreros und bezaubernden spanischen Carmencitas. Edward hatte seinen großen Auftritt als Leierkastenvagabund. Jedem, der es hören wollte, erzählte er seine Lebensgeschichte, daß sein Vater sich zu Tode getrunken habe, daß seine Mutter mit Zigeunern herumgezogen sei, und er amüsierte sich großartig und fand sich in seiner Rolle und mit seiner bewundernswerten Phantasie besonders gelungen. Gegen Abend, als die Stimmung ihren Höhepunkt erreichte, schlug Edward unter lärmendem Beifall vor, Gwendolen zu überreden, auf dem Leierkasten eine Melodie von Buxtehude zu spielen, während er selbst sie auf der Oboe begleiten wollte.

Perkins wurde in den Musiksalon geschickt, um die Oboe zu holen, während Edward nach seiner hübschen Frau suchte. Er suchte und suchte, aber vergeblich, weshalb das Konzert auf unbestimmte Zeit verschoben werden mußte. Er hätte sie gefunden, wenn er auf die Idee gekommen wäre, sie im kleinen chinesischen Pavillon im Park zu suchen. Dort saß sie, in ein ernstes Gespräch vertieft, mit einem furchteinflößenden Kosakenhäuptling, unter dessen buschigem, aufgeklebtem schwarzem Vollbart sich der bekannte Londoner Zeitungsboß Herbert Newberry verbarg.

»Ich habe Schreckliches erlebt«, vertraute Lady Bracknell sich ihm an, »diese absurde Idee mit dem irrsinnigen Instrument, nicht wahr?«

Der Zeitungsboß nickte und drückte voller Mitgefühl ihre zarten weißen Hände.

»Mein armes, liebes Kind«, sagte er mit einer Stimme, die eine Welt von Zärtlichkeit enthielt.

»Ich bin nicht sicher, ob ich Edward jetzt noch ertragen kann«, fuhr Lady Bracknell fort, »er zieht mich ins Lächerliche. Du ahnst nicht, wie es mich quält, verheiratet zu sein mit einem . . . einfachen . . .«

»Leierkastenmann«, half ihr der Zeitungsboß bereitwillig weiter.

»Ja, genau!«

Sie ließ mit erstaunlicher Präzision eine warme Träne auf seine Hand fallen, und der Zeitungsboß drückte Lady Bracknell fest, aber doch mit angemessenem Zartgefühl an sich. Lange saßen sie so beisammen, ohne ein Wort zu sagen. Endlich brach er das Schweigen:

»Rein juristisch besteht für mich kein Zweifel, daß hier ein eindeutiger Scheidungsgrund vorliegt — mit Rücksicht auf eure gesellschaftliche Stellung . . . dieser schreckliche Einfall mit dem Leierkasten . . .«

»Ja, nicht wahr?« griff Lady Bracknell schnell den Gedanken auf. »Wie soll ich meinen Freunden, meinem ganzen Bekanntenkreis in die Augen sehen können nach dieser Verhöhnung? Du mußt bedenken, daß ich einen wirklich ausgezeichneten Kreis aristokratischer Freunde habe, Menschen von sehr hoher Bildung.«

»Das weiß ich ja. Und ich versichere dir, ich hatte das allergrößte Mitleid mit dir, als ich sah, wie er sich in seiner Rolle aufspielte. Und dann die peinliche Geschichte von seinem ewig betrunkenen Vater . . . und den Zigeunern, mit denen sich seine Mutter herumtrieb. Wahrhaftig, Gwendolen, ich verstehe dich. Und wie bereits gesagt, rein juristisch bin ich sicher . . .«

»Ja, weiß Gott«, unterbrach sie ihn, »ich lasse mich scheiden.«

Er drückte heftig ihre schlanken weißen Hände.

»Und dann heiratest du mich, nicht wahr?« bat er eindringlich. »Nach allem was gestern zwischen uns auf der Terrasse vorgefallen ist, wage ich zu hoffen, daß ich dir nicht ganz gleichgültig bin, und ich bitte dich daher, Gwendolen, dies als einen Heiratsantrag zu verstehen. Liebste Gwendolen, werde mein!«

Er legte seine Hand auf ihren schön geschwungenen Nacken und hob sanft ihr Gesicht, daß er ihre Lippen in einem langen heißen Kuß finden konnte. Einen Augenblick später legte er wie zufällig seine Hand auf ihr Knie.

»Nein«, protestierte sie mit keuchendem Atem und preßte ihre Knie zusammen, daß sie seine Hand fest umschlossen, »erst muß ich die Scheidungspapiere in Ordnung bringen.«

Der Zeitungsboß deutete ihre Worte als Zustimmung und wurde kühner. Nicht umsonst hatte er sich als halbzivilisierter Kosak verkleidet, und er küßte sie nochmals, diesmal heftig, brutal, ohne Gnade.

Die Töne einer Oboe drangen vom festlich erleuchteten Schloß zu ihnen. Wenn sie genau hingehört hätten, hätten sie gemerkt, daß es Beethovens Cis-moll-Sonate war, gemeinhin die *Mondscheinsonate* genannt, aber sie gaben nicht darauf acht. Sie registrierten sie nur als passende Hintergrundmusik und waren im übrigen viel zu sehr miteinander beschäftigt, um an die Welt ringsherum auch nur einen Gedanken zu verschwenden.

»Nimm doch deinen dummen Kosakenbart ab«, flüsterte Lady Bracknell und vergaß völlig, die fieberhaft suchende Hand des Zeitungsverlegers festzuhalten.

Lady Bracknell ließ sich scheiden. Nach einer angemessenen Zeit heiratete sie Herbert Newberry, den Zeitungsboß, und sie war recht zufrieden mit ihrer Wahl, obwohl er sich natürlich keineswegs mit dem gebildeten und noblen Lord Bracknell oder dem äußerst distinguierten jungen Sir Algernon Cecil vergleichen ließ. In London fühlte sie sich allerdings nicht wohl. Zwar richtete ihr der Zeitungsboß einen vornehmen Palast am Victoria Embankment ein, stellte ihr einen Bentley, einen Packard und einen Rolls-Royce mit einer ansehnlichen Anzahl von Chauffeuren zur Verfügung, aber sie sehnte sich nach Sherburn Hall.

»Und der Pavillon«, seufzte sie, »der kleine chinesische Pavillon mit all den hübschen Erinnerungen!«

Also bot der Zeitungsboß einen so hohen Preis für Sherburn Hall, daß Edward Henry Cotterill der Versuchung nicht widerstehen konnte und seinen Landsitz verkaufte. Lady Bracknell zog mit ihrem neuen Mann in das alte Haus ein.

Der Zeitungsboß hatte im übrigen ein ganz anderes Format als der Musikverleger. Herbert nannte den Erzbischof von Canterbury beim Vornamen, und es verlautete, daß er einer Person des königlichen Hofes mit bedeutenden Mitteln geholfen hatte. Schließlich hatte er sich seinerzeit persönlich dafür eingesetzt, dem Premierminister zur Macht zu verhelfen. Und nicht zuletzt hatte er den unbestreitbaren Vorteil, vollkommen unmusikalisch zu sein. Er ahnte nicht einmal, wie eine Oboe aussah. Musik interessierte ihn überhaupt nicht. Er lebte und atmete für seine Zeitung, die eine der angesehensten des Landes war.

Es wurde wieder Winter, und Lady Bracknell schrieb traditionsgemäß Einladungen für das alljährliche Kostümfest auf Sherburn Hall. Sie wollte eben die fertigen Umschläge auf das Silbertablett legen, das Perkins ihr entgegenhielt, als die Tür aufging und eine äußerst merkwürdige Erscheinung eintrat. Die Person trug eine zerfetzte rote Kappe auf dem Kopf, über dem Magen eine schwarze Ledertasche, die zum Bersten mit alten Zeitungen gefüllt war, und einen alten verschossenen Umhang.

»Letzte Nachrichten! Times! Herald! Express! Neueste Sensationen!« rief eine Stimme.

Lady Bracknell keuchte entsetzt: »Mein Gott! Das ist doch . . . Bist du es, Herbert? Um Himmels willen, was machst du denn in dieser sonderbaren Verkleidung?«

Herbert sah sie mit einem großen jungenhaften Lächeln verschmitzt an: »Das will ich auf dem Kostümball tragen. Kannst du nicht sehen, was ich darstelle? Einen Zeitungsverkäufer? Wie du dir denken kannst, bin ich nicht mein ganzes Leben ein Zeitungsboß gewesen. Ich begann . . .«

Lady Bracknell sandte Perkins schnell hinaus. Sie ahnte, was jetzt kam.

»Ich begann damals praktisch aus dem Nichts. Mein allererstes Geld verdiente ich, indem ich Zeitungen ausrief. Mein Vater war ein kleiner Zeitungsverkäufer. Dreißig Jahre lang stand er an der Ecke Bond Street/Piccadilly. Wir waren vierzehn Kinder zu Hause, meine Mutter scheuerte nachts Treppen und . . .«

»Weißt du, was ein Pionier ist?« unterbrach ihn Lady Bracknell. Ihre Stimme war eisig, wie grönländischer Marmor.

»Ein Pionier?« wiederholte Herbert und dachte eine Weile nach. »Ja, ein Pionier, das ist ein starker Mann, der mit seinen bloßen Fäusten die Wildnis urbar macht, der schuftet und schleppt, der einen Baum nach dem anderen fällt, sich zuerst eine Hütte aus rohen Baumstämmen baut, sich allmählich hocharbeitet, aus dem absoluten Nichts ein Zuhause, eine Zukunft aufbaut. Da hast du mir übrigens ein ausgezeichnetes Stichwort gegeben, liebe Gwendolen. Das macht es mir leichter, wenn ich dir jetzt erkläre, warum ich mich zum Kostümball als Zeitungsverkäufer verkleide. Siehst du, ich bin so eine Art Pionier. Ich bin . . .«

»Ja, du bist ein großer Egoist. Ein abscheulicher Egoist, genau wie Edward. Ich verachte dich.«

Lady Bracknell stürzte die Marmortreppe hinauf und warf sich schluchzend auf ihr Bett. Es war schrecklich, einfach grauenhaft.

Jetzt würde die ganze Grafschaft erfahren, daß sie verheiratet war mit einem . . . Ach nein, das Wort klang in ihren Ohren womöglich noch schrecklicher als – das andere.

Es wurde Sonnabend, und die üblichen französischen Musketiere, die stolzen arabischen Ölscheichs und Königinnen der Nacht fanden sich zum alljährlichen Kostümball in Sherburn Hall ein. In der Halle stand Herbert mit seinem roten Käppi und der Zeitungstasche und rief: »Neueste Nachrichten! Lesen Sie die aufregende Story über den Zeitungsboß, der als armer kleiner Zeitungsverkäufer begann und dessen Mutter für die Reichen der Stadt die Treppe scheuerte. Lesen Sie alles in der neuesten Ausgabe! Times! Herald! Telegraph! Express!«

Die Gäste amüsierten sich über den glänzenden Einfall, und Lady Bracknell grämte sich. Gegen Abend flüchtete sie mit einem spanischen Stierkämpfer in eine dunkle Ecke der Terrasse, und später suchten sie Zuflucht in dem kleinen chinesischen Pavillon. Hinter dem knappen, mit Gold bestickten Hemd des Toreros, den stramm sitzenden Seidenhosen und dem kleinen schwarzen Bärtchen verbarg sich der fünfzigjährige Multimillionär und bekannte Theateragent Howard Cunningham, der immer noch ein attraktiver Mann war und sich diesen provozierenden Aufzug gut leisten konnte.

»Willst du dich wirklich scheiden lassen, liebe Gwendolen?« fragte er ein wenig zweifelnd und zog sorgfältig die Glastür des Pavillons hinter sich zu.

»Ja«, erwiderte Lady Bracknell und nickte, »ich kann doch nicht zusammenleben mit einem . . . einfachen Zeitungsverkäufer. Nach all dem, was er über seine Mutter erzählt hat.«

»Heißt das, daß ich endlich eine Chance habe? Du
weißt doch, daß ich mich schon seit unserer Schulzeit für
dich interessiere.«

»Ja, das weiß ich wohl«, erinnerte sich Lady Bracknell.

»Und du weißt«, fuhr der Theateragent fort, »daß ich
deinen Weg verfolgt habe, seit du die Schule verlassen
hast.«

»Ja, das weiß ich auch.«

»Und noch immer liebe ich dich heiß und innig, liebe
Gwendolen — kurz gesagt: Willst du mein werden?«

»Vielleicht, Howard, vielleicht — wenn ich die Scheidung überstanden habe. Aber nur unter einer Bedingung . . .«

»Und die wäre?«

»Daß du schwörst, nie einer Menschenseele zu verraten, daß ich als Nacktтänzerin begonnen habe, als Strip-
teasetänzerin in einer kleinen Bar im Windmill-Viertel.«

»Ich schwöre auf immer und ewig«, beteuerte Howard
Cunningham mit fester Stimme, ohne jedoch ihrem
Blick zu begegnen.

Und dann reichte Lady Bracknell die Scheidung ein.
Nach einer angemessenen Zeit heiratete sie den berühm-
ten Theateragenten Howard Cunningham, und sie leb-
ten glücklich — Wie lange? — Ja, das erzählt diese
Geschichte nicht.

Fühlen Sie sich müde und mißgestimmt?

Ich fühlte mich schon seit langem müde und mißgestimmt. Stundenlang konnte ich an meinem Schreibtisch sitzen und in die Luft starren, anstatt etwas zu

Papier zu bringen. Vielleicht konnte ich das Tageslicht nicht aushalten, denn am Abend, wenn ich zum Bowling, zum Essen im Klub oder woanders hinging, fühlte ich mich viel besser. Wenn ich dann am Morgen aufstehen sollte, ging es mir wieder schlecht. Stundenlang konnte ich auf der Bettkante sitzen, müde und mißgestimmt.

»Ich fühle mich jämmerlich«, beklagte ich mich bei Marianne.

»Tut es irgendwo weh?«

Im großen und ganzen akzeptiert sie keine Krankheit, soweit nicht irgend etwas weh tut.

»Wo es weh tut? . . .Ich kann nicht direkt auf eine Stelle zeigen und sagen: Da sitzt es! Und gerade das macht mich so nervös. Es handelt sich um eine Art geistiger Müdigkeit, die gleichsam in den ganzen Körper ausstrahlt, als wäre er gefüllt mit . . .«

»Blei?«

»Ja, wie konntest du das raten? Vielleicht brauche ich kräftige Eisentabletten? Vielleicht bin ich falsch ernährt? Aber ich finde auch, du machst nie mehr gelbe Erbsen. Oder Rotkohl mit Speck. Irgend etwas stimmt da jedenfalls nicht.«

»Dann geh zum Arzt!«

Auf den kleinen Anstoß hatte ich gerade gewartet. Ich ging zum Hausarzt der Familie. Das war ein äußerst angenehmer und tüchtiger Mann, der immer gut gelaunt war und sich voller Verständnis alle Klagen anhörte. Es wirkt enorm anregend auf einen kranken und zusammengebrochenen Menschen, wenn er von seinem Arzt mit einem aufmunternden Schlag auf die Schulter und einer munteren Bemerkung empfangen wird.

Während ich im Wartezimmer saß und in Frauenzeitschriften und vergilbten Rundschreiben des Gesund-

369

heitsamtes blätterte, ließ ich mir noch mal das Krankheitsbild durch den Kopf gehen, das ich dem Arzt vorlegen würde.

»Der nächste, bitte!«

Ich war dran. Ich ging hinein.

»Setzen Sie sich«, sagte er, und ich ließ mich auf den Stuhl fallen. Kein freundschaftlicher Schlag auf die Schulter! Auch keine anregende, muntere Bemerkung! Er saß bloß da und starrte auf seinen Rezeptblock. Er hielt sich die Stirn. Ich fand, er sah blaß und überarbeitet aus.

»Viel zu tun gehabt heute?« fragte ich. »Sie sehen recht matt aus, Herr Doktor!«

Er sah auf.

»Ich *bin* müde«, klagte er, »müde und schlapp. An die fünfzig Patienten in der Sprechstunde, dann ist man fix und fertig. So habe ich es noch nie gefühlt. Ich weiß nicht, was mit mir los ist. Ich habe ein Gefühl, als wäre mein Körper voller . . .«

»Blei?«

»Ja, genau.«

»Sie kriegen zu wenig frische Luft. Ich an Ihrer Stelle würde einen langen Spaziergang machen, wenn Sie heute fertig sind.«

»Das wäre vielleicht eine Idee«, sagte er ohne jegliche Begeisterung, »aber dazu hat man nicht gerade die allergrößte Lust nach einem zwölfstündigen Arbeitstag. Und die Laune . . . auch mit der guten Laune hapert es seit einigen Wochen.«

»Dem ist abzuhelfen. Wissen Sie, was Sie machen sollten? Laden Sie Ihre Gattin zu einem kleinen erlesenen Abendessen in ein vornehmes Restaurant ein, gehen Sie ins Theater, tanzen Sie irgendwo hinterher. Kurz gesagt, gehen Sie aus und amüsieren Sie sich ein bißchen.«

»Dann kommt man zu spät ins Bett«, wandte er ein.

»Und dann morgen? Dann bin ich noch müder, noch schlapper. Nee, irgendwie macht mir gar nichts mehr richtig Spaß. Ich bin völlig ausgebrannt, vollkommen runter . . . rein geistig . . .«

»Ich hab's«, sagte ich, »Costa del Sol!«

»Costa del Sol?«

»Ja. Sie schnappen sich vierzehn Tage Extra-Urlaub! Tummeln Sie sich in den kühlen Wellen des Mittelmeeres und aalen Sie sich am Strand in der Sonne des Südens. Das ist genau, was Sie brauchen. Machen Sie den Laden dicht und zischen Sie Samstag ab. Nehmen Sie schnell Doktor Möller für die Vertretung, und dann ab mit Ihnen! In vierzehn Tagen kehren Sie als neuer und besserer Mensch zurück. Man kann nicht einfach tagein tagaus den Motor verschleißen. Dann streikt er nämlich, und alles liegt in Schutt und Asche. Ab und zu *muß* man die Batterien aufladen. Und der Auflader heißt Costa del Sol oder die Kanarischen Inseln. Mit Blick aufs Meer!«

Er erhob sich und schüttelte mir gut gelaunt die Hand.

»Vielen Dank«, rief er, »solche Worte fehlten mir gerade. Ich rufe auf der Stelle an und bestelle die Fahrkarte, nun wo ich in Fahrt bin!« Er schnappte sich das Telefon. Fünf Minuten später war die Sache geritzt, vierzehn Tage direkt am Strand von Las Canteras, Palmas, Gran Canaria.

»Ja«, sagte er und strahlte übers ganze Gesicht wie ein Honigkuchenpferd, »dann bleibt uns wohl nur noch unsere kleine Abrechnung.«

Ich holte die Brieftasche hervor.

»Einverstanden, lassen Sie uns die Sache gleich ins reine bringen. Was bekommen Sie für die Konsultation? Ich bin Mitglied bei der Vereinigten!«

»Das macht genau dreißig Mark!«

Ich zahlte und wünschte ihm schöne Ferien. Als ich nach Hause kam, erzählte Marianne, daß mein Freund Thomas angerufen und mich für den nächsten Tag zum Jagddiner eingeladen hätte.

»Aber dazu bist du wohl zu müde und nicht aufgelegt?«

»Ach nein«, versicherte ich schnell, »alles in Butter mit der Gesundheit. Ich komme ja gerade vom Arzt.«

Als ich am folgenden Tag am herrlich gedeckten Mittagstisch saß und meine Kehle mit dem dritten Kräuterschnaps schmierte, spürte ich weder Müdigkeit noch Mißstimmung. Wirklich enorm, was die Medizin leistet!

Schnell! Einen Revolver!

Der bekannte französische Weinbergbesitzer und Weinhändler Jean Pierre Macon, ein Mann in den besten Jahren, befand sich auf einer Geschäftsreise zur Besichtigung seiner Weinberge im Departement Bordeaux. Eigentlich wollte er dort während der Traubenlese bleiben, aber plötzlich überfiel ihn die Sehnsucht nach Yvette, seiner hübschen, blutjungen Ehefrau in Paris so heftig, daß er es nicht länger ohne sie aushielt. Und was tut ein Franzose, wenn die Sehnsucht nach einer Frau in ihm überhandnimmt? Er wirft alles hin, was er geplant und vorbereitet hat, und beeilt sich, das Ziel seiner Sehnsucht in die Arme schließen zu können.

Kurz, Jean Pierre setzte sich in seine Luxuslimousine und raste zum nächsten Flughafen. Eine Stunde später saß er in der Linienmaschine nach Paris, ungeduldig und voller Erwartung.

Er hatte sich nicht einmal die Zeit genommen, ihr ein

Telegramm zu schicken, daß er auf dem Weg zu ihr war. Der Leser hat allen Grund, dankbar dafür zu sein; denn hätte man Yvette, dieses bildhübsche Mädchen, rechtzeitig gewarnt, wäre der Verlauf unserer Geschichte bestimmt weit weniger dramatisch geworden.

Endlich landete Jean Pierres Maschine auf dem Pariser Flughafen Le Bourget, und eine Stunde später betrat Jean Pierre das große Etagenhaus in der Rue Pont-Neuf. Mit weit ausholendem Schritt stürmte er zum Fahrstuhl, wo ein großer, dunkelhaariger Herr mit einem ungewöhnlich gepflegten Schnurrbart und einem Bukett dunkelroter Rosen in der Hand die Fahrstuhltür gerade öffnete.

»Permettez, Monsieur«, rief Jean Pierre, »würden Sie mich bitte mitnehmen?«

Im Fahrstuhl warf Jean Pierre einen Blick auf die roten Rosen des Fremden und ärgerte sich darüber, daß er auf dem Weg zum Flughafen vergessen hatte, eine Aufmerksamkeit für Yvette zu besorgen, zum Beispiel ein Bukett dunkelroter Rosen. Der Fahrstuhl hielt im fünften Stock. Der große, dunkle Herr stieg aus, und Jean Pierre folgte ihm.

Und jetzt begann es dramatisch zu werden.

Jean Pierre zuckte zusammen, als der große dunkle Herr völlig ungeniert auf die Matte vor die weißlackierte Flurtür trat, an der ein großes Messingschild mit der Aufschrift *Jean Pierre Macon* befestigt war. Und er versteinerte beinahe, als der Fremde auf den Klingelknopf an der Tür drückte.

Schnell hastete Jean Pierre eine halbe Treppe weiter aufwärts, um von dort aus zu verfolgen, was jetzt geschehen würde.

Es geschah etwas ganz Einfaches: Die Tür wurde von seiner hübschen, jungen Yvette im Negligé geöffnet.

373

Yvette! Sein Schatz, seine heißgeliebte Yvette! Das war doch nicht möglich!

Sie warf einen flüchtigen Blick auf die dunkelroten Rosen.

»Rosen!« rief sie. »Sollen die wirklich für mich sein, liebster Henry? Ich bin überwältigt!«

Dann zog sie ihren geliebten Henry schnell in die Wohnung, und die Flurtür fiel ins Schloß.

Allmächtiger! Das war wirklich eine böse Überraschung.

Einen Augenblick lang stand Jean Pierre unschlüssig da, dann jagte er in langen Sätzen die Treppen hinunter. Wenige Augenblicke später stürmte er atemlos in ein Waffengeschäft.

»Schnell«, stieß er hervor, »einen Revolver! Aber bitte scharf geladen!«

»Gerne, mein Herr. Soll ich ihn einpacken, oder brauchen Sie ihn sofort!«

»Ich brauche ihn sofort!« knurrte Jean Pierre, warf ein paar Geldscheine auf den Tisch, griff nach dem Revolver und hetzte die Treppe zu seiner Wohnung im fünften Stock wieder hinauf. Mitten in der Zimmerflucht fand er seinen Rivalen Henry gerade damit beschäftigt, die Schnürsenkel seiner schwarzen Lackschuhe zu lösen. Eine äußerst verdächtige Handlung!

Jean Pierre sah sich nach Yvette um. Sie war nirgends zu sehen. Vielleicht holte sie gerade eine Vase, um die Rosen hineinzustellen? Jean Pierre hob den Revolver, um mit seinem Rivalen kurzen Prozeß zu machen.

»Nicht so eilig!« sagte der schockierte Henry mit einem bleichen Lächeln, während er langsam zurückwich und seine schmalen weißen Hände abwehrend ausstreckte.

»Warten Sie doch, Monsieur! Warten Sie! Sie liebt uns

374

doch beide. Ich wage es zu behaupten, sie liebt uns beide gleichermaßen heftig!«

»Stinktier! Schurke! Verschonen Sie mich mit solchem Quatsch! Natürlich liebt sie nur mich, Elender. Ich könnte Sie durchlöchern wie ein Sieb, und, bei Gott, ich tue es auch.«

Jean Pierres Finger umspannte den Abzugshahn.

»Um Himmels willen! Ruhig Blut! Lassen Sie uns doch zunächst herausfinden, wen von uns sie mehr liebt. Mein Vorschlag! Sie tun so, als ob Sie mich erschießen und hinterher sich selbst. Wir lassen uns auf den Tisch fallen, sie kommt hereingestürzt, und derjenige von uns, über dessen Körper sie sich verzweifelt wirft, nun – den liebt sie mehr, der soll sie haben!«

Jean Pierre leuchtete der Vorschlag ein. Er feuerte zwei Schüsse an die Decke, und die beiden Männer ließen sich zu Boden fallen. Einige Sekunden vergingen, dann kam Yvette, die schöne, treulose Yvette in ihrem durchsichtigen, verführerischen Negligé hereingestürzt.

Jäh blieb sie auf der Türschwelle stehen und stieß, als sie die Situation begriff, einen gellenden Schrei aus.

Dann lief sie hinüber in ihr Boudoir. Sie hämmerte an die Tür ihres großen weißlackierten Kleiderschrankes.

»Komm ruhig heraus, liebster Maurice!« flüsterte sie erwartungsvoll. »Die beiden haben sich erschossen!«

Kinderkrankheiten

Kinderkrankheiten kommen immer plötzlich und überraschend, stets auch im ungünstigsten Augenblick. Jetzt hat der Vater Gelegenheit, sich beherrscht und besonnen zu zeigen. Ruhe und Überlegenheit auszustrahlen — auch wenn seine Frau aufgeregt hin und her rennt, in allen Schubladen nach Fieberthermometer, Brustwickel, Wärmeflasche und Eisbeutel kramt und immer wieder ausruft: »Wie entsetzlich! Unser armes, armes Schätzchen! Was machen wir nur! Steh nicht so blöd herum! *Tu was!*« Man soll den Arzt lieber einmal zu viel als zu wenig rufen. Aber es ist doch gut, wenn der Vater schnell ein ärztliches Handbuch zu Rate zieht, um die Krankheit zu diagnostizieren. Jeder Arzt ist dankbar, wenn man ihm diese Arbeit abnimmt.

Peter bekam seine erste ansteckende Kinderkrankheit an einem Samstagabend, eine Stunde nachdem ihn Marianne ins Bett gebracht, mit ihm gebetet und das Licht ausgeknipst hatte mit den Worten: »Nun kann Muttis kleines Schätzchen gut schlafen!« Zufällig kam sie später ins Badezimmer, wo Peter gerade die Zahnpasta aus der Tube drückte und einen Schwamm damit verzierte, wie man eine schöne Geburtstagstorte zurechtmacht. Zwei Sekunden später lag er mit nacktem Hinterteil auf dem Schoß seiner Mutter, aber ihre erhobene Hand kam nicht in Tätigkeit. Sie sah im Gesicht des Jungen einige rote Flecken, legte ihn ins Bett und kam ins Wohnzimmer gestürzt, wo ich es mir im Lehnstuhl behaglich gemacht und die Beine auf einen Hocker gelegt hatte, um mit geschlossenen Augen den Leitartikel der Zeitung geistig wiederzukauen.

»Wach auf! Peter ist krank! Schwer krank!«

Hellwach fuhr ich hoch.

»Schnell«, sagte ich, »wo sind meine Hausschuhe?«

»Du hast sie doch an.«

Ich raste ins Kinderzimmer. Peter war im ganzen Gesicht merkwürdig rotgefleckt.

»Malaria«, sagte ich. »Wir müssn sofort einen Krankenwagen bestellen.«

376

»Lieber ein Feuerwehrauto«, bettelte Peter und setzte sich interessiert im Bett auf.

»Der Junge ist krank, er soll seinen Willen haben.«

»Erstens ist es auf keinen Fall Malaria«, unterbrach mich Marianne, »und zweitens wäre es vollkommen idiotisch, einen Feuerwehrwagen zu rufen. Wir müssen seine Temperatur messen.« Sie kam mit einem Thermometer. Peter stemmte sich abwehrend ganz fest gegen die Stäbe seines Bettes. Nach viertelstündigem Kampf erreichten wir endlich einen Kompromiß. Der Kranke erklärte sich einverstanden, seine Temperatur messen zu lassen, wenn ich vorher eine Lakritzstange und einen roten Lolli holte. Ich lief in der halben Stadt herum, bis ich sie endlich bekam. Peter begann zufrieden zu lutschen, während Marianne und ich klopfenden Herzens das Thermometer verfolgten. Es zeigte 37,2, höher wollte es nicht steigen.

Ich legte die Hand auf Peters Stirn: Sie war brennend heiß.

»Das Thermometer funktioniert nicht richtig«, stellte ich fest.

»Er hat mindestens 38,5. Haben wir Penicillin im Hause? Das Fieber muß heruntergedrückt werden.«

Marianne schleppte ein großes ärztliches Handbuch herbei. »Hier steht alles über ansteckende Kinderkrankheiten«, sagte sie. Ich blätterte aufgeregt.

»Hier«, sagte ich eifrig, »hier haben wir es. ›Im ersten Stadium zeigt sich ein roter und meistens recht großflekkiger Ausschlag im Gesicht.‹ Es ist ganz klar . . . das sind *Röteln*.« Ich wollte eben das Buch aus der Hand legen, als mein Blick auf eine andere Krankheitsbeschreibung fiel.

»Nein, warte«, sagte ich, »das hier könnte es auch sein: ›Nach Ablauf der Inkubationszeit zeigt sich ein

Ausschlag von kleinen, roten Flecken.‹ Das ist ein klarer Fall: *Wasserpocken* sind es. Im schlimmsten Falle Röteln und Wasserpocken. Jetzt rufe ich die Feuer . . . den Krankenwagen.«

Ich rief nicht an. Auf der nächsten Seite fand ich unter der Rubrik *Scharlach* einen Abschnitt, den ich Marianne sofort laut vorlas:

»›Scharlach zeigt sich als feingefleckter, roter Ausschlag, der auf der Brust beginnt und sich schnell im Gesicht ausbreitet.‹«

»Kein Zweifel, der Junge hat Scharlach. Das ist das Schlimmste, was passieren kann. Peter muß in einen dunklen Raum eingeschlossen werden, die Fenster muß man zumauern, und in den nächsten drei Wochen darf niemand zu ihm hinein. Ich habe es selbst als Kind gehabt und erinnere . . .« Ich unterbrach mich, denn auf Seite 117 hatte ich noch etwas gefunden, das mir endlich das Richtige schien:

»Der Ausschlag zeigt sich in Form großer, hochroter Flecken.« »Hast du gehört? Hochrote Flecken! Kannst du dir etwas Knallroteres vorstellen als die Flecken im Gesicht des Jungen? Er hat *Masern!*«

»Steht etwas darin, wie sie behandelt werden?«

»Ja, im Bett liegen und schonende, vorsichtige Pflege.«

»Was versteht man unter schonender vorsichtiger Pflege?«

»Wahrscheinlich, daß er alle Lollis haben soll, die er in sich hineinlutschen kann.«

Ich rief unseren Hausarzt an.

»Sie müssen sofort kommen, Herr Doktor. Unser kleiner Sohn hat die Masern . . . eine furchtbare Menge. Das ganze Gesicht voll.«

Peter wünschte jetzt dringend, daß ich zu ihm ins Bett

kommen solle. Sonst würde er nicht schlafen, sagte er. Ich erhob schüchterne Einwendungen.

Aber Marianne murmelte etwas von schonender, vorsichtiger Pflege; so kroch ich brav zu dem Jungen ins Bett. Es war 1,25 m lang und für mich nur ausreichend, wenn ich wie ein Taschenmesser zusammenknickte. Außer mir und Peter lagen noch im Bett:

mehrere Bauklötze verschiedener Größe,

fünf Teile eines unzerreißbaren Bilderbuches,

eine leere Zigarrenkiste,

eine von Peter handkolorierte Ausgabe des Schmunzelbuches »Rue de Plaisir«,

zwei Topfdeckel,

ein Rad, das zu Peters Dreirad gehörte,

ein Schnellbus.

Mit diesem Schnellbus rangierte Peter, ausgesprochen munter, eifrig auf meinem Kopf herum. Und ich war dazu noch gerädert von der Angst um ihn. Schließlich ließ ich mir von Marianne drei Aspirintabletten und ein starkes Schlafmittel geben, worauf ich langsam eindämmerte . . .

. . . Ich war in einem schrecklich engen Käfig; alle möglichen Tiere drängten sich um mich, stießen und kratzten mich mit Krallen, Hufen und Klauen an Gesicht, Bauch, Armen und Beinen, leckten mir die Nase und schlugen mit ihren Schwänzen auf mich ein. Plötzlich kam ein furchtbares Tier mit riesigen, blendendhellen Scheinwerferaugen gräßlich schreiend auf mich zu . . .

. . . Ich erwachte schweißgebadet — Marianne stand am Bett, immer noch schreiend und mir mit einer Taschenlampe im Gesicht herumfuchtelnd.

»Was ist los?«, fragte ich verwirrt und drehte mich zu

Peter um, der — immer noch oder schon wieder? — mit seinem Schnellbus spielte.

»Geht es ihm schlechter? Sind Komplikationen eingetreten . . . Keuchhusten, Ziegenpeter oder sonst etwas Gefährliches?«

»Nein, *dir!*« rief Marianne und hielt mir einen Spiegel hin. Ich erstarrte. Der Schweiß trat mir auf die Stirn, *mein Gesicht war voller kleiner, hochroter Flecken.*

»Allmächtiger«, stöhnte ich. »Er hat mich angesteckt. Wenn ich nur durchkomme. Ich muß sofort ins Krankenhaus . . . Wo bleibt denn nur der Arzt so lange? Ach, mir ist so elend!« Da klingelte es draußen. Es war der Arzt.

»Die Patienten liegen im Kinderzimmer«, sagte meine Frau.

»Guten Abend«, flüsterte ich mit Grabesstimme.

»Kommen Sie nicht näher, Herr Doktor. Wir haben Masern, mein Sohn und ich.«

Der Arzt überhörte meine Warnung. Er stellte sich neben uns und betrachtete uns mit forschendem Blick. Ich entfernte den Schnellbus, die Topfdeckel, einige Bauklötze und die Zigarrenkiste. Vielleicht wollte er meine Brust abhorchen. Ich fühlte deutlich, daß ich am meisten mitgenommen war.

»Ist es vielleicht . . . ist es ernst?« fragte ich.

Der Arzt schüttelte den Kopf.

»Aber«, fuhr ich fort, »es sind doch bestimmt Masern? Der gefleckte, hochrote Ausschlag . . .«

Wieder schüttelte der Arzt den Kopf.

»Nein«, sagte er und warf Peter einen strengen Blick zu. »Es ist etwas ganz anderes.«

»Was denn? Sagen Sie mir die volle Wahrheit Herr Doktor. Ich kann sie vertragen.«

Der Arzt wiegte bedenklich den Kopf, bevor er antwortete: »Ich fürchte«, konstatierte er dann mit fester Stimme, »ich fürchte, daß mit *Muttis Lippenstift* Mißbrauch getrieben wurde!«

Ein exklusives Wochenende — zu zweit

Kennen Sie das nicht, daß man mit den Nerven so runter ist — so erschöpft und gestreßt von der Arbeit —, daß man den Kaffee aufs Tischtuch anstatt in die Tasse gießt?

»Guck mal«, wandte ich mich an Marianne, »wie meine Hände zittern, was ist bloß mit mir los?«

»Nichts weiter, als daß du ein paar Tage Erholung brauchst. Wie wär's mit einer Spritztour zur Costa del Sol?«

»In Torremolinos waren gestern nur 7 Grad«, winkte ich ab, »nein danke, ich habe keine Lust, da unten in Badehosen herumzuhocken und mir eine Grippe zuzuziehen.«

»Dann laß uns nach Barbados fahren — oder nach Malta. Das ist jetzt ›in‹.«

»In Ordnung, mein Schatz, wenn du ein paar Tausender unter deiner Matratze aufbewahrt hast. Ich persönlich habe gerade keinen Scheck zur Hand, auf dem Malta geschrieben steht.«

»Aber wir können uns ein verlängertes Wochenende am Rhein genehmigen«, schlug ich vor, »Hotel ›Rheinblick‹.«

»Was für 'n Blick?«

»Rheinblick, am Rhein, ein ansehnliches Hotel mit gutem Ruf und internationalem Flair.«

»Und was sollen wir da machen?«

381

»Uns erholen . . . gut essen, lange Spaziergänge am Rhein machen, erlesene Weine trinken, vielleicht mal das Tanzbein schwingen, kurz, richtig abschlaffen, still und gemütlich, neue Kräfte sammeln. Ich rufe sofort an und bestelle ein Zimmer.«

»Das ist nichts für mich.«

»Stell dich doch nicht immer so an. Du mußt mal abschalten.«

»Muß ich überhaupt nicht«, protestierte ich und spülte meine Nervenpillen, meine Magentabletten und meine Vitalpillen runter.

Am folgenden Tag kamen wir im Hotel Rheinblick an, ein vornehmes Hotel direkt am Rhein. Unterwegs waren wir in dichten Verkehr geraten, ich hatte mehrmals schonungslos in Kurven überholt und Hunderte von idiotischen Sonntagsfahrern zur Seite geblinkt, daß wir vorwärts kamen und die strapaziöse Fahrt schnell hinter uns brachten. Als wir vorm Hotel hielten, war ich ziemlich schlecht gelaunt.

»Herzlich willkommen«, lächelte die Empfangsdame, als ich unsere Koffer herausgeholt und mich vorgestellt hatte.

»Unser Zimmer ist wohl noch nicht bereit?« erkundigte ich mich gereizt. Es ärgerte mich, daß man nun stundenlang in einem langweiligen Kuhdorf herumstreunen sollte, bevor man sich irgendwo ausruhen und zurechtmachen konnte.

»Sie haben Zimmer 107. Unser junger Mann wird Sie hinaufführen.«

»Das Gepäck muß man wohl selbst hochschleppen . . .«

»Lassen Sie mich, mein Herr«, bot sich der junge Mann höflich an.

»Nummer 107«, wandte ich mich an die Empfangsdame, »das liegt wohl direkt am Fahrstuhl, daß man die ganze Nacht kein Auge zukriegt?«

»Wir haben keine Zimmer am Fahrstuhl, mein Herr.«

»Aber dann hat das Zimmer wohl keine Aussicht? Vermutlich mit Fenster zum Hof, zum Küchenausgang und zu den Abfalleimern?«

»Zimmer 107 hat die schönste Aussicht von allen Zimmern, mein Herr. Die gnädige Frau bat ausdrücklich um das ruhigste Zimmer — mit der schönsten Aussicht.«

»Hm«, brummte ich argwöhnisch und folgte dem Pagen auf Zimmer 107. Ich guckte mich im Raum um.

»Hier steht die Luft geradezu«, stellte ich fest.

»Unsinn«, lachte Marianne, »alle Fenster sind auf.«

»Richtig, ich fand gleich, es ist eiskalt hier.«

Der Page schloß die Fenster und stellte die Heizung an.

»Also, einen Hitzschlag wollen wir auch nicht kriegen. Gibt es hier keine Musik?«

Der Page zeigte mir die Stereo-Anlage in der Wand und drückte auf einen Knopf. Gedämpfte Musik erfüllte den Raum. Ich lauschte.

»Nicht gerade Haydn oder Wagner«, bemerkte ich.

»Soweit ich weiß, hast du nie einen dieser beiden Herren ausstehen können«, warf Marianne schnell ein.

»Und was sollen wir jetzt machen?« meckerte ich.

»Du könntest ein heißes erfrischendes Bad nehmen, oder wir könnten durch die Stadt spazieren und Appetit fürs Essen sammeln.«

»Appetit fehlt mir keineswegs«, gab ich zurück, »ist nur die Frage, ob die hier was Anständiges zu bieten haben.«

Ich öffnete die Tür zum Bad.

»Ach um Gottes willen«, rief ich aus, »diese Farben der Kacheln! Die Innenarchitekten haben wohl gar keinen Geschmack mehr.«

»Komisch«, entgegnete Marianne, »genau die Farben hast du für deinen neuen Schlips gewählt.«

»Komm, wir klappern die Stadt ab«, entschied ich und machte mich zum Gehen fertig.

»Hier ist sicher nichts los in der Stadt, was?« brummte ich, als wir ins Foyer traten. Die Empfangsdame reichte mir lächelnd eine Broschüre mit den Sehenswürdigkeiten der Stadt. Ich blätterte darin.

»Zu all diesen sogenannten Attraktionen habe ich weder Lust noch Kraft«, erklärte ich und steckte die Broschüre in die Westentasche. Wir zogen los.

Einige Stunden später näherten wir uns wieder dem Hotel. Der Rundgang hatte länger gedauert als geplant, denn wir hatten ins Städtische Museum reingeguckt, wo es tatsächlich mehr zu sehen gab, als ich mir hätte träumen lassen. Allmählich war ich hungrig wie ein Bär nach einem Winterschlaf, und ich wandte mich auf der Straße an einen netten älteren Herrn, der wie ein Einheimischer aussah.

»Verzeihung, kann man hier irgendwo in der Stadt etwas Anständiges zu essen bekommen?«

»Ja«, meinte er, »Hotel ›Rheinblick‹ kann ich empfehlen.«

Das hätte man sich denken können. Wir suchten unser Zimmer auf. Nachdem Marianne sich in Schale geworfen hatte, betraten wir das Hotelrestaurant. Man führte uns an einen Tisch am Fenster, mit Aussicht auf einen Park, einen See mit ein paar Schwänen und ähnlichem Zauber. Der Kellner reichte uns die Speisekarte.

»Zwei Tagesgerichte, Bier und einen Klaren«, bestellte ich.

384

»Laß uns doch erst in die Speisekarte gucken«, meinte Marianne, »vielleicht hättest du lieber was anderes.«

»Kaum«, entgegnete ich kurz und öffnete widerstrebend die Speisekarte. Wir entschieden uns für einen jungen, gefüllten Puter vom Lande, den sie direkt vom Futtertrog weggefangen hatten, mit Trüffel, Pommes parisiennes und Sauce Madeira. Es schmeckte besser, als ich zu hoffen gewagt hatte. Dazu ein ganz annehmbarer Bordeaux, ein schloßeigener Chateau Chaiselongue, oder wie das Ding nun hieß. Erstaunlicherweise gar nicht so schlecht für das Geld. Als wir anderthalb Stunden später beim Kaffee saßen, mit Petits fours und Kognac, fühlte ich mich eigentlich ganz behaglich. Genüßlich zog ich an meiner Zigarre. Marianne schaute träumerisch auf die Blumen und die brennenden Kerzen.

»Wie schön es hier ist!« flüsterte sie. Ihre Wangen waren vom Rotwein leicht erhitzt.

»Wart mal ab«, sagte ich, »bis jetzt ging es ja, aber wer weiß, ob wir heute abend genau so ein Glück haben, ob die überhaupt abends warmes Essen servieren. Vielleicht ist die Suppe eine Art Abwaschwasser, und wer garantiert uns, daß der Hotelkoch etwas von Braten versteht. Und der Nachtisch ist ja meist der schwache Punkt. Wenn die uns ein 08/15-Pfirsich-Melba andrehen, dann ziehen wir sofort ins Missionshotel.«

»Natürlich brauchst du dir nichts gefallen zu lassen, mein Liebling«, beruhigte mich Marianne und legte ihre Hand auf meinen Arm. Wenn sie mal rauskommt, mit Wein und Kerzen und so, wird sie gleich sentimental. Aus dem Alter müßte sie doch längst raus sein.

Ich legte den Zigarrenstummel beiseite und unterdrückte ein kleines Gähnen.

»Jetzt würde mir ein Mittagsschläfchen guttun«, bemerkte ich.

385

»Dann freu dich, daß oben ein kuscheliges Bett auf dich wartet.«

»Wir gingen nach oben. Ich drückte mit der flachen Hand auf die Matratze.

»Steinhart«, stellte ich fest. Marianne setzte sich aufs Bett und hopste darauf.

»Quatsch, das Bett ist fast zu weich.«

»Okay«, brummte ich und zog meinen Schlips aus, »ich wußte ja, irgendwas stimmte nicht an dem Bett. Hier kriegen wir kein Auge zu. Hab' ich ja von Anfang an gesagt.«

Wir krabbelten ins Bett, um Siesta zu halten. Ich stellte die gedämpfte Musik noch leiser.

Der Chateau Chaiselongue, oder wie der nun hieß, hatte Marianne romantisch gestimmt, und sie wollte in meinem Arm liegen.

Ich war wohl doch eingeschlummert, denn die Uhr zeigte bereits 18.30, als ich mit einem Satz hochschnellte und verstört fragte, wo ich mich befand.

»Im Hotel ›Rheinblick‹«, verkündete Marianne, die vorm Spiegel saß und sich anpinselte. Sie hatte sich in ihr neues exotisches Thai-Abendkleid gezwängt. Sie sah aus, als wollte sie in der Villa Hammerschmidt dinieren.

»Ich nehme ein Bad«, sagte ich, »obwohl das Wasser sicher eiskalt ist.«

»Paß auf, daß du dich nicht verbrühst«, lachte Marianne.

»Gibt es hier keine Musik mehr?« erkundigte ich mich mürrisch.

Marianne drückte auf einen Knopf, und leise Musik erklang. Ich badete, und eine Stunde später erschienen wir geschniegelt und gestriegelt im Restaurant. Ich war gespannt, was sie uns andrehen würden. Wir wurden an unseren Fenstertisch geführt, und der Kellner behandelte uns, als wären wir seit etlichen Jahren Stammgäste. Ich schob die Blumen auf dem Tisch zur Seite. Wenn ich Hunger habe, will ich Essen sehen und keine Gartenschau.

»Geben Sie uns eine kalte Platte für zwei Personen«, entschied ich.

»Aber wir wollten doch warm essen«, protestierte Marianne. Gelangweilt öffnete ich die Speisekarte. Sie war groß und sperrig wie ein frischgestrichenes Scheunentor. Schließlich gelang es uns, ein Menu zusammenzubauen, das sich essen ließ — sofern der Koch sich auf sein Handwerk verstand. Zu Beginn eine echte Schildkrötensuppe, einfach und anspruchslos, dann ein Tournedos Toulouse, leicht angebratenes Rumpsteak mit grünen Bohnen garniert, geröstete Champignons Fontainebleau, andalusische Tomaten mit Gänseleberpastete, Pommes chips, Pommes frites und französische Trüffelsauce. Zum Nachtisch begnügten wir uns mit einer Eisbombe Hawaii, Ananas Sorbet mit kandierten Kirschen, feingehackten Nüssen und geriebener Schokolade.

»Wünschen die Herrschaften etwas zu trinken?« Der Kellner kam mit der Weinkarte.

Hier würde uns das Hotel das letzte Geld aus der Tasche ziehen. An den teuren Weinen verdienten die ja Unsummen. Ich kannte die Brüder. Schließlich speiste ich nicht zum ersten Mal in einem vornehmen Restaurant.

»Wenn ich Ihnen einen Vorschlag machen darf . . .«, begann der Kellner.

Blitzschnell klappte ich die Weinkarte zu und begegnete trotzig seinem Blick. »Ja?« reagierte ich argwöhnisch.

»Haben Sie unsere Hausmarke probiert? Sie kann sich durchaus mit unseren anderen, weit teureren Weinen messen.«

Merkwürdiger Vorschlag, aber na ja, wir bestellten den Wein des Hauses. Ich warf einen Blick auf meine Arm-

387

banduhr. »Jetzt wird man hier wohl eine Dreiviertelstunde warten müssen«, nörgelte ich, »aber ich habe jetzt Hunger. Und nicht in einer Dreiviertelstunde, wenn meine gewöhnliche Essenszeit längst vorbei ist.«

Es vergingen drei Minuten. »Gestatten Sie?« Ein junger Kellner servierte die dampfende Schildkrötensuppe. Und dann ging es Schlag auf Schlag, bis wir mit erhitzten Gesichtern beim Mokka, Makronenkuchen und Kognac angelagt waren. Ich zündete mir eine dicke Zigarre an und schob die Blumenvase so zurecht, daß die Blüten im Kerzenlicht schimmerten.

»Haben wir es nicht herrlich, Schatz?« flüsterte Marianne und legte zum zweiten Mal im Laufe dieses Tages ihre Hand auf meinen Arm.

»Na ja, es geht so«, ließ ich mich herab zu bemerken und nippte am Kognac.

Nach dem Abendessen verlegten wir unsere Residenz in die Hotelbar, um uns einen Gutenachtdrink zu genehmigen.

»Was für ein Lärm«, bemerkte ich verstört, »hier ist es ja nicht zum Aushalten.«

»Das ist kein Lärm, mein Schatz«, korrigierte Marianne, »das ist Musik. Tanzmusik. Und Tanzen ist hier erlaubt.«

»Na«, meinte ich und nahm einen Schluck Whisky. Marianne bewegte ihre Arme rhythmisch im Takt der Musik.

»Okay«, ergab ich mich und führte sie auf den Tanzboden. Es ging einigermaßen, obwohl ich mich seit einer Ewigkeit nicht mehr auf einer Tanzfläche bewegt hatte. Nach einigen weiteren Gutenachtdrinks ging die Musik in einen Swing-Sound über, der ehemals meine Stärke gewesen war. Es war ziemlich heiß im Lokal, und ich lockerte freizügig meinen Schlips. Und dann legte ich ordentlich los, arbeitete mit Armen und Beinen, um Mariannes Gelüste zu steuern. Ich schwang sie herum, daß sie mehrmals fast aus meinen Armen und in alle Flaschen geflogen wäre.

»Wie geht's deinem steifen Nacken?« rief sie durchs Swing-Getöse.

»Steifer Nacken?« rief ich zurück und ließ sie an die Decke fliegen, »was für ein steifer Nacken?«

Der Swing-Sound schlug jetzt in Rockmusik um, worauf die tanzenden Paare wild aneinander zu reißen begannen. Wir stärkten uns wiederum mit einem Gutenachtdrink, und ich beobachtete die jungen Leute bei ihren Tricks, wie sie einander durch die Luft wirbelten. Das konnte ich auch! Ich riß Marianne vom Barhokker und schleuderte sie herum. Das hatte sie davon! Hatte sie nicht selbst darum gebettelt? Wenn schon Tanz, dann richtig Tanz. Ich legte mich tüchtig ins Zeug. Diesen jungen Disco-Heinis und ihren hampelnden Miezen würden wir es schon zeigen, daß unser guter alter Jahrgang mit Originalabfüllung auch noch taugte! Also gingen wir ran, daß die Fetzen flogen. Einige junge Leute wichen zur Seite und bildeten einen Halbkreis um uns. Sie feuerten uns mit taktfesten Klappsalven an, und ich wage zu behaupten, sie kamen voll auf ihre Kosten.

Plötzlich nahm das Vergnügen ein jähes Ende. Ich erstarrte mit einem Aufschrei, der allen Lärm verstummen ließ.

»Was ist los?« Marianne beugte sich besorgt über mich.

»Hexenschuß!« stöhnte ich und hatte nicht die Kraft, mich aufzurichten. Ein paar Kellner mußten mir aufs Zimmer helfen. Nur mit allergrößter Mühe konnten sie mich aufs Bett hieven. Marianne verschaffte mir allerhand Tabletten und Säfte, um die Schmerzen zu lindern.

389

Als ich am nächsten Vormittag die Augen aufschlug, ging es mir ein klein wenig besser. Aber mein Schädel dröhnte, und ich verfluchte alle Tanzlokale.

»Das ist doch auch keine Art«, schimpfte ich, »daß Leute meines Alters gezwungen sind, die halbe Nacht zu diesen blöden Swing- und Rock-Tönen herumzuhopsen, nur weil das Hotel keine andere Unterhaltung nach Mitternacht zu bieten hat.«

Ich konnte sehen, daß Marianne ihren Mund zu einer Antwort öffnete, aber ihn wieder schloß, als sie meinen durchbohrenden Blick sah. Sie wollte sicher so was Ähnliches sagen wie: das Hotel könnte ja nicht nur meinetwegen das Tanzlokal zu einem Bastelstübchen für Peddigrohr machen . . . Ich kenne doch meine Frau!

Wie hoch ist dein Intelligenzquotient, Papa?

In jüngster Zeit ist es üblich geworden, die Intelligenz von Kindern *testen* zu lassen. Dies ist heute für verantwortungsbewußte Väter besonders wichtig; denn in den meisten Familien, die ein Fernsehgerät besitzen, sehen die Eltern ihre Kinder nur dann, wenn sie vor dem Bildschirm sitzen. Da hier eine Unterhaltung verpönt ist, wissen viele Eltern von ihren Kindern meistens nur die Vornamen und das Alter. Wo mehr als drei Kinder vorhanden sind, ist es oft auch mit diesen Kenntnissen schwach bestellt.

Zum Ersatz dafür hat die Wissenschaft uns eine Fülle von Testen beschert, vom höchst einfachen bis zum äußerst komplizierten. Da gibt es Reaktions-, Konzentrations-, Apperzeptions-, Definitions-, Absurditäts- und viele andere Teste, namentlich auch eine Fülle von Zeichentesten.

Für Fünfjährige ist etwa der folgende einfache Test sehr aufschlußreich: Man lege vier blanke neue Groschen auf eine Seite und ein altes, abgenutztes Markstück auf die andere, dann frage man das Kind, für welchen Haufen es Eis haben will. Nimmt es das Markstück, dann ist es nicht völlig bescheuert, und man hat keinen Grund, noch weitere Versuche anzustellen.

Es gibt viele Bücher, in denen die vorzüglichsten, unfehlbarsten Teste beschrieben und erläutert werden. Jeder Vater kann also ohne Schwierigkeit die Intelligenz seines Kindes testen.

Ein weiser Vater wird sich freilich davor hüten, allzu simple Versuche anzustellen. Es kann ihm sonst blühen, daß sein gewitzter Sprößling den Spieß umdreht und *seine Eltern zu testen beginnt*. Kein Vater entgeht zwar dem Schicksal, eines schönen Tages von seinem Kind als hoffnungslos dumm und total vertrottelt betrachtet und entsprechend tituliert zu werden. Jeder Vater aber wird bestrebt sein, diesen traurigen Tag so weit wie möglich hinauszuschieben.

Ich habe in diesem Bemühen kläglich Schiffbruch erlitten: Peter war erst knapp ein Jahr in der Schule, als er beim Mittagessen losplatzte: »Papi, weißt du eigentlich, wie hoch dein IQ ist?«

»Mein was?«

»Dein IQ. Dein Intelligenzquotient.«

»Na«, sagte ich, »er liegt wahrscheinlich im Durchschnitt oder etwas darüber.«

Der Blick, den Peter mir zuwarf, ließ mich ahnen, daß er daran ganz entschieden zweifelte. »Wir haben etwas über Intelligenzstudien und die Beurteilung des Intelligenzgrades gelernt, und der Lehrer hat unsere Intelligenz getestet. Das war prima, direkt spannend. Jetzt will ich es bei dir und Mutti probieren, dann wissen wir, wer von euch den besten IQ hat. Es geht von 100 aus, und für jede Aufgabe, die ihr richtig beantwortet, bekommt ihr zehn Punkte, für jede falsche werden euch zehn Punkte abgezogen. Wenn ihr 160 Punkte schafft, seid ihr ganz enorm intelligent, habt ihr aber nur 40 Punkte, dann seid ihr leider schwachsinnig.«

»Das hört sich sehr kompliziert an«, entgegnete Marianne, »aber wir wollen es versuchen.«

»Also«, fuhr Peter eifrig fort, »ich sage fünf Wörter. Vier davon sind irgendwie miteinander verbunden, aber das fünfte gehört nicht dazu. Hier ist die erste Aufgabe: *Äpfel, Apfelsinen, Bananen, Pampelmusen, Fußball.* Welches Wort ist falsch?«

»Fußball«, kam es ohne längere Überlegung von Marianne.

»Bananen!« sagte ich.

Marianne und Peter sahen mich fassungslos an.

»Das meinst du doch nicht im Ernst«, sagte Marianne, »merkst du nicht, daß Fußball das einzige ist, was nicht zur Obstgattung gehört?«

»Mutti hat recht«, unterbrach Peter, »sie bekommt zehn Punkte. Wie kommst du nur auf Bananen?«

»Na«, murmelte ich, ärgerlich darüber, mich schon am Anfang blamiert zu haben, »ich dachte nur, weil Bananen länglich sind und alles andere rund.«

»Jetzt kommt die nächste Aufgabe; aber denke diesmal besser nach, Papi. Also: *Löwe, Antilope, Zebra, Spatz, Wasserbüffel.* Mutti sagt nichts, erst soll Papi antworten.«

Nachdenklich rieb ich mein Kinn und runzelte die Stirn. Diesmal wollte ich mir Zeit lassen, um die Sache ordentlich zu durchdenken. Endlich glaubte ich die richtige Lösung gefunden zu haben.

»Löwe!« sagte ich.

»Spatz«, kam es schnell von Marianne. »Ein Spatz ist ein Vogel, alle anderen sind Säugetiere.«

»Mutti hat wieder recht. Sie führt mit 120 Punkten. Du liegst bei 80.«

»Wieso Löwe?« fragte mich Marianne verständnislos.

»Ja«, murmelte ich, ohne ihrem Blick zu begegnen, »ein Löwe ist doch der einzige, der die anderen fressen kann. Aber wir wollen es noch einmal versuchen, dann mach' ich es sicher richtig.«

Peter suchte noch ein Stück Papier hervor und las: »*Kopf, Hals, Strohhut, Arme, Beine!* Papi antwortet wieder zuerst.«

Ich sah es Marianne an, daß sie schon die Lösung bereit hatte.

»Ja«, sagte ich, »das ist nicht so einfach.«

»Ach, hör auf«, erwiderte Marianne ärgerlich, »denk doch nach, Menschenskind!«

Ich dachte nach . . .

»Du mußt nach einer halben Minute antworten«, kam es unbarmherzig aus dem Munde des Testleiters.

»Beine!« sagte ich.

»Strohhut«, rief Marianne, »du hast wieder verloren. Ein Strohhut ist ein Bekleidungsgegenstand, und alle anderen Dinge sind Körperteile.«

»Na, so was«, sagte ich beschämt, »ich dachte, Beine sei das einzige unterhalb des Gürtels.«

»Wir wollen jetzt aufhören«, schlug ich dann vor, »es steht ja nun fest, daß ich einen Intelligenzquotient von 70 Punkten habe, damit muß ich mich halt abfinden.«

»Wir haben noch drei Aufgaben. Jetzt kommt Nummer vier. Hör gut zu: *New York, Cuxhaven, London, Paris, Rom!*

Ich sah, wie Marianne darauf brannte, mit ihrer Lösung herauszuplatzen.

»Na, sag's schon«, sagte ich.

»Erst du«, entschied Peter.

Ich zündete eine Zigarette an, erhob mich und ging ein paarmal hin und her. Beinah hätte ich »London« gesagt, weil es die Hauptstadt eines Königreiches ist. Aber dann überlegte ich nochmals. Sicher war es eine Falle, vor der ich mich hüten mußte.

»Wieviel Zeit habe ich noch?« fragte ich.

»Zehn Sekunden, beeile dich!«

»New York!« sagte ich.

»Cuxhaven«, triumphierte Marianne. »Cuxhaven ist eine kleine Stadt, und die anderen sind Riesenstädte.«

»Hat sie recht?« fragte ich den Testleiter gespannt. Er nickte.

»Wieso meinst du denn New York?« kam es vorwurfsvoll von Marianne, »denkst du eigentlich überhaupt nach?«

»Natürlich, ich hab' doch gedacht, daß New York in Amerika liegt, also in einem anderen Erdteil, die anderen aber in Europa. Na ja, ich sehe ein, daß Cuxhaven richtig sein muß. Aber man kann sich doch mal irren.«

»Jetzt hast du nur noch 60 Punkte«, verkündete Peter und fügte unbarmherzig hinzu: »Wer bei uns 60 Punkte hat, bleibt sitzen.«

»Du hältst den Nachbarn gegenüber den Mund«, sagte ich zu Marianne. »Was innerhalb unserer vier Wände vorgeht, brauchen andere nicht zu wissen. Und falls du es deiner Mutter erzählst, kannst du lange auf den Mantel warten, den du dir gestern ausgesucht hast. Und sieh mich nicht so an. Ich bin nicht schwachsinnig. Jeder kann sich mal irren.«

Peter warf einen Blick auf seine Berechnungen. »Zahlen lügen nicht, Papi«, bemerkte er. «Na, nun kommt die fünfte Aufgabe:

Friedrich der Große, Napoleon, Rübezahl, Kaiser Wilhelm, Karl der Zwölfte.«

»Rübezahl!« kam es siegessicher von Marianne.

»Rübezahl«, wiederholte ich schnell und warf Marianne einen triumphierenden Blick zu. Hatte sie zehn Punkte gewonnen, dann hatte ich es auch. Das war simple Logik.

»Warum? Du mußt auch sagen warum!« behauptete Peter.

»Wer, ich?« fragte ich. Peter nickte.

»Rübezahl war . . . äh . . . ja, Rübezahl war der einzige, der zu Fuß ging, die anderen ritten auf Pferden.«

»Was für ein Quatsch!« rief Marianne, »Du bist aber wirklich zu doof.«

»Falsch«, entschied der Testleiter, »Rübezahl ist zwar richtig, aber du hast es nur zufällig erraten. Du hast noch eine Chance. Ich stelle die Frage etwas anders! *Friedrich der Große, Napoleon, Schneewittchen, Kaiser Wilhelm, Karl der Zwölfte.«*

Zögernd sah ich Marianne an.

»Willst du oder soll ich?« fragte ich hoffnungsvoll.

»Sag du's nur«, lächelte Marianne spöttisch.

»Rübezahl«, platzte ich heraus.

»Aber er wurde ja gar nicht mehr genannt.«

»Na, nein . . .«, gab ich zu. Marianne und der Testleiter sahen mich triumphierend an. Die Probe begann mich zu irritieren. »Man kann sich ja auch nicht konzentrieren, wenn ihr einen die ganze Zeit anglotzt«, fuhr ich beide an und kehrte ihnen den Rücken zu. »Laßt mich einen Moment in Ruhe, damit ich mein Gehirn ausquetschen kann, dann geht es klar.«

Ich versank in tiefsinniges Grübeln.

»Napoleon«, sagte ich mit fester Stimme.

»Schneewittchen!« verbesserte Marianne.

Ich fing an, innerlich zu fluchen. Wieder war ich blamiert, wenn Marianne nicht falsch geraten hatte.

»Wieso?«, sagte ich.

»Schneewittchen ist eine Märchenfigur, alle anderen sind historische Personen.«

»Hat sie recht?« fragte ich den Testleiter.

Er nickte.

»Ich dachte, weil Napoleon als einziger immer mit der Hand im Westenausschnitt ging.«

Der Testleiter schüttelte den Kopf.

»Mutti führt mit 150 Punkten und du . . .«

»Zahlen interessieren mich nicht. Stell uns endlich die letzte Aufgabe!«

Peter nahm den letzten Zettel und las:

»Rhabarbergrütze, Wolga, Elbe, Donau, Mississippi.«

Ich kratzte mich mit dem Bleistift hinter dem Ohr und dachte ganz scharf nach. Ich war fest entschlossen, diesmal die Aufgabe zu lösen, denn ich hatte mich ja schon schwer blamiert. »Darf ich die Reihe noch einmal hören?«, fragte ich, um Zeit zu gewinnen.

»Rhabarbergrütze, Wolga, Elbe, Donau, Mississippi.«

Ich schrieb die Wörter auf und starrte sie gedankenverloren an. Plötzlich war mir alles klar. Die Aufgabe war schlau gestellt, aber ich hatte sie durchschaut.

»Ich bin soweit!« sagte ich.

»Na, was ist es denn?« fragte Marianne.

»Ich sage es nicht. Wenn ich es sage, ändert ihr es um, nur damit du mit Mississippi recht bekommst.«

»Ich habe nicht Mississippi gesagt.«

»Nein, aber glaubst du, ich weiß nicht, daß du es sagen willst? Mississippi ist das einzige der fünf Wörter, in dem es viermal ein s gibt.«

»Das hat doch nichts mit der Aufgabe zu tun«, knurrte Peter.

»Dann sagen wir eben, weil in diesem Wort viermal i vorkommt. Aber ich falle nicht darauf herein, ich bleibe bei Wolga, und wenn ihr hundertmal behauptet, Mississippi sei die richtige Lösung.«

»Es ist Rhabarbergrütze, das ist doch ein Nahrungsmittel, und alle anderen sind Flüsse. Wie kommst du nur darauf, daß es ausgerechnet die Wolga ist?«

Marianne sah mich mitleidig an.

»Das ist ja vollkommen verrückt«, rief Peter, »wie willst du es begründen?«

Ich antwortete nicht mehr. Bis heute, da ich es allen Eltern als Warnung, sich nicht von ihren Kindern intelligenzprüfen zu lassen, öffentlich mitteile, habe ich das Geheimnis bewahrt, daß Wolga das einzige der fünf Wörter ist, das einen Mädchennamen ergibt, wenn man den Anfangsbuchstaben wegläßt.

Damit erziele ich wenigstens zehn Punkte, gerade so viel, daß ich nicht in ein Heim für Schwachsinnige eingewiesen werde.

Adam und der Langhaarige

Montag. Heute war herrliches Wetter. Ich habe mich fast den ganzen Tag gesonnt. Irgendwie muß die Zeit ja vergehen. Obwohl der Garten, in dem ich wohne, sehr groß ist und es viele verschiedene Tiere gibt, zwei von jeder Sorte, werden die Tage auf die Dauer eintönig, wenn man nichts Richtiges zu tun hat. Gegen Abend kam der Mann — ich nenne ihn Meinen Herrgott —, dem der Garten »Paradise Safariland« gehört, wie es auf einem Schild vor dem Tor steht, um zu inspizieren, ob alles in Ordnung sei. Ich sagte beiläufig, daß ich mich ein bißchen langweile. Daraufhin beauftragte er mich, den Tieren Namen zu geben. Eines nannte ich Löwe, eines Tiger, eines Brüllaffe und eines Hippopotamus. Lauter zufällige Wörter, wie sie mir auf die schnelle einfielen. Ich bin gerade lange durch den Obstgarten geschlendert, dort, wo die Apfelbäume stehen, Gravensteiner, Renetten, Borsdorfer und wie sie alle heißen. Da gibt es übrigens auch einen großen Baum mit Cox Pomona. Den darf ich nicht anrühren. Okay, meinetwegen. Hier gibt es genügend Äpfel.

Dienstag. Prima Wetter den ganzen Tag. Heute abend hatte ich wieder Besuch von Meinem Herrgott. Ich sagte ihm ins Gesicht, daß er mir eine Hilfe besorgen müsse.

»Den ganzen Tag habe ich den Tieren Namen gegeben, aber es tauchen immer wieder neue auf, und ich habe keine Ahnung, wie ich ständig vernünftige Namen erfinden soll. Das Tier beispielsweise, dem ich gestern den Namen Brüllaffe gegeben hatte, kam heute und beschwerte sich. Und das Tier, das ich Klappmütze genannt hatte, beschwerte sich ebenfalls. Beide waren mit ihrem Namen unzufrieden. Darauf habe ich ihnen vorgeschlagen, zu tauschen, und das taten sie dann. Deshalb heißt das Tier, das auf den Bäumen klettert, nun Brüllaffe, und das Tier, das im See schwimmt, Klappmütze. Und dabei werde ich es belassen. Am Ende kommen alle Tiere auf die Idee, ständig ihre Namen tauschen zu wollen, und ich werde sie alle schnell verwechseln.«

Mein Herrgott versprach mir übrigens, eine Hilfe zu besorgen.

»Aber«, sagte ich, »bitte keine Klappmütze und auch kein Flußpferd oder so was, es soll jemand sein, der wie ich auf zwei Beinen gehen kann. Und jemand, mit dem ich meine Interessen teilen kann. Das kann ich weder mit einem Gibbon noch mit einem Flußpferd. Das Flußpferd interessiert sich nur dafür, sich im Schlamm unten am See zu suhlen, und der Gibbon interessiert sich nur dafür, auf den Bäumen zu klettern und von einem Baum zum anderen zu springen.«

Das macht übrigens Spaß. Wenn ich mich langweile, klettere ich selbst oft auf einen Baum, und man langweilt sich weiß Gott sehr im »Paradise Safariland«.

Mittwoch. Heute ist wieder sehr schönes Wetter gewesen, aber heute nacht schlief ich sehr unruhig. Gegen Morgen verspürte ich heftige Schmerzen. Zuerst dachte ich, es sei der Blinddarm, aber als ich richtig nachsah, stellte sich heraus, daß ich eine Rippe verloren hatte. Sicher hat sie das Tier geklaut, das ich Hund nenne. Sowohl das Tier wie sein Partner laufen den Knochen nach wie ein Hund. Deshalb habe ich es Hund genannt.

Es ist übrigens ein ganz merkwürdiger Tag gewesen. Als ich zum Bach ging, um mich zu waschen, fand ich dort einen Menschen. Er hatte sehr langes Haar und saß auf einem Stein und kämmte sich. Ich gabe dem Menschen gleich einen Namen! *Den Langhaarigen* nannte ich ihn. Der Mensch war ein bißchen anders gebaut als ich. Ich stellte fest, daß er etwas hatte, was ich nicht hatte. So steht es eins zu eins. Wozu der kleine Unterschied wohl dienen mag? Ich kann eigentlich nicht sehen, daß etwas Besonderes dran ist.

»Der Herr der Schöpfung?« fragte der Mensch, als ich auf ihn zuging.

»Nun, das dürfte ein bißchen übertrieben sein!« sagte ich, »du kannst mich Adam nennen. So nenne ich mich selbst, wenn ich mit mir spreche oder mich rufe. Bisher habe ich niemanden gehabt, mit dem ich sprechen konnte außer Meinem Herrgott, und er sagt nur das Allernotwendigste. Wie soll ich dich nennen? Den Langhaarigen?«

»Klingt das nicht ein bißchen zu . . . zu prosaisch?«

»Ich kann mir auch was anderes einfallen lassen«, sagte ich, »ich erfinde ohnehin den ganzen Tag neue Namen. Einer mehr oder weniger spielt keine Rolle. Wie wäre es mit Judith, Bathseba, Ruth, Eva, Hyäne . . . Nein, warte, Hyäne geht nicht. So habe ich schon eines der Tiere genannt. Wie wäre es mit Ruth?«

»Adam und Ruth«, sagte der Langhaarige zögernd, »doch das klingt nett. Du kannst mich ruhig Ruth nennen.«

»Eva klingt aber auch ganz nett in meinen Ohren.«

»Dann nenne mich Eva. Mir ist es egal.«

So nannte ich ihn Eva. Gleichzeitig beschloß ich, daß ich künftig Meinen Herrgott Unseren Herrgott nennen würde, weil er ja jetzt nicht nur Mein Herrgott war, sondern auch Evas Herrgott. Eva verriet mir, daß Unser Herrgott ihn zu meiner Freude, meinem Nutzen und meiner Zerstreuung erfunden habe.

Ich fragte ihn, ob er auf die Bäume klettern könne, und ob er gute Tiernamen erfinden könne. Nein, beides könne er nicht gut, sagte er. Dann verstehe ich ehrlich gesagt nicht, wie er mir zur Freude, zum Nutzen und zur Zerstreuung dienen solle, sagte ich. Er könne kochen, sagte er. Ich sagte darauf, daß ich meine Bananen und Feigen durchaus selbst pflücken könne. Aber dann sagte er, er könne die Früchte so zubereiten, daß diese sehr lecker aussehen und besser schmecken. Er erzählte eine Menge von all dem, was er mit Früchten, Kräutern und Fleisch machen könnte, damit es besser schmeckt. Dafür interessiert er sich anscheinend sehr. Aber, du meine Güte, wie hat mich das gelangweilt!

400

Den ganzen Tag lief er hinter mir her und redete und redete. Er war mir richtiggehend lästig. Wenn Unser Herrgott das nächste Mal kommt, werde ich ihn bitten, ihn wieder zu entfernen. Er ist mir weder zur Freude, zum Nutzen, noch zur Zerstreuung. Nur ein Klotz am Bein.

Als ich am Abend von einem Baum mit schönen, großen, roten Borsdorfer Äpfeln heruntersprang, trat ich versehentlich einem Tier auf den Schwanz. Ein rundliches, längliches Tier, das sich durch das Gras schlängelte, weshalb ich es auch Schlange genannt habe. Die Schlange wurde sehr böse und zischte, daß ich mich auf etwas gefaßt machen könne.

«Untersteh dich, du langes Elend», sagte ich, »oder ich taufe dich um in Natter oder in gemeinen Aal.«

Sie verschwand schnell in einem Olivenbaum. von wo aus sie mir hinterherzischte. Wenn sie mir weiterhin Ärger macht, werfe ich sie aus dem Garten.

Donnerstag. Den ganzen Tag prachtvolles Wetter. Seit ich das letzte Mal ins Tagebuch geschrieben habe, ist mir etwas ganz Wunderbares widerfahren. Etwas sehr Sonderbares und etwas sehr Schönes. Der Mensch Eva ist gar kein gewöhnlicher Mensch, sondern ein Damen-Mensch. Es ist ein bißchen schwierig zu erklären, was ich unter Damen-Mensch verstehe, aber vorläufig habe ich drei verschiedene Wörter für das gefunden, was sie ist: Frau, Dame, Mädchen. Ich weiß noch nicht, wofür ich mich entscheiden werde. Vielleicht werde ich alle drei Bezeichnungen verwenden, und vielleicht werde ich noch mehr Wörter erfinden, wie ich sie nennen kann. Jedenfalls sind drei Bezeichnungen für ein so interessantes Wesen wie Eva keineswegs zuviel. Ich habe mir nie darüber Gedanken gemacht, daß es zwischen allen Tieren hier im Garten einen kleinen Unterschied gibt, aber es gibt also Damentiere und Herrentiere. Eigentlich hat das Kaninchen zuerst den kleinen Unterschied festgestellt. Und dann dachte ich, wenn es ein Damenkaninchen und ein Herrenkaninchen gibt, ist es beim Menschen vielleicht auch der Fall.

Und dann holte ich mir die Eva und begann mit dem kleinen Unterschied ein bißchen zu experimentieren. Zuerst wußte sie anscheinend nicht, was das Ganze sollte, aber als ich mit den Komponenten ein bißchen experimentiert und sie richtig kombiniert hatte. meine Güte, dann fing sie aber an, sich für die Sache zu interessieren, und nun experimentieren, kombinieren, untersuchen und erfinden wir schon den ganzen Tag.

Nun liegt sie neben mir und schläft. Sie war aber auch sehr müde, doch ehe sie einschlief, flüsterte sie mir ins Ohr, daß sie heute nacht überhaupt nicht schlafen wolle. Sie möchte im Gras liegen und nur mich ansehen. Sie möchte den Kopf auf meine Brust legen und die Sterne betrachten, sagte sie. Sie interessiert sich sehr für mich.

Nun ist sie, wie gesagt, eingenickt, nein, nicht ganz. Jetzt öffnet sie die Augen. Und jetzt liegt sie da und betrachtet mich mit einem sonderbaren Blick.

»Böser, böser Junge!« sagt sie und tastet nach meinem kleinen Unterschied, der plötzlich gar nicht mehr so klein ist.

Es lebe der kleine Unterschied!

Hier endet mein Tagebuch vom Donnerstag.

Freitag. Heute war das Wetter wieder sehr schön. Eva und ich haben lange geschlafen. Der Brüllaffe kam mehrmals und fragte, ob ich nicht mitkommen wolle, in den Bäumen klettern, aber ich sagte, daß ich nicht aufgelegt sei. Ich sei ein bißchen müde, sagte ich.

Dann ging der Brüllaffe zur Brülläffin, und einen Augenblick später fingen sie eifrig an, mit dem kleinen Unterschied zu experimentieren. Dann blickte ich um mich, und plötzlich sah ich, wie alle Tiere im Garten emsig beim Experimentieren waren, im Gras und auf den Bäumen, im See, auf den Felsen und in den unterirdischen Gängen in der Erde. Maulwürfe, Walrosse, Lachmöwen, Wildschweine, Nashörner, Zebras und indische Wasserbüffel, alle experimentierten sie, keuchend und mit geblähten Nüstern. Sie hatten anscheinend gestern etwas gelernt. Ich möchte wissen, was Unser Herrgott gesagt hätte, hätte er gesehen, wie sie alle beschäftigt waren. Als er sie erfand, hätte er sich bestimmt nicht träumen lassen, daß eine so unbedeutende Sache wie der kleine Unterschied einen solchen Trubel verursachen würde.

Und im Grunde dient wohl das Ganze auch keinem besonderen Zweck, aber es macht in der Tat Spaß, solange es dauert.

Das Frühstück ging heute sehr leicht, viel leichter als sonst. Ich brauchte nicht einmal aufzustehen, um es im Obstgarten zu holen. Eva brachte es mir . . . auf einem Tablett! Es war sehr angenehm, das Essen auf diese Weise zu bekommen, und ich beschloß, daß ich es immer so haben wollte. Sie hatte komische Dinge mit den Früchten gemacht und nannte das Essen, das wir bekamen, Kastanienauflauf mit Bananenmus und Selleriekarbonade. Ich mußte über die Ausdrücke lachen, aber es hat herrlich geschmeckt. Jetzt macht sie sich also auch auf andere Art nützlich als nur im Gras. Während ich meinen Mittagsschlaf hielt, machte sie im Obstgarten einen kleinen Spaziergang. Ich hatte ihr eingeschärft, von den Früchten des Cox-Pomona-Baumes nicht zu essen. Etwas später kam sie mit ein paar Äpfeln in der Hand. Sie rüttelte mich leicht.

«Welche waren es noch mal, die ich nicht essen dürfte«, fragte sie, »waren es die Cox Orange?«

»Ja, mein Schatz. Nein, warte mal. Ich glaube, es waren die Cox Pomona . . . wenn ich mich recht entsinne. Jedenfalls waren es die Äpfel von dem Baum, wo sich der gemeine Aal immer aalt . . . nein, die Schlange, meine ich. Es ist nie etwas daraus geworden, sie umzutaufen.«

»Was ist denn der Unterschied zwischen Cox Orange und Cox Pomona? Haben Äpfel auch einen kleinen Unterschied?«

»Nein, so nicht. Aber nun sei lieb und laß mich schlafen.«

»Es gibt also gar keinen Unterschied?«

»Doch, ein bißchen im Geschmack, aber laß mich . .«

»Ich habe aber Angst, daß ich einen Cox Pomona gegessen habe. Ist das Cox Pomona?«

Sie hielt mir einen Apfelgriebs hin. Ich biß ab. Es war eindeutig Cox Pomona. Ich sah sie vorwurfsvoll an.

»Jetzt kriege ich 'nen Mordsärger mit Unserem Herrgott«, maulte ich, »hättest du nicht die Finger von den verdammten Cox Orange lassen können?«

»Cox Pomona«, verbesserte mich Eva.

»Cox Soundso, das ist egal. Ich habe ja gesagt, daß du die Finger davon lassen sollst.«

»Man sieht aber nicht, daß einer fehlt. Und hier wird doch niemand petzen. Alle Tiere sind doch unsere Freunde, nicht wahr?«

»Doch«, sagte ich und feuerte den Apfelgriebs der widerlichen, schlüpfrigen Schlange ins Genick, die sich zischend um einen Baumstamm schlängelte.

Plötzlich fiel mir etwas ein, woran ich vorher nicht gedacht hatte.

»Hör mal«, sagte ich vorwurfsvoll und betrachtete Eva von oben bis unten, »mußt du in diesem provozierenden ›Aufzug‹ herumlaufen? Denke an deine Scham.«

»Glaube bloß nicht, daß dein läppischer kleiner Unterschied besonders schön anzusehen ist!«

Ich riß ein großes Blatt vom Knöterich ab und band es mir um die Lende. Eva folgte meinem Beispiel. Pflückte ein Blatt und bedeckte ihre Scham.

»Wie sitzt es?« fragte sie, »steht es mir?«

Sonnabend. Tolles Wetter den ganzen Tag. Nach dem Essen zog sich Eva um. Sie hatte ein entzückendes Feigenblatt gefunden. Es stand ihr zauberhaft. Ich fing gleich Feuer, als ich sie damit sah, aber sie lief mit einem sonderbaren, neckischen Lachen davon und rief: »Fang mich doch, wenn du kannst!«

Dann fing ich sie, aber sie zierte sich sehr, ehe sie das Feigenblatt fallen ließ. Aber eigentlich machte es gar nichts. Irgendwie war es so viel spannender. Schließlich gelang es mir, sie gefügig zu machen.

Später legte ich mich im Gras am Bach schlafen. Als ich aufwachte, sah ich das Feigenblatt. Eva hatte es auf einen Zweig gehängt und war zum Baden in den See gewatet. Ich lag eine Weile und betrachtete sie. Dann hörte ich hinter mir Schritte. Das war Mein Herrgott . . . nein Unser Herrgott. Schnell versteckte ich mich hinter einem Busch. Ich wollte nicht, daß der Mann mich ohne Blatt sehen sollte. Wenn Damen anwesend waren.

»Versteckst du dich, Adam?« fragte er.

»Ich? Nee . . .«

»Was machst du denn dann hinter dem Busch?«

»Nichts . . ., ich wollte nur ein paar Himbeeren pflükken«, log ich.

Unser Herrgott sagte nichts mehr. Er wartete, bis Eva sich angezogen hatte. Dann rief er sie.

»Sage mal, Eva«, sagte er, »hast du von meinen Cox Pomona gegessen?«

»Ich, nee . . .«

»Bist du ganz sicher?«

»Nun, kann sein, daß ich einen kleinen genommen habe.«

Ich hörte nicht mehr, was Unser Herrgott dazu sagte, ich schlich leise davon. Ich fand, daß Eva selbst sehen mußte, wie sie aus der Sache herauskam.

Die Schlange wand sich an einem Baum hoch.

»Petze!« sagte ich und spuckte ihr direkt zwischen die Augen. Dem widerlichen, schlüpfrigen Satan.

Sonntag. Den ganzen Tag Mistwetter. Kein einziger Sonnenstrahl. Es stürmt und regnet, blitzt und donnert und ist hundekalt. Der Sturm pfeift durch Mark und Bein, und Eva und ich sind bis auf die Haut durchnäßt.

Unser Herrgott hat uns ohne Vorwarnung vor die Tür gesetzt, hinausgeworfen. Ich habe vergeblich versucht, Eva klarzumachen, daß es ihre Schuld ist. Sie behauptet stur, es sei meine. Nun, es bringt nichts, darüber zu diskutieren. Es gibt wichtigere Dinge als diesen Scheißapfel. Was mache ich jetzt? Ich habe ein seltsames, dumpfes Gefühl, daß der Kampf ums Überleben jetzt erst richtig beginnt, und daß Generationen, ja, vielleicht sogar Jahrhunderte vergehen werden, bevor Leute in meiner Lage einfach zum nächsten Sozialamt gehen können, damit einem da geholfen wird. Eva klammert sich hilflos und ängstlich an mich. Ich habe sie restlos satt. Sie ist nur ein Klotz am Bein.

Am allerliebsten würde ich sie abschieben und losziehen, um etwas anderes zu suchen.

Unsere verdrängten Wunschträume

Ich trat meine dicken, gummibesohlten Winterstiefel sorgsam auf der Fußmatte ab, auf der in großen Buchstaben geschrieben stand: TÜR IST OFFEN — BITTE NUR HEREIN! Eine ältere Frau kam mir entgegen. »Werden Sie schon bedient?« fragte sie routinemäßig. »Tja,« sagte ich, einigermaßen verlegen, »ich möchte mir mal einen indischen Fürsten ansehen, einen Maharadschah oder so was, wissen Sie . . .«

»Leider haben wir in Ihrer Größe keinen indischen Fürsten mehr da, aber am Montag kriegen wir wieder welche herein.«

»Ich brauche ihn heute abend.«

»Wie wär's denn mit einem Mexikaner? Mit allem Drum und Dran, großer schwarzer Schnurrbart, Poncho, Sombrero? Oder vielleicht einen Stierkämpfer? Ich glaube, ich hätte noch einen Stierkämpfer, der Ihnen paßt.«

Ich fing an, in den zahllosen Theaterkostümen der Maskenverleiherin zu wühlen, nachdem ich zuvor Schirm und Aktentasche aus der Hand gelegt hatte. Stierkämpfer? Warum eigentlich nicht? Probieren geht über Studieren. Die Frau griff in ein Fach und holte einen reich mit Gold bestickten Seidenanzug hervor — dazu einen Degen und ein passendes dunkelrotes Cape. Dann schob sie mich in eine enge Probierkabine, und ich zog das Ding an. Der Unterschied zwischen vorher und jetzt war gar nicht zu übersehen. Ich war ein anderer. Lange stand ich vor dem Spiegel und betrachtete mich von allen Seiten. Ja, Stierkämpfer hätte ich werden sollen damals, vor langer Zeit, als es galt, einen Beruf fürs Leben zu wählen. Ich griff nach dem Degen. Dies war der Augenblick der Wahrheit. Ich hob den

Degen und stieß ihn gezielt durch den geflochtenen Sitz des Stuhls, der meinen Stier vertrat – und beendete seine Leiden.

»Voilà tout! Olé!«

»Haben Sie was gesagt?« Die ältliche Dame tauchte plötzlich hinter mir auf. Behende zog ich den Degen zurück und putzte in meiner Verlegenheit meine Brillengläser mit der dunkelroten Muleta.

»Was . . . äh . . . Wieviel kostet der Torero? Ich meine, das Kostüm?«

»Achzig Mark, mein Herr«

»Was, ohne Stier?« stieß ich hervor.

»Ja, natürlich.«

»Das ist etwas mehr, als ich erwartet habe. Schließlich ist es nur für ein Maskenfest in meinem Clubhaus. Was haben Sie denn in der Preislage um 40 Mark?«

»Harlekine, Cowboys, Spanier, Mönche und Dominos . . . alles Sachen, die ziemlich häufig getragen werden. Eben nichts besonders Aufregendes.«

»Stimmt«, gab ich zu und beschäftigte mich noch einen Augenblick lang mit dem Spanier und dem Cowboy.

Doch dann kam mir eine bessere Idee.

»Führen Sie auch Kosakenuniformen?«

»Fräulein Mutzky, haben wir noch Kosaken?«

Gleich darauf erschien Fräulein Mutzky, den Kleiderbügel mit einem Donkosaken über dem Arm. Es roch durchdringend nach Mottenkugeln. Sie musterte mich kurz, und als sie mitsamt dem Kosaken wieder verschwand, schloß ich daraus, daß ich entweder zu groß oder zu klein für das Kostüm war. Wirklich schade. Ich wäre gern mal Kosak gewesen. Diese wilden Steppenvölker haben so etwas Urtümliches, unwiderstehlich Ungestümes an sich, das sehr beeindruckend ist.

»Und etwas Ulkiges? Würde Ihnen das nicht zusagen?

Eine komische Alte vielleicht? Sie können auch als Karnickel, als Bierflasche, Donald Duck oder als Französischer Clown gehen. Oder wie wäre es denn als Zwitter, zur Hälfte Mann, zur Hälfte Frau — nur dreißig Mark?«

»Pro Hälfte?«

»Nein, für das ganze Kostüm.«

»So was liegt mir nicht.« Mein Blick fiel auf etwas besonders Interessantes in einem der großen, offenstehenden Schränke. Ich zeigte darauf und fragte, um was es sich handele.

»Das ist einer der drei Musketiere. Der letzte. Den sollten Sie anprobieren . . . Er ist Ihre Größe, und Sie sind genau der richtige Typ.«

Begierig verschwand ich mit dem Musketier in der Umkleidekabine. Zum Kostüm gehörten eine weiße Allongeperücke, Spitzenmanschetten, ein tressenbesetztes Cape, schneidige schwarze Stulpenstiefel, ein imposanter Federhut und ein spitzer Musketierdegen. Angetan mit dieser Pracht verbeugte ich mich vor meinem Spiegelbild. »Bonjour, Mademoiselle! Bonjour, Madame! Merci, M'sieur! Dubo-Dubon-Dubonnet!«

Damit hatte ich das Pulver meines eleganten Französisch bereits verschossen. Das Kostüm war genau das, was ich gesucht hatte, hundertprozentig. Zum vorigen Maskenball unseres Clubs war ich als Mandarin gegangen. Sie kennen ja das Kostüm: ein mit chinesischen Drachen bemalter Sack, der sich über jeden Smoking ziehen läßt. Zehn oder zwölf Mandarine waren auf jenem Ball gewesen, ich galt also nicht unbedingt als die Sensation des Abends.

Aber dieser Musketier war wirklich einmal was anderes. Ich nahm ihn auf der Stelle, obschon er etwas teurer war, als ich gerechnet hatte.

Als ich ein paar Stunden später in dem Saal eintraf, wo das Maskenfest stattfand, empfing mich eine süße kleine Garderobiere. Sie griff sich mit beiden Händen an den Mund und stieß einen leisen Entzückensschrei aus.

»Wie finden Sie es?« fragte ich.

»Einfach phantastisch!

»Sie sind der Tollste von allen, die bis jetzt da sind. Bei so einem französischen Kavalier oder was Sie darstellen, würde ich schwach!«

Ich gab ihr sofort meine Karte. »Bitte rufen Sie mich morgen in meinem *comptoir* an, *Mademoiselle, mon amie.*«

Ich verpaßte ihr galant einen kleinen Handkuß. Ein erfolgreicher Anfang! Dann begab ich mich zu den anderen Gästen, die Hand am Degengriff und voller Selbstvertrauen.

»Guten Abend und willkommen«, sagte der Hausherr. Er trug einen Domino. »Ah, Sie kommen als . . .«

»Don Juan?«

»Ja, Sie sind doch einer von diesen französischen Dingsdas . . . der Casanova, oder?«

»Sie meinen einen Kavalier?«

»Genau. Oder soll das nicht so was Ähnliches sein? Ich meine, Sie . . .«

»So was Ähnliches? Ich bin französischer Musketier, ein französischer Musketier aus Musketierzeiten. Das dürfte doch wohl eindeutig sein, oder? Schauen Sie . . . mein Degen . . . und hier . . .« In diesem Augenblick kam die Hausfrau zu uns herüber, warf einen Blick auf den Degen und flüsterte ihrem Mann etwas zu. Ihr Gatte nickte ernst und legte mir die Hand auf die Schulter. »Meine Frau sagt eben, es wäre vielleicht keine so gute Idee, die ganze Nacht mit einer blanken Waffe herumzulaufen. Wissen Sie . . . vielleicht gehen die Wogen sehr hoch, oder Sie kriegen einen kleinen Schwips . . . jedenfalls wäre es besser, Sie legten das Ding weg, bis Sie . . . na ja, damit eben nichts passiert.«

Damit beraubte er mich meines Rapiers. Mir war, als verließe mich ein Teil meines Selbstvertrauens. Ich warf mich auf ein Sofa.

»Möönsch, Sie haben sich ja gewaltig aufgedonnert«, sagte ein kleiner Dicker im Smoking neben mir. »Wozu denn das Degengehänge? Was soll denn das Ganze? Stellen Sie einen Ritter dar oder so was? Ritter von der goldenen Pappnase? Oder ist die Nase echt? Sehen Sie mich an . . . ich komme immer im Smoking. Was heißt hier Kostümfest − rein kommt man auch so! Wozu die Wurschtelei mit dem ganzen Kram? Saufen kann man auch ohne. Und schließlich kommt man ja her, um sich zu amüsieren, nicht?«

»Tja . . .«

Nun stellte das Fettklößchen sich vor.

»Thimps«, sagte es, »ich bin hier neu.«

Er war Hersteller von Kunststoffcontainern. Er erzählte mir alles, was ich je über Kunststoffcontainer hatte wissen wollen. Und noch mehr. Als er endlich nach Atem rang, wandte ich mich einer nicht mehr ganz knusprigen Colombine zu, die sich eben an unseren Tisch setzte, und stellte mich vor. Zufällig war es Frau Thimps.

»Du meine Güte«, stieß sie erschrocken hervor, »Sie sind ein *Mann?*«

»Aber selbstverständlich. Vielleicht haben meine langen Locken Sie irregeführt. Das ist eine gepuderte Perücke, wissen Sie.«

»Deswegen brauchen Sie sich nicht zu genieren. Heutzutage tragen so viele Leute Perücken. Es ist ja wirklich nichts dabei, wenn man die Haare verliert und . . .«

411

»Nein, nein, die gehört zum Kostüm.«

»Ach so. Darf ich sie mal ansehen?«

»Ansehen?«

»Ja, können Sie sie nicht abnehmen? Oh — vielleicht ist alles aufgeklebt, jedes Haar einzeln. Das muß eine Wahnsinnsarbeit gewesen sein . . . und das alles für ein Kostümfest?«

Ich versicherte ihr, die Perücke sei ganz leicht abnehmbar. Zunächst lüftete ich meinen Federhut und legte ihn auf den Tisch. Dann hob ich sorgfältig die Perücke ab. Frau Thimps griff danach.

»Ach, wie ulkig«, rief sie fröhlich und zeigte sie begeistert einer Freundin. Diese reichte sie einem langbeinigen Cowboy weiter, der sie natürlich aufprobieren mußte. Und er nahm sie für den Rest des Abends auch nicht mehr ab. Soweit möglich, vermied ich es, ihn anzusehen. Der Kunststoffcontainer-Mensch im Smoking erhob sich. Seine Augen waren bereits leicht gerötet.

»Wirklich eine Wucht, diese Maskenfeste«, sagte er und zog mich vom Sofa zu sich hoch.

Beide Hände schwer auf meine Schultern gelegt, gestand er mir: »Wissen Sie, ich komme ja immer im Smoking, aber es ist schon eine Wucht zu sehen, was für verrücktes Zeug die Leute freiwillig anziehen.«

Der Hausherr trat zu uns. Sein Gesicht hatte einen gesunden Teint, immerhin war der dargebotene Punsch nicht gerade schwach. Er zeigte auf mein schönes, tressenbesetztes Cape. »Sind all diese Kledaschen nicht viel zu warm für hier? Ziehen Sie mal sofort den Mantel aus. In so 'ner Zwangsjacke können Sie sich ja nicht bewegen. Mit ist aufgefallen, daß Sie schon seit ihrem Eintreffen irgendwie bedripst aussehen. Bitte fühlen Sie sich doch nicht verpflichtet, die ganze Zeit in all dem blöden

412

Kram rumzurennen. *So* ernst nehmen wir die Kostümierung nun auch nicht.«

Er half mir aus meinem Musketiermantel und trug ihn in die Garderobe. Mir tat das Herz weh, als ich ihn damit verschwinden sah. Wenn sie *mich* fragen: Der Mantel hatte mir sehr gut gestanden.

»Mann«, sagte der Cowboy, der noch immer mit meiner gepuderten Perücke herumstolzierte, »mit diesen dicken Stiefeln können Sie doch nicht tanzen. Soll ich Ihnen beim Ausziehen helfen?«

»Nein danke, ich . . .«

Trotz meiner Einwände zog man mir meine feschen schwarzen Stulpenstiefel aus und ein Paar langweilige braune Halbschuhe an. Ich sank auf ein Sofa. Thimps, der Kerl mit den Kunststoffcontainern, kam aus einem der Nebenräume zurück und beugte sich über mich. Seine Augen waren jetzt total blutunterlaufen und seine Redeweise undeutlich. Auf seinem Schädel saß mein eleganter Hut mit den stolz wehenden Federn.

»Sind Sie nicht der Ritter von der Gebogenen Pappnase?« fragte er angeheitert.

»Nein, ein Musketier«, korrigierte ich.

»Na ja, hab' ich doch gewußt. Genau, was ich suche. Ich amüsier' mich da mit ein paar jungen Damen nebenan. Sagen Sie mal, was haben Sie denn mit Ihrem Ritterkram gemacht? Ich würde mir ja gern mal 'n Moment Ihren Rittermantel borgen. Wie gesagt, ich amüsier' mich da mit . . .«

»Mein Mantel hängt draußen in der Garderobe. Ich glaube, daß Sie nicht . . .«

»Ich borge ihn ja bloß aus. Eine Wucht, diese Maskenfeste, meinen Sie nicht? Bringt Leben in die Bude, wenn man sich ein bißchen verkleidet, stimmt's oder hab' ich recht?« Damit verzog sich Thimps, und ich saß eine

Weile als Zuschauer da. Noch immer versuchte ich, den langbeinigen Cowboy zu übersehen. Sein Anblick war mir einfach unerträglich. Thimps kam zurück. Er trug meinen Musketiermantel und meine Stulpenstiefel und fuchtelte wild mit meinem Degen. Er stieß ihn tief ins Sofa, zog sich den Federhut verwegen in die Stirn und steckte die Hand in die Weste.

»Bonaparte, was?« rief er mir ins Gesicht und entschwand in Richtung Bar.

Ich nahm sein Smokingjackett und ging in die Garderobe, um meinen Mantel zu holen. Die niedliche Garderobiere, der ich beim Eintreffen meine Telefonnummer gegeben hatte, war noch da. Sie stand in einer dunklen Ecke und ließ sich von dem langbeinigen Cowboy mit der gepuderten Perücke betatschen. Ich schaute um ihn herum, machte die Tür auf und ging hinaus in die Nacht.

Die Nacht war sternenklar — und kalt.

Die schöne Novizin aus dem Kloster zu Amboise

Im Jahre des Herrn 1334, genauer gesagt, am Allerheiligentag nach der Hochmesse, gebar die Schloßfrau zu Vayjours, die hochwohlgeborene und hochgeachtete Madame d'Espiney in Saint-Aignan in der Touraine, wo diese Geschichte spielt, nach schweren Wehen und heftigen Bedrängnissen eine wohlgestaltete Tochter, die auf den Namen Pasquerette getauft und fünfzehn Jahre später als Novizin ins Chartreuse-Kloster zu Amboise aufgenommen wurde, da sie keine Eltern mehr hatte. Ihr Vater, der Schloßherr zu Vayjours, war bereits in der Hochzeitsnacht aufgefahren gen Himmel, obendrein auf eine besonders traurige Weise, denn ob im Schlaf oder aus stürmischerem Anlaß, er war aus seinem Bett gefallen und hatte sich dabei so nachdrücklich den Hals gebrochen, daß seine Seele augenblicklich die Körperhülle verlassen hatte. Und ihre Mutter, die an einer Herzkrankheit litt und die stürmische Zuneigung des jungen Standesherrn Julian de Chesnelais von Chatelleraut nur zu gern duldete, der sie häufig und gern mit seinen nächtlichen Besuchen in Saint-Aignan beehrt hatte, war eines Morgens, als der Hahn auf Meister Jacques' altem Kupferdach zum drittenmal krähte, in den Armen des jungen, vielversprechenden Standesherrn von Chesnelais für immer eingeschlafen, aus triftigem Grunde bei aufregender Tätigkeit von einem Schlaganfall getroffen.

Im Kloster zu Amboise, das von der hochehrwürdigen und allgütigen Äbtissin Claire de Chevreuse geleitet wurde, lernte Pasquerette ihre Hände zu falten und Wachslichter für die Heilige Jungfrau anzuzünden, die in einem heiligen Schrein standen, der von dem Bildschnitzer in Tours, Jacques Montrideau, sehr hübsch aus Sandelholz geschnitzt war und den er dem Kloster zu Amboise geschenkt hatte als ein kleines Zeichen des Dankes für die vielen heiteren Stunden, die er mit der Nonne Schwester Lamberta verbracht hatte, die an einem schönen Frühjahrstag das Kloster verlassen hatte, nach Ansicht mancher im Zustand geistiger Verwirrung, und seither bei Herrn Jacques Montrideau in der Rue de la Rôtisserie zu Tours lebte. Pasquerette lernte beten, vor dem heiligen Schrein knien, und sie lernte auch, ihre Vaterunser und Ave-Maria aufzusagen, aber ungeachtet aller demütigen Gebete und tiefen Kniefälle, und obgleich die ehrwürdige Äbtissin des Klosters in eigener Person immer wieder die heiligen Lehrsätze der Kirche predigte und Pasquerette an die ewige Glückseligkeit erinnerte, die ihrer harrte, wenn einmal das Elend des irdischen Lebens zu Ende sei, gelang es ihr nicht, sich an das einförmige Klosterleben und die stickige, dumpfe Klosterluft zu gewöhnen.

Pasquarette war ein hübsches, gesundes Mädchen mit roten Wangen und unschuldigen blauen Augen, als sie als Novizin ins Kloster zu Amboise aufgenommen wurde. Aber bald wurden ihre Wangen blaß, so daß sie dieselbe Farbe annahmen wie ihre festen, wohlgeformten Brüste, die, wenn man versucht hätte, sie zu berühren, und mit heiler Haut davongekommen wäre, die Überzeugung des Frevlers bestärkt hätten, daß sie mit Puder bestäubt seien, so weiß und glatt waren sie.

Nachts warf sie sich ruhelos auf dem harten Lager ihrer stillen Zelle hin und her, und tagsüber stand sie stundenlang im Klostergarten und betrachtete die kleinen Vögel, die dort sangen und flöteten und sich zwischendurch ungeniert amüsierten, wie es die Vögel des Himmels nun einmal tun, sofern sie alt genug dazu sind und verschiedenen Geschlechts. Und dann konnte es geschehen, daß die Äbtissin ihre junge Novizin im Klostergarten auf einer Bank bedrückt und schluchzend vorfand und daß sie viele harte Worte gebrauchte und sie ermahnte, bis zu zwölf Tagen in ihrer Zelle zu bleiben, was als eine ziemlich harte Strafe dafür angesehen werden muß, daß sie aus gebührendem Abstand und mit züchtigem Erröten das Liebesleben von zwei Spatzen auf grünem Rasen beobachtet hatte.

Der Tag kam, an dem Pasquerette ihr Noviziat beendete, und nach den heiligen Ordensregeln sollte sie nun die Klosterweihe empfangen. Statt dessen aber hielt sie es für besser, schleunigst aus dem verhaßten Kloster zu fliehen.

Sie wanderte die Straße entlang, die nach Montlouis führte, sie kam nach Cher und begab sich auf ihren kleinen Füßen weiter nach Bleré. Die Sonne schien, es war ein schöner und warmer Sommertag, und Pasquerette schritt munter fürbaß. Ehe sie Bleré erreichte, setzte sie sich an den Rand der Landstraße, um ein wenig zu verschnaufen, und pflückte dann behutsam ein paar kleine gelbe Butterblumen, ehe sie sich im Gras ausstreckte. Kurz darauf schlief sie tief und träumte, sie sei eine Kurtisane des Königs, die auf einer Portechaise zum Königsschloß getragen wurde, sooft es Seiner Majestät beliebte; und sie träumte alles, was Jungfrauen immer träumen, und ihre roten Lippen formten ein glückliches Lächeln und ließen keinen Zweifel darüber, daß im Traum alles so verlief, daß sie Grund hatte, zufrieden zu sein.

Nun traf es sich so, daß der Ratsherr und Innungsmeister der Hosenschneider in Montbasson, Meister Jehan de la Halle, just in Vouvray gewesen war, um seinen alten dreiundneunzigjährigen Vater zu begraben, der eine Steintreppe hinuntergefallen war und sein Leben ausgehaucht hatte, als er seine junge Stieftochter zu haschen versuchte. Nun war der Ratsherr auf dem Wege heim nach Montbasson, und er dachte an nichts anderes als an die staubige Landstraße, bis er an die Stelle kam, wo Pasquerette schlummernd ruhte. Da sperrte er die Augen auf und stand mitten auf dem Weg ganz still. Ungläubig blickte er die schöne Blume an, die dort so verführerisch hingestreckt lag und so süß träumte. Sein Blick fiel auf Pasquerettes vollen Busen. Ihr Kleid hatte sich am Hals geöffnet, so daß Jehan de la Halle mehr sehen konnte, als gut war, sofern er reine Gedanken behalten wollte, und das wollte Jehan. Bei dem unerwarteten Anblick mußte er an eine Rose denken, die gerade

417

erblühte und sich duftend entfaltete, und er dachte weiter, daß es wohl kaum jemandem schaden könnte, wenn er diese in voller Pracht stehende Blume ein wenig wärmte, so daß sie sich in all ihrer strahlenden Schönheit besser entfalten konnte.

So rein und einfältig waren Jehans Gedanken, als er sich ihr näherte. Pasquerette aber erwachte und starrte erschrocken auf Jehan de la Halles wohlgenährtes gerötetes Großvatergesicht.

»Wer seid Ihr?« fragte sie verwirrt und knöpfte eilends ihr Kleid am Hals zu.

»Ein Freund, der Euch wohlgesonnen ist. Aber wer seid Ihr selbst, und warum liegt Ihr hier, Schöne?«

»Weil ich noch nicht weiß, wo ich hingehen soll, denn ich bin gerade dem Kloster Amboise entflohen.«

»Dann seid Ihr ja noch Jungfrau!«

Pasquerette nickte errötend, wie es junge Mädchen bei der Beantwortung dieser Frage zu tun pflegen.

»Dann ist es aber sehr gefährlich, sich zum Schlafen an einem Straßenrand hinzulegen, denn hier kommt viel Gesindel vorbei. Kommt lieber mit mir, ich wohne in Montbasson, dort bin ich Ratsherr und Innungsmeister und habe einen guten Ruf als friedlicher und tüchtiger Mann, vor allem was fleischliche Triebe anbelangt.«

Jehan de la Halle hatte durchaus das Recht, so etwas zu sagen, wurde doch erzählt, daß er sich sehr ruhig und verständig verhielt, als er zu Lebzeiten seiner seligen Frau – Ehre ihrem Andenken! – unerwartet von einer Reise nach Loire-et-Cher zurückkam und seinen guten und nahen Freund, den Kleiderweber Marcel Mistral aus Loches, in seinem Bett vorfand, der sich dort mit Carlotta, Jehans molliger Frau, amüsierte. Er hatte nur gesagt:

»Offen gesagt, Carlotta, ich finde, du könntest zu

diesem Zweck dein eigenes Bett benutzen, statt meines dafür zu nehmen.«

Und weiter nichts.

Anschließend hatte er gewiß noch das eine oder andere hinzugefügt, und sicher hatte er auch Carlotta vorgeworfen – Ehre ihrem Andenken!–, daß sie ihm ja auf diese Weise Hörner aufsetzte, und dann hatte er sie sich selbst für einen oder zwei Tage überlassen, und schließlich hatte er auch noch auf Marcel ein wenig eingewirkt, indem er etwas in der Art äußerte, daß er ihn tief enttäuscht habe.

»Du solltest an Carlotta zumindest dann nicht gerade herumfummeln, wenn ich mit dir rede!«

Darauf war er in das alte Landgasthaus von Saint-Cyr geritten. wo er einige Gläser Wein mit dem Wirt, dem alten Hieronymus, geleert hatte, der seit vierzig Jahren ein Hahnrei und deshalb der richtige Mann war, mit dem man sich betrinken konnte.

Jehan war in jener Nacht sternhagelvoll gewesen, und als er heimwärts torkelte, traf er am Friedhof eine Frau, die er, ohne viel Aufhebens zu machen, gegen die Friedhofsmauer drängte, ihre Röcke hochhob und sie dann auf die verschiedensten Arten tüchtig befriedigte, da sie großen Wert darauf zu legen schien. Als aber der Mond für ein paar Augenblicke sein Gesicht durch die Wolken schob, hatte es sich herausgestellt, daß das Frauenzimmer mit dem bereitwilligen und äußerst temperamentvollen Schoß niemand anders gewesen war als seine eigene Frau Carlotta, die nach einem Besuch bei Marc Châtillon, dem Hauptmann der Bürgerwehr-Bogenschützen, auf dem Heimweg war. Und seither mußte sich Jehan wegen dieses Vorfalls an der Friedhofsmauer manches anhören.

Aber wir wollen in unserer Geschichte fortfahren:

Paquerette und Jehan kamen schließlich nach Montbasson. Dortselbst angelangt, stärkten sie sich mit Speise und Trank, und Paquerette wurde anschließend zu Bett gebracht, denn Jehan vermutete, daß sie sehr müde sein müsse nach den Anstrengungen des Tages. Er deckte sie sorgfältig zu und wollte just das Zimmer verlassen und abschließen und auf Licht und Herdfeuer achten, konnte sich dann aber doch nicht dazu entschließen, das Gemach zu verlassen, da sich seine Augen vom Anblick der schönen Novizin nicht losreißen konnten, wie sie da vor ihm lag in den weißen Leinentüchern und einen Glanz in ihrem Blick hatte, der durch ihn durchdrang wie eine Lanzenspitze, die am offenen Feuer des Dorfschmiedes Pierre Lamount gehärtet worden war.

Jehan schob eine Hand unter die Decke, um sich zu überzeugen, daß die Jungfrau auch wirklich warm und bequem lag. Dabei verirrte sich seine Hand, ohne daß er sich darüber Rechenschaft abzulegen versuchte oder wollte, in ein hübsches kleines Gebüsch, und Jehan, der ein aufrechter Bewunderer von Naturschönheiten war, geriet über seine unerwartete Entdeckung in große Aufregung. Und statt auf Licht und Herdfeuer zu achten, wie es seine Absicht gewesen war, kam er Pasquerette so nahe, daß er fast unter der Decke verschwand. Wenige Augenblicke später war er vollauf damit beschäftigt, die Pforte zum Paradies zu öffnen, was ihm ein weit interessanterer Zeitvertreib zu sein schien, als die Kammertür zu verschließen und auf Herdfeuer und Licht Obacht zu geben.

Jehan tat, was er vermochte, um die erwähnte Pforte zu öffnen, doch reichten seine Bemühungen nicht aus, da die Pforte beim Morgengrauen noch immer geschlossen war, als die braven Bürger von Montbasson sich zu regen begannen. Für das betrübliche Ergebnis der nächtlichen Anstrengungen fand sich dafür eine einfache und natürliche Erklärung: Ein müder Wanderer, der mit dem kleinen Finger an die Burgpforte klopft, hat nicht die gleichen Aussichten, gehört und hereingelassen zu werden, wie ein Krieger, der kräftig und mit fester, geballter Eisenfaust gegen dasselbe Burgtor hämmert, so daß das ganze Gebäude bebt und zittert und die Verteidiger dahin bringt, bedingungslos zu kapitulieren.

Als die ersten Sonnenstrahlen durch die kleinen Fenster von Jehan de Halles niedriger Stube fielen, war er vor Erschöpfung eingeschlafen. Noch lange lag Pasquerette unruhig auf Jehans weißem Laken, aber es war zwecklos, und schließlich stand sie auf und zog sich an, trocknete die Tränen in den Augenwinkeln, denn es hatte sie tief enttäuscht, daß dem Ratsherrn nicht jener Blick ins Paradies vergönnt gewesen war, für den er so eifrig und anhaltend gekämpft hatte.

So begab sie sich auf die Landstraße nach Joue, passierte den Ort und ging weiter, bis sie zu St. Symphorien vor dem Herrn zu Plessis-les-Tours, Marquis von Bois Franc, stand, der wie ein ungeschlachter Krieger anzusehen war und an Bosheit und Niedertracht einen Vergleich mit dem Teufel selbst aushalten konnte.

Er kam auf einem Schimmel angeritten, nachdem er eine Jungfrau in Chinon besucht hatte.

»Ihr seht traurig aus, schönes Kind!« rief er und beugte sich hinunter zu Pasquerette. »Habt Ihr Kummer gehabt?«

Pasquerette schüttelte den Kopf und preßte die Lippen zusammen.

Der Marquis hob sie empor und setzte sie vor sich auf sein Pferd.

»Jetzt reiten wir nach La Riche, und dann vertraut Ihr

Euch mir an, als ob ich Euer Beichtvater wäre, warum Ihr Tränen in den Augenwinkeln habt.«

Pasquerette biß die Zähne zusammen; sie wollte nichts erzählen, aber noch ehe sie durch St. Symphorien hindurch waren, hatte sie dennoch ihr Herz dem Marquis geöffnet, indem sie ihm alles über das Kloster zu Amboise anvertraute, über die Äbtissin, über die liebestollen Spatzen auf dem Rasen und welche seltsamen Gefühle deren Spiel in ihr geweckt hatte, über den Ratsherrn Jehan de la Halle und seine anhaltenden, aber vergeblichen Versuche, die Pforte zum Paradies zu öffnen.

»Tod und Teufel!« murmelte der Marquis, als Pasquerette ihm alles genau berichtet hatte, »die Jungfrau ist noch nicht geboren, die ich nicht glücklich machen kann. Ihr sollt mein Eheweib sein«, bestimmte er, als er Pasquerette vom Pferd hob, kaum daß sie den Schloßhof erreicht hatten.

Pasquerette wurde nun mit dem Marquis vermählt, und am Hochzeitstag bestimmte der Marquis, der alte Krieger und Trommelschläger Jacques Cassau, der seinem Herrn zu Plessis-les-Tours ein treuer Diener durch mehr als vierzig Jahre gewesen und nun vollkommen erblindet sei, müsse mit seiner Trommel im Brautgemach anwesend sein, wo er, sobald Braut und Bräutigam sich zur Ruhe begäben, auf seiner Trommel einen Höllenspektakel machen sollte, sobald die Geräusche im Ehebett ihren Höhepunkt erreichten. Auf diese Weise sollte den Einwohnern von Tours, La Riche und St. Symphorien verkündet werden, daß von jetzt an, dank dem Herrn zu Plessis-les-Tours, dem tapferen Krieger Marquis von Bois Franc, durch seinen barmherzigen Einsatz eine Jungfrau weniger in der Touraine zu finden sei.

Jacques Cassau, der sich durch diese Aufgabe beson
ders geehrt fühlte, wurde in das Brautgemach geleitet,
aufmerksam lauschte er, und als ein paar schwere goldene Leuchter, die neben dem Himmelbett standen, auf
den Fußboden polterten und der Nachttisch kurz darauf
umstürzte, ergriff der alte Jacques seine Trommelstöcke
und schlug einen Wirbel, den man bis nach Luynes auf
der anderen Seite der Loire hören konnte, und der im
übrigen so kräftig war, daß die Trommelbespannung mit
einem Knall zerriß, was Jacques als ein gutes Zeichen
auffaßte.

Zu dieser Zeit lebte ein junger Adeliger in Ambillou,
Jules d'Argent, der bei den jungen Mädchen in Ambillou in besonders hohem Ansehen stand, denn er war in
der Liebeskunst besonders gewandt und verstand es mit
großer Geschicklichkeit, das Feuer in den Herzen junger
Mädchen zu entflammen; und obgleich er auf dieser
Welt nicht viel mehr besaß als sein Wams und seinen
Degen, war er in vielen Schlafkammern in der Touraine
ein willkommener Gast.

Häufiger, als es gut und schicklich war, stattete dieser
vortreffliche junge Mann nächtliche Besuche bei der
hochehrwürdigen Gräfin von Montsereau ab, ohne daß
der Ehemann Ihrer Gnaden, der Herr zu Laroche-
Bozey, davon etwas ahnte, da er ein Mann war, den man
übers Ohr hauen und grob betrügen konnte, sintemalen
er die meisten Nächte in anderen Alkoven zu verbringen
pflegte als gerade in dem, wo er nach den Regeln der
ehelichen Pflichten hingehörte. Von der Gräfin de
Montsereau ist zu berichten, daß angesichts ihrer wundervollen Formen der Blick ungehindert vom Kopf bis
Fuß schweifen und dabei an den passenden Stellen mit
der lebhaften Anteilnahme verweilen konnte, von der
wirkliche Kunstliebhaber ergriffen werden, wenn sie vor

einem der großen Werke des Schöpfers stehen. Die Vorgebirge des Oberkörpers, deren Konturen sich scharf unter dem grünen Batist abzeichneten, welcher diese Meisterwerke verdeckte, waren weiß wie Milch und so kräftig in ihrem Bestreben, sich hervorzuwagen, daß jemand, der seinen Blick allzulange an dem berauschenden Ausschnitt der Halsöffnung verweilen ließ, welcher mit purem Gold eingefaßt war, einen quälenden Hunger im Leibe verspürte, in seiner Rede merkwürdig rauh und kurzatmig wurde und seine ganze Kraft und Seelenstärke benötigte, um seine Gedanken auf etwas weniger Sündiges abzulenken.

An jenem Abend, von dem wir berichten, geschah es nun, daß die Gräfin ihre alte Kammerzofe zu dem jungen Adligen Jules d'Argent geschickt hatte. Der Herr von Laroche-Bozey war gerade nach Château Rouge geritten, um sich König Ludwigs Jagdgesellschaft anzuschließen, was er, nebenbei bemerkt, mit großem Vergnügen tat, denn das Wild, dem der König nachstellte, bedeutete einem Mann weit mehr an Freude und Lust in einem Gemach als jenes, das man am Spieß geröstet und mit warmen Äpfeln gefüllt verzehrt. Und als die Gräfin ihren Besuch in dem geräumigen Himmelbett empfing und es vom Turm zehnmal schlug und auf diese Weise den braven Bürgern kundgetan wurde, daß sie sich zur Ruhe zu begeben hätten und – sofern nicht andere nächtliche Beschäftigungen sie daran hinderten – bis zum Morgengrauen schlafen könnten, machte Jules d'Argent nach dem ersten wohlgelungenen und stürmischen Einsatz mit einem Stück Kreide einen Strich auf das Holz am Kopfende des Bettes.

Er und die Gräfin, die sonst so fromm und züchtig war wie die hochehrwürdige Äbtissin Claire de Chevreuse im Kloster zu Amboise, hatten sich zu einem Experiment entschlossen, einem unschuldigen Wettstreit, bei dem entschieden werden sollte, wie viele Striche der junge Adlige am Kopfende des Bettes anzubringen vermochte, ehe die Turmuhr am nächsten Morgen sechs Schläge tat und es Zeit wurde, aufzustehen und an den Heimweg zu denken.

Die Anzahl der Kreidestriche sollte, sofern Jules gewissenhaft verfuhr, mit der Anzahl wohlgelungener Umarmungen übereinstimmen, und sowohl die Gräfin als auch Jules waren darauf eingestellt und hofften, daß es eine große, fast hoffnungslose Arbeit sein würde, die einzelnen Striche zu addieren. Als es vom Turm Mitternacht schlug und alle Bewohner von Marmoustier, übrigens auch in Tours und Marchandeau, längst den Schlaf der Gerechten schliefen, wie man es stets in der Touraine tat, prangten bereits sechs Striche am Kopfende des Bettes, und zu diesem Zeitpunkt war der junge Jules, so verblüfft man auch darüber sein wird, es zu erfahren, von dem Gedanken beherrscht, sich auf die Seite zu legen und es den wackeren Bürgern gleichzutun, denn er hatte seinen Liebesdurst hinlänglich gestillt, und nachgerade fiel es ihm schwer, sich auf das Ziel des Wettstreits zu konzentrieren. Sie aber, die junge Gräfin, wie wir bereits erwähnten, sonst fromm und ehrbar wie die Äbtissin Claire de Chevreuse vom Kloster zu Amboise, war mit ihrem heißen Blut den schönen Freuden der Liebe gegenüber sehr empfänglich, geriet stets in große Unruhe, sobald ein Mann passenden Alters und Standes sich innerhalb derselben Stadtmauer aufhielt wie sie selbst, und man begreift, welche unermüdliche Glut in ihr lodert und ihr den Kopf berückt, wenn man diese Stadtmauer mit den Begrenzungen ihres Himmelbettes vertauscht, daß folglich der junge Adlige keine Minute Ruhe hatte, sondern unaufhörlich in Bewegung

425

sein mußte, genau wie ein Klumpen Teig, der auf einem Eichenbrett hin- und hergewälzt wird, wie bei dem Kuchenbäcker Guillaume Poitou in Marchandeau.

Als zwanzig Kreidestriche am Kopfende des Bettes prangten, fielen die ersten Strahlen der Morgensonne auf die kostbaren Tapeten des Zimmers, und Jules d'Argent, dieser vortreffliche junge Adlige aus Ambillou, hatte noch immer nicht die Uhr der alten Burg Laroche-Bozey sechsmal schlagen hören, obgleich er die ganze Nacht eifrig gelauscht und dabei mehrfach den Kopf weit über die Umrandung des Himmelbettes hinausgestreckt hatte, so ersehnte er seit Stunden den Augenblick, wo das Ergebnis des Wettstreits abgelesen werden konnte. Er verlor schließlich die Geduld, stand auf, zog sich an, sein Wams, seine Kniehosen, seine schwarzen Stulpenstiefel und seinen breitrandigen Hut und erstieg müde und zerschlagen die Turmuhr, um sie näher in Augenschein zu nehmen. Dabei stellte sich heraus, daß sie etwa eine Stunde nach Mitternacht stehengeblieben war, indem ein vermutlich im Solde der Gräfin stehender Lakai einen Bolzen ins Laufwerk geschoben hatte, so daß die hochwohlgeborene und hochvornehme Gräfin von Montsereau unehrliches Spiel getrieben hatte bei dem nächtlichen Nahkampf. Im berechtigten Zorn hierüber beschloß Jules, ihr den Laufpaß zu geben und sich niemals mehr ihrem strapaziösen Himmelbett zu nähern.

Für geraume Zeit nach dieser Erfahrung hielt sich der vortreffliche junge Adlige verständlicherweise das weibliche Geschlecht und alle Hetären auf gebührenden Abstand, aber als sein Weg ihn eines Tages am Schloß Plessis-les-Tours vorbeiführte und er im Schloßgarten Pasquerette erblickte, die summend umherging und Liliensträuße pflückte, fühlte er plötzlich, wie sein Liebesverlangen mit erneuter Kraft zurückgekehrt war, und er beschloß, bei dieser schönen Frau sein Glück zu versuchen.

»Was sind das für entzückende Blumen, die Ihr dort pflückt, Madame!« rief er und sprang über die hohe Hecke in den Schloßgarten.

»Ihr dürft Euch gern eine Lilie pflücken und sie an Eure junge Braut heften«, erwiderte Pasquerette mit schelmischem Lächeln.

»In diesem schönen Garten gibt es nur eine Blume, die ich gern pflücken möchte. Es ist aber keine Lilie, sondern eine duftende Rose von strahlender Schönheit!«

»Dann pflückt doch die Rose, aber seid behutsam!«

Jules d'Argent griff Pasquerette um die Hüfte, hob sie hoch und trug sie auf seinen starken Armen hinter einen großen Maulbeerbaum.

Von diesem Augenblick an konnte sich der Herr von Plessis-les-Tours von seinem Schloß aus über die ganze Touraine als Hahnrei mit Hörnern und sonstigem Zubehör ausrufen lassen.

Zweifellos hätte man diesen Liebesakt als besonders gut gelungen bezeichnen können, wenn nicht ausgerechnet der erwähnte Herr von Plessis-les-Tours die kraftvolle Bewegung des verliebten Paares vom Nordturm aus verfolgt und in den Park gelaufen wäre. In der Hand hielt er einen kräftigen Strick, den er so an dem Baum befestigte, daß die beiden Liegenden in ihrer Stellung festgezurrt wurden und sich nicht mehr rühren konnten als der heilige St. Martin in seinem kalten Grab auf dem St.-Julian-Friedhof zu Tours. Der Herr zu Plessis-les-Tours erließ daraufhin den Befehl, daß niemand sich den beiden Sündern nähern dürfe, solange von ihnen noch mehr vorhanden war als ein paar Knochen.

Aber schon in der dritten Nacht erbarmte sich der alte Krieger und Trommelschläger Jacques Cassau der bei den Unglücklichen und zerschnitt die Stricke, so daß der junge Adlige fliehen konnte. Am folgenden Tag, als der Marquis entdeckte, was geschehen war, ließ er dem alten Krieger die Augen ausstechen. Jacques betrachtete die Strafe nicht als ein Unglück, da er, wie wir wissen, schon seit einigen Jahren blind war. Dann ließ der Marquis seine Pasquerette mit einem Keuschheitsgürtel ausstatten, den der Schmied in der Rue de la Rôtisserie in Tours gegen ein jammervolles Entgelt schmieden mußte. Den Schlüssel zu diesem Keuschheitsgürtel versteckte der Marquis auf seiner behaarten Brust, indem er ihn an einer schweren Goldkette um seinen dicken Hals trug, und nachdem er sich auf diese Weise gesichert hatte und alles geordnet war, zog er nach Châteauneuf-sur-Loire bei Orléans, wohin der König gekommen war, um über dieses und jenes mit dem Marquis zu sprechen.

Kaum war der Marquis abgereist, als Pasquerette einen Boten nach Ambillou schickte, und wenige Stunden später ritt Jules d'Argent über die Schloßbrücke von Plessis-les-Tours, wo Pasquerette ihm in die Arme sank und über die Lage berichtete. Der junge Adlige ließ unverzüglich den Schmied aus Gizeaux kommen, dazu den Schmied aus Luynes und den Schmied aus Joue, und jeder mußte ein Dutzend Schlüssel verschiedener Größe und Formen mitbringen, und als alle diese Schlüssel ausprobiert waren, stellte sich heraus, daß keiner das Schloß des Schmiedes aus der Rue de la Rôtisserie zu öffnen vermochte.

Jules d'Argent ritt nun nach Saint-Nicolas, wo ein Schmied wohnen sollte, der in dem Rufe stand, der tüchtigste in der ganzen Touraine und Maine-et-Loire zu sein. Während er unterwegs war, kam der Herr zu Plessis-les-Tours zurück, betrunken von vielen Flaschen schweren Weines. Er hatte es sehr eilig und kannte nur ein Ziel, und nachdem er es, ungeachtet Pasquerettes mörderischen Widerstandes und zornigen Unwillens erreicht hatte, verließ er wieder die Burg, gefolgt von einem halben Dutzend bärtiger Bogenschützen.

Einige Zeit später kam Jules d'Argent unverrichteterdinge zurück. Der Schmied von Saint-Nicolas hatte kurz zuvor das irdische Jammertal verlassen, und zwar in dem prächtigen Himmelbett der hochehrwürdigen Gräfin von Montsereau, einer Stelle, von der man schwerlich angenommen hätte, daß ein einfacher Handwerker dort etwas zu suchen hatte.

Der Fall lag jedoch so, daß dem Herrn von Laroche-Bozey zu Ohren gekommen war, daß auf Befehl der Gräfin gewisse Manipulationen an der Turmuhr vorgenommen worden seien.

Da hatte er keinen anderen Ausweg gesehen, als den Schmied von Saint-Nicolas zu beauftragen, sie mit einem soliden, tadellos gearbeiteten Keuschheitsgürtel zu versehen, von dem sich später herausstellte, daß der Schmied einen Extraschlüssel dafür besaß, den er ohne Zögern ausprobierte, was er jedoch besser unterlassen hätte, da seine körperlichen Fähigkeiten und seine Liebeskunst in keinem angemessenen Verhältnis zu den hohen Ansprüchen der Gräfin von Montsereau und ihrer säumigen Turmuhr standen.

Pasquerette zog Jules mit in ihre Kammer. Hier vertraute sie ihm an, daß sie gerade Besuch von ihrem Mann gehabt habe und was sein Begehren gewesen sei, worüber Jules in große Erregung geriet und seine Hand um seinen Degen krampfte, den Griff aber schnell wieder lockerte, als ihm Pasquerette wenig später zu verstehen gab, ihr Mann habe in seinem schweren Vollrausch vergessen, das Schloß des Keuschheitsgürtels wieder gewissenhaft zu verschließen, ehe er von dannen zog.

Nach dieser Eröffnung schlug das Herz des jungen Adligen heftig, und wenige Augenblicke später hatten er und Pasquerette in einer Umarmung, bei der selbst die Engelein zu singen begonnen hätten, wenn sie Augenzeugen gewesen wären, alles um sich vergessen.

Nun war jedoch der Herr von Plessis-les-Tours ein besonders ruheloser und unberechenbarer Mensch, und ehe er auch nur halbwegs bis Bois gelangte, vermißte er bereits seine junge Frau, kehrte deshalb um, ritt zurück auf sein Schloß La Riche und kam gerade im richtigen Augenblick, um das junge Paar in flagranti zu ertappen.

Er machte kurzen Prozeß und ließ seinen Degen durch den jungen Adligen aus Ambillou fahren, hob den Unseligen hoch und trug ihn ans Fenster, von wo aus er ihn in den Wallgraben hinunterwarf.

Pasquerette, die dies von ihrem Kammerfenster aus beobachtete, nahm sich das Leben, indem sie sich zuerst einen Dolch in ihre junge Brust stieß und sich dann aus dem Fenster in den Wallgraben hinunterstürzte, worauf der Herr von Plessis-les-Tours, Marquis von Bois Franc, von allen und jedem als der leibhaftige Satan selbst bezeichnet, aus dem Schloßfenster sprang, um seine Gemahlin zu retten, was ihm jedoch übel bekam, da seine schwere Goldkette, an der sich der Schlüssel des erwähnten Keuschheitsgürtels befand, am Holz des Fensterrahmens auf so unglückliche Weise sich verfing, daß sie dem strengen Herrn von Plessis-les-Tours den Hals nachdrücklich abschnürte, und als man ihn schließlich von der schweren Goldkette befreite, alles Leben aus ihm gewichen war.

So zeigt uns diese Geschichte, wie gefährlich es für Leben und Gesundheit sein kann, wenn man mit übertriebener Eifersucht die Tugend der eigenen Frau bewacht.

Inhaltsverzeichnis

Die Kunst, Gäste zu unterhalten	5
Die Gesetzlosen von Black Fork	12
Das Mädchen von der Gummiplantage	27
Die Kunst, auf gute Ratschläge zu hören	31
Ein Märchen von heute	40
Do-it-yourself-Tapezieren	43
Der sexhungrigen Madame Colette	52
Hat Shakespeare wirklich hier gelebt?	55
Der Kaviarsputnik und die Kaugummirakete	59
Die Kunst, mit Gästebüchern umzugehen	78
Das Mädchen und die Todesstrahlenpistole	86
Traum von Hawaii	90
Mushy Boones freies Leben	94
Grüne Augen	97
Der Pflaumenkern	107
Die Geschichte des Mannequins Gloria Marlowe	111
Der Wohnwagen-Mord	115
Die italienischen Mode-Shorts	122
Haben Sie eine schöne und wertvolle Tablettensammlung?	129
Junger Demonstrant	134
Mausefallen	138
Der schönen Solotänzerin	148
Sternschnuppen	150
Michel und die verliebte Melkerin	162
Atmen Sie ganz ruhig	166
Konstanzes Träume	170
Die byzantinische Madonna	173
Expreßbrief vom Dorfbürgermeister in Tuxheim	186
Hören Sie, was machen Sie denn da?	190
Ich will Deine Treue auf eine Probe stellen	196
Rasenmähen	199
Verzeihung, wie spät ist es?	205

Ich möchte eine Frau	208
Selbst ist der Mann	211
Frau Oberst Witherbys Nudistenparty	218
Unser alter Opa	233
Kann ich einen Bescheid hinterlassen?	238
Liebe auf den ersten Blick	241
Du bist ein Gewohnheitstier, Henry!	245
Das Mädchen vom FKK-Strand	252
Ameiseninvasion	256
Die Vormittagshochzeit	261
Unsere fabelhafte Anpassungsfähigkeit	264
Die Zittergrasmänner aus den wilden Dornbüschen	270
Der Umtausch	285
Ja, damals gab es noch Romantik	288
Die Kunst, sich durchzusetzen	295
Das von dem Wolf	304
Ich bin kein ausgeprägt gesellschaftlicher Typ	309
Kurz gesagt, Miss Claverhouse, werden Sie mein?	314
Darf ich Ihre Karten sehen, mein Herr?	317
Ja, hallo, ist dort die Polizei?	325
Große Wäsche	329
Haben Sie Scherereien mit Ihrem Blinddarm?	339
Der Gartenwettstreit	343
Mein Gott, wie bin ich müde, Herr Direktor!	348
Beginnt der Kalk zu rieseln?	352
Das Mädchen von Sherburn Hall	355
Fühlen Sie sich müde und mißgestimmt?	368
Schnell! Einen Revolver!	372
Kinderkrankheiten	375
Ein exklusives Wochenende − zu zweit	381
Wie hoch ist dein Intelligenzquotient, Papa?	390
Adam und der Langhaarige	397
Unsere verdrängten Wunschträume	407
Die schöne Novizin aus dem Kloster zu Amboise	414